士大夫和书院互动关系研究

赵连稳◎著
ZHAOLIANWEN

中国社会科学出版社

图书在版编目（CIP）数据

士大夫和书院互动关系研究／赵连稳著．—北京：中国社会科学出版社，2018.3

ISBN 978－7－5203－1985－0

Ⅰ.①士…　Ⅱ.①赵…　Ⅲ.①知识分子—研究—中国—明清时代②书院—教育史—研究—中国—明清时代　Ⅳ.①D691.71②G649.299

中国版本图书馆CIP数据核字(2018)第015722号

出 版 人　赵剑英
责任编辑　安　芳
责任校对　张爱华
责任印制　李寡寡

出　　版　中国社会科学出版社
社　　址　北京鼓楼西大街甲158号
邮　　编　100720
网　　址　http://www.csspw.cn
发 行 部　010－84083685
门 市 部　010－84029450
经　　销　新华书店及其他书店

印刷装订　北京明恒达印务有限公司
版　　次　2018年3月第1版
印　　次　2018年3月第1次印刷

开　　本　710×1000　1/16
印　　张　21
插　　页　2
字　　数　344千字
定　　价　85.00元

目　　录

第一章

绪　论

士大夫是中国传统社会的中坚力量，书院则是培育人才的主要场所，士大夫和书院是一对难兄难弟，不离不弃，走过了千余年的历程。士大夫创办、发展了书院，书院则培育了一代又一代的士大夫，两者的互动推动了我国传统社会的发展。唐末五代以后，士大夫和书院两者基本上实现了良性互动，而明清时期尤其具有典型性，因此，书院也发展到了普及化的程度。对我国古代士大夫和书院的互动关系进行系统梳理和研究，是一个很具意义的学术课题。

本章将对学术界有关该问题的研究状况进行回顾，并且阐述士大夫和书院的简要发展历史，为以后的研究起到铺垫作用。

一　国内研究状况述评

我国学术界对书院的研究以中华人民共和国成立为界分为前后两个时期，前一个时期从辛亥革命开始到 1949 年，这一时期，由于人们逐渐发现了近代新式教育的弊端，便转而关注古代书院教育，企图以书院精神弥补新式教育的缺陷。自 20 世纪二三十年代，蔡元培、胡适、梁启超、毛泽东等人对书院的研究，多限于书院史的探讨，于士大夫和书院互动关系方面的探索则很少。

士大夫和书院的关系问题至今没有引起人们足够的重视，几乎处于空白状态，所以无法对此进行述评。但是，在有关书院的研究成果中涉及两者的关系，这方面的成果还比较多，而有关研究士大夫的成果中则基本上没有涉猎两者的关系，所以这里我们只梳理书院的研究成果，从中窥见士大夫和书院两者的互动关系。

（一）民国时期

1. 有关全国性书院的宏观研究

民国时期学术界有关书院研究的成果主要有：胡适的《书院制史略》[①]《书院的历史与精神》[②]，他认为书院是“我国古时最高的教育机关”，书院和导师制“精神大概相同”，应该认真研究书院的历史。这一时期，研究书院的代表作还有：曹松叶的《宋元明清书院概况》[③]、盛朗西的《中国书院制度》《宋元书院讲学制》[④]、傅顺时的《两宋书院制度》[⑤]、陈东原的《书院史略》[⑥]《清代书院学风之变迁》[⑦]、钱穆的《五代时之书院》[⑧]、张君劢的《书院制度之精神与学海书院之建立》[⑨] 和周传儒的《书院制度考》[⑩] 等。

上述研究成果侧重于宏观上论述中国书院制度及书院历史沿革，在书院教育制度、书院和学术文化等方面，都提出了一些值得关注的看法。胡适认为书院有三种精神，即时代精神、讲学与议政、自修与研究。陈东原提出书院的灵魂是“自动讲学，不受政府干涉”与“反科举的精神”。[⑪] 傅顺时在《两宋书院制度》中将怀疑态度、人格精神、时代思潮、科学方法、自动学习和反对科举，归纳为书院的六大精神。盛朗西的《中国书院制度》，扼要地叙述了书院从唐朝至清朝的发展历史，考证了书院制度的源流和演变过程，书中涉及了士大夫和书院的关系，例如，张伯行在鳌峰书院讲学，耿介在嵩阳书院讲学，沈德潜在紫阳书院讲学等，但失之

---

① 胡适：《书院制史略》，载《东方杂志》1924 年第 21 卷第 3 期。

② 胡适：《书院的历史与精神》，载《教育与人生》1923 年第 9 期。

③ 曹松叶：《宋元明清书院概况》，载《中山大学语言历史研究所周刊》，1929—1930 年第 10 集第 111—114 期。

④ 盛朗西：《中国书院制度》，中华书局 1934 年版；《宋元书院讲学制》，载《民铎杂志》1925 年第 6 卷第 1 期。

⑤ 傅顺时：《两宋书院制度》，载《之江期刊》新 1 卷第 7 期。

⑥ 陈东原：《书院史略》，载《学风》1931 年第 1 卷第 9 期。

⑦ 陈东原：《清代书院学风之变迁》，载《学风》1933 年第 3 卷第 5 期。

⑧ 钱穆：《五代时之书院》，载《贵善半月刊》1941 年第 2 卷第 17 期。

⑨ 张君劢：《书院制度之精神与学海书院之建立》，载《新民月刊》1935 年 12 月第 1 卷第 7、8 期。

⑩ 周传儒：《书院制度考》，上海励志书局 1929 年版。

⑪ 陈东原：《书院史略》，载《学风》1931 年第 1 卷第 9 期。

简略。曹松叶的《宋元明清书院概况》利用统计学的方法，对宋元明清士大夫在书院的讲学情况进行了梳理，亦失之简单。

2. 有关地域性书院的研究

关于地域性书院的研究成果，如吴景贤的《安徽书院志》①、王兰荫的《河北省书院志初稿》②《山东省书院志初稿》③、柳诒徵的《江苏书院志初稿》④、刘伯骥的《广东书院制度沿革》⑤ 等，这些成果大致上说还停留在对相关资料的整理阶段，缺乏严格意义上的学术研究。其中，柳诒徵的《江苏书院志初稿》是比较早的一部区域书院史，语言简洁，史料翔实。刘伯骥的《广东书院制度沿革》，是其学士学位论文，对广东省书院的演变、历史地理分布、行政组织及经费等问题均有较为系统的研究，是这一时期地域性书院研究成果的代表作，但遗憾的是，其中关于士大夫和书院的关系仍然没有多少论述。

大体而言，民国时期学术界的书院研究还处在初级阶段，虽然研究领域比较广泛，既有对书院历史宏观的研究，也有对地方书院的探讨，甚至有关于某个书院历史的考证，如吴景贤的《紫阳书院沿革考》，但是，研究方法比较单一，从社会史和文化史角度分析的不够，特别是对有关士大夫和书院互动关系的研究基本上没有涉猎。

（二）1949 年后

1. 1949 年到改革开放以前

1949 年中华人民共和国成立后到 1979 年，学术界的书院研究几乎无人问津，成果甚少，仅有《文史资料》刊登了 17 篇有关书院的资料与 3 篇论文。⑥ 而我国台湾和香港地区的学者在这一时期则发表了一些研究成果，主要有陈道生的论文《中国书院教育新论》《书院建设之源流》⑦、

① 吴景贤:《安徽书院志》，载《学风》1932 年第 2 卷第 4—8 期。

② 王兰荫:《河北省书院志初稿》，载《师大月刊》1936 年第 25 期和第 29 期。

③ 王兰荫:《山东省书院志初稿》，载《师大月刊》1936 年第 29 期。

④ 柳诒徵:《江苏书院志初稿》，载《江苏国学图书馆年刊》1931 年 8 月第 4 期。

⑤ 刘伯骥:《广东书院制度沿革》，商务印书馆 1939 年版。

⑥ 邓洪波、周月娥:《八十三年来的中国书院研究》，载《湖南大学学报（社会科学版）》2007 年第 3 期。

⑦ 陈道生:《中国书院教育新论》，（台北）《师大教育研究所集刊》1958 年 6 月第 1 期；《书院建设之源流》，（台北）《思与言》1962 年第 2 卷第 3 期。

丁肇怡的论文《书院制度及其精神》[①]、孙彦民的专著《宋代书院制度之研究》[②]、严耕望的论文《唐人读书山林寺院之风尚——兼论书院制度起源》[③]、张胜彦的论文《清代台湾书院制度初探》[④] 等论著。上述成果不仅延续了对书院历史的传统研究路径，而且开启了书院教育、书院精神等新的研究领域。

2. 改革开放以后

20 世纪 80 年代改革开放以后，书院研究蓬勃发展，许多书院资料被整理出版，学者们发表了大量学术论文，出版了数部重量级的著作。

（1）在书院资料整理方面，出版了赵所生、薛正兴主编的《中国历代书院志》[⑤]，共 16 册，选收了中国历代的书院志、书院章程、课艺、学田志等史料 115 种，被公认为书院研究者的必读书之一。陈谷嘉和邓洪波主编的《中国书院史资料》[⑥]，共 3 册，是这一时期很有特色的书院史料整理成果，该书按内容和时间先后分章编排，以精当、全面、系统的史料，展现了中国书院形成、演变、改制的发展脉络。邓洪波还编有一部《中国书院学规集成》[⑦]，共 3 册，这是一部汇集我国历代书院学规、章程的著作，同样被视为书院研究者的必备书籍。上述工作为书院研究的开展打下了坚实的基础。

（2）在书院通史研究方面，有了一些成果，如张正藩的《中国书院制度考略》[⑧]，陈元晖、尹德新、王炳照的《中国古代的书院制度》[⑨]，李国均等人的《中国书院史》[⑩]，白新良的《中国古代书院发展史》[⑪]，陈谷

① 丁肇怡：《书院制度及其精神》，（香港）《民主评论》1959 年第 10 卷第 13 期。

② 孙彦民：《宋代书院制度之研究》，政治大学教育研究所 1963 年。

③ 严耕望：《唐人读书山林寺院之风尚——兼论书院制度起源》，（香港）《民主评论》1954 年 12 月号。

④ 张胜彦：《清代台湾书院制度初探》，《食货月刊》1976 年第 3、4 期。

⑤ 赵所生、薛正兴：《中国历代书院志》，浙江教育出版社 1996 年影印本。

⑥ 陈谷嘉、邓洪波：《中国书院史资料》，浙江教育出版社 1998 年版。

⑦ 邓洪波：《中国书院学规集成》，中西书局 2011 年版。

⑧ 张正藩：《中国书院制度考略》，中华书局 1981 年版。

⑨ 陈元晖、尹德新、王炳照：《中国古代的书院制度》，上海教育出版社 1981 年版。

⑩ 李国均等：《中国书院史》，湖南教育出版社 1994 年版。

⑪ 白新良：《中国古代书院发展史》，天津大学出版社 1995 年版。

嘉与邓洪波的《中国书院制度研究》[①]，邓洪波的《中国书院史》[②]。这些著作从不同角度对书院进行研究，多集中在书院教学管理制度、讲学会讲制度、经费管理制度和供祀制度等方面。如李国钧等人的《中国书院史》，探讨了“书院”与“学派”的关系。白新良的《中国古代书院发展史》，对历代书院的数量、名称及和当时国家文教政策的关系等进行了统计和研究。陈谷嘉和邓洪波的《中国书院制度研究》，将书院分为书院类型、书院等级差异、书院职事类别、书院藏书及其管理制度、书院刻书事业、书院经费及其管理、书院的教育特点、书院考试制度、书院专科教育和走向世界的中国书院10章内容，对书院进行专题研究，是一部上乘之作。邓洪波的《中国书院史》，以书院的发展历史过程为主线，阐述书院始于唐、兴于宋、延于元、普及于明清的一系列史实，重点探讨书院学术、教育和管理制度，书中大量运用统计学方法及图表示例，使论述更加具有说服力，是一部全面、系统地论述中国书院历史的学术专著。上述书院研究成果中，由于是通史性质的著作，因此，尽管于士大夫对书院的贡献有所涉猎，但不够系统深入，而书院对士大夫的作用更是有待论述。

（3）区域书院史研究方面，刘卫东、高尚刚的《河南书院教育史》[③]、李才栋的《江西古代书院研究》[④]、胡昭曦的《四川书院史》[⑤]、吴洪成等人的《河北书院史》[⑥]、赵连稳的《北京书院史》[⑦]、马晓春的《杭州书院史》[⑧] 等，都是这一时期有代表性的成果，它们对某个省市历史上的书院沿革、地域分布、书院祭祀、教育、藏书等问题作了论述。区域书院史的研究不仅丰富了书院研究的内容，还有利于书院研究的细化和深化。由于是区域性质的书院著作，因此，于士大夫对书院的贡献涉猎较多，但仍然不够深入和系统，而书院对士大夫的作用同样论述甚少。

（4）院别史研究方面，岳麓书院、白鹿洞书院、嵩阳书院、城南书

① 陈谷嘉、邓洪波：《中国书院制度研究》，浙江教育出版社1997年版。

② 邓洪波：《中国书院史》，东方出版中心2004年版。

③ 刘卫东、高尚刚：《河南书院教育史》，中州古籍出版社1991年版。

④ 李才栋：《江西古代书院研究》，江西教育出版社1993年版。

⑤ 胡昭曦：《四川书院史》，四川大学出版社2006年版。

⑥ 吴洪成等：《河北书院史》，河北大学出版社2014年版。

⑦ 赵连稳：《北京书院史》，研究出版社2014年版。

⑧ 马晓春：《杭州书院史》，中国社会科学出版社2015年版。

院、学海堂、钟山书院、格致书院等著名书院，成为学术界关注的重点。如关于岳麓书院的研究成果就有杨慎初、朱汉民、邓洪波的《岳麓书院史略》[①]、杨布生的《岳麓书院山长考》[②]、朱汉民的《岳麓书院与湖湘学派》[③]。上述成果虽仍然侧重于论述士大夫对书院的发展作用方面，但于书院对士大夫的影响方面也有涉猎。

（5）书院和传统文化研究方面，主要成果有杨布生、彭定国的《中国书院与传统文化》[④]，该书将书院置于传统文化系统中，从教育、藏书、刻书、学术、三教合流、建筑艺术、档案事业、文化交流等角度对书院进行了全方位研究。胡青的《书院的社会功能及其文化特色》[⑤]，从社会功能角度对书院进行研究，从家族文化、乡土文化、山林文化等视角来分析书院在知识传播、学术研究、社会教化、讲学考课等方面体现出来的文化传承意识和社会担当意识。丁钢、刘琪的《书院与中国文化》[⑥]，重点研究了历代书院如何推进学术进步与儒家文化的传播。徐雁平的《清代东南书院与学术及文学》[⑦]，这是一部具有较高学术水平的著作，系统、深入地研究了清代江苏、安徽、浙江等地书院的发展，论述了书院与学术及文学之间的关系。刘玉才的《清代书院与学术变迁研究》[⑧]，研究了书院与学术的关系，考察了书院学术风气的演变过程。上述成果拓宽了书院研究的领域，并且涉及了书院教育对士大夫的价值观等方面的影响，但由于是附带论述，所以说研究并不深入。

（6）士大夫和书院互动关系方面，研究成果主要有一些学者的论文发表，如湖南大学朱汉民的《书院历史变迁与士大夫价值取向》[⑨]，肖永

---

① 杨慎初、朱汉民、邓洪波：《岳麓书院史略》，岳麓书社 1986 年版。

② 杨布生：《岳麓书院山长考》，华东师范大学出版社 1986 年版。

③ 朱汉民：《岳麓书院与湖湘学派》，教育科学出版社 1991 年版。

④ 杨布生、彭定国：《中国书院与传统文化》，湖南教育出版社 1992 年版。

⑤ 胡青：《书院的社会功能及其文化特色》，湖北教育出版社 1996 年版。

⑥ 丁钢、刘琪：《书院与中国文化》，上海教育出版社 1992 年版。

⑦ 徐雁平：《清代东南书院与学术及文学》，安徽教育出版社 2007 年版。

⑧ 刘玉才：《清代书院与学术变迁研究》，北京大学出版社 2008 年版。

⑨ 朱汉民：《书院历史变迁与士大夫价值取向》，载《湖南大学学报（社会科学版）》2007 年第 3 期。

明的《书院与地方社会的互动》①，暨南大学王元林、林杏容的《明代西樵四书院与南海士大夫集团》②，北京联合大学赵连稳的《窦禹钧及其书院问题考辩》③ 等。这些研究成果，大多侧重于探讨士大夫阶层，或某个士大夫集团，或某个士大夫对书院的作用，而于书院对士大夫的反作用问题的研究尚不够系统和深入。肖永明先生的《书院与地方社会的互动》一文，对我国历史上的书院和地方社会的互动关系做了宏观的论述，该文认为：书院依托于地方社会而发展，依靠地方各种社会力量包括士大夫的支持；同时，书院又反过来对地方的学术发展、知识积累、人才培养、社会风习、文化交流产生很大的促进作用。这是目前不多的论述书院和社会互动关系的一篇典型文章，然而士大夫和书院的互动关系只是其内容的一部分，仍有很大的空间可以开拓。

其实，书院的发展不仅得益于地方士大夫，更得益于上层士大夫的扶持；书院不仅对地方社会产生了影响，而且对上层社会也产生过很大影响。士大夫和书院的互动关系也不只是正面的、良性的，也有交恶的时候，这在明代比较突出。这些问题，都值得予以专门、系统地揭示和探讨。可惜的是，迄今为止，这方面的研究成果尚未见到。

二　士大夫阶层的演变

既然研究士大夫，首先应该了解士大夫的历史。与书院相比，士大夫产生则比较早，逐渐形成我国传统社会中一支活跃的社会力量，一方面，这些人是国家政治的直接参与者；另一方面，他们又是社会上层文化、艺术的创造者和传承者。随着科举制度的废除，士大夫也成为历史的名词。

（一）士大夫阶层的形成

士大夫是指古代官吏或有社会声望的知识分子，包括现职官吏、退休官吏和正在苦读诗书将来有可能担任各级官吏的人物。

春秋以前，天子、诸侯、卿、大夫、士组成贵族阶级，大夫和士为贵

---

① 肖永明：《书院与地方社会的互动》，载《大学教育科学》2011 年第 4 期。

② 王元林、林杏容：《明代西樵四书院与南海士大夫集团》，载《中国文化研究》2004 年夏之卷。

③ 赵连稳：《窦禹钧及其书院问题考辩》，载《北京社会科学》2013 年第 1 期。

族阶级中的两个阶层。《国语》曰“大夫食邑，士食田”。说明二者身份地位相接近，后来逐渐把两者合称为“士大夫”。《周礼》说：“坐而论道，谓之王公；作而行之，谓之士大夫。”是说王公是谋划治国之道的，士大夫是负责具体执行的。郑玄注“士大夫”曰：“亲受其职，居其官也。”① 可见，士大夫是有官职的人。

春秋以后，“士”从贵族中剥离出来，成为能言善辩的“游士”，成为知识人的通称，追求完美的道德人格、参政议政的社会责任和政治教化的担当，以及对博学多闻的追求，成为士人的人生价值观。在孔孟眼里，“士”首先应是文化人，同时又应是道义的化身，即《论语》所谓“士不可以不弘毅，任重而道远”，“士志于道”。先圣主张“学而优则仕”，就是欲给有作为的知识人一种出路，具备“弘毅”品格的“士”学习好了就去做官。孟子认为士人“尚志”，即“尚仁义”。

战国时期，士成为“四民之首”，《汉书》曰：“士农工商，四民有业。学以居位曰士，辟土殖谷曰农，作巧成器曰工，通财鬻货曰商。”② 一些士人凭借自身能力，进入卿相行列，即布衣卿相；大夫也不再世袭，其中的多数是由士上升而来的，正演变为官僚体系中的一个职位。但是，直到宋朝以前，“士”的地位和入仕途径总是变动的，许多“士”，“无以为衣食业”，纵然是孔子和孟子也莫能例外。

秦汉时期，关于士大夫的记载多了起来，西汉初期的士大夫概念比较模糊，可以指称贤士、官僚、将士。汉武帝“独尊儒术”以后，士人由诸侯座上宾转而为朝廷官吏者日益增加。元光元年（公元前134年），武帝诏令郡国举孝、廉各一人。此后，郡国每年举荐孝廉的察举制度便确立下来，昭、宣以后，士大夫的含义逐渐单一化，成为一个特定阶层的称谓，士大夫阶层逐渐形成。东汉光武、明帝对士人进行“吏化”改造，通经入仕成为士人主要的生存方式，士大夫阶层形成。余英时在《士与中国文化》中认为：“‘士大夫’这个名词古已有之，盖从封建制度中的‘大夫’、‘士’两称号逐渐演变而成……‘士大夫’，在汉初时主系指武人，但愈往后便愈有较广的社会涵义……至少在东汉政权建立之际，它已

---

① 阮元：《十三经注疏》卷42《周礼注疏》，中华书局1980年影印本，第267页。

② 班固：《汉书》卷24《食货志上》，中华书局1962年版，第1117—1118页。

有我们现在所说的‘士大夫阶层’之意义。”① 在后来的反对宦官的斗争中，士大夫发挥了中流砥柱的作用。

魏晋南北朝时期，士大夫纷纷立下家训，如诸葛亮《诫子书》《诫外甥书》，陶渊明《命子》《责子》《与子俨等疏》，颜延之《庭诰》，魏收《枕中篇》，颜之推《颜氏家训》等。这些家训的主要内容是立志修身、读书治学、和睦宗亲、为官处世，目的是在变幻莫测的政局下保家全身。

魏晋南北朝时期，直到隋唐以前，士人与官僚还没有结合起来，两者密切地结合起来是在科举制度实行以后，确切地说是在宋代进入科举社会以后。

（二）士大夫阶层的发展壮大

肇端于隋，确立于唐宋的科举选官制度，是我国官员选拔史上重要的里程碑，“一切以程文为去留”，士人通过科举考试便能够进入官员阶层，打破了世族门阀垄断官场仕途的局面，科举考试逐渐成为选拔官员的主要途径，士与官僚走向了合流的道路，通过科举入仕，成为士子的人生追求。

唐朝时期，是科举入仕的初级阶段，制度建设尚不完善，科举考试为上层士族控制，出身寒门的士人，即使有一部分如陈子昂、王叔文、刘禹锡、柳宗元等人进入到官员行列，但是，仍被排斥在政权之外。所以，唐末农民起义时，一些进士加入到起义军中，成为农民起义军的谋士。

赵宋王朝，重文轻武，加上大乱之后，新的政权重建，政府机构需要很多的文人官吏，朝廷对科举考试制度加以完善，采取了一系列限制世家权贵垄断科举的措施，实行公平竞争，这些措施有利于大量出身寒门的士人入仕，使很多士人通过科举考试，实现了做官的梦想，士大夫数量大大增加，士大夫阶层发展起来。根据香港中文大学李弘棋先生统计，在宋代全体文官 14860 人当中，前 30 年由科举及第的官员达到 7833 人，占到总数的 52. 71%。② 还有人统计，《宋史》有传的 1953 名官员中，由平民或低品官出身而进入官场者占 55. 12%。③ 这在门阀制度下的隋唐以前社会

---

① 余英时：《士与中国文化》，上海人民出版社 1987 年版，第 239—241 页。

② 李弘棋：《宋代的社会阶级与社会地位》，1985 年杭州国际宋史学术讨论会论文。

③ 陈义彦：《从布衣入仕论北宋布衣阶层的社会流动》，载《思与言》1972 年第 4 期。

是不可能的事情，说明中小地主及平民出身的中下层士大夫已经构成宋代士大夫阶层的主要部分，这些人对赵宋王朝充满了感激之情，参政议政的积极性与责任感空前高涨，把自身的命运和王朝的命运、国家的命运融为一体。

元代对科举考试制度不太重视，科举考试基本上处于停滞状态，因此，广大的士人被排挤在政权之外，加上民族歧视政策，终元一代，民族矛盾都比较尖锐。

明朝驱除鞑虏，光复中原，汉族士大夫对朱明王朝表现出了极大的热情，明朝科举制度的进一步完善也使众多士人进入官员行列。清代统治者入关之后，迅速吸收汉族文化，继续开科取士，笼络汉族士人，士大夫阶层进一步壮大，清朝后期，全国的士大夫人数达一二百万。

三　士大夫的人生价值观

（一）“三不朽”的人生价值观

修齐治平、“三不朽”、为天地立心、为生民立命、为往圣继绝学、为万世开太平，这些理念成为我国传统士大夫追求的人生价值观，而创办书院，可以教化社会、培养人才、传播学说，是士大夫实现理想的极佳途径。

对士大夫人生价值观产生深刻影响的人物是春秋时期鲁国大夫叔孙豹，据《左传·襄公二十四年》记载，叔孙豹（？—前537年）出使晋国，晋国正卿范宣子问：“古人有言曰：‘死而不朽’，何谓也？”叔孙豹回答说：“太上有立德，其次有立功，其次有立言，虽久不废，此之谓不朽。”这就是被后人称赞的所谓“三不朽”。唐人孔颖达在《春秋左传正义》中说：“立德谓创制垂法，博施济众”；“立功谓拯厄除难，功济于时”；“立言谓言得其要，理足可传”。“三不朽”中首先是“立德”，即拥有高尚的道德，创立普惠众人的制度，这是前提；其次是“立功”，即为国为民排除危难，建功立业；再次是“立言”，即将真知灼见著书立说，传于后世。“三不朽”被我国的士大夫奉为圭臬，力图在道德、事功、言论方面有所建树，传之久远，虽死犹生。叔孙豹提出的所谓“立德”“立功”“立言”的“三不朽”说，是中国古代士大夫阶层的人生价值的基本取向，以后的思想家对此多有发挥。据说，我国历史上能够做到“三不朽”的人只有两个半，分别是孔子、王阳明和曾国藩（半个），可见，一个士大夫要想达到“三不朽”的境界还是很难的。

（二）修齐治平的人生价值观

产生于西汉时期的《礼记·大学》曰：“古之欲明明德于天下者，先治其国；欲治其国者，先齐其家；欲齐其家者，先修其身；欲修其身者，先正其心；欲正其心者，先诚其意；欲诚其意者，先致其知。致知在格物，格而后知至，知至而后意诚，意诚而后心正，心正而后身修，身修而后家齐，家齐而后国治，国治而后天下平。”《礼记》中提出了儒家“格物、致知、诚意、正心、修身、齐家、治国、平天下”的人生价值观，成为士大夫孜孜以求的高尚情怀，实际上也是对“三不朽”的具体阐释。

（三）将“立德”视为人生的最高价值

宋代“以儒立国”“重整伦常”，使士大夫转而追求主体自觉意识，以“天下为己任”的责任感空前高涨。北宋大儒张载的“为天地立心、为生民立命、为往圣继绝学、为万世开太平”，被当代哲学家冯友兰概括为“横渠四句”，可以说是士大夫的“四为情怀”，即为社会建立一套以“仁”“孝”等道德伦理为核心的精神价值系统，让百姓生活无忧、修身养性，发扬光大儒家学说，创造万世太平的世界。这是对“三不朽”的再次发挥。“四为情怀”是张载对北宋士大夫阶层状况的一个描述，范仲淹说，宋代士大夫“言政教之源流，议风俗之厚薄，陈圣贤之事业，论文武之得失”①。凡国家大事，均要“罄而陈之”，发表己见，以使朝廷无过，百姓无怨，实现治国平天下的宏愿。欧阳修、司马光、王安石、苏轼等人是宋代士大夫的典型代表人物。

宋朝士大夫特别注重道德对社会发展的作用，将“立德”视为人生的最高价值追求。宋代士大夫阶层之所以有这样的人生价值取向，与宋代的科举罢诗赋而专以经术取士有关。宋朝把《诗》《书》《周礼》作为士子参加科举考试所依据的标准教材，强调经义造士，所以，宋代文人多

---

①　范仲淹：《范文正公文集》卷9《奏上时务书》，载范能濬：《范仲淹全集》，凤凰出版社2004年版，第177页。

“以经术为先务”，“谈道德性命之学不绝于口”。[①] 宋代士大夫的人生价值观念由汉唐时代对功名的孜孜以求，转向对道德主体精神的追求。周敦颐指出：“天地间至尊者道，至贵者德而已矣。”[②] 明确主张以有德作为人生价值的根本标准。陆九渊则说：“人生天地间，为人自当尽人道。学者之所以为学，学为人而已。”[③] 宋代理学家把伦理道德赋予永恒的“天理”意义，将它提高到本体的高度。

元代实行民族歧视政策，尽管政府推崇程朱理学，但和汉族士大夫之间始终没有很好的合作，士大夫的经世致用的情怀没有能够施展开来。

（四）“知行合一”的人生追求

明朝万历中期以后，皇帝怠政，宦官专权，党政激烈，社会矛盾激化，在此危机之下，士大夫们有的在朝中惨淡经营，苦苦支撑，力求挽救朝廷危局；有的脱离庙堂，去书院讲学清议，以图扭转学风政风；有的尽力推动所在地区的教化与慈善事业，借以缓和社会矛盾。王守仁，字伯安，绍兴府余姚县（今属宁波余姚）人，因曾筑室于会稽山阳明洞，自号阳明子，学者称之阳明先生，亦称王阳明。王守仁是明代思想界的大儒、著名的思想家、哲学家和军事家，陆王心学之集大成者，精通儒家、道教、佛教，他的著名的心学四句教法：无善无恶心之体，有善有恶意之动。知善知恶是良知，为善去恶是格物。宣扬“知行合一”，强调躬行实践的重要性，进而提出了“致良知”学说，强调发挥人的主观能动性，提倡独立思考。明穆宗朱载垕评价王守仁：两肩正气，一代伟人，具拨乱反正之才，展救世安民之略，功高不赏。历史上，能把学问在事业上表现出来的只有两人，除去王守仁以外，还有清朝的曾国藩。

（五）天下为公、救民于涂炭的济世情怀

明清之际是我国思想界大放光彩的时期，众多的思想家如顾炎武、黄宗羲、王夫之等人对国家、民族前途进行深度思考，充分展示了士大夫的

---

① 脱脱等：《宋史》卷202《艺文一》，中华书局1977年版，第5031页。

② 周敦颐：《周子通书》卷24《师友上》，上海古籍出版社2000年版，第39页。

③ 陆九渊：《陆九渊集》卷35《语录下》，中华书局1980年版，第470页。

救世情怀。顾炎武说："今日者拯斯人于涂炭，为万世开太平，此吾辈之任也。仁以为己任，死而后已。"[①] "君子之为学，以明道也，以救世也。徒以诗文而已，所谓雕虫篆刻，亦何益哉！"[②] 黄宗羲说："大丈夫行事，论是非，不论利害；论顺逆，不论成败；论万世，不论一生。"[③] "不以一己之利为利，而使天下受其利；不以一己之害为害，而使天下释其害。"[④] "盖天下之治乱，不在一姓之兴亡，而在万民之忧乐。"[⑤] 王夫之说："以天下论者，必循天下之公。"[⑥] 鸦片战争以后，清朝统治内忧外患，魏源、龚自珍等士大夫们又展现了济世救民的胸怀，如魏源的"不忧一家寒，所忧四海饥"[⑦]、龚自珍的"九州生气恃风雷，万马齐喑究可哀，我劝天公重抖擞，不拘一格降人才"[⑧]，就是救世情怀的写照。

四 士大夫在中国传统社会中的作用

（一）创立学派，推动文化发展

中国文化源远流长，如缕不绝，其中的重要原因就是士大夫发挥了重大作用，从孔子到孟子，从孟子到董仲舒，从董仲舒到"二程"和朱熹、王守仁等，这些人是士大夫中的精英，他们创立学说、建立学派，共同推动了中国传统文化的发展，特别是在社会动荡和思想较为自由的历史时期，士大夫们更是将自己的智慧贡献给社会，如春秋战国时期的诸子百家、两宋时期的"学统四起"、明朝的王阳明学派、清代的考据学派等。

所谓诸子百家是后人对春秋战国时代各种学术派别的总称，诸子百家学说中流传最广的是法家、儒家、道家、墨家、阴阳家、名家、杂家、农

---

① 顾炎武：《亭林文集》卷3《病起与蓟门当事书》，载顾炎武：《顾亭林诗文集》，中华书局1983年版，第48页。

② 顾炎武：《亭林文集》卷4《与人书二十五》，载顾炎武：《顾亭林诗文集》，中华书局1983年版，第89页。

③ 谢枋得：《叠山集》卷5《与李养吾书》，《四部丛刊初编》本。

④ 黄宗羲：《明夷待访录》之《原君》，中华书局2011年版，第6页。

⑤ 黄宗羲：《明夷待访录》之《原臣》，中华书局2011年版，第16页。

⑥ 王夫之：《读通鉴论》（下册）卷末《叙论一》，中华书局2013年版，第971页。

⑦ 魏源：《魏源全集》（第12册）卷1《偶然吟》之九《呈婺源董小槎先生为和师感兴诗而作》，岳麓书社2004年版，第498页。

⑧ 龚自珍，刘逸生等校注：《龚自珍诗集编年校注》（下册）《己亥杂诗》第220首，上海古籍出版社2013年版，第872页。

家、小说家和纵横家等，形成诸子百家争鸣的繁荣局面。儒家的“仁政”、墨家的“兼爱”“尚贤”“节用”和道家的“少私寡欲”“道法自然”，以及法家的“废私立公”等思想成果堪与同时期的古希腊文明相媲美。

两宋时期是我国文化大发展、大繁荣的时代，这与士大夫们积极进取、创立学派密切相关。北宋仁宗庆历之际文化发展的突出标志就是当时学术界新流派的勃兴，诚如清代学者全祖望所说：“庆历之际，学统四起，齐鲁则有士建中、刘颜夹辅泰山（孙复）而兴；浙东则有明州杨、杜五子（杨适、杜醇、王致、楼郁、吴师仁），永嘉之儒志（王开祖）经行（丁昌期）二子；浙西则有杭之吴存仁，皆与安定（胡瑗）湖学相应；闽中又有章望之、黄日希，亦古灵（陈襄）一辈人也；关中之申（颜）、侯（可）二子，实开横渠（张载）之先；蜀有宇文止止，实开范正献公（祖禹）之先。”① 此后，宋代士大夫形成了各种学派，主要有王安石的新学，周敦颐的濂学，张载的关学，程颢的洛学，司马光的朔学，苏轼、苏辙的蜀学，朱熹的闽学，吕祖谦的婺学，陆九渊的心学，陈亮、叶适的事功学等。各个学派精彩纷呈，共同推动了宋代文化的繁荣。

（二）创造太平盛世，推动朝政改革

士大夫们在王朝初期，辅助明君，实现一个个治世，例如，“文景之治”“贞观之治”“康乾盛世”。在王朝中期，进行改革，剔除弊病，如“王叔文改革”“王安石变法”“张居正变法”“洋务运动”等。在王朝后期，反对暴政和宦官擅权。例如，东汉的太学生反抗宦官的斗争，两宋太学生关心国家社稷、追求真理、主持正义、勇于斗争，明末的东林党人不惧宦官专权的淫威，反对宦官误国，晚清的“戊戌变法”。士大夫们在国家危机之时，为国纾难，为民请愿，体现出浓厚的爱国情结和强烈的忧患意识。

朝廷设立太学之目的，就是要为国家培养治术人才和贤人君子，这就决定了太学自创办之日起，太学生便与朝政形成了一种特殊的关系。为了自己的前程，太学生们关心政治，希望朝政清明，对黑暗势力进行挞伐，或上书言事，或集会请愿。东汉后期，政治危机，阶级矛盾和地主阶级内

---

① 黄宗羲、全祖望等：《宋元学案》卷首《宋元学案序录》，中华书局 1986 年版，第 2 页。

部矛盾交织在一起。面对这一危急形势，以杨秉、陈蕃和李膺为代表的正直官吏同情人民的疾苦，担忧政局不稳，愤怒揭露并打击宦官集团。他们的行为和太学生的诉求一拍即合，两股势力联合起来，形成反对宦官腐朽集团的强大力量。

宋代太学生继承历史上太学生参政的传统，劝谏皇帝，革新朝政。北宋徽宗时期，太学生领袖人物陈东八次上疏，“言极愤切”。南宋光宗，好逸恶劳，不理朝政，太学生余古直言力谏，言辞激烈，被发配秀州。太学生们敢于进“逆耳忠言”“言侍从之所不敢言，攻台谏之所不敢攻”[①]。太学生还和朝中的奸佞大臣作斗争，如宣和、靖康年间，太学生和蔡京、李邦彦的斗争，建炎年间和黄潜善的斗争，庆元年间和韩侂胄的斗争等，史载：“李邦彦议与金和，李纲及种师道主战，邦彦因小失利罢纲而割三镇。（陈）东复率诸生伏宣德门下上书曰：‘在廷之臣，奋勇不顾，以身任天下之重者，李纲是也，所谓社稷之臣也。其庸缪不才、忌疾贤能、动为身谋、不恤国计者，李邦彦、白时中、张邦昌、赵野、王孝迪、蔡懋、李棁之徒是也，所谓社稷之贼也。’”[②] 太学生和朝中的正直大臣结成反对腐朽势力的统一战线。

（三）为官一任，造福一方

许多士大夫在做地方官吏时，兴修水利、兴办教育、铲除恶霸、为民申冤，如欧阳修、范仲淹、海瑞等人。欧阳修做滁州（今安徽滁州）太守时，滁州被他治理得井井有条，在滁州，欧阳修写下了不朽名篇《醉翁亭记》。庆历六年（1046），范仲淹任邓州知州，在邓州任上前后共计3年，邓州百姓安居乐业，其传世名篇《岳阳楼记》及许多诗文均写于邓州。范仲淹出任泰州时，征调民众4万多人，重修捍海堰，全长约50公里，这就是被当地人民所命名的“范公堤”。海瑞更是家喻户晓、人人皆知的清官。清代顺天府尹周家楣，江苏宜兴宜城镇西门人，咸丰九年（1859）进士，在顺天府尹任上，他弹劾贪官污吏，救灾施赈，修葺金台书院，百废俱兴，政绩斐然。像这样的例子还有很多，不胜枚举。

---

① 罗大经：《鹤林玉露·丙篇》卷2《无官御史》，中华书局1983年版，第271页。

② 脱脱等：《宋史》卷455《陈东传》，中华书局1977年版，第13360页。

五 书院历程

（一）书院的诞生

1. 唐朝后期的书院

作为我国古代社会一种新型的文化教育组织和学术研究机构的书院，最早产生于唐代。我国最早的书院是家族书院，这种书院主要是教授本族子弟，目的是科举入仕，以确保本家族的社会地位和威望，自从科举考试制度诞生以后，通过读书应试入仕成为读书人的梦想，例如，创办于唐宪宗元和九年（814）的江西桂岩书院和创立于唐大顺元年（890）的江西东佳书堂。这两个书院均有了教学活动，本家族的子弟通过读书，走科举入仕的道路。由此可见，科举取士刺激了家族书院的产生。

2. 五代十国的书院

五代十国时期，政权更迭频繁，原有的官学体系被打乱，无法满足士子求学需要，于是，书院便发展起来，悠久的私人办学传统，科举取士的制度，使一些士大夫继续通过创办书院，满足本家族子弟读书的需要。当时，民间书院共有13所，有北京的窦氏书院、河南登封的太乙书院、河南洛阳的龙门书院、高安（今属江西）的留张书院、江西吉州的匡山书院和兴贤书院以及光禄书院、江西洪州的梧桐书院和华林书院以及云阳书院、福建古田的蓝田书院、广东连州的天衢书院，还有从唐朝延续下来的东佳（义门）书院。

五代十国时期的书院大都是私人创办。留张书院的创办人张玉，唐天复二年（902）进士，后任九江观察使。唐亡后隐居山中，构筑书堂，讲学其间。匡山书院由“清修不仕”的罗韬创办，受到了后唐皇帝的表彰，肯定了书院托斯文、裨风教的作用，特敕翰林学士赵凤大书“匡山书院”四字为匾额。兴贤书院由邑人解皋谟创建，光禄书院由邑人刘玉创建，天衢书院由邑人黄捐创办。这些书院中大多数均具备了藏书、讲学功能。

窦氏书院是北京第一所书院，由五代后梁时期的窦禹钧创办。窦禹钧，范阳（今北京昌平）人，生于唐末，卒于后周。唐末任幽州掾，唐亡后，相继在后梁、后唐、后晋、后汉、后周担任官职。窦禹钧品德高尚，擅长诗词，据范仲淹记载，他“于宅南构一书院四十间，聚书数千卷”[①]。其后李昌龄、彭元瑞、李卫都曾在著作中提到此事，窦禹钧把书院建在了自家住宅的南边，有房屋20间，藏书几千卷。他还聘请了名师前来讲学，几个儿子相继登科，“五子登科”的美名流传至今。窦氏书院在今北京昌平区，是一所家族书院，不仅本家族的子弟可以入学，附近乡亲的子弟也可以在此学习，凡“有志于学者，听其自至”[②]，书院招收的生徒数量相当可观，对于生活贫困的学生，书院则发放“膏火银”，予以资助。

五代十国时期，虽然政局动荡，但却是书院发展的重要阶段，清人王日藻说：“五代日寻干戈，中原云扰，圣人之道绵绵延延，几乎不绝如线矣，而书院独繁于斯时，岂非景运将开，斯文之未坠，已始基之欤！”[③]成为五代十国乱世时期一个耀眼的闪光点，诚如钱穆先生在《五代时之书院》所称，它是黑暗中的一线光明，潜德幽光，必大兴于后世。

唐朝五代时期，具有教学功能、学术研究功能和科举考试功能的书院，总的来说还处于初期阶段、诞生时期，它的大发展是在北宋以后。

（二）书院的发展

1. 两宋时期的书院

自北宋以后，书院进入了快速发展阶段，这一过程持续了南宋、元朝和明朝三个朝代，而且一朝比一朝发展得快。根据邓洪波先生统计，北宋时期，全国书院创办72所，重建1所，共计73所，实际上应当有百所左右；南宋时理学的发展，官学衰落，科举腐败，促使书院大发展，创办书院424所，重建书院18所，共计442所；元代创办书院282所，重建书院124所，共有书院406余所，实际数量应当有500余所；明代创办书院1707所，重建255所，共计1962所，实际上至少有2000所以上。

宋元明时期，书院完成了官学化过程和制度建设，逐渐变成科举考试的附庸，一些理学家包括朱熹和王阳明虽然批判科举制度，但并不反对生

① 范仲淹：《范文正公别集》卷4《窦谏议录》，载范能濬：《范仲淹全集》，凤凰出版社2004年版，第456页。

② 同上。

③ 王日藻：《嵩阳书院记》，载耿介：《嵩阳书院志》卷下，清康熙二十一年刊本。

徒参加科举考试，我们熟悉的东林书院是因为它敢于抨击朝政，其实该书院还是科举考试的重镇。

北宋初期，恰兵锋之后，宋太祖“重文轻武”，科举考试制度进一步发展，而官学体系经过多年战乱，已经破坏殆尽，刚刚建立起政权的北宋王朝，忙于统一战争，以及抵御辽和西夏的侵扰，加上初期经济力量不强，统治者无力恢复官学教育体系，一方面是政府需要大量的文官；另一方面是官学没有建立起来，于是增加中式人数，且凡是考中进士者均授予官吏，这种文教政策极大地刺激了民间力量兴办教育的积极性，书院获得了较大发展，出现了著名的“四大书院”，但书院制度尚未形成。北宋书院的发展可以仁宗为界分成前后两个阶段，第一阶段在官方和民间两种力量的支持下，书院获得较快发展；第二阶段由于仁宗以后，范仲淹、王安石和蔡京发起了三次官学运动，官学运动对一些著名的书院产生了较大影响，有的被改为官学，如衡阳石鼓书院、湘阴笙竹书院分别改为州学、县学，岳麓书院、湘西书院则与潭州州学连为一体，形成所谓“潭州三学”，表现了书院的官学化；有的书院则被停办或者改为他用。但是，书院发展并没有停止，数量仍然在增加，民间力量在兴办书院的过程中发挥了重大作用。

南宋时期的书院发展有两个特点：一是书院出现官学化倾向；二是书院的制度建设完善，对后世书院发展产生了重要影响，被后来的许多书院遵行，书院制度走向成熟。

南宋时期，有的书院山长由政府授予官职，甚至由政府选派人员充任或者兼任。从景定元年（1260）开始，南宋朝廷向每个州派出一名山长，但山长必须具备科举考试中举或者太学毕业资格。朝廷又规定担任山长的条件必须是和州学教授一样，“山长应注有出身，应格合入教官，及经任合注教官也”①。同时，书院的地址也由山林向城镇或者郊区迁移。

邓洪波先生认为，书院制度的确立有如下几个主要标志：第一，书院和理学互为表里，荣辱与共，形成一体化结构。这种结构，使书院具备了在学术文化领域发挥创造性作用的功能，事实上，书院对中国思想文化在

① 解缙等：《永乐大典》卷14621《吏部条法·差注门》，中华书局1986年影印残本，第6550页。

南宋时期形成前所未有的发展高峰，做了大量的工作，其功甚伟。第二，书院规制日趋完善，研究学问、教学传道、藏书、刻书、祭祀学派祖师、经营田产等成为书院的六大事业，表明书院已经成为一个功能齐全而且可以独立运作的文化组织。第三，书院内部的职事设置日趋合理，基本形成研究教学、行政管理、财务后勤、学生自治等相互连属的几大条块，说明书院的组织管理已臻完善。第四，各书院开始制定并执行学规、规程、揭示、学榜等不同名目的规章制度以规范自身的行为，宣示自己追求的目标与学术文化主张，南宋后期朱熹的《白鹿洞书院揭示》颁行天下后，书院更有了共同的准则。这种自觉的举措，是书院制度走向成熟最终确立的标志。①

2. 元朝时期的书院

元代书院继续着南宋以来的官学化倾向。政府通过委任山长、拨付学田、严格书院报批手续等措施，强化了自南宋以来的书院官学化倾向。

元世祖在统一全国的过程中，对书院采取了保护政策，以后的元朝统治者也大多支持书院的发展。中统二年（1261）六月，忽必烈下诏："宣圣庙及管内书院，有司岁时致祭，月朔释奠，禁诸官员使臣军马，毋得侵扰亵渎，违者加罪。"② 成宗即位（1295），"诏曲阜林庙、上都、大都诸路府州县邑庙学、书院，赡学土地及贡士庄田，以供春秋二丁、朔望祭祀，修完庙宇。自是天下郡邑庙学，无不完葺，释奠悉如旧仪"③。元朝统治者把书院山长与官学的学正、学录、教谕、教授一同列为学官，接受礼部、行省及宣慰司的任命。书院学田由政府拨付，元世祖三十一年（1294）七月，成宗即位，在政府的告谕中说：

> 曲阜林庙、上都、大都诸路府州县邑庙学、书院，照依世祖皇帝圣旨，禁约诸官员使臣军马，勿得于内安下，或聚集理问词讼、亵渎饮宴、工役造作、收贮官物等。其赡学地土产业及贡士庄田，外人勿

① 邓洪波：《中国书院史》第3章"书院制度的确立"，东方出版中心2004年版，第153—154页。

② 宋濂、王祎：《元史》卷4《世祖本纪一》，中华书局1976年版，第71页。

③ 宋濂、王祎：《元史》卷76《祭祀·郡县宣圣庙》，中华书局1976年版，第1901页。

得侵夺。所出钱粮，以供春秋二丁朔望祭祀及师生廪膳。①

政府还拨付给书院生徒一部分膳食津贴，根据《日下旧闻》记载："书院之设，莫盛于元，设山长以主之，给廪饩以养之，几遍天下。"② 又规定："自京学及州县学以及书院，凡生徒之肄业于是者，守令举荐之，台宪考核之，或用为教官，或取为吏属。"③ 将书院生徒和官学生员同等看待，而且仁宗皇庆年间以后，还可以和官学生员一样参加科举考试，应试入仕。而申请创办书院更是手续繁杂，需要层层审核报批。上述措施都是为了加强对书院的控制。

3. 明朝时期的书院

明朝初期，朱元璋对书院采取限制甚至禁止的态度，成化、弘治年间，由于官学和科举考试的弊端日益显现，国家对书院的政策有了转变。成化十五年（1479），宪宗为"紫云书院"赐额。成化二十年（1484），诏令重建江西贵溪县象山书院。弘治二年（1489），孝宗准奏修复常熟县学道书院。皇帝的态度转变对书院发展起到了示范效应，地方官员对书院予以关注。成化、弘治以后，书院数量逐渐增加，尤其是正德以后，王学遍天下，王门弟子在各地创办书院，甚至内阁首辅徐阶也素称姚江弟子，极喜良知之学，"一时趋骛者，人人自托吾道，凡抚台莅镇，必立书院，以鸠集生徒，冀当路见知"④，使明朝的书院在嘉靖、隆庆、万历年间渐入高潮。嘉靖朝创办书院达 550 所，隆庆朝 6 年间，书院创办了 65 所，万历朝创办书院 275 所。所以，尽管嘉靖、万历和天启三朝，政府多次禁毁书院，书院发展受到挫折，但整体上说，这一时期仍然是明代书院快速发展时期，明朝禁毁书院的诏令并没有在全国各地普遍执行。

书院官学化日趋严重，如果说宋元时期书院的官学化是政府政策控制的结果，那么，明朝时期书院的官学化则是官员大力推动、亲自加入到创办书院的行列中所致，各级官员创办的书院必然会使书院的教学和管理向

---

① 佚名：《庙学典礼》卷 4《崇奉孔祀教养儒生》，浙江古籍出版社 1992 年版，第 85—86 页。

② 朱彝尊：《日下旧闻》，清康熙二十七年刻本。

③ 宋濂、王祎：《元史》卷 81《选举志一》，中华书局 1976 年版，第 2032—2033 页。

④ 沈德符：《万历野获编》卷 24《书院》，中华书局 1959 年版，第 608 页。

官学靠近。明朝书院中官员创办的达到972所，民办的有507所。书院山长由官府掌控，经费使用也被官方间接干预。官员创办的书院占据书院的大多数，各级官吏参与对生徒的课试，即官课，很多官员还亲自为生徒讲学，唐龙《正学书院续记》记载，弘治初督学杨一清建正学书院，并“于中教授生徒”，“郡邑弟子员心怿神怡，三十余年，未之有改也”。[①]

（三）书院的鼎盛和改制

1. 书院发展到鼎盛时期

清代的书院由于统治者的支持，获得了空前的发展，数量达到历史上的顶峰。康熙时期，清圣祖玄烨对书院赐予图书、匾额，以示支持。雍正十一年（1733），清世宗胤禛特颁谕旨，令各地督抚在各省省城均建书院，并且给予经费支持，史载：

> 近见各省大吏，渐知崇尚实政，不事沽名邀誉之为，而读书应举者亦颇能屏去浮嚣奔竞之习，则建立书院，选择一省文行兼优之士，读书其中，使之朝夕讲诵，整躬励行，有所成就，俾远近士子观感奋发，亦兴贤育材之一道也。督抚驻扎之所，为省会之地，着该督抚商酌举行，各赐帑金一千两，将来士子群聚读书，须豫为筹画，资其膏火，以垂永久，其不足者在于存公银内支用。[②]

清朝书院官学化更为严重，官倡民办的书院超过纯粹的民办书院，书院院长、生徒的选拔，经费和日常管理等方面都有官府的干预，甚至控制，但书院并不是官学，只是官学化。

乾隆皇帝即位后不久即颁谕旨，对书院发展做出具体要求，令各省督抚仿朱熹白鹿洞书院之例，设立条规，慎选院长、生徒，“书院之长，必选经明行修、足为多士模范者，以礼聘请；负笈生徒，必择乡里秀异、沉潜学问者，肄业其中，其恃才放诞、佻达不羁之士，不得滥入书院中”。同时规定，学臣三年任满，咨访考核，如院长“教术可观，人材兴起，

① 沈琮修、陆耀遹、董祐诚：《咸宁县志》卷12《学校志》，清嘉庆二十四年刊本。

② 《清世宗实录》卷127，雍正十一年正月壬辰，中华书局1986年影印本，第2册，第666页。

各加奖励；六年之后，著有成效，奏请酌量议叙。诸生中材器尤异者，准令荐举一二，以示鼓励”[①]。对书院院长和生徒均有奖励措施。乾隆以后，对府州县之书院，凡经费困难的，准许地方政府给予经费支持。

道光和光绪两朝，政府财力日渐紧张，于是转而鼓励社会力量捐资，或修建书院，或充作生童膏火，使清代书院发展又掀起一个高潮。但这时的书院教学活动已经加入了不少西学的内容，如开设天文、地图、舆地、算学等，传统书院正在以自己的方式向近代教育迈进。

2. 清末书院改制

甲午战争，天朝大国竟然败于小岛国日本，人们痛定思痛，认为“只有兴学育才为救危之法”，而“整顿书院，尤刻不容缓，此省先变，则较他省先占便利，此府先变，则较彼府先占便利”[②]。书院改制成为朝野关注的焦点，各地掀起了书院改制的热潮。而至戊戌变法时期，光绪皇帝竟然下令全国各地书院在两个月内全部改制为学堂，结果随着变法的失败，书院改制也停顿下来。庚子之变后，慈禧为了自保，推行“新政”，书院改制再次提上议事日程，光绪二十七年（1901）八月二日上谕称：“除京师已设大学堂，应行切实整顿外，著各省所有书院，于省城均改设大学堂，各府及直隶州均改设中学堂，各州县均改设小学堂，并多设蒙养学堂。”[③] 加上有“壬寅学制”“癸卯学制”和科举考试制度的废除等配套措施的实施，书院改制迅速推开，大部分书院在清末完成了改制工作。

六　士大夫和书院之互动

唐朝五代以降，士大夫纷纷加入到书院教育事业之中，直到清末书院改制为学堂。士大夫倡导创办书院、重修书院，并且为书院筹资、聘师，参与书院管理等，为书院的发展提供持续不断的动力。同时，书院反过来又对士大夫的构成、价值观、学说（学派）的形成和传播发挥了重要作用。士大夫和书院相伴而行千余年，其间虽然有相互交恶的时候，但总的

---

① 《清高宗实录》卷20，乾隆元年六月甲子，中华书局1986年影印本，第1册，第488页。

② 熊希龄：《熊希龄集》，湖南人民出版社1985年版，第49页。

③ 朱寿朋：《光绪朝东华录》卷169，光绪二十七年八月乙未，中华书局1958年版，第4719页。

来说，两者基本上还是能够相向而行，实现了良性互动。

自士大夫创办书院到南宋中期，两者实现了良性互动，士大夫创办书院，书院则为士大夫培养了大批颇具社会担当的后备力量。南宋中后期，受到朱熹被打成“伪学逆党”的影响，理学家创办的书院也遭受损失。元代由于最高统治者的支持，士大夫和书院二者良性互动，书院数量增加。明清两朝一个共同特点都是在王朝初期对书院采取打压的政策，但经过一段时间以后，又都对书院采取支持的态度。要说明清两朝的区别，那就是明朝中后期，士大夫和书院的互动并非一帆风顺，清代则自雍正帝十一年（1733）以后，两者的互动关系相当顺利。

七　研究内容、思路和方法

（一）研究内容

首先，对明代以前士大夫和书院互动的历程进行论述，旨在明确明清时期士大夫和书院的互动是历史发展的延续和必然。

其次，研究明朝士大夫对书院发展的作用。明朝士大夫对书院的态度比较复杂，有时支持，有时禁毁。本书将深入分析士大夫，特别是上层士大夫和书院的关系，在分析两者关系时，将其和党争问题密切联系起来进行考察。

再次，对清代士大夫对书院的发展作用进行探讨，包括清朝最高统治者对书院的态度由禁止到支持的原因，清代整个士大夫阶层如何闻风而动，采取多种措施支持书院发展的举措等。

最后，探讨明清时期书院对士大夫阶层的影响，包括为士大夫培养后备人才、士大夫价值观形成、学说的培育和弘扬等方面。

（二）研究思路

把古代社会时期士大夫和书院的互动关系放在当时的具体社会环境中加以考察。例如，从朝政变化、党争双方力量的消长这种新的视角深入研究明代士大夫和书院互动状况，从朝廷政局变化的视角细致分析两者互动关系。清代士大夫和书院的关系则从最高统治者对书院态度的转变开始，勾勒一系列鼓励士大夫支持书院发展的政策措施，从而揭示士大夫和书院二者是如何实现良性互动、促进社会发展的。

（三）研究方法

本书在撰写过程中，吸收了学术界同仁的相关研究成果，尝试进行跨学科的综合研究，研究方法以文献为主，同时运用调查法、个案法、列表图示法，运用定性和定量相结合的研究方法，充分考量案例的影响，在实地调查获取第一手资料的基础上，结合政治、经济、地理和文化特征，对士大夫和书院互动关系进行系统、深入的研究和揭示。

第二章

唐末至元朝士大夫和书院互动关系

我们知道，士大夫创办书院开始于唐朝末年，自唐末到元朝结束，即明朝以前，士大夫和书院两者之间即开始了互动关系。而唐末至元朝，士大夫在书院的发展过程中起到了重大作用，特别是官员中的理学家更是对书院发展倾注了大量心血；反过来，书院又对理学的传播和统治地位的确立以及士大夫后备力量的培养发挥了不可替代的作用。尽管在某些历史时期，由于党争的原因，书院和士大夫的关系并不和谐，但历时很短，在大多数情况下，两者是相伴而行、相互促进的。应该说，这一阶段士大夫和书院的互动关系为明清时期士大夫和书院互动关系的发展奠定了很好的基础。

第一节　唐末至元朝的社会文化环境

书院属于上层建筑，它的存在和发展与社会文化环境密切相关，有利的文化环境能够促进书院的发展，反之亦然。唐末到元朝的社会文化环境，基本上有利于书院的发展。

一　有利书院发展的文教政策

自唐末五代到元朝末年，其间虽有战乱和割据政权存在，但大部分地区和时期社会稳定，经济发展，为促进文教事业的发展，两宋与元代统治者采取了一系列鼓励政策。

（一）唐末五代时期

唐末五代十国时期，“朝代更易、干戈攘抢”①，这一时期，书院数量并不多，规模也不大，因此，政府对于书院还没有政策指导。国家无暇办学，士子难以肄业。因此，在这一时期，各种类型的官学基本上处于废毁状态。虽然这一时期南北一些政权短期内恢复过国子监，但其中的监生只是挂名国子监以应科举考试而已，并不认真读书。马端临所说：“史所言，多有未曾授业，辄取解送（应举）者，往往乱离之际，其居学者亦皆苟贱冒滥之士耳”②，可说是对五代国子监学的最好概括。但此时的国子监做了一件很有意义的事情，就是开始雕版印书，致使儒家五经、九经等广泛传播开来，促进了文化的传播，为书院兴起创造了条件，南北各地陆续创办了一些民间书院。

（二）两宋时期

北宋政府对于书院没有制度规范，而是通过赐田、赐书、赐额等具体方式扶持书院发展。在太宗太平兴国二年（977）至仁宗宝元元年（1038）的60多年时间内，通过连续不断的一系列诸如赐田、赐额、赐书、召见山长、封官嘉奖等措施对书院加以褒扬，邓洪波先生在《中国书院史》中对这种情况作了统计：

宋真宗太平兴国二年（977），应江州知州周述之请，赐白鹿洞书院“印本九经”。

太平兴国五年（980），授白鹿洞洞主明起为褒信县主簿官。

雍熙二年（985），赐南昌奉新胡氏为义门，诏令旌表其族，胡氏之华林书院因以声闻于天下。

淳化五年（994），“颁御书”予奉新胡氏私第，朝廷旧相、司空以下三十余人题诗寄赠华林书院。

至道初年（995），遣内侍赐御书给江州义门陈氏，东佳书院与有荣焉。

至道二年（996），赐登封太乙书院名为太室书院，并获所赐

① 马端临：《文献通考》卷30《选举考三》，中华书局1986年影印本，第283页。

② 马端临：《文献通考》卷41《学校考二》，中华书局1986年影印本，第394页。

“九经子史”诸书。

至道三年（997），太宗御书飞白“义居人”一轴，赐给南康达昌县雷湖书院（舍）。

咸平四年（1001），潭州知州扩建岳麓书院，请赐国子监诸经释文、义疏及《史记》《玉篇》《唐韵》等书。诏从之。

咸平五年（1002），敕有司修缮白鹿洞书院。

大中祥符元年（1008），直史馆孙冕请以白鹿洞为归老之地，从之。

大中祥符二年（1009），诏应天府新建书院，以曹诚为助教，令戚舜宾主之，赐院额。

大中祥符三年（1010），赐太室书院九经。

大中祥符八年（1015），召见岳麓书院山长周式，拜国子监主簿，赐给院额和中秘图书。

仁宗天圣二年（1024），赐田三顷给江宁茅山书院。

天圣三年（1025），赠给进士解额三名给应天府书院。

天圣六年（1028），郡守晏殊奏请王洙为应天府书院说书，从之。

明道二年（1033），应天府书院置讲授官一员。

景祐二年（1035），西京重修太室书院，诏以嵩阳书院为额，赐田一顷。赐衡州石鼓书院院额及学田五顷。改应天府书院为应天府学，赐田十顷。

宝元元年（1038），赐登封书院学田 10 顷。[①]

上述情况是政府无力兴办官学的情况下采取的措施，到政府具有财力发展官学时，便舍弃了对书院的支持。北宋中后期，很多书院在政府三次兴办官学的运动中，或被废弃，如白鹿洞书院；或被改为官学，如应天府、石鼓、笙竹书院，便被改为府、州、县各级官学，这类的例子更多。

但是，北宋三次兴办官学运动均以失败告终，官学只存形式而无实际

① 邓洪波：《中国书院史》第 2 章“书院的名扬天下”，东方出版中心 2004 年版，第 76—77 页。

效果，史载："盖惟州县庠序之教沉迷俗学，而科举利诱之习蛊惑士心。"① 于是，政府又转而支持书院的发展。淳熙八年（1181）十一月，朱熹当面向孝宗皇帝提出为白鹿洞书院赐书、赐额的请求，终于获得批准。理宗时期，理学取得官方的认可，理学家们创办的书院也得到皇帝的支持，"或赐田，或赐额，或赐御书，间有设官者"，采取支持书院的政策，终理宗一朝40年不变。

（三）元朝时期

元朝灭亡南宋后，元世祖忽必烈顺应变化，对汉文化采取吸收态度，对书院采取积极介入、因势利导的支持政策。《元史·世祖本纪》记载，还在征服南宋的战争过程中，忽必烈为了预防蒙古官吏和军队对书院的破坏，便在中统二年（1261）六月下诏曰："宣圣庙及管内书院，有司岁时致祭，月朔释奠，禁诸官员使臣军马，毋得扰侵亵渎，违者加罪。"② 要求地方官对书院进行保护，按时祭祀。

统一全国后，政府对书院的保护和支持政策一直延续着，没有改变。

（至元）二十八年（1291），令江南诸路学及各县学内，设立小学，选老成之士教之，或自愿招师，或自受家学于父兄者，亦从其便。其他先儒过化之地，名贤经行之所，与好事之家出钱粟赡学者，并立为书院。③

成宗即位，诏曰："曲阜林庙、上都、大都诸路府州县邑庙学、书院，赡学土地及贡士庄田，以供春秋二丁，朔望祭祀，修完庙宇。"④ 武宗至大三年（1310），又诏曰：

> 各处有的庙学、书院房舍里，不拣那个官人每、使臣每、军人每，休安下者。休断公事，休做筵会者。休造作者。系官钱物，不拣甚休顿放者。属学校的田地、水土、贡士庄，不拣是谁休争占侵犯者。⑤

① 吴澄：《岳麓书院重修记》，载李修生主编：《全元文》卷502，江苏古籍出版社1999年版，第15册，第138页。

② 宋濂、王祎：《元史》卷4《世祖本纪一》，中华书局1976年版，第71页。

③ 宋濂、王祎：《元史》卷81《选举志一》，中华书局1976年版，第2032页。

④ 宋濂、王祎：《元史》卷76《祭祀志》，中华书局1976年版，第1901页。

⑤ 《元典章》卷31《礼部》卷4《学校一·整治学校》，中华书局、天津古籍出版社2011年版，第1094—1095页。

上述可见，元朝中央政府对书院采取了保护措施。元代对书院的支持还表现在政府把书院和官学同等对待方面。书院山长和官学的学正、学录、教谕和教授一样列为学官，由礼部或者行省及宣慰司任命，据《元史》记载："命于礼部及行省及宣慰司者，曰学正、山长、学录、教谕，路州县及书院置之。"[①] 书院生徒也和官学的生员一样考核、做官，"自京学及州县学以及书院，凡生徒之肄业于是者，守令举荐之，台宪考核之，或用为教官，或用为吏属"[②]。当然，这也促进了书院的官学化。

自唐末至元代，历代政权对书院采取支持的态度，表现在文教政策方面，就是不断通过赐额、赐书和颁布诏令的形式支持书院。

二　三教合一，理学产生

宋代书院发展和理学有着密切关系，理学对书院的繁荣发展起到了重大作用。

（一）理学产生的背景

唐朝"安史之乱"以后，我国政局很长一个历史时期内处于动荡状态，即使北宋也并没有实现真正意义上的统一，北宋王朝北有辽朝，西有西夏，西南有大理，几个政权同时并存，南宋时期则和北方的金朝对峙。元代虽然实现了统一，但是，时间并不长，就被明朝取代了。所以说，唐末至元代是我国社会政局动荡的时期，社会道德水平严重下降，子弑父、下叛上、兄弟之间和民族之间相互残杀的现象屡见不鲜，所谓"君君臣臣父父子子之道乖""三纲五常之道绝"[③]，例如，在唐朝灭亡以后，中原地区相继出现的后梁、后唐、后晋、后汉、后周五个朝代，存在了53年，共更换了八姓十四君。君臣无纲常、武将无仁义、文人无傲骨。后梁皇帝朱温，性情残暴，杀人如麻，荒淫无度，竟然淫乱儿媳，被三子朱友珪刺杀。后唐皇帝李存勖，不理朝政，常常扮作伶人，登台演戏，后在邺都之乱中被乱兵杀死。后晋皇帝石敬瑭为称帝对契丹自称"儿皇帝"。朝秦暮楚的大臣屡见不鲜，如有历四朝之丞相冯道，厚颜无耻，自称"常乐老

---

① 宋濂、王祎：《元史》卷81《选举志一》，中华书局1976年版，第2032—2033页。
② 同上书，第2033页。
③ 欧阳修：《新五代史》卷16《唐废帝家人传第四》，中华书局1974年版，第173页。

人”，尝唾面自干。诚如国学大师钱穆先生认为的那样，五代时期是中国历史上最乱、最无耻的时代。这种社会乱象，道德水平的低下，充分说明了思想统治出现了严重的问题。

（二）理学的产生

宋代学者重视伦理建设，吸收佛教的思辨、道教的禁欲文化元素，使得儒学发生了嬗变，创立了新儒学，即理学。

董仲舒是儒学发展史上的一个重要人物，他遍读儒家、道家、阴阳家、法家等各家书籍，以《公羊春秋》为依据，把周代以来的宗教天道观和阴阳、五行学说糅合在一起，并吸收法家、道家、阴阳家思想，创建了一个新的思想体系，发展成为汉代的官方统治哲学，主要内容是“天人感应”“大一统”和“罢黜百家，表彰六经”。企图通过这些思想来约束统治阶级和被统治阶级，实现国家的“大一统”。但是，董仲舒的学说受到东汉以来国家分裂、社会动荡、思想混乱的现实挑战。

唐初统治者希望对经学做个总结，以利于思想统治。于是孔颖达等人便主持修撰官书，对南北朝经学进行总结，但只是给士人提供了一套为官方认可的五经注本，对儒学学说并没有什么发展。

唐末五代的混乱局面，使佛教趁机发展起来，儒学式微，北宋依靠武力重建中原王朝，但如何不使新的政权重蹈五代政权频繁更迭的覆辙，实现国家的长治久安，成为宋初士大夫们思考的重大现实问题。为了重新提倡儒学，并能与佛学相抗衡，他们注重吸收佛家的思辨方式，特别着意儒家思想的“形上学”体系的构建，同时亦吸收道教中有关宇宙本体的概念，如老庄“道生万物”的宇宙观，作为建构理学“宇宙论”“本体论”的重要部分。儒、道、佛三种思想糅合的结果，便产生了“理学”。但理学家的情怀在于以伦理为主，救世济民，建立一个完美的社会。理学是对于汉唐训诂之学的一种摒弃，如果说汉代董仲舒的儒学重点在政治哲学方面，那么宋儒创立的理学，其重点则在伦理道德上，为此提出了一系列非常有逻辑层次的哲学范畴和理论结构，以伦理道德为核心内容。在这场儒学复兴运动过程中，周敦颐、二程和朱熹发挥了重大作用。

周敦颐（1017—1073年），别称濂溪先生，理学的开创者，北宋思想家、理学家、哲学家、文学家，学界公认的理学鼻祖，他以儒学为主体，吸收道教等中的有益思想，细心研究道士陈抟的《无极图》，专门写了

《太极图说》，把道家的思想与儒家《易经》中的“易有太极，是生两仪”思想和阴阳、五行、刚柔等哲学范畴结合起来，融合改造。他提出的“无极而太极”的宇宙生成论，是对儒家的“太极”思想与老庄的“有生于无”思想的调和。

程颐（1033—1107 年）和程颢（1032—1085 年），号称“二程”，河南洛阳人，他们的学说也称为“洛学”，两人曾经求教于周敦颐。程颢自十五六岁时，就“凯然有求道之志，未知其要，泛滥于诸家，出入于老、释者几十年。返求六经，而后得之”[①]。他们的学说，以“心传之奥”奠定了道学的基础，更以“理”为最高范畴，因此，亦称作理学。二程的学说，特别是其核心观点——“存天理，去人欲”，对后世影响甚大。其自然观、认识论、人性论、社会政治思想等，都是为了说明“理”的必然性，“理”是产生自然界和人类社会的最高本体，自然界和人类社会的一切发展变化，都是“理”的体现。

（三）理学的集大成者

理学的集大成者是朱熹。朱熹（1130—1200 年），字元晦，又字仲晦，号晦庵，晚称晦翁，谥文，世称朱文公，宋朝著名的理学家、教育家、诗人，闽学派的代表人物，儒学集大成者，世尊称为朱子。朱熹一生著述甚多，有《四书章句集注》《太极图说解》《通书解说》《周易读本》《楚辞集注》，后人辑有《朱子大全》《朱子集语象》等。其中《四书章句集注》成为钦定的教科书和科举考试的标准。

朱熹以二程的“理本论”为基础，吸取周敦颐的“太极说”、张载的“气本论”以及佛教、道教的思想，建立起自己的哲学体系，其核心范畴是“理”，或称“道”“太极”。朱熹说：“宇宙之间，一理而已。天得之而为天，地得之而为地，而凡生于天地之间者，又各得之以为性。其张之为三纲，其纪之为五常，盖皆此理之流行，无所适而不在。”[②] 朱熹又说：“未有天地之先，毕竟也只是此理，有此理，便有此天地。若无此理，便

---

① 朱熹：《伊洛渊源录》卷 2《明道先生行状》，载《朱子全书》第 12 册，上海古籍出版社、安徽教育出版社 2002 年版，第 937 页。

② 朱熹：《晦庵先生朱文公文集》卷 70《杂著·读大纪》，载《朱子全书》第 24 册，上海古籍出版社、安徽教育出版社 2002 年版，第 3376 页。

亦无天地，无人无物，都无该载了。”[①] 在他看来，“理”是先于自然现象和社会现象的“形而上”者。朱熹把现实人生中的等级差别和人伦都看作实实在在存在着的，他说：“万物皆有理，理皆同出一源，但所居之地位不同，则其理之用不一，如为君须仁，为臣须敬，为子须孝，为父须慈；物物各具此理，物物各异其用，然莫非一理之流行也。”[②] 而这些实实在在存在着的现象，又都包含着“理”的规定性。

总而言之，理学以三纲五常思想为核心，并把这种思想上升为本体，人生在这种社会环境中，只能乐意地接受，而不应该有所反抗与逃避。理学家将儒家的“内圣外王”之道，进一步向宇宙本体与个人修养方法相结合的方向发展，从而使宇宙本体论、心性修养论、为学方法论连成一体，打造了一个完整的理论形态，完成了儒家思想体系的一次脱胎换骨。

三　科举制度和官员选拔

唐末至元代，封建社会上层建筑方面的最大变化是科举制度成为选拔官吏的主要途径，允许考生自由报考，不问出身，以成绩定取舍，使社会中下层的读书人能够通过努力进入仕途，“朝为田舍郎，暮登天子堂”。在书院肄业的士子们可以得到科举考试的权利，从而促进了书院的发展。

（一）隋朝以前的选官制度

选官制度是中国古代选拔官吏的程序规章，又被称为仕进制度。苏东坡曾言：“三代以上出于学，战国至秦出于客，汉以后出于郡县吏，魏晋以来出于九品中正，隋唐至今出于科举。”[③] 概述了中国古代选官制度的几个发展阶段。

传说中的尧、舜、禹时期的部落联盟首领，是通过民主推选的办法产生的。夏、商、周时期，实行“世卿世禄制”。在这种制度下，血缘和门第至关重要，造成公门有公，卿门有卿，贱有常辱，贵有常荣，赏不能劝其努力，罚亦不能戒其怠惰的局面。

战国时期的秦国推行商鞅变法，实行奖励军功，按功授爵的政策，没

① 黎靖德：《朱子语类》卷1《理气上》，中华书局1988年版，第1页。

② 黎靖德：《朱子语类》卷18《大学五·学问或问下》，中华书局1988年版，第398页。

③ 苏东坡：《东坡》（七集）卷110《东坡后集》卷11《志林》，明成化吉州刻本。

有立军功的宗室贵族就得不到爵位和贵族身份，更不能享受特权。

两汉时期推行新的选官制度，即通过察举制来选拔官员。察举制就是由中央政府的三公九卿和地方政府的郡国守相向皇帝推荐能够担任官职的人才。察举分为两大类：一是定期常举，一般每年一次，在年终随着“上计”进行，具体科目有孝廉、茂才等；二是不定期的特举，由皇帝根据实际需要随时下诏指定科目和人选要求，具体科目有贤良方正、贤良文学等。

魏晋南北朝时期选拔官员是通过九品中正制进行的。九品中正制又称“九品官人法”，它注重门第出身，以门第为选官标准。由于中正官一职长期被世家大族所垄断，选官任人唯看门第家世，从而进一步加重了自东汉末年以来的“上品无寒门，下品无世族”的等级森严的局面，导致门阀掌握实际权力。至西魏北周时期，九品中正制度逐渐动摇，到隋文帝时此制终被废除。

（二）隋唐科举的发展和选官制度

隋朝废除了以门第、家世为选拔官员标准的九品中正制，以科举制取而代之。科举制的创立对我国古代选官制度产生了深远影响。

科举通常是指由中央政府开设科目，士人可以自由报考，经过分科考试，最后根据考试成绩选拔人才、授予官职的选举制度。从其定义可以看出，科举制向社会各个阶层开放，“一切以程文为去留”，较之于前期的选官制度更为公平、公正。

隋文帝于开皇十八年（598），“诏京官五品以上，总管、刺史，以志行修谨、清平干济二科举人”①。隋炀帝大业二年（606），又在众多的科目中首开“进士”一科，标志着科举制的创立。

李唐王朝建立后，继续开科取士，并使之定型化。唐朝初年，科举考试分常举与制举两大类。常举每年一次，由礼部主持；制举是皇帝根据临时需要，不定期举行，录取人数也较少，故被视为“非正途”。常举众科中，有的是偶尔设置，有的很快被停止，只有明经和进士两科经常举行。明经考试主要考士人的背诵能力，易中；进士考诗赋，须构思，故难考。进士虽难考，但考中后容易飞黄腾达，故时人有“缙绅虽位极人臣，不

---

①　魏征等：《隋书》卷2《高祖本纪下》，中华书局1973年版，第43页。

由进士者，终为不美”[①] 的认识。后来由于进士科独盛，士子们便趋之若鹜。

科举制成为唐朝选拔人才的主要途径。据黄留珠《中国古代选官制度述略》所做的统计，宰相由科举出身的比例在唐太宗时期为25%，武则天时增至50%，此后这一比例又不断上升，大部分时间达到80%以上。

隋唐之际创立的科举制随着不断完善，意义非凡。一是革除了前代选官制度中权力下移之弊，适应中央集权需要，把官吏选拔的权力彻底收归中央。所以，唐太宗有“天下英雄尽入吾彀中矣”的感叹。二是扩展了统治集团的社会基础，为中小地主乃至平民开辟了入仕的新途径。“朝为田舍郎，暮登天子堂”的梦想，吸引了莘莘学子的毕生精力，使之“老死于文场而无所恨”。三是将教育制度与选官制度结合为一，在一定程度上保证了官僚队伍的知识水平，从文化层次上保证了社会思想与统治思想的高度融合。四是促进了文学，特别是唐诗的繁荣。

（三）宋朝科举的兴衰和选官制度

科举制度经过唐朝的发展，在宋朝得到进一步完善。宋朝不仅进行了大规模文化建设，还开始着手对隋唐时期的科举制度进行改革。隋唐时期取士之权在有司，而朝廷公卿大臣有权“公荐”举人，士子热衷于“行卷”“请托”。新老门阀士族凭借其政治、经济优势和传统的社会地位把持取士大权，“浮薄之徒，扇为朋党，谓之关节。干扰主司，每岁策名，无不先定”[②]，使科举取士成为大臣结党营私的工具，不但“公荐”“请托”之风盛行，泄露试题现象也经常发生。马端临在《文献通考》中评价说：“然进士科当唐之晚节，尤为浮薄，世所共患也。”[③] 认为唐、五代时期的科举选士不够严格、规范，多流于形式。

鉴于唐代科举存在的问题，宋代从立国之初即着手扭转“公荐”“行卷”的风气。宋太祖建隆四年（963）诏“礼部贡举人，今后朝臣不得更发公荐，违者重置其罪”[④]。开宝六年（973）又诏令：“今

---

① 王定保：《唐摭言》卷1《散序进士》，中华书局1959年版，第4页。

② 王钦若等：《册府元龟》卷641《贡举部·缪滥》，中华书局1960年影印本，第7802页。

③ 马端临：《文献通考》卷29《选举二》，中华书局1986年影印本，第271页。

④ 徐松：《宋会要辑稿》第108册《选举三》，中华书局1957年影印本，第4262页。

后凡中外文武官僚荐嘱举人，便即主司密具闻奏。其被荐举人勒还本贯重役，永不得入举场。其发荐之人必行勘断，犯者许逐处。官吏及诸色人陈告如得实，应幕职。”[①] 为从制度上防止主考官与及第举人利用科举结为朋党，宋太祖将在唐代偶尔出现的殿试固定下来，形成解试、省试、殿试三级考试选士制度。宋初的殿试不仅对省试合格者的名次进行重新排定，而且还要黜落一批举子。“旧制，殿试皆有黜落。临时取旨，或三人取一，或二人取一，或三人取二，故有累经省试取中，屡摈弃于殿试者。”[②] 殿试制度所起的作用，虽不尽如宋太祖所说：“向者登科名级，多为势家所取，致塞孤寒之路，甚无谓也。今朕躬亲临试，以可否进退，尽革畴昔之弊矣。”[③] 但在一定程度上起到了提倡公平竞争、防止世家垄断科举和知举官与及第举人利用科举结为朋党的作用。

为更加严格规范科举考试，宋朝廷还在科举考试中陆续制定糊名、誊录制度。景德三年（1006）规定：“凡进士、诸科试卷纳封，印院糊名，送知举官考校。仍颁其式，知举官考定等级后，复令封之。俟覆考毕，参校其得失”[④]，用来防备考官徇私舞弊。为防止考官通过笔迹来判断试卷出自何人之手，宋朝廷又创立了誊录制度。糊名、誊录制度的实施对防止作弊行为的发生起到了关键作用。欧阳修说：“窃以国家取士之制，比于前世，最号至公……各糊名、誊录而考之，使主司莫知为何方之人，谁氏之子，不得有所憎爱厚薄于其间。”[⑤] 糊名、誊录制度的实施，从制度上杜绝了“公荐”“行卷”现象的发生。

在严格规范科举章式的同时，宋代官吏的选拔、任用大多通过科举考试来实施。把读书、应试和做官紧密地联系起来，一时“满朝朱紫贵，尽是读书人”。在宋代人眼里，读书应举而登科有“五荣”：“两觐天颜，一荣也；胪传天陛，二荣也；御宴赐花，都人叹美，三荣也；布衣而入，

---

① 徐松：《宋会要辑稿》第108册《选举志三》，中华书局1957年影印本，第4263页。

② 王栐：《燕翼诒谋录》卷5《优恤士大夫》，中华书局1981年版，第51页。

③ 李焘：《续资治通鉴长编》卷16《太祖》，中华书局1995年版，第336页。

④ 徐松：《宋会要辑稿》第108册《选举志四》，中华书局1957年影印本，第4265页。

⑤ 欧阳修：《论逐路取人札子》，载《欧阳修全集》卷113，中华书局2001年版，第1716页。

绿袍而出，四荣也；亲老有喜，足慰倚门之望，五荣也。”① 科举成为宋代学子跻身仕途的最重要的手段。宋代的科举科目种类繁多。常选科举的科目中有被通称为诸科的九经、五经、明经等科目，而为后人所熟知的进士科最为时人所重。所以，《宋史·选举志一》载：“宋初承唐制，贡举虽广而莫重于进士、制科。”②

（四）元朝科举的僵化和选官制度

元代的官员选举制度有其独特之处：一是吏员出职的现象相当普遍；二是由于科举长期被停废，科举入官数量少。另外，荫补和宿卫也可入仕，国学贡举和纳粟也可补官。

元朝在其建立五六十年后才真正实行科举取士。当时人概括这个曲折的过程说，元代科举是“倡于草昧，条于至元，议于大德，拘泥百端，而始成于延祐”③。元代的取士方式沿用宋代，也存在乡试、会试及殿试之制，但又结合自身统治的实际需要而有所变革，士子只有通过这三项考试，才可出任官职。元代科举每三年举行一次，凡是参加科举考试的人必须具备的条件是：“举人从本贯官司于诸色户内推举，年及二十五以上，乡党称其孝悌，朋友服其信义，经明行修之士，结罪保举，以礼敦遣，贡（资）诸路府。”④ 各级考试，蒙古人和色目人都与汉人、南人分开，且考试场数和要求都不相同，蒙古、色目人较宽，汉人、南人较严。

元代的科举和选官制度对书院发展产生了重大影响。元仁宗时期采纳了程矩夫等人的建议，恢复了已经停止多年的科举考试，选拔儒学人才，规定“经学当主程颐、朱熹传注，文章宜革唐宋宿弊”。科举考试只从“四书”中出题，程朱理学家们的注疏成为评分的标准，确立了程朱理学在科举考试中的地位，传统的经学教育转变为程朱理学的教育。书院围绕学术进行诘难、问疑的传统也随之消失。钱穆先生在谈及书院讲学传统转变时，曾痛心地写道：“南宋以来，书院讲学之风尤盛。然所讲皆渊源伊

---

① 刘一清：《钱塘遗事》卷10《赴省登科五荣须知》，上海古籍出版社1985年影印本，第221页。

② 脱脱等：《宋史》卷155《选举志一》，中华书局1977年版，第3603页。

③ 李修生：《全元文》卷1187《秋谷文集序》，江苏古籍出版社1999年版，第38册，第129页。

④ 宋濂、王祎撰：《元史》卷81《选举志一》，中华书局1976年版，第2818页。

洛，别标新义，与朝廷功令汉唐注疏之说不同。及元仁宗皇庆中定制，改遵朱氏《章句集注》……功利所在，学者争趋，而书院讲学之风亦衰。其弊也，学者惟知科第，而学问尽于章句。”①

四　印刷术进步和出版业的发展

印刷术进步促进出版业发展，印制成本大大降低，国家和士大夫藏书数量大增，藏书成本大大降低，藏书成为士大夫的爱好，在促进文化传播和普及的同时，也促进了书院的诞生。

（一）雕版印刷术的出现

大约在公元7世纪前期，世界上最早的雕版印刷术在唐朝（618—907年）诞生了。我们现在所能看到的最早的雕版印刷实物是在敦煌发现的公元868年的《金刚经》，印制工艺非常精美。另外，根据《柳氏家训》记载，中和三年（883），柳玭“阅书于重城之东南，其书多阴阳杂记、占梦相宅、九宫五纬之流，又有字书、小学，率雕版，印纸浸染，不可尽晓”②。说明当时雕版印刷术已用于书籍刻印了。

五代十国时期雕版印刷术得到发展，932年后唐的宰相冯道曾经提议官方采行雕版印制《诗经》《书经》《礼记》等“九经”，这是见于历史记载的官方第一次大规模雕版印刷儒家经典。这个计划由国子监负责实施，没有因为战乱而中止，直到953年后周时期才刻印完毕，共用了22年时间。

在监本之外的各种版本儒经也相继出现，如后蜀毋昭裔也“请刻板印《九经》，蜀主从之”③。此外，毋昭裔还自行雕印《文选》《初学记》《白氏六帖》等。

靠武功起家的五代统治者，为调节社会关系、维系统治，对此次刊刻儒家经典纷纷给予支持，以达到标榜正统的目的。以后的经典皆为版刻本。无论冯道被人如何评价，他主持刊刻儒家经典的事业在学术史、技术

① 钱穆：《中国近三百年学术史》，商务印书馆1997年版，第7—8页。

② 叶寘：《爱日斋丛抄》卷1《柳氏家训》，中华书局2010年版，第3页。

③ 司马光：《资治通鉴》卷291《后周纪二》，太祖广顺三年五月，中华书局1956年版，第9495页。

史和文化史上都是值得大书特书的。雕版印刷术的出现是中国印刷史上的一件大事，也是文化传播史上的一件大事，雕版印刷术的发展降低了刻书成本，使儒家文化加速传播、普及，并且使阅读更加便利，这对于书院的发展具有重大意义。钱穆先生在其《五代时之书院》中说："五代虽黑暗。社会文化传流未绝，潜德幽光，尚属少见，宜乎不久而遂有宋世之复兴也。"[①] 据文献资料统计，五代十国半个多世纪（公元907—960年），民间书院共有13所，其中新建12所，兴复唐代书院1所，其地域分布北及幽燕之区，南达珠江流域，集中在今江西、福建、广东、河南、北京地区。

（二）出版印刷业的发展

宋王朝建立后，吸取唐末五代政权更迭频繁的教训，实行"重文轻武"的政策。社会中习文风气大盛，整个社会形成了潜心学术、崇尚文化的浓厚氛围。作为最主要的文化传播手段，雕版印刷也在宋代达到极盛。明代学者胡应麟在《少石山房笔丛》中称"雕版肇于隋，行于唐世，扩于五代，精于宋人"。印刷和装帧技术的革新，极大地促进了文教的兴盛。蝴蝶装的书籍便于随时打开必要的部分参考，而且同时打开很多书，互相比较也成为可能。这是考证学风的技术前提。岳珂的《刊正九经三传沿革例》就是校订当时流传的各种经书版本后，把其中的异同罗列而成的。印刷还带来了文字的规范化，不会像抄本有时存在字看不懂的情况。这就迅速促进了求学方式的转变，由"训诂句读，皆由口授"变成了"可视简而诵"。

宋初诸帝以最高统治者的特殊身份认识到了雕版印刷技术的优越性，利用掌握国家书籍出版的权力，在御制出版事业上体现帝王意志。国子监是直接体现封建统治阶级意识的国家机构，作为最高学府和教育管理机构，同时也具有刊刻典籍的职能，自然成为执行御制出版事业的机构。国子监设有专门掌雕印经史子集的机构——印书钱物所。国子监也是宋朝书籍出版的主管部门，体现了宋朝的国家出版政策及出版意志，是宋朝政府出版的中枢和典范。国子监出版了佛经、儒家经典以及正史书籍，基本上确立了雕版书籍的主流出版方式，为雕版书籍在全国的广泛出版做出了最

① 钱穆：《五代时之书院》，载《贵善半月刊》1941年第2卷，第17期。

高示范。太祖、太宗、真宗三朝，正是御制出版的奠定时期，终宋之世，愈益辉煌。①

宋监本，亦称蓝本、旧京本、京师旧本等。靖康之难后，汴京国子监所藏书版损失殆尽。南宋时期，国子监刻书已经衰微，所谓的国子监本大都是下发各郡刊刻的，因此，北宋的国子监本才是真正意义上的宋监本。北宋国子监一般是将所印书籍在校勘好后送到当时两浙的杭州等刻印方面技术力量雄厚、技艺精湛的地区刻印，或者在两浙募集刻工赴汴梁刻书。所以，宋监本的特征应该与宋刻本中早期浙本相一致。即白口单边、欧字且四方整齐、刀法圆润、皮纸、蝴蝶装、讳字严格。②

北宋国子监本量大质精，物美价廉，又加上国子监刻印的儒家经典多是国家指定的科举考试的标准教材，所以，很快风靡全国。国子监大力刊发经典，不仅加强集权统治、经济获益良多，而且促进了社会重文风气的进一步发展，各州县亦纷纷大量刻印书籍，民间书院、寺观、书坊也应实际需求大量刻印。两宋间，从中央的监本到民间的坊本，雕版印刷刊刻书籍，蔚为大观。

元代政府重视和鼓励刻印书籍，元代一直实行保护工匠和技术人员的政策和措施，促进了元代出版技术的发明与进步，同时也促进了元代图书出版业的兴盛和出版技术的进步。而对图书出版事业的加强管理，在客观上为图书出版的发展提供了有利条件。元代杭州的官刻、私刻、坊刻逐步得到了恢复和发展，雕版印刷事业也重新振兴。这是元朝历史一个比较特殊的现象。

书籍的大量生产、流传，使书院藏书更加丰富，书院在这种背景之下愈加繁盛，北宋共建书院 71 所，南宋书院总数当在 400 所以上，元代的书院数量也有 400 多所，书籍大量刊刻促进书院兴盛的同时，书院因对书籍的需求也促进了图书出版的繁荣。

（三）国家和私人藏书大量增加

宋代的中央刻书机构中除了国子监，还有崇文院等其他机关，所以监本有广义与狭义之分。广义的监本就是中央刻本的代称。北宋的崇文院不

---

① 田建平：《宋代书籍出版史研究》，河北大学出版社 2012 年版，第 100—102 页。

② 张丁火：《历代国子监刻书与监本概述》，载《沧桑》2013 年第 1 期。

仅是国家的藏书中心，也是国家图书整理编辑中心，崇文院与国子监不仅各自刊行群籍，而且经常密切合作雕印一些书籍，是北宋中央刻书出版的核心力量。崇文院校勘整理为出版提供高质量的定本，刻本发行又促进编辑整理成果的普及，丰富了国家藏书。在雕版印刷事业的基础之上，北宋逐渐形成了以馆阁为核心的国家藏书制度。国家的藏书大增，成为一座知识的宝库，国家藏书与当世文人的结合，进一步推动了崇儒右文策略的实施。而此种制度在以后各朝代都因循沿袭。明清时期的各宫廷殿阁实质上都是藏书所在。①

宋代除国家藏书量大增并逐渐形成制度外，私家藏书亦非常活跃。藏书家的身份除了士大夫之外，武将、宗室、平民、隐士、僧道等，甚至包括被排斥在文化圈外的妇女，呈多样化趋势。

宋代雕版印刷技术得到普及，印书作坊遍及各地，图书数量成倍增长，极大地方便了私人藏书。苏轼在《李氏山房藏书记》中说："余犹及见老儒先生，自言其少时，欲求《史记》《汉书》而不可得，幸而得之，皆手自书，日夜诵读，唯恐不及。近岁市人相摹刻诸子百家之书，日传万纸，学者之于书，多且易。"② 刻印技术从根本上改变了图书收藏活动的面貌，书商的活跃极大地增进了图书的流通，为私人藏书的发展提供便利。③

唐末到元代的社会文化环境，总的发展趋势是理学成为新的统治思想，文化传播的途径和手段越来越多，读书的成本越来越低，这些都为书院的发展提供了有利条件。

五 官学衰败、私学兴盛和书院发展

官学衰败不只是说数量的减少，而是说它在国家人才培养方面的作用逐渐变小，其结果是私学特别是书院的迅速发展。

（一）唐朝初期、北宋中期和元朝前期官学的兴盛

官学作为统治阶级用来培养治国人才的主要场所，一直为中国历代统

---

① 王照年、罗玉梅：《论北宋国家藏书制度的初创——以〈麟台故事〉所载为主》，载《漳州师范学院学报（哲学社会科学版）》2010 年第 1 期。

② 苏轼：《苏轼文集》卷 11《李氏山房藏书记》，中华书局 1986 年版，第 359 页。

③ 祁琛云：《宋代私家藏书述略》，载《历史教学（高校版）》2007 年第 7 期。

治者所重视。在魏晋南北朝时期，因九品中正制的推行和长期战乱的影响，官学时兴时废，直到唐代，封建官学才得以重新兴盛起来。

唐朝贞观年间，官学的发展达到了一个高潮。高宗执政的前期，学校教育事业继续发展。玄宗时期，学校教育的发展达到一个新的高度。唐代官学分为中央官学和地方官学两种。中央官学主要有：国子监六学。即国子监下属的国子学、太学、四门学、律学、书学、算学。各学分设博士、助教负责教学。门下省的弘文馆和东宫的崇文馆，两馆均设学士“教授生徒”①。尚书省有东都崇玄学和西都崇玄学。政府各有关部门附设专科学校。各级官学学生均是官员的子弟。地方官学主要有京都学和府州县学，由长史兼管，负责选补学生，设博士、助教负责教学。

北宋中后期发生了三次大规模的兴学活动：庆历兴学、熙宁元丰兴学、崇宁兴学。庆历兴学由范仲淹发起，熙宁元丰兴学由王安石发起，崇宁兴学则由蔡京发起，“诏诸路州府军监，并各令立学，学者二百人以上，许更置县。于是州郡不置学者鲜矣”②。经过三次兴学，各地普遍设立了州县学校，形成了以中央太学、国子监为中心，诸多专科学校及地方学校配套的官学系统，官学内部的管理体制日渐成熟，学校的经费来源、图书的管理体制、学官的选拔录用都渐成体制。

元代虽然存在的时间并不长，但在文化教育方面的贡献还是颇多的。元代的中央官学即国子学，这是中央政府主要为贵族、官僚子弟所办的高等教育学府，元代统治者对它非常重视，正如元仁宗对他的臣属所说：“国子学，世祖皇帝深所注意，如平章不忽木等皆蒙古人，而教以成材。朕今亲定国子生额为三百人，仍增陪堂生二十人，通一经者，以次补伴读，著为定式。”③ 国子学是忽必烈于1269年在大都设立的一所重要学校，设立这所学校的目的是兴文教、畅文风、培养统治者所需要的人才。

元代还有两种特色的中央官学体制：蒙古国子学和回回国子学。蒙古国子学是元代中央政府为蒙古族子弟和色目、汉人官员子弟设置的蒙古语高等学府，隶属于蒙古国子监。元朝统治者效法金朝，从维护本民族的利

---

① 欧阳修、宋祁：《新唐书》卷198《儒学传》，中华书局1975年版，第5636页。

② 徐松：《宋会要辑稿》第54册《崇儒二之三》，中华书局1957年影印本，第2188页。

③ 宋濂、王祎：《元史》卷24《仁宗本纪一》，中华书局1976年版，第545页。

益和狭隘的民族政策出发，十分注重本民族的高等教育——蒙古国子学，其目的是保存和发展本民族的语言文字，保存和发展本民族的性格特征和文化传统。回回国子学是以教授波斯文为主要内容的高等学府，专以培养诸官衙波斯语翻译人才为目的。

元代地方行政分路、府、州、县四级，各级政府均设置教授“四书”“五经”的官学。至元二十三年（1286），大司农上诸路学校数为20166所；二十五年为24400余所。

（二）唐朝中后期、宋朝前期和后期、元朝中后期官学的衰败

安史之乱之后，唐王朝国力衰退，各级官学也随之衰落，这是外部原因。其内部原因则是各级官学名额不足与教师素质低下、管理失当、教育经费缺乏等。在中晚唐时期，为了维持官学的规模，曾在广德二年（764）、大和七年（833）、会昌五年（845）规定：士子必须在官学就学后，才能报考参加科举考试，企图使学校教育与科举制度取得平衡，但仍然无法改变中央官学衰落的事实。

唐中晚期官学的衰落表现在三点，最为显著的就是官学学生的减少。史载：“自天宝后，学校益废，生徒流散。永泰中，虽置两监生，两馆无定员。”① 到唐大历元年（766），代宗在诏书中说当时官学的状况是“太学空设，诸生盖寡，弦诵之地，寂寥无声，函丈之间，殆将不扫”②。元和年间的刘禹锡就曾言：“贞观时，学舍千二百区，生徒三千余，外夷遣子弟入附者五国。今室庐圮废，生徒衰少，非学官不振，病无赀以给也。”③ 第二个表现就是官学生员素质的低下。唐玄宗开元年间官学学生多不读经。到了穆宗时期，由于官学生员不认真学习，学识浅陋，“孤竹管是祭天之乐，出于《周礼》正经，阅其呈试之文，都不知其本事。辞律鄙浅，芜累何多”④。第三个表现是官学学生贡举及格率降低。玄宗开元年间官学生员贡举及格率降低已经出现，其后，因中唐后兵连祸结，官学教育从此一蹶不振，官学生员参加贡举及第率更是大不如前。

---

① 欧阳修、宋祁：《新唐书》卷44《选举志上》，中华书局1975年版，第1165页。

② 刘昫等：《旧唐书》卷11《代宗本纪》，中华书局1975年版，第281页。

③ 欧阳修、宋祁：《新唐书》卷168《刘禹锡传》，中华书局1975年版，第5130页。

④ 刘昫等：《旧唐书》卷16《穆宗本纪》，中华书局1975年版，第488页。

北宋初年，百废待兴，朝廷对学校未加以关注，宋人称：“国初，凡事草创，学校教养未甚加意。”[①] 宋太祖即位后第三年，国子监“始聚生徒讲书”，但有名无实，形同虚设，到开宝八年（975），国子监的情形仍然是“系籍者或久不至”[②]。直到太宗端拱元年（988），太学仍然是“五经博士，并缺其员”[③]。而地方各州、郡建立官学，则迟至真宗大中祥符四年（1011）才开始，“大中祥符四年，永康军始立乡校，为州郡立学之始”[④]。但是，直到庆历兴学之前，由于经费来源不固定，缺乏制度保障，官学常常难以为继。

南宋时，政府无力兴办官学，不少官学“诸生无所仰食，而往往散去，以是殿堂倾圮，斋馆芜废”[⑤]。“近年州郡之学，往往多就废坏，士子游学，非图哺啜以给朝夕，则假衣冠以诳流俗，而乡里之自好者，过其门而不入，为教授者则自以为冷官而不事事，自一郡观之，若未甚害也，举天下皆然，则实关事体矣……奈何使之名存而实亡乎？”[⑥] 尚存官学也“奔竞之气盛，而忠信之俗微”。生徒“视庠庐如传舍，目师儒如路人。季考月书，尽成虚文”。[⑦] “只以促其嗜利苟得，冒昧无耻之心。”[⑧] 与此同时，官学一味沉迷于科举，朱熹曾在《学校贡举私议》中尖锐批评这种现象：“所谓太学者，但为声利之场，而掌其教事者，不过取其善为科举之文，而尝得隽于场屋者耳。士之有志于义理者，既无所求于学，其奔趋辐凑而来者，不过为解额无耻之滥，舍选之私而已。师生相视，漠然如行路之人。间相与言，亦未尝开之以德行道艺之实。而月书季考者，又只以促其嗜利苟得冒昧之心，殊非国家之所以立学教人之本意也。”[⑨] 官学已经走向穷途末路。

---

① 王栐：《燕翼诒谋录》卷5《优恤士大夫》，中华书局1981年版，第51页。

② 脱脱等：《宋史》卷157《选举志三》，中华书局1977年版，第3658页。

③ 脱脱等：《宋史》卷296《杨徽之传》，中华书局1977年版，第9867页。

④ 熊承涤：《中国古代教育史系年》，人民教育出版社1985年版，第399页。

⑤ 朱熹：《晦庵先生朱文公文集》卷9《建宁府崇安县学田记》，载《朱子全书》第20册，上海古籍出版社、安徽教育出版社2002年版，第390页。

⑥ 虞俦：《尊白堂集》卷6《论郡县学札子》，清乾隆翰林院抄本。

⑦ 脱脱等：《宋史》卷157《选举志三》，中华书局1977年版，第3671页。

⑧ 马端临：《文献通考》卷42《学校考三》，中华书局1986年影印本，第399页。

⑨ 同上。

元代的官学在武宗以后开始衰落，表现在：其一，学官多缺少，元朝只能颁布政令，延长学官守缺待补的时间，大德九年（1305）规定，学官55岁以后才能入选教授。这样，即使聘为教授，学官亦多近致仕年龄。由于学官地位低下，儒士一旦入选学官后，便尽力设法升转他职，并不尽心于官学教育。其二，科举久废，统治人才多来自吏员，社会形成尚吏的风气，许多生员尚未完成学业即“珥笔习吏”。其三，由于寺院、豪强侵占学田，学官肆意贪污官学钱粮，官学因入不敷出而难以维持。

（三）唐代——元代私学发展的原因和表现

在古代中国社会中，私学与官学是两种重要的办学形式，在中国教育史上占有重要的地位。与官学相比，私学不由政府主持、不纳入国家学校教育制度之内，而由个人或社会集团主持、经营、管理。私学除去有着固定场所的正式的私学外，还包括没有固定场所的私人讲学，或以一位大师为核心的私学集团。私学的发展促进了书院的产生，事实上，很多书院就是在各种形式的私学基础上建立起来的。

唐朝是中国私学空前繁荣、私学教育制度逐步形成的历史阶段。唐代私学繁荣的一个重要原因是科举考试制度的建立。科举制度允许社会下层人士赴考，大大刺激了社会力量的办学积极性。另外，政府出于推崇儒学和教化民众的需要，对社会办学采取支持、鼓励的政策，为私学发展提供了政策条件，如开元二十一年（733），诏“许百姓任立私学”。

唐宋之际，私学得到发展，出现了吕思勉先生所说的“教育之权由公家移于私家”① 的局面。当时，聚徒讲学、寺观教学、个人习业山林已成为一种社会风气。“唐咸通中，荆州有书生号唐五经者，学识精博，实曰鸿儒，旨趣甚高，人所师仰，聚徒五百辈。”② 石昂“家有书数千卷，喜延四方之士，士无远近，多就昂学问”③。

宋代私学在唐代基础上有较大的发展，数量更多，分布也更广，尤其是蒙学遍布城乡。宋代私学发展的主要原因有：宋初结束了五代以来的长

---

① 吕思勉：《隋唐五代史》第21章《隋唐五代学术》，上海古籍出版社1984年版，第1270—1271页。

② 孙光宪：《北梦琐言》卷3《不肖子三变》，中华书局2002年版，第60页。

③ 欧阳修：《新五代史》卷34《石昂传》，中华书局1974年版，第371页。

期战乱，社会稳定，经济得到恢复，中小地主数量增加，自耕农的生活情况有所改善，受教育的对象进一步扩大。宋初政府无力顾及学校教育，虽设官学，而规模有限，一般士人无求学之所。宋代统治者对私学采取开明态度，只要私学遵守国家政策，不违背伦理纲常，就允许其存在和自由发展。

忽必烈中统建元以前，“诸路学校久废，无以作成人材”[①]。而当时的北方尚无一所书院。在这种情况下，民间私学开始发展起来。私塾成为当时私学的主要形式，多为儒士教习生徒，以此谋生，如姚枢在入仕前曾在辉州（今河南辉县）授徒，“作家庙，别为室奉孔子及宋儒周敦颐等像，刊诸经，惠学者，读书鸣琴”[②]。学者许衡初也曾经在家乡河内（今河南沁阳）授徒。由于战乱使得官学凋零，即使很有地位的官僚也不得不求助于私学教授其子女。如河北的万户张柔，便聘请金元之际的北方文坛领袖元好问，教授张氏子弟。

元代还有规模和层次稍高的私塾。元朝统一全国后，私塾也在各地相继创办。如曹州（今山东曹县）楚丘人朱仲敏，曾在家乡“设立书塾，延礼儒士，以淑其乡里之子弟，意欲使同归于善”[③]。历史记载，中书省河间路的私塾：“自城之南，历西而东，所至皆有学塾，授徒多者百余人，少者不下数十。弦诵相闻，蔼然有古者乡庠、党塾之遗意。王君国宝所居近古堂，则东塾也。学校之废六七十年，而郡人犹能各以其力兴。”[④]

元前期还出现了大量“义塾”。如江西庐陵的儒林义塾、丰城的蒨冈义塾、无锡的梁谿义塾、崇德的吴氏义塾、德兴的银峰义塾、嘉定的东阳义塾等。

元朝忽必烈以后，随着官学和书院的发展，私学逐渐衰落下去，元代后期的私学多为家庭启蒙教育，所学亦多为经朱熹注释过的“四书”“五经”等儒家经典，目的是科举考试。

---

① 佚名：《庙学典礼》卷1《设提举学校官》，浙江古籍出版社1992年版，第12页。

② 宋濂、王祎：《元史》卷158《姚枢传》，中华书局1976年版，第3711页。

③ 吴澄：《吴文正公集》卷22《朋习书塾记》，清乾隆五十一年万氏刻本。

④ 家铉翁：《则堂集》卷1《近古堂记》，清道光抄本。

第二节 唐末至元朝士大夫对书院发展的作用

唐末到元朝士大夫支持书院的行动包括创办、修复书院、经费筹措、购置图书、讲学与祭祀、为书院作记、请功、制定“学规”等。南宋和元代，地方官吏在促进书院发展的同时，也加强了对书院的控制。士大夫支持书院发展的原因包括传播自己的学说，发展本地教育，提高本家族的社会声望等。

一 士大夫与书院发展

士大夫经世致用的入世情怀，使其对书院教育倾注了很大的努力，从各个方面支持书院的发展。

（一）创办书院

书院的历史距今已有1300多年了，根据历史记载，早在唐朝时期，作为一种文化教育机构的书院就已经产生。在唐代，把校书、藏书的地方称为书院，唐玄宗开元年间（713—741年），官方创立的丽正修书院、集贤殿书院，是中国古代出现得最早的书院，虽然还不是后来意义上的书院，正如清代学者袁枚所说：“书院之名起唐玄宗时，丽正书院、集贤书院皆建于朝省，为修书之地，非士子肄业之所也。”① 但是，以后的士大夫们都把既有文化内涵又十分雅致的“书院”作为自己读书或者授徒讲学的地方。唐朝出现的士大夫个人读书的书院很多，如李泌书院、薛载少府书院、费君书院、田将军书院、赵氏昆季书院、李宽中秀才书院、杜中丞书院、南溪书院、子侄书院、沈彬进士书院等，它们大都建在风景秀美的山林，书院里有藏书，士大夫在其中从事读书、文化交流等活动。在唐代，还出现了具有教学功能的家族书院。

隋唐以后，一个家族要想获得社会地位，必须走科举入仕的道路，于是，一些士大夫便创办书院，教育本家族的子弟，通过书院读书，考中举

---

① 袁枚：《随园随笔》卷14《典礼类下·书院》，载袁枚：《袁枚全集》第5册，江苏古籍出版社1993年版，第247页。

人或进士，进入仕途。例如，创办于唐宪宗元和九年（814）的江西高安县的桂岩书院和创立于唐大顺元年（890）的江西德安的东佳书堂。桂岩书院创办人幸南容，临终时对后代说：“凡事不须与人竞争，一意读书，科举有名，此乃大争气也。”① 江州陈氏在族谱中规定：“子孙于蒙养时，先当择师……如有资性刚敏、人物清醇者，严教举业，期达道以取青紫。”② 类似的书院还有江西永丰县的皇寮书院、江西奉新县的梧桐书院和福建漳州的松州书院等。这些书院才是后世意义上书院的萌芽，反映了士大夫们的价值取向。

五代时期，尽管社会动荡，官学体系破坏，但士大夫把自己的文化情结寄托于书院创办上，使书院有了一定的发展，达到13所。特别是有的书院还得到皇帝的赐额和表彰，例如，由罗韬建于吉州泰和县的匡山书院，就得到后唐皇帝李嗣源颁赐的院额，并发布敕书，大加表彰，这在中国书院发展史上开了先河。其称：

> 朕惟三代盛时教化每由于学校，《六经》散后斯文尤托于士儒。故凡闾巷之书声实振国家之治体。前端明殿学士罗韬，积学渊源，莅官清谨，纳诲防几之鉴，允协朕心；赏廉革蠹之箴，顾存扆席。寻因养病，遵尔还乡。后学云从，馆起匡山之下；民风日善，俗成东鲁之区，朕既喜闻，可无嘉励。兹敕翰林学士赵凤大书“匡山书院”四字为之匾题。俾从游之士乐有瞻依，而风教之裨未必无小补焉！③

李嗣源的敕书标志着政府对民间书院的正式承认，此后的朝廷也常常以此来肯定某个书院的办学成绩，从而推动了书院教育的发展。

北宋王朝建立伊始，百废待兴，海内并未真正归于统一，政府无心整治官学，唐朝时期建立的州县乡党之学等一整套地方学校教育制度基本处

① 胡青：《书院的社会功能及文化特色》，湖北教育出版社1996年版，第57页。

② 《义门陈氏宗谱》，道光十二年，宜春德星堂本，转引自阮志高等：《江州陈氏东佳书堂研究》，内部刊印本。

③ 宋瑛：（同治）《泰和县志》卷8《政典·书院》，清光绪四年刻本。

于停滞状态。统治者无力顾及学校的建设，但却对人才十分渴求，于是格外重视科举取士，在这种情况下，士大夫掀起了创办书院的高潮。宋代皇帝也看到了书院教育的作用，便通过赐额、赐书、赐田等方式，支持书院发展，诚如南宋理学家朱熹所说："予惟前代庠序之教不修，士病无所于学，往往与相择胜地，立精舍，以为群居讲习之所。而为政者乃或就而褒表之，若此山（指石鼓书院），若岳麓，若白鹿洞之类是也。"[①] 南宋时期，理学和书院一体化，书院获得重大发展，很多士大夫加入到书院教育的行列中，例如，朱熹、张栻和吕祖谦等人。

现仅以徂徕、石鼓和嵩阳几大书院为例，说明北宋士大夫创办书院的热情。

徂徕书院的创办人石介，徂徕山人（今山东泰安市岱岳区徂徕镇桥沟村人），北宋时期的政治家、理学家、文学家，与胡瑗、孙复一起被后人合称为"宋初三先生"。石介在徂徕山授徒讲学，从者众多，后来，石介讲学的地点就被称为徂徕书院，他早年跟随政治家、文学家范仲淹在睢阳书院诵读诗书，26 岁中进士。石介性格耿直刚烈，疾恶如仇，敢言直谏、毫无顾忌，"指切当时，毫无讳忌"[②]。后来随着石介被迫害，徂徕书院也停办了。

位于湖南衡州石鼓山的石鼓书院，最早是衡阳秀才（唐朝，秀才为最高荣誉，相当于现在的"院士"）李宽中读书授徒的地方，又叫李宽中秀才书院。宋太宗赵光义亲赐"石鼓书院"匾额和学田。至道三年（997），衡州郡人李士真在石鼓书院内授徒讲学、广招生徒，使石鼓书院成为正式的书院。仁宗景祐二年（1035），衡州知府刘沆将石鼓书院的故事奏报给宋仁宗，仁宗赐额"石鼓书院"，于是名声大震。石鼓书院于开庆元年（1259）毁于战乱，次年，即景定元年（1260），"余琰刑狱使下车按视书院，抚穹石而叹曰：'斯文之未丧，宁非天哉，扫地更新，岂不在我。'"[③] 遂命人"度旧址，受成模，斥钱粟以召工役。不数月，燕居之

---

① 朱熹：《晦庵先生朱文公文集》卷 79《衡州石鼓书院记》，载《朱子全书》第 24 册，上海古籍出版社、安徽教育出版社 2002 年版，第 3783 页。

② 脱脱等：《宋史》卷 432《石介传》，中华书局 1985 年版，第 12834 页。

③ 李安仁、王大韶、李扬华：《石鼓书院志》上部《人物志 · 名宦》，岳麓书社 2009 年版，第 26 页。

祠，会讲之堂，肄习之斋，廪厨门榭，靡不饬然”①。使石鼓书院规模得以恢复。

位于今河南登封市的嵩阳书院创办于五代后周时（951—960 年）。后周显德二年（955），世宗柴荣将位于太室山风景秀丽、环境幽雅的嵩阳观更名为太乙书院，建有藏书楼、斋房，聚集文人，专心读书，这为日后嵩阳书院的发展奠定了基础，宋景祐二年（1035），改为嵩阳书院。

北宋后期，书院并没有因为官学大兴而停止，而是继续发展，这主要得力于以士人为主体的民间力量的支持。以书院最发达的江西为例，庆历至靖康（1041—1126 年）年间，共创建 24 所书院，可确定其创建人的有 21 所，其中仅赣州清溪书院为知州赵抃所建，民间力量对于书院发展的决定性作用显而易见。②

南宋时期，书院获得大发展，其原因和理学的兴盛大有关系，元代大儒吴澄曾有过精辟的概述：

> 宋南迁，书院日多，何也？盖自春陵之周、共城之邵、关西之张、河南之程，数大儒相继特起，得孔圣不传之道于千五百年之后。有志之士获闻其说，始知记诵词章之学为末学，科举利禄之坏人心。而郡邑之间，设官养士，所习不出乎此。于是新安之朱、广汉之张、东莱之吕、临川之陆，暨夫志同道合之人，讲求为己有用之学，则又自立书院，以表异于当时郡邑之学专习科举之业者。此后宋以后之书院也。③

南宋时期书院大盛，与朱熹、张栻、吕祖谦、陆九渊等人为了讲学而大办书院有关。同时，面对官学生员专注于举业、沉迷于场屋之学的局面，理学家们另辟蹊径、重归书院，也促进了书院的发展。朱熹在《衡州石鼓书院记》中写道：“郡县之学官，置博士弟子员，皆未尝考其德行

---

① 李安仁、王大韶、李扬华：《石鼓书院志》上部《人物志·名宦》，岳麓书社 2009 年版，第 26—27 页。

② 参见邓洪波：《中国书院史》，东方出版中心 2004 年版，第 107 页。

③ 吴澄：《鳌溪书院记》，载李修生：《全元文》卷 508，江苏古籍出版社 1999 年版，第 15 册，第 304 页。

道艺之素，其所受授，又皆世俗之书，进取之业，使人见利而不见义。士之有志于为己者，盖羞言之。是以常欲别求燕闲清旷之地，以共讲其所闻而不可得。”①

著名思想家、哲学家、教育家朱熹在闽北建阳、武夷山创建寒泉精舍、武夷精舍、沧州精舍和竹林精舍，从事教学、著书时间长达20多年，还经营白鹿洞书院、修复岳麓书院，为石鼓书院作记等。淳熙六年（1179），朱熹受命差知南康军。次年三月，仅仅用了半年时间，白鹿洞书院就得到修复。南宋大儒张栻曾在碧泉书院读书，后创办城南书院，主讲岳麓书院。张栻之父是张浚，南宋抗金名将，张栻和朱熹都曾在此讲学论道，因而声名远扬。陆九渊于江西省贵溪市创办象山书院，亦名“象山精舍”。吕祖谦在家乡浙江金华创办了丽泽书院，与湖南的岳麓书院、江西的白鹿洞书院、江西的象山书院并称南宋四大书院，吕祖谦曾经到白鹿洞书院讲学。

朱熹的弟子们也在各地创办书院，以江西德兴县为例，程端蒙创办蒙斋书院，程珙创办柳湖书院，董铢创办盘涧书院，王过创办拙斋书院，董鼎创办深山书院，齐梦龙创办觉翁书院，余芑舒创办息斋书院。另有一些朱熹门人，如赵汝愚在余干建东山书院、柴中行在余干建南溪书院、汤汉在安仁建环溪书院、赵崇宪在余干建忠定书院。

陆九渊、陆九龄的门人陈咏之兴建的槐堂书院，是江西抚州金溪县很有影响的书院，又名槐堂书屋、陆氏家塾。史载：

> 绍定癸巳（六年，1233年）春，天台陈侯（咏之）来宰是邑……又于祠堂隙地，建象山书院，而隶于学。将使闻先生之训者，通领之。且痛节诸费，益以士民之助，买田储廪，选补弟子员，使用志于此而时习焉。祠后之堂，扁曰存斋，识先生自名其常所居之斋也。祠后有阁，阁下之室扁曰滋兰，识先生所取以名其受徒之堂也。进北数步，据其垲拕器峦为屋五间，扁曰槐堂。②

① 朱熹：《晦庵先生朱文公文集》卷79《衡州石鼓书院记》，载《朱子全书》第24册，上海古籍出版社、安徽教育出版社2002年版，第3783页。

② 傅子云：《槐堂书院记》，载黎喆：（弘治）《抚州府志》卷14《文教三·书院》，清同治刻本。

陈咏之在抚州做地方官时，创办象山书院的同时，兴办了槐堂书院，乾道八年（1172），陆九渊以进士归里，讲学其中，教学以“求放心”为依归，以“立志”为先。

元代的地方官员中，仍然不乏热心书院教育的人。至顺元年（1330），书院教育家魏了翁的曾孙魏起向朝廷奏请，把苏州的故居，设学奉祀，以扩大祖先学问道德的影响，得到元文宗的恩准，并命学士虞集题“鹤山书院”额以赐。

图2-1　鹤山书院旧址，在今苏州南宫坊

宫祺是霸州城西十五里宫哥庄人（今属河北省雄县），本村士绅，学识渊博，热心教育事业，在昌平驿馆任上创办了谏议书院，后又在家乡创办益津书院。据元人黄溍水所撰《宣圣庙学记》载，元文宗至顺二年（1331），宫祺转任霸州益津县地方官时，创办益津书院：“即其西乡所居宫哥庄作学舍”①，并建祠堂祀先贤先圣，岁时祭祀。曾任荣禄大夫平章政事的千奴于延祐五年（1318）致仕以后，“退居濮上，筑先圣宴居祠堂于历山之下，聚书万卷，延名师教其乡里子弟，出私田百亩以给养之。有司以闻，赐额历山书院”②。秘书大监、蒙古人达可“告老还乡，既以私

① 于敏中等：《日下旧闻考》卷119《京畿·霸州一》，中华书局1983年版，第1951页。

② 宋濂、王祎：《元史》卷134《和尚传》附《千奴传》，中华书局1976年版，第3259页。

财建书院，又购古今书籍，备礼乐器，载与俱归”[①]。长芦人高伯川，“窃有希贤之志”，购置土地，建造中和书院，作为“士子肄业讲习之所”，同时“又以厚币聘师儒于四方，俾专讲席，而□学之士皆代其束脩之费而廪给之”。[②]

（二）讲学并为书院作记

这一时期的士大夫们，不仅创办书院，而且还到书院讲学并为之作记。范仲淹主讲应天府书院时，率先提出了具有划时代意义的匡扶“道统”的书院教育宗旨，并以此确立了培养“以天下为己任”之士大夫的新型人才教育目标，由此推动了宋初学术、书院学风朝着经世致用方向的转变。

理学鼻祖周敦颐于嘉祐六年（1061）建濂溪书堂，授徒讲学；程颐、程颢兄弟二人奉父命师从周敦颐，奠定了理学的思想体系，后来二程也建立了伊皋书院。南宋的理学大家，如朱熹、陆九渊、吕祖谦等人都曾经把书院作为自己开宗立派的场所，通过书院讲学这种方式来传播自己的思想。

宋代理学家、关学创始人，陕西眉县人张载，是书院讲学之先驱，他曾受聘为长安学宫教授，且在多所书院讲学。正学书院原为张载讲学处，吕大钧等人皆受教于此，元代省臣于此建立书院，聚徒讲学，并设祠合祀张载等人。张载于熙宁三年（1070）辞官返回故里眉县后创设横渠书院，在此讲学七年，著有《正蒙》一书，高徒弟子有范育、苏炳、吕大钧、吕大防、吕大临、吕大忠等。[③]

在张栻主教岳麓书院的七年时间中，讲授理学，培养了一大批“传道济民”的有学之士，并撰写了《岳麓书院记》，这是一篇带有纲领性的历史文献，它奠定了岳麓书院以后的办学方针和指导思想，更为重要的是它不仅决定了南宋时书院的教学内容和方法，还对元、明、清历代书院都有深刻的影响。在《岳麓书院记》中，他反对“群居佚谈”“但为决科利

① 刘岳申：《申斋集》卷6《西蜀石室书院记》，上海古籍出版社1987年影印文渊阁《四库全书》本，第1204册，第261页。

② 王旭：《兰轩集》卷12《中和书院记》，上海古籍出版社1987年影印文渊阁《四库全书》本，第1202册，第852页。

③ 宋濂、王祎：《元史》卷30《泰定帝本纪二》，中华书局1976年版，第680页。

禄计”，反对仅为学习“言语文词之工而已”，反对只为科举读书，目的是培养出对社会有用的人才。

朱熹一生都在进行讲学，黄榦称他“一日不讲学，则畅然以为忧”。乾道三年（1167），朱熹在岳麓书院停留两个多月，与张栻讨论《中庸》之义，“三日夜而不能合”，但却开启不同学派的交流风气，促使一些观点趋于一致，促进了理学发展。绍熙五年（1194），朱熹又到岳麓书院，大讲理学，此后，朱熹、张栻学说成为岳麓书院的学统，元代理学家吴澄说：“自此以后，岳麓之为书院，非前之岳麓矣，地以人而重也。”①

朱熹和吕祖谦一起到张栻创办的严州郡城丽泽书院讲学，传播理学思想，培养理学人才。之后，丽泽书院一直都是传习程朱理学的重要阵地。

嵩阳书院从五代后唐开始有讲学活动，先后荟萃了一大批著名学者，如有范仲淹、司马光、程颢、程颐、杨时、朱熹、李纲、范纯仁等24人，嵩阳书院因为有了他们这些名师主讲而声名大振，最盛时生徒竟多达数百人，被誉为北宋四大书院之一。司马光在嵩阳书院讲学期间，曾以儒学的历史观融合理学思想，撰写了《资治通鉴》的部分内容。熙宁五年（1072），程颢因为与王安石政见不合，与程颐随父亲来到西京嵩山崇福宫，并首次登上嵩阳书院讲堂，授徒讲学，一时盛况空前，“士大夫从之讲学者，日夕盈门，虚往实归，人得所欲”②。一直到元祐七年（1092）的近二十年间，是“二程”在嵩阳书院讲学时期。

北宋至道三年（997），衡州郡民李士真向郡守请求，在李宽读书旧址创建石鼓书院。文学家苏轼、理学鼻祖周敦颐等曾到石鼓书院讲学。南宋孝宗淳熙十四年（1187），理学大师朱熹、张栻也曾经到此讲学，并且朱熹应衡州太守宋若水之邀，作《石鼓书院记》，既论述了石鼓书院沿革修复经过及原因，又着重辨别了官学科举之害，目的在于倡导正学，挽救人心。指出给书院作记并非单纯记事，而是要倡明正学，为天下莘莘学子打开“人德之门”，“乃知所谓‘涵养须用敬，进学则在致知’者，两言

① 吴澄：《岳麓书院重修记》，载李修生：《全元文》卷502，江苏古籍出版社1999年版，第15册，第138页。

② 程颐、程颢：《二程集·河南程氏遗书》卷25《伊川先生语十一·附录明道先生行状》，中华书局1981年版，第329页。

虽约，其实人德之门，无逾于此”。[①] 阐述了自己新的书院理念，使石鼓书院与岳麓、白鹿洞两书院共同成为南宋著名的书院。朱熹除《衡州石鼓书院记》外，还撰写了《濂溪书院记》《江州重建濂溪先生书堂记》《明道先生书院记》等。

在南宋乾道、淳熙年间，朱熹、张栻、吕祖谦、詹仪之讲学于瀛山书院，传播理学，不仅推动了当地理学的发展，而且还使瀛山书院的发展达到了鼎盛。

淳熙年间，朱熹、吕祖谦、陈亮、吕子阳等曾在五峰书院读书讲学。淳熙九年（1182）秋，朱熹提举浙东常平茶盐公事，举行荒政，巡历婺州，访陈亮于五峰。优游之余，陈亮请朱熹主讲席达半月之久，四方学子纷至沓来，从学同游者常在三四百人，颇极一时之盛。

石峡书院为南宋末年著名理学家方逢辰所建，并与黄蜕、何梦桂等人讲学于其中。其后，其弟逢振担任石峡书院讲席，申明逢辰之学，终身讲学书院。逢辰孙一夔继承祖志，“尝主石峡讲学”。逢振门人汪斗建也曾经“从蛟峰讲道石峡书院”[②]。直到明初，徐尊生、鲁渊、应道惠等人仍“谈道于”石峡书院，自由讲学之风延续至明代。后世的学者认为，方逢辰在石峡书院中的讲学“直与白鹿洞同一气象，发明朱子义理之学，其功至今百余年不废”，乃至百余年后的石峡书院中的“弦诵之声不减公在时”。[③]

李冶晚年居元氏封龙山，蒙古宪宗元年（1251），他“买田封龙山下，学徒益众”[④]，潜心治学，主讲书院。为满足更多学子求学之需，在真定路都元帅使史天泽、真定督学张德辉和著名学者元好问（李冶好友，时隐居获鹿县，即今石家庄西郊鹿泉市）等人支持下，整修李昉讲堂，重振封龙书院。中统二年（1261），元世祖忽必烈即位，以学士授官，就职一月即辞官，返归封龙书院，讲学授徒。李冶在封龙书院讲学时，主要

---

① 朱熹：《晦庵集》卷67《答吕伯恭书》，黄山书社1997年版，第1245页。

② 黄宗羲、全祖望：《宋元学案》卷82《北山四先生学案》，中华书局1986年版，第2762页。

③ 方逢辰：《蛟峰集》（外集）卷3《蛟峰先生阡表》，明天顺七年方中刻、弘治十六年陈渭重修本。

④ 宋濂、王祎：《元史》卷160《李冶传》，中华书局1976年版，第3760页。

向学生传授赵复（元代大儒）、许衡（赵复传人）之学，并旁及天文、数学。李冶主持书院期间，元好问、张德辉等著名学者经常到此讲学，史称“龙山三老”。

宋末元初，著名的儒学家龙仁夫侨居黄州，在孔子庙的旧址上改建问津书院，“问津书院自龙麟洲先生创兴讲席，距今三百余年，流风余韵，瞻溯无从”①。龙麟洲先生，即龙仁夫，他不仅自己讲学，而且还延请其好友吴澄、董敬中和吴应澍在问津书院讲学。龙仁夫“潜心理道，深探濂洛关闽之学”②，以程朱思想为旨归，“以为己之立身之本，以下学上达为进道之阶。外之穷理以廓其志，内之持敬以树其本”③，在问津书院讲学之时，龙仁夫正是发挥这种“下学上达”之精神，不遗余力地宣扬程朱理学。

元初重臣姚枢辞官后隐居苏门讲学，而元初名臣、名医、名儒窦默，也曾在苏门“与姚枢、许衡朝暮讲习，至忘寝食”④，传道授徒，凡经、传、子、史、礼、乐、格物、星历、兵刑、食货、水利之类无所不讲，前来听讲者众多，甚至连当朝宰相耶律楚材，也因嗜康节之学，栖居苏门，讲学数年。在姚枢、许衡、窦默诸位有影响力的人物活动下，苏门百泉讲学频繁，名声日益扩大，“几与鹅湖、鹿洞并传”⑤，成为元初文化及理学传播中心，在全国的影响无出其右。故后人在评说理学的发展时有“宋兴伊、洛，元大苏门”⑥ 之说，意即理学虽兴起于宋代的洛阳，发扬光大却是在元代的辉县苏门山，即之后的百泉书院。

滋溪书院为元参政苏天爵幼时读书之所，后来他就在此地创办了书院，由此，书院也成为元代后期学者安熙，思想家、教育家虞集讲学之地。

---

① 萧继忠：《问津书院志》，清光绪三十一年刊本。

② 余之祯：（万历）《吉安府志》卷 28《艺文传 · 见闻录二卷》，载《日本藏中国罕见地方志丛刊》，书目文献出版社 1991 年版，第 404 页。

③ 龙仁夫：《重修河南书院碑》，载李修生主编：《全元文》卷 617，江苏古籍出版社 2000 年版，第 20 册，第 77 页。

④ 宋濂、王祎：《元史》卷 158《窦默传》，中华书局 1976 年版，第 3730 页。

⑤ 孙用正：《书院志序》，载政协辉县市委员会文史资料委员：《辉县文史资料》（第 8 辑），2003 年，第 207 页。

⑥ 孙奇逢：《夏峰先生集》，中华书局 2004 年版，第 147 页。

元朝理学家吴澄说，南宋以后的书院主要是理学家为了传播自己的学说而建立的，“讲求为己有用之学”，史载：“盖自舂陵之周、共城之邵、关西之张、河南之程，数大儒相继特起，得孔圣不传之道于千五百年之后，有志之士获闻其说，始知记诵词章之学为末学，科举利禄之坏人心，而郡邑之间，设官养士，所习不出乎此。于是新安之朱、广汉之张、东莱之吕、临川之陆，暨夫志同道合之人，讲求为己有用之学，则又立书院，以表异于当时郡邑之学专习科举之业者。此宋以后之书院也。”① 这个论点是符合当时实际情况的。

元代的一些士大夫热心为书院作记。元至正二十年（1360），杨维桢作《重修西湖书院记》，希望振兴当地文教，重振名教，“故光禄公惕焉神会，而于戎马之隙，振斯文于既往，起清风于后来，使岳、林、苏、白四君子之泽与六经之道同于不朽，其功于名教岂曰浅哉？”② 元延祐年间（1314—1320 年），吴澄作《瑞州路正德书院记》，希望实现“风俗厚伦纪明，人人亲其亲长其长，族姻乡党相交相助，扶持蔼然，仁让忠敬，自家庭达于道路，闾巷之民莫不有士君子之行，当时之教必有异乎今者”③。程钜夫作《历山书院记》，记载了历山公齐诺为建立历山书院做出的努力，“聚书割田，继以廪粟，以曹人范秀为之师，其子弟与乡邻凡愿学者皆集。又虑食不足，率昆弟岁捐粟麦佐之”。而且指出书院办学的目标“其虑之周者，爱之厚也。爱之厚者，以君之所仁，亲之所亲也。推亲亲仁民之心以及是，忠孝之道备焉。且彼知舜之当祀，必知舜之当法。故也鸡鸣而起，孳孳为善，独非舜之徒欤，顾善教善继何如”④。

（三）为书院增加藏书

士大夫们为了增加书院藏书，做出了种种努力。

1. 向皇帝请求赐书

如李允则知潭州时，请宋真宗皇帝颁赐国子监诸经释文、义疏及

---

① 吴澄：《鳌溪书院记》，载李修生：《全元文》卷 508，江苏古籍出版社 1999 年版，第 15 册，第 304 页。

② 杨维桢：《东维子集》卷 12《重修西湖书院记》，浙江孙仰曾家藏本。

③ 吴澄：《吴文正公集》卷 22《瑞州路正德书院记》，清乾隆五十一年万氏刻本。

④ 程钜夫：《历山书院记》，载李修生：《全元文》卷 533，江苏古籍出版社 1999 年版，第 16 册，第 269 页。

《史记》《玉篇》《唐韵》等书，藏之岳麓书院的藏书楼。淳熙八年（1181），孝宗皇帝应朱熹之请，将高宗皇帝御书石经拓本一套及国子监印本《九经》一部赐给白鹿洞书院。[①] 清代戴均衡说："迨宋太宗、真宗之世，书院盛兴，其时凡建书院，有司必表请赐书。如江述之于白鹿洞，李允则之于岳麓皆是。"[②]

2. 主持刻书

如林耕以州学教授兼石鼓书院山长三年期间，"补葺经创"，于淳祐十年（1250），刊刻大字本《尚书全解》40 卷，并且亲为作序。淳熙初所办建康府明道书院，原为祠程颢所建，故一直以弘扬程颢学术思想为其教学主旨。马光祖在知建康府时，不但十分关心、支持明道书院及藏书建设，扩建藏书楼"御书阁"，而且在开庆元年（1259）再知建康时，"率僚属会讲于春风堂，听讲之士数百，乃属山长修程子书，刻梓以授"[③]。而程颢书编成以后，"山长周应合以不受月俸五千贯，充刻梓费，首尾百六十七版，藏于书阁，司书掌之"[④]。明道书院编集程颢著作并刻梓藏于书阁。南宋理宗嘉熙三年（1239），王野于建安书院刊刻了朱熹文集 100 卷，有的学者指出，这是迄今见于宋人著录的最早的百卷本朱熹文集。[⑤] 现存最早的福建书院刻本，则是建安书院山长黄镛于咸淳元年（1265）据此续增重刻而成的。淳祐年间（1241—1252 年），建安书院还曾刻印宋项安世《周易玩辞》16 卷，赵希弁《郡斋读书附志》著录。刊刻者项寅孙，项安世之子，淳祐中任福建转运判官，时福建转运司设司建安，故有条件将此书刊行于书院。

始建于建炎四年（1130）的屏山书院，由朱熹的启蒙老师刘子翚创办，其后人于至正二十年（1360）刻印宋代学者刘学箕《方是闲居士小稿》2 卷，同年又刻印陈傅良《止斋先生文集》52 卷。[⑥]

---

① 邓洪波、肖新华：《宋代书院藏书研究》，《高校图书馆工作》2003 年第 5 期。

② 戴均衡：《味经山馆文钞》卷 1《桐乡书院四议》，清咸丰三年刊本。

③ 马光祖修，周应合：（景定）《建康志》卷 29《儒学志二》，中华书局 1990 年影印本，第 1811 页。

④ 同上书，第 1817 页。

⑤ 郭齐、尹波：《朱熹文集版本流源考》，载《西南民族大学学报（人文社科版）》2004 年第 3 期。

⑥ 瞿镛：《铁琴铜剑楼藏书目录》卷 21，江苏广陵古籍刻印社 1985 年版，第 359 页。

南宋衡州提刑宋若水，成都府双流县人，他重修石鼓书院，“摹国子监及本道诸州印书若干种若干卷，而俾郡县择遣修士以充入之”①。当地其他官员，“皆奉金赍割公田以佐其役”②，并刊刻戴溪的著作《石鼓论语问答》《尚书全解》等书。朱熹为书院刻过的书目有《周易》《尚书》《论语》《孟子》《大学》《中庸》等儒家经典凡十余种。淳熙六年（1179），朱熹主持白鹿书院，即刊刻《论孟要义》教材，这是关于白鹿书院刻书的最早记录。朱熹在武夷精舍时，刊刻了《小学》一书，封面作“武夷精舍小学之书”。当他看到当初刘珙初刊于长沙的“无板不错字”的《二程文集》又刊于蜀地时，颇感不安，亲自校勘，以避免其继续“流传误人”。③ 魏了翁《鹤山书院始末记》曰：“家故有书，某又得秘书之副而传录，与访寻于公私所板行者，凡得十万卷以附益”④，比当时官府藏书还多。

元代福建书院的刻书活动，仍主要集中在闽北地区。主要刻本有至元二十六年（1265）朱熹续传弟子熊禾在武夷洪源书堂（院）刻印的胡方平《易学启蒙通释》2 卷。⑤ 建阳的考亭书院于大德十年（1306），由时任建宁路通判的毋逢辰主持刻印王安石的《王荆文公诗》50 卷，此刻本今国内已无存，仅日本宫内厅书陵部存有一部。

元代杭州西湖书院曾两次刻印马端临的《文献通考》，第一次于泰定元年（1324），由江浙行省刻印于西湖书院。⑥ 第二次刻印是在后来的至元元年（1335），距前次刻印十余年后，池阳人余谦出任江浙儒学提举，得阅《文献通考》，见其文或伪或逸，时马端临已去世，其婿就教于东湖

---

① 朱熹：《晦庵先生朱文公文集》卷 79《衡州石鼓书院记》，载朱熹：《朱子全书》第 24 册，上海古籍出版社、安徽教育出版社 2002 年版，第 3782—3783 页。

② 朱熹：《晦庵先生朱文公文集》卷 93《运判宋公（若水）墓志铭》，载朱熹：《朱子全书》第 43 册，上海古籍出版社、安徽教育出版社 2002 年版，第 4302 页。

③ 肖永明、于祥成：《书院的藏书、刻书活动与地方文化事业的发展》，载《厦门大学学报（哲学社会科学版）》2011 年第 6 期。

④ 魏了翁：《鹤山集》卷 41《鹤山书院始末记》，上海古籍出版社 1987 年影印文渊阁《四库全书》本，第 1172 册，第 468—469 页。

⑤ 纪昀等：《四库全书总目》卷 3，中华书局 1965 年版，第 20 页。

⑥ 余谦：《文献通考序》，载王国维：《海宁王静安先生遗书》第 34 册《两浙古刊本考》，商务印书馆 1940 年石印本。

书院，于是，余谦请马端临之婿与西湖书院山长教员校正之，逾年而成，又逾年才梓工，此书方得以再次刊行。①

明清之际学者顾炎武说："闻之宋、元刻书皆在书院，山长主之，通儒订之，学者则互相易而传布之。故书院之刻有三善焉：山长无事而勤于校雠，一也；不惜费而工精，二也；板不贮官而易印行，三也。"② 清末关中学者刘光蕡也说："版印书籍盛行于宋，其事多领于书院，所谓'院本'也。"③ 而到元代以后，书院刻印书籍就更为常见了。一些学者经考证、统计指出，元代至少已有 32 所书院曾经从事图书刊刻工作。而在图书刊刻的过程中，士大夫们都参与其中。④

3. 征集和捐赠

如白鹿洞书院修复后，朱熹曾向南康军各官府衙门发布文告，征集图书。收集到的图书，有的加上跋语，有的刻石为记，以便久存，并以彰显捐书者的功德。他在给学生黄商伯的信中说："白鹿洞成，未有藏书。欲于两漕求江西诸郡文字，已有札子恳之，此前亦尝求之陆仓矣……三司合力为之，已有者不别致，则亦易为力也……或刻之金石，以示久远。"⑤ 值得注意的是，陆游也成为朱熹征集图书的对象，文中"陆仓"即指陆游，时陆游正官江西常平提举，故有此称。当时清江人刘仁季曾将其先人所收藏的《汉书》赠送朱熹，朱熹转送新落成的白鹿洞书院，"使之藏之，以备学者看读"。象山书院的创始人彭兴宗，因书院颇少书籍，下山四处购书，并为此事专门拜访过朱熹。

4. 购书

如宋绍熙五年（1194），朱熹出任湖南安抚使，拨款大量购置书籍充实岳麓书院藏书，并着手制定了藏书条例。南宋淳祐年间（1241—1252

---

① 余谦：《文献通考序》，载王国维：《海宁王静安先生遗书》第 34 册《两浙古刊本考》，商务印书馆 1940 年石印本。

② 顾炎武：《日知录集释》（上册）卷 18《监本二十一史》，上海古籍出版社 2014 年版，第 406 页。

③ 刘光蕡：《陕甘味经书院志》卷 6《刊书》，1958 年校印。

④ 肖永明、于祥成：《书院的藏书、刻书活动与地方文化事业的发展》，载《厦门大学学报（哲学社会科学版）》2011 年第 6 期。

⑤ 毛德琦：《白鹿书院记》卷 2《与黄商伯书》，载朱瑞熙：《白鹿洞书院古志五种》，中华书局 1995 年版，第 1086 页。

年），潮州城建造了韩山、元公两座书院，知州陈圭不仅到韩山书院讲学，又“捐金市朱文公所著书，实于书庄”。元公书院由周敦颐裔孙知州周梅叟创建，他“市书藏于书院，司书职之，又刊元公文全帙，以广其传”①。江西高安人幸槐林曾创办白云书院，筑院舍数十间，购书近千卷，自称“吾无赢金，聊以此授来者”②。元代蒙古人达可，告老还乡后，以私财建石室书院于蜀中，又因成都“阻于一隅”，草堂书院书籍缺乏，遂集中精力于书院的藏书建设，最后经过在南北各地艰苦搜求，终于为书院购置图书27万册。此举使书院藏书从数量到质量都有很大提高，“昔无者有，若旧者新”，对当地文化事业也起到促进作用，被认为是“惠兹蜀邦”的重大文化事件。③ 元代河南许昌冯梦周建书院于颍昌，“其平日捐金以购买之书籍，自六经传注子史别集，以至稗官杂说，其为书凡若干万卷，亦悉归之书院”④，并且对当地社会开放，“买书千卷，构堂蓄之，以待里之不能有书者，为之约曰：凡假者恣所取，记其名若书目，读觉则归，而销其籍”⑤。

（四）经费支持

书院从创办到日常运行，都需要一定的经费支持，士大夫或捐出私产，或割让公田，或捐出俸禄，从经费方面给书院以支持。

1. 唐宋时期

唐末五代时期的书院创办大都是私人行为，书院经费基本上是创办者自己筹措，如窦禹钧创办的窦氏书院，其经费就来自他自家财产。宋朝时期，尤其是南宋时期，书院得到士大夫们的认同，理学家们所到之处，即创办书院，传播自己的学说，想方设法给书院筹措经费，有的士大夫利用职权给书院拨付学田。朱熹《衡州石鼓书院记》曰：“淳熙十四年

---

① 解缙等：《永乐大典》卷5343，中华书局1986年影印残本，第2466—2467页。

② 孙家铎、熊松之等：（同治）《高安县志》卷22《艺文志记·白云书院记》，清同治十年刻本。

③ 李祁：《云阳集》卷10《草堂书院藏书铭》，上海古籍出版社1987年影印文渊阁《四库全书》本，第1219册，第753页。

④ 郑元祐：《侨吴集》卷9《颖昌书院记》，上海古籍出版社1987年影印文渊阁《四库全书》本，第1216册，第535页。

⑤ 许有壬：《至正集》卷38《冯氏书堂记》，上海古籍出版社1987年影印文渊阁《四库全书》本，第1211册，第273—274页。

（1187）今部使者，成都宋侯若水子渊，又因故而益广之，别建重屋以奉先圣先师之像……盖连帅林侯栗，诸使者苏侯诩、管侯鉴，衡州薛侯伯宣，皆奉金赍，割公田以佐其役，逾年而后落其成焉。”[①] 石鼓书院的创办得到苏侯诩、管侯鉴和薛伯宣等诸位官员的支持，他们捐出银两，割让公田以助书院。福建晋江安海镇的石井书院创办于南宋嘉定年间，南宋宝庆元年（1225），郡守游九功拨五座废寺的田产给书院，以充实经费。潮汕的韩山书院，在淳祐五年（1245）得到陈氏官员的经费支持，史载：“陈侯拨钱一千五百贯，置田益廪。增塑周濂溪、廖槎溪二先生像，并祠其中。”[②] 位于江苏句容茅山的茅山书院，于淳祐六年（1246）得到官员一笔学田，“总领王埜兼郡事会茅山道士有田产没官，因下其事知县孙子秀使往营度草创书院，以其下所没田为教养资”[③]。武夷书院在淳祐年间也得到官员拨付的公田和捐俸，王遂在《重修武夷书院记》中曰：“淳祐年间，前使者潘公友文、彭公方拨公田以食之。今大夫陈公樵子捐俸金植大其规模，以养以诲，寒暑不替。”[④] 理宗景定五年（1264），知州朱祀孙拨僧寺没官田二顷给安徽丹阳书院。

南宋官员们还捐钱为书院购置田地。石鼓书院“毁于兵。提刑俞掞重建，并构仰高楼，提学黄幹出公帑置田三百五十亩，以赡生徒”[⑤]。

除去官员给书院拨付学田、捐资置田以外，各地的乡绅地主也给书院捐献部分田产。孝宗乾道间，邑人高可仰置膳田百亩，创办江西桐源书院；宁宗嘉定年间，李大有率乡人，置义田数百亩重建江西新田书院；度宗咸淳九年（1273），乡绅袁文敷创办湖南辰冈书院，设义庄以供费用；南宋末年，枢密院编修丁易东捐私田1200亩，用于创办湖南沅阳书院等。

每当书院创办或大修时，士大夫们包括乡绅往往慷慨解囊，捐资相

---

① 朱熹：《晦庵先生朱文公文集》卷79《衡州石鼓书院记》，载朱熹：《朱子全书》第23册，上海古籍出版社、安徽教育出版社2002年版，第3783页。

② 解缙等：《永乐大典》卷5343，中华书局1986年影印残本，第2644页。

③ 脱因、俞希鲁：（至顺）《镇江志》卷11《学校》，清道光二十二年丹徒包氏刻本。

④ 董天工：《武夷山志》卷10《重修武夷书院记》，清道光二十五年重刻本。

⑤ 李瀚章、曾国荃等：（光绪）《湖南通志》卷69《学校志八·书院二》，清光绪十一年刻本。

助。应天府书院就是个人捐款筹建的，“祥符中，宋城富人曹诚者，独首捐私钱，建书院城中。前庙后堂，旁列斋舍，凡百余区”①。宁宗嘉定八年（1215），知州黄桀以有司五十万钱的“子钱”为基础，又拨“边州钱十万以助”，创办了湖南作新书院。

3. 元朝时期

元朝时期，官员往往给书院拨置学田。早在元世祖至元二十三年（1286）二月，就曾诏令江南诸路学田“复给本学，以便教养”。宋禧《高节书院增地记》记载：“国朝于天下祠学，所谓书院者，例设官置师弟子员，与州学等。尝诏有司，以闲田隙地系于官者归之学、院，以赡廪稍之不足。”② 山东滕县的性善书院，大德年间，知州尚敏拨“礼教乡官地三顷给之”；天历年间，知州曹铎“增给礼教乡官地五顷”。③ 当涂县的丹阳书院，经由省、郡两级官府拨“天门书院之有余以补不足”，“以亩计凡四百”。④ 这些都是官员利用职权拨置田产给书院的例子。当然，士民官绅捐置的学田也不在少数。如山东的子思书院，据王思诚《子思书院学田记》云：

> 邹之中庸精舍，即沂国公授受故址而为之者也。元贞初，邑尹司居敬始之。大德间宋尹彰终之。宋尹又首率好事者，鸿楮币二万缗敷于邑大姓，收其子以给祭，若延师费。延祐改元，刘尹遵礼虑学无田非久长计，始割褚币一万五百二十三缗，买田一百八十五亩七分。二年，朝廷改为子思书院，设山长以司训导。曹尹彬又割褚币七千四百二十五缗，买田二百九十七亩，募民耕佃之，岁收其入以廪师生，仍刻田之疆畔顷亩于石阴。是后，山长曹德辉、卜习吉，又相继买田十有六券，计八项一十亩有奇。泰定丙寅，宣圣五十四代孙孔君思本来

① 徐度：《却扫编》卷上，中华书局1985年版，第21—22页。

② 宋禧：《高节书院增地记》，载李修生：《全元文》卷1578，江苏古籍出版社1999年版，第51册，第520页。

③ 虞集：《道园学古录》卷8《滕州性善书院学田记》，上海古籍出版社1987年影印文渊阁《四库全书》本，第1207册，第132—133页。

④ 吴澄：《丹阳书院养士田记》，载李修生：《全元文》卷502，江苏古籍出版社1999年版，第15册，第145页。

为山长，课讲之暇，召典者稽核学货，若田租之数，悉名存实亡，率为豪右之所假货，洎黠民之所逋负，即条列其主名，复于有司，上于袭庆府，府移文宪司，宪司符知滕州事曹择，严督邹之官吏，立期以征，时监县贴哥洎尹王思明、薄郑惟良、典史岳硅，相与协力办集，未几追已，完君又买田三券，计一顷八十有九亩，仍改募佃者，以革其弊。①

子思书院之学田，是官府使用放高利贷的利息购买的。私人捐助土地作为书院学田者，则如山东鄄城的崇义书院，该书院由扩建者崇喜捐金出粟，“买田四顷五十亩有奇，著于籍。延聘儒师，训迪士子，凡醴齐、膳饮、币帛、脯修之需，胥此出也”②。又如鄄城的历山书院，初有学田百亩，至千奴建“历山书院以成，聚书割田，继以凛粟，以曹人范秀为之师，其子弟与乡邻凡愿学者皆集。又虑食不足，率昆弟岁捐粟麦佐之”③。还有弦歌书院，由乡贤士王仲建书院时，即“买田三百亩，以供时祀，以廪师弟子员”④。还有至大元年（1308），安徽当涂黄池镇重建丹阳书院，人匠提举陈童“乃劝士之有田者数十家暨官之好义者一二人各出力以助，或十亩，或五亩，有八亩七亩者，有四亩三亩二亩者。积少而多，所得之田以亩计，凡二百亩”⑤。可谓众人拾柴火焰高。

（五）制定学规

朱熹于南宋淳熙六年（1179）知南康军时，重建江西白鹿洞书院并在此讲学，次年厘定《白鹿洞书院揭示》（又名《白鹿洞书院学规》《白鹿洞书院教条》《朱子教条》，以下简称《揭示》），确立了书院的办学理念和指导生徒学业的准则。《揭示》定“父子有亲、君

① 孔继汾：《阙里文献考》卷34《艺文考第十二之三》，清乾隆二十七年刊本。

② 张以宁：《崇义书院记》，载祁德昌、陈兆麟：（光绪）《开州志》卷8，中州古籍出版社1995年版，第780页。

③ 程钜夫：《历山书院记》，载李修生：《全元文》卷533，江苏古籍出版社1999年版，第16册，第269页。

④ 张起岩：《弦歌书院记》，载李修生：《全元文》卷1140，江苏古籍出版社1999年版，第36册，第95页。

⑤ 吴澄：《丹阳书院养士田记》，载李修生：《全元文》卷502，江苏古籍出版社1999年版，第15册，第145页。

臣有义、夫妇有别、长幼有序、朋友有信”为五教之目的，还为生徒指出博学、审问、慎思、明辨、笃行这五大学习步骤。《揭示》不仅重视生徒的学业精进，而且将躬行实践置于十分重要的位置，明确了修身、处事、接物的要领。《揭示》成为历代书院制定学规的样板，对后世具有重要的影响。

江苏明道书院创立于南宋嘉定八年（1215），淳祐元年（1240）初步具备书院规制，景定年间制定了《明道书院规程》《明道书院收支规章》《明道书院奉养先贤后裔规章》。明道书院规程涉及书院祭祀、日常讲学的内容安排以及生徒请假等相关规定，明确了生徒违反书院制度的惩罚措施。《明道书院收支规章》是关于书院田产、薪俸等方面的制度。《明道书院奉养先贤后裔规章》则对书院的祭祀做出了规定。值得注意的是，它提出将德业视作黜陟的参考依据，体现了古代书院以德育人的教学理念。

元代士大夫继承了朱熹《白鹿洞书院揭示》的思想宗旨。江苏江东书院创立于元泰定元年（1324），延祐二年（1315）程端礼在主讲期间将《读书分年日程序》《读书分年日程纲领》《读书分年日程》颁行书院。《读书分年日程序》交代了制定《读书分年日程》的目的在于指导生徒治经、明理、治道，实现考制度、知古今、达文词的目标。《读书分年日程纲领》列出《白鹿洞书院教条》《程董二先生学则》《西山真先生教子斋规》《朱子读书法》，作为生徒学习的指导性规约。《读书分年日程》则明确了生徒在 8 岁入学前和入学后、15 岁时应读的书目及其顺序，并为生徒指明了读书的方法。

上海孔宅书院创立于宋代，此后逐渐衰败，元至正初年开始重修，延聘山长、教师，制定学规，书院开始复兴。《孔宅书院学规》为至正初年所订，作者说订立学规是为了鼓励生徒砥砺前行，不辜负振兴书院时的初心。学规中的《学有体要》指出生徒在学习方面要做到立志、存心、穷理、集义四点；学规中《学有实地》则明确将“入孝、出弟、谨行、信言”四部分作为考察生徒德行操守的标准。

泰定二年（1325），刘鹗掌教齐安河南三书院，次年作《齐安河南三书院训士约》。读书第一条主张书院教学以至德、敏德、孝德三德育人；第二条强调士子须通过圣贤之法端正品行；第三条倡议学者学习有关经济政治的实学，以期对现世产生实效；第四条建议文体采用平实的语言；第五条指出了以文会友的重要性，建议生徒勤于会课；第六条阐明国家设学选士的目的在于培养具有真才实学的治国人才，因此，需禁浮夸虚伪之学。

显然，从朱熹制定《白鹿洞书院揭示》后，宋元时期的士大夫在订立学规时不约而同地将其作为范本，有的甚至直接将“揭示”颁于书院。

二　官员对书院的控制

宋朝和元代对书院采取干预、控制的措施，希望书院的发展轨迹顺着官方设计的路线行进。先是北宋庆历年间以后，政府兴起三次官学运动，南宋又向书院派出山长，元朝则从学田、山长选聘等方面控制书院。在这种政策的导引下，官员自然是加强了对书院的掌控。

（一）政府控制书院的措施

北宋初期，政府通过赐田、赐书和赐额的方式扶持书院发展的同时，也是在试图控制书院。湖南的湘西书院是经地方官申奏之后赐建的，岳麓书院的创办和修复以及扩建，主要也是由地方长官主持的，得到了最高统治当局的赐书、赐额，山长周式还得到真宗皇帝的召见，之后即以朝廷命官国子监主簿的身份主持岳麓书院。天圣八年（1030），另一位岳麓书院的山长孙胄也被朝臣奏乞特授官职。官员成为书院的山长，书院自由发展的空间大大缩小。而北宋中期以后三次大兴官学，更使书院教育卷入官学体系，和官学合而为一。元符二年（1099），“初令诸州行三舍法，考选、升补，悉如太学”①。到崇宁四年（1105），全国各州县就已“悉行三舍法”了，书院和官学合而为一了，史载：“及庆历中，诏诸路、州、郡皆立学，设官教授，则所谓书院者当合而为一。”②

南宋时期书院大发展，朝廷认为书院的影响超过了官学，并不利于国家的“大一统”，“书院、精舍之名几遍郡国，殆失古者天子命之教，然

---

①　脱脱等：《宋史》卷157《选举志三》，中华书局1977年版，第3662页。

②　洪迈：《容斋三笔》卷5《州郡书院》，载洪迈：《容斋随笔》，中国世界语出版社1995年版，第312页。

后为学之义”。[①] 一些官员指书院为“私学”，要求官学与书院合而为一的呼声不断高涨。为此，政府在各地大兴官办书院的同时，逐渐加大对民办书院的控制，通过赠书、赐额、委任山长、拨赐学田等途径促使其官学化，将其纳入地方官学管理体系之中。

南宋时期，部分书院的山长已经由政府授予官职了，甚至由政府选派人员充任或者兼任。从宋理宗景定元年（1260）开始，中央政府向每个州派出一名山长，规定必须具备科举考试中举或者太学毕业资格的官吏才能充当。不久，朝廷又规定担任山长的条件必须是和州学教授一样，“山长应注有出身，应格合入教官，及经任合注教官也”[②]。州级书院成为官办地方教育的组成部分。

元代进一步加强了对书院的控制，政府把书院山长和官学的学正、学录、教谕和教授一样列为学官，由礼部或者行省及宣慰司任命，据《元史》记载：“命于礼部及行省及宣慰司者，曰学正、山长、学录、教谕，路州县及书院置之。”[③] 书院由朝廷任命的官员控制，从而给书院发展带来了弊端，吴澄说：“今日所在，书院鳞次栉密，然教之之师，官实置之，而未尝精于选择，任满则去矣；养之之费，官虽总之，而不能尽塞其罅漏，用匮则止矣。是以学于其间者，往往有名无实，其成功之藐也固宜。”[④] 书院的主讲由官员出任，没有责任心，任期满则离去；经费由政府负责，漏洞频出，在这样的书院学习的生徒学不到真学问。

（二）官员控制书院的实例

有了北宋朝廷大兴官学的诏令，地方官员便设法把已经存在的书院纳入到官学的行列中来。当时地方官学的做法是，依照太学考试升舍的办法，在州学或县学设外、内、上三舍，进行日常的教学管理。湖南潭州的士大夫创造性地推出了“潭州三学”。《岳麓书院志》记载：“宋潭士目居

---

① 吴泳：《鹤林集》卷38《杂著·御书宗濂精舍跋记》，清文渊阁《四库全书》补配清文津阁《四库全书》本。

② 解缙等：《永乐大典》卷14621《吏部条法·差注门》，中华书局1986年影印残本，第6550页。

③ 宋濂、王祎：《元史》卷81《选举志一》，中华书局1976年版，第2032—2033页。

④ 吴澄：《儒林义塾记》，载李修生：《全元文》卷504，江苏古籍出版社1999年版，第15册，第193页。

学读书为重，岳麓书院外，于湘江西岸复建湘西书院。州学生试，积分高等升湘西书院生，又分高等升岳麓书院生，潭人号为三学。”① 即潭州州学、湘西书院、岳麓书院三位一体，分成三个等级。根据学生考试成绩，依太学升舍之法逐级递升。在“三学”中，岳麓书院位同上舍，湘西书院位同内舍，潭州州学位同外舍。

南宋淳祐十年（1250），叶梦得（贵溪人）出知抚州，是年五月，就参与了著名的槐堂书院的管理工作，史载：

> 夏五月，邑令王君中立以增葺来告，梦得悚然作曰：崇教，善俗也，他有重于此者乎？乃画规模，乃捐泉布，俾迁祠于槐堂之前，周以两庑，分为四斋，职舍胪列，庖廪傍翼，敞门径，崇垣墙……
>
> 乃延门人李子愿为堂长，以主教事。职事生员，各立定数。因其岁之所入，而差次其廪给。自前令陈君咏之始置田，迨计使吴公子良拨绝户产，而计使尹公焕之又从而均租正籍，得米仅千斛，豆钱三百缗，犹未足用。今复析荷源寺废田，以补之。月拨县解郡用钱楮以助之，而岁用粗（三鹿）给。且虑时久事变，体统无属，则下职谋供，冗食幸集，虚名破请，无弦诵声。故以提督之权归之于令，凡有更创易置之事，则必次第而闻于郡，庶几上下相维，可持于久，修规立程，着为定志。②

抚州知州叶梦得上任后，在修复槐堂书院的同时，还订立了书院管理规程：学生定员、学廪定制、县令提督、上闻于郡。县令在州郡的监督下负责书院的经济事务，教授的人选不再由县令聘请，而由知州遴选。经过叶梦得的改造，槐堂书院从制度上已经完全向官学看齐。

三　士大夫支持书院发展的原因

士大夫支持书院发展的原因各有差异，但主要有以下几点。

① 吴道行、赵宁等：《岳麓书院志》卷3《旧志湘西书院说略》，岳麓书社2012年版，第256页。

② 叶梦得：《重建槐堂书院记》，载曾枣庄、刘琳：《全宋文》卷7710，上海辞书出版社、安徽教育出版社2006年版，第334册，第436页。

（一）传播学说

士大夫们创办书院的原因之一，是利用自己创办的书院来传播自己的学说。例如，欧阳修在皇祐六年（1054），于颍州（今安徽阜阳）知州任上创办了西湖书院。范仲淹于康定二年（1041），以延州（今陕西延安）知州身份创建了嘉岭书院。曾巩在嘉祐年间（1056—1063 年）于其家乡临川，创建了兴鲁书院。这说明，古文运动的倡导者们，曾利用书院传播其学说。程颢在熙宁元丰间任扶沟县知县六年（1075—1080 年），曾建书院讲学，后人以其号称明道书院，或作大程书院。程颐则于元丰五年（1082）在洛阳伊川创建伊皋书院，"以为著书讲道之所，不惟启后学之胜迹，亦当代斯文之美事"[①]。从此直至逝世凡 20 余年，他基本都在伊川著书讲学，成就人才众多，人称伊川先生。二程的学生杨时，在政和四年至建炎三年（1114—1129 年），在无锡讲学 18 年之久，建有东林书院，又以其号称作龟山书院。其学经罗从彦、李侗而传至朱熹。

朱熹一生先后在 27 所书院讲学，弟子超千人。乾道三年（1167），朱熹和张栻在岳麓书院举办会讲，以"中和"为主题，涉及太极、乾坤、心性、察识持善之序等理学普遍关注的问题，前后持续两月有余，"学徒千余，舆马之众至饮池水立竭，一时有潇湘洙泗之目焉"[②]。所以，时谚有"道林（寺）三百众，岳麓（书院）一千徒"的说法。朱张会讲首开书院会讲、自由讲学之风。

元代书院讲学内容基本上都是程朱理学。这里我们有必要提及燕京的太极书院对于理学在北方的传播做出的重大贡献。北方自辽代以后，已经几百年间不闻理学，太极书院创立的目的就是"传继道学之绪"，书院中建有周子祠，也是为了纪念周敦颐的，在书院墙壁上刻有太极图和《西铭》《通书》，另以宋朝大儒二程、张载、杨时及理学集大成者朱熹为陪祀。太极书院的主讲赵复（约 1185—约 1265 年），是将南方程朱理学成系统地传播到北方的第一人，"北方知有程朱之学，自复始"，史载：

> 赵复，字仁甫，德安人……复以周程而后，其书广博，学者未能

---

① 程鹰、张红均：《二程故里志》，河南大学出版社 1992 年版，第 16 页。

② 吴道行、赵宁等：《岳麓书院志》卷 3《书院》，岳麓书社 2012 年版，第 225 页。

贯通，乃原羲农尧舜，所以继天立极，孔子颜孟，所以垂世立教，周程张朱氏，所以发明绍续者，作《传道图》，而以书目条列于后，别著《伊洛发挥》，标其宗旨。又以朱子门人见诸传记与得诸传闻者，共五十三人，作《师友图》，以寓私淑意。又取伊尹颜渊言行，作《希贤录》。由是许衡、郝经、刘因辈皆得其书尊信之，北方知有程朱学，自复始。①

赵复在太极书院的教学内容即周子之学、伊洛诸书，也就是宋朝周敦颐、二程、朱熹等人的理学著作，书院“选俊秀有识度者为道学生。由是河朔始道学”。在赵复和众多弟子的有力倡导下，北方的教育事业从元代开始走出低谷，正所谓“使不传之绪不独续于江淮，又续于河朔者，岂不在于是乎！”②

（二）发展本地教育

五代时期，北京昌平的窦氏书院，就为当地教育的发展做出了很大贡献。宋人范仲淹记载了窦氏书院的情况：

于宅南构一书院四十间，聚书数千卷，礼文行之儒，延置师席。凡四方孤寒之士无供需者，公咸为出之，无问识不识。有志于学者，听其自至。故其子见闻益博，凡四方之士，由公之门登贵显者，前后接踵来拜公之门。③

书院“聚书数千卷”，礼聘饱学之士，前来讲学，教授生徒，书院接收了很多当地的生徒，无论贫富，无论相识与否，只要有志于学，就“听其自至”。

位于晋江安海镇的石井书院，其前身为鳌头精舍。南宋绍兴年间，安海人黄护为当时在安海镇做官的朱熹之父朱松捐建讲学馆所，此为鳌头精

① 宋濂、王祎：《元史》卷189《赵复传》，中华书局1976年版，第4314页。

② 郝经：《太极书院记》，载于敏忠等：《日下旧闻考》卷49《城市》，北京古籍出版社1983年版，第782页。

③ 范仲淹：《范文正公别集》卷4《窦谏议录》，载范能濬：《范仲淹全集》，凤凰出版社2004年版，第456页。

舍。朱松，宋代一位著名理学家，“公余乃择民之秀者，充弟子员，教以义理之学”。20年后，朱熹任泉州同安县主簿，常来安海，数访朱松遗迹旧事，“见其老幼义理详悉，遂与论说”，士因益勤于学。嘉定三年（1210），朱熹第三子朱在以荫补官，通判泉州。第二年，镇官游绛应安海士民的要求，报请泉州郡守邹应龙，建造石井书院。著名学者如宋代的顾长卿、余谦一，元代的杨相孙、陈玄都曾经担任石井书院山长。石井书院教育或影响过许多人，例如，王慎中、黄汝良、庄概、郑成功、黄虞稷等。

元代北京房山县的文靖书院，由本地的总管赵密、宣德府教授贾壤建立，他们曾经跟从刘因游学，归乡后，把学到的知识传播给乡亲。（雍正）《畿辅通志》记载：“文靖书院在房山县西南七十里，元里人总管赵密、教授贾壤尝从容城刘因游，归，以其学教乡人，乃建书院，立祠祀之。诏赐额曰‘文靖’。”①

（三）提高本家族的社会声望

按照唐朝的规定，科举应试者不必是学校的生员，可以是私学肄业或者自学者，“每岁仲冬，州、县、馆、监举其成者送之尚书省；而举选不由馆、学者，谓之乡贡，皆怀牒自列于州、县”②。这种“怀牒自列于州、县”的考生在唐朝已经占据相当比例。

所以，一些家族通过创办书院，来提高本家族的社会地位和声望。对于一个家族来说，本族弟子应试中举可以提高家族的声望地位，提升本族的影响力，稳固家族秩序。如陈氏东佳书堂，据江西《江州义门陈氏宗谱》的《义门家法三十条》载：“立书堂一所于东佳庄，弟侄子姓有赋性聪敏者令修学，稍有学成者应举。”③ 使家族弟子入院肄业，目的是应举。在稍后制定的《推广家法十五条》中，要求“子孙蒙养时先当择师，稍长令从名师习圣贤书，教循礼义……如果资性刚敏者，严教举业，期过道

① 唐执玉、李卫、陈仪、田易：（雍正）《畿辅通志》卷29《书院》，上海古籍出版社1987年影印文渊阁《四库全书》本，第629册，第677页。

② 欧阳修、宋祁：《新唐书》卷44《选举志》，中华书局1975年版，第1161页。

③ 阮志高等：《江州陈氏东佳书堂研究》（内部刊印本），载《江西教育学院学报》1989年专刊。

以取青紫”①。目的还是做官。

为了提高家族的社会声望，东佳书堂招收生徒的范围超出本家族，（陈氏）“别墅建家塾，聚书延四方学者，伏腊皆资焉。江南名士皆肄业于其家”②。“四方游学者自是宦成名立盖有之”③。

华林书院原是胡氏家族私塾，宋初胡仲尧将其扩建为华林书院，是一所家族书院，曾培养了大批人才。宋代华林胡氏一门有55人中进士，官至刺史、尚书、宰相者不乏其人，其中大多是华林书院培养的。宰相晏殊、向敏中，文学家苏轼、徐铉等72人为华林书院题诗赞颂。宋太祖曾两次旌表华林书院，宋真宗盛赞华林书院，“一门三刺史，四代五尚书。他族未有闻，朕只见今朝”。宋孝宗为之大书“朕笔亲题灿锦霞，满封官职遍天涯。名重千古应难朽，庆衍千秋宰相家”④。

第三节　唐末至元朝书院对士大夫的影响

唐朝到元代时期书院对士大夫的影响，主要包括书院对士大夫价值观的养成、士大夫阶层的培养等方面。

一　培育士大夫价值观

学贯中西的大学者辜鸿铭说，古代中国的学校追求的是关注社会人生的做人教育，宗旨是教育生徒“做个好人”。书院在培养士大夫的价值观方面发挥了重大作用，书院以“传道”“明斯道以济斯民”为办学宗旨，“书院之建，为明道也”，企图摆脱官学中浓厚的求名趋利的影响，这些从书院“记”和“学规”中能够看得出来。南宋以后，重科举轻学校之风日盛，坏人心术，朱熹说：“科举之学，误人知见，坏人心术，其技愈

---

① 阮志高等：《江州陈氏东佳书堂研究》（内部刊印本），载《江西教育学院学报》1989年专刊。

② 文莹：《湘山野录》卷上《吴国五世同居者》，中华书局1984年版，第16页。

③ 沈建勋、程景周等：（同治）《德安县志》卷3《古迹》，清同治十年刻本。

④ 陈柏泉：《江西出土墓志选编》，江西教育出版社1991年版，第12页。又见徐铉：《华林胡氏书院记》。

精，其害愈甚。"[①] 而当时的官学，其中的生员和老师大都是德行欠缺，教学内容"见利不见义"，所谓"抑今郡县之学宫置博士弟子员，皆未尝考其德行道艺之素，其所授受，又皆世俗之书，进取之业，使人见利而不见义，士之有志于为己者，盖羞言之"。[②] 官学和科举制度已经培养不出具有高尚情操的士大夫，而书院则可以弥补其缺陷。朱熹认为，书院的作用是"养其全于未发之前，察其机于将发之际，善则扩而充之，恶则克而去之，其如此而已矣"[③]。即在人们善恶之心"未发之前""将发之际"，通过书院教育来扩大善心，去除恶意。下面我们从几个方面论述书院对士大夫价值观培育发挥的作用。

（一）书院教学

唐末五代宋元时期的书院讲学内容从儒、道、墨家经典均备，到主要教授儒家经典及其注疏，即宋朝理学家的著作。五代和北宋中期以前的书院教学内容基本上以儒、释、道三家的经典为主，儒家经典是指古代社会中的政教、纲常伦理、道德规范的教条。南宋和元代时期的书院则逐渐以理学家的著作为主，元朝时期，政府正式把程朱理学定为科举取士的标准。朱熹所撰的《四书集注》在当时被钦定为科举考试的立论依据，由此成为读书人的必学书目。

关于书院和官学的区别，日本学者稻叶君山说："官学是专为科举考试而设的、供人获取利禄的捷径，而非其真正的学问研究所，而真正的学问研究所，却在书院。求道问学，非书院不可。"[④] 书院教学的目的在于求取人生大义，身体力行，服务社会，朱熹在为白鹿洞书院拟定的"学规"中指出："熹窃观古昔圣贤所以教人为学之意，莫非使之讲明义理，以修其身，然后推以及人，非徒欲其务记览、为词章，以钓声名、取利禄而已也。今人之为学者，则既反是矣。然圣贤所以教人之法，具存于经，

---

① 朱熹：《晦庵先生朱文公文集》卷58《答宋容之》，载朱熹：《朱子全书》第23册，上海古籍出版社、安徽教育出版社2002年版，第2776页。

② 朱熹：《晦庵先生朱文公文集》卷79《衡州石鼓书院记》，载朱熹：《朱子全书》第24册，上海古籍出版社、安徽教育出版社2002年版，第3782—3783页。

③ 同上。

④ 稻叶君山等：《中国社会文化》，杨祥荫等译，商务印书馆1923年版，第50—51页。

有志之士，固当熟读、深思而问辨之。”① 他认为，经书中存在“教人之法”。象山书院的创办者袁甫认为，设立书院就是为了发明圣道和接续道统，使人们通晓人伦之理、遵守伦理纲常。

宋朝时期，睢阳书院的基本课程是儒、道、墨家经典《诗》《书》《礼》《易》《乐》和《墨子》《道德经》《春秋》等，“博涉百家九流之说”。范仲淹主持睢阳书院期间，亲自教授《艺文》和《易经》课程，主张培养经济之才，他说：“天下危困乏人如此，将何以救？在乎教以经济之业，取以经济之才。”② 主张向生徒讲授经济之学，治国之术。岳麓书院在乾道元年（1165）重建后，即聘请张栻主讲。张栻是中兴名相张浚之子，以阐扬衡山胡宏之学为己任，力避为科举利禄仅习言语文辞之工的士习，提出了“造就人才，以传道而济斯民”的办学宗旨，以及体察求仁、辨别义利、经世致用的为学之道，深得士人之心，一时学者云集，使岳麓书院迅速发展成为湖湘学派的基地，声名远扬。

书院教育大师朱熹一生讲学不辍，宣传忠孝廉节。绍兴二十三年（1153），朱熹以同安县主簿身份，在福建泉州的石井书院讲学；淳熙六年（1179），朱熹在担任南康军知军时，曾在江西庐山的白鹿洞书院讲学；淳熙八年（1181），朱熹以知南康军身份，在江西九江的濂溪书院讲学；淳熙九年（1182），朱熹以浙东提举身份，在浙江上虞的月林书院、浙江东阳的石洞书院和浙江遂安的瀛山书院讲学；淳熙年间，朱熹以知南康军身份，还在江西余干的东山书院、江西玉山的怀玉书院、江西德兴的银峰书院和江西玉山的草堂书院讲学。绍熙五年（1194），朱熹以潭州、荆湖南路安抚使身份在岳麓书院、江西清江的芗林书院讲学。

书院教育家还通过会讲向生徒灌输儒家的价值观。朱熹、陆九渊曾于淳熙二年（1175）在闽赣官道旁的铅山鹅湖寺就学术主张展开辩论，这就是历史上著名的“鹅湖之会”。双方各执己见，但是，在义利之辨方面，朱熹、陆九渊也具有相同的价值观。朱熹在义利观上强调“学无浅

---

① 朱熹：《晦庵先生朱文公文集》卷74《白鹿洞书院揭示》，载朱熹：《朱子全书》第24册，上海古籍出版社、安徽教育出版社2002年版，第3586页。

② 范仲淹：《范文正公政府奏议》卷上《答手诏条陈十事》，载范能濬：《范仲淹全集》，凤凰出版社2004年版，第478页。

深，并要辨义利”，提出以义制利、重义轻利的价值观。对此，陆九渊亦提倡重义轻利的价值观，通过反佛，否定私利，指出：“某尝以义利二字判儒释，又曰公私，其实即义利也。”① 淳熙八年（1181）二月，陆九渊访朱熹于南康。朱熹亲率同僚诸生迎接，请陆九渊登白鹿洞书院讲席。于是陆九渊乃讲《论语》“君子喻于义，小人喻于利”一章，提出“以义利判君子小人”。说君子与小人的差别在于对待义利的不同态度，君子重义轻利，而小人则以利益作为追求，学者应该知晓其中的道理，他进一步说，如果以获取利益作为人生志向就会表现出种种谋利的行为，如果以道义作为人生志向，自然会呈现出道义的行为。陆九渊将义利之间的关系辨析得清楚透彻，朱熹和众学子也不禁心生佩服。朱熹听后备加赞扬，诸生也有听得流涕感动者。朱熹当场离席言曰：“熹当与诸生共守，以无忘陆先生之训。”② 后来将陆九渊的讲稿刻写下来置于院门作为警示，可见陆九渊的讲学具有很强的教育作用。朱熹用“悚然动心”概括了在场听众的情感变化。陆九渊的义利辨析是一种教导生徒的有效方式，生徒在听讲的过程中往往会循着主讲人的思路进行反思，通过价值辨析促使生徒主动检查自己的行为、建立正确的价值观。

元代的书院讲学以程朱理学为最基本的教学内容，主要是儒家经书和理学家周敦颐、程颐、程颢、张载和朱熹等人的著作。当时的书院教学以儒家经典为蓝本，乾隆年间担任岳麓书院山长的王文清说：“日月不灭，万古六经，囊括万有，韬孕经纶。”③ 经朱熹编订并加以注释的《大学》《中庸》《论语》《孟子》四书，以及《诗》《书》《礼》《易》《乐》《春秋》及其先人的注解等，便成为教师讲学、学生研读的必选书目。朱熹认为“六经”“全是天理”，“一生受用不尽”。当时生徒入学后一般先读《四书》，再学《六经》。这些经典经过理学家的注疏，其中蕴含着深厚的理学精神。此外，一些理学家本人的著作讲义，如周敦颐的《太极图说》、朱熹的《朱子语录》等也是书院教学所运用的重要内容。元末明初

① 陆九渊：《陆九渊集》卷2《书·与王顺伯》，中华书局1980年版，第17页。

② 陆九渊：《陆九渊集》卷36《年谱》，中华书局1980年版，第492页。

③ 王文清：《锄经余草》卷11《学规诗九首示书院同人》，载《王文清集》第1册，岳麓书院2013年版，第266页。

著名学者、休宁人赵汸曾经对徽州书院的教学内容作了这样的概括，“凡六经传注、朱子百氏之书，非经朱子论定者，父兄不以为教，子弟不以为学也”[①]。朱熹的影响可见一斑。

元代著名学者程端礼，依据生徒的读书年龄将其读书生涯和与之相适应的学习内容划分为三个阶段：8岁之前属于启蒙教育阶段，主要学习《性理字训》，同时辅以朱熹的《童子须知》；8—15岁期间属于小学教育阶段，主要学习《小学》“四书”以及《孝经》《易》《书》《诗》《仪礼》《礼记》《周礼》和《春秋》等；15—23岁属于成人教育阶段，主要学习《四书集注》，也包括“五经”及其他文史类书籍。

书院教学对生徒价值观的形成起到了重大作用。北宋大中祥符四年（1011），23岁的范仲淹来到南京应天府书院读书，他读起书来“昼夜不息，冬日惫甚，以水沃面，食不给，至以糜粥继之，人不能堪，仲淹不苦也。[②]”范仲淹曾经在此学习5年，每天只有稀粥和咸菜充饥，但仍然发奋读书，昼夜不息，树立了以天下为己任的思想。历经数年的积淀，范仲淹对《诗经》《尚书》《易经》《礼记》《春秋》等儒家经典主旨烂然于胸，吟诗作赋，慨然以天下为己任。大中祥符七年（1014）考中进士，被朝廷委任官职，所到之处，心系黎民，造福百姓，受到百姓的衷心爱戴。

（二）书院祭祀

书院祭祀包括尊师、重道、尚贤和崇礼等内容，其过程相当复杂，包括大师俯伏、鞠躬、上香、跪拜、献礼、献帛、献爵、读祝文、焚帛、焚祝文等多个程序，希冀以此彰显先师先哲的人格魅力与深远影响，借以表达行礼者的尊崇之情。西汉人戴圣在《礼记·祭统》中认为，祭祀是“教之本”，“夫祭之为物大矣，其兴物备矣，顺以备者，其教之本与……是故君子之教也，必由其本，顺之至也，祭其是与”。戴圣在此论述的被视为“教之本”的祭祀，无疑也涵盖着书院祭祀。书院祭祀对生徒的价值观起到潜移默化的作用。朱熹在谈及祭祀的作用时说道：“惟国家稽古

---

① 赵汸：《商山书院学田记》，载李修生：《全元文》卷1669，江苏古籍出版社1999年版，第54册，第515页。

② 脱脱等：《宋史》卷314《范仲淹传》，中华书局1977年版，第10267页。

命祀，而祀先圣先师于学宫，盖将以明夫道之有统，使天下之学者皆知有所向往而及之，非徒修其屋、设其貌像、盛其器服，升降俯仰之容，以为观美而已也。”[①] 祭祀圣贤，重要的是要继承和发扬“其学”“其道”。就书院教育而言，祭祀除了对朱子及其他理学家表示崇敬之情这一象征意义外，还具有榜样示范意义。书院祭祀的对象一般分为三类：第一类，儒家的先圣先贤，如孔子、孟子、颜回等，祭祀他们，主要是基于对他们在儒学发展史上创始之功的肯定；第二类，本学派的创始人及代表人物，如理学始祖周敦颐、二程等，祭祀他们，主要是基于他们在发展儒学，弘扬儒家价值观念等方面做出的重大贡献；第三类，祭祀对本书院发展具有重大贡献的人物，如北京密云的白檀书院就祭祀县令李宣范。

书院祭祀一般由山长或者监院或当地行政长官主持，祭祀分释奠和释菜两种。释奠在每年春、秋举行，春祭定于二月初三，秋祀则在八月初九。释菜一般在开学时举行。书院在每月朔望（即农历初一和十五）还要举行祭礼，由山长主持，每日则要“早晚堂仪”。

书院对于朱熹等理学大师的祭祀，是由于他们在宋代儒学发展中，继道统、立人极、尽广大、致精微，对儒道的发展做出了重大贡献，书院供祀他们，是为了儒家之道的发扬光大。元人蒋易说：“盖自濂洛关闽诸儒继出，因孔孟之言，上溯帝王之道。于是教化大行，人人有士君子之行，使宋文治郁郁乎跨唐而越汉者，实由于此。当时君臣思所以崇报之，取其著书立言以继往圣、开来学、师表百世者，悉依四书院制设官职教而祠祀之。”[②] 又说：“书院设官，春秋命祀，并遵旧典，非徒尊其人，尊其道也。”[③] 书院祭祀圣贤，不仅仅是为了尊其人，更重要的是为了传其道。

徽州书院讲学深受朱熹的教育思想影响，在徽州人的心目中，朱熹是孔子再世，代表了由尧舜周孔开创的儒家道统。因而很多书院都以朱熹为祭祀对象，朱熹成了徽州书院祭祀的灵魂和核心。歙、婺两地创建紫阳书院的最初目的就是祭祀朱熹，传播理学。歙县的紫阳书院，对朱熹的祭祀

① 朱熹：《晦庵先生朱文公文集》卷 80《信州州学大成殿记》，载朱熹：《朱子全书》第 24 册，上海古籍出版社、安徽教育出版社 2002 年版，第 3806 页。

② 蒋易：《送云庄山长张小雅序》，载李修生：《全元文》卷 1466，江苏古籍出版社 1999 年版，第 48 册，第 77 页。

③ 同上书，第 76 页。

是空前的。

嵩阳书院内特建道统祠，供奉帝尧、大禹和周公三位古代圣人，他们都曾对人类发展做出了巨大贡献。书院将他们列为祭祀对象，主要是激励生徒不要忘记道义，时刻以道义为先，只有这样才可以为国家做出贡献。嵩阳书院重视祭祀二程和朱熹三位理学家，并设有专门的先贤祠。另外，嵩阳书院祭祀对象还包括一些与书院教学有关的先儒、先贤，建有诸贤祠。祠内供奉有“刘谏议安世、范忠宣公纯仁、李文肃邴、韩侍讲维、杨文靖公时、吕侍御诲、李忠定公纲、倪文节公思、司马温公光、王少保居安、崔清献公与之”[①]。这些人是刘安世、范纯仁、李邴、韩维、杨时、吕诲、李纲、倪思、司马光、王居安和崔与之。自此以后，凡是对嵩阳书院发展有贡献的人士，一般都会列为供祀对象，以此来表达对他们的敬仰和感恩。在耿介先生的《嵩阳书院志》中记载了嵩阳书院祭祀先贤先圣的情况，史载：“每春秋祭丁之次日，以少牢一祀先贤祠。或县令亲祭或委学博代祭。每春秋二仲朔日作古释菜之礼，用诸果品菜蔬祭器祀先圣。书院山长率肄业诸生行礼。”[②] 并宣读张贴祭祀告文。祭祀活动在我们今天看来程序烦琐，但是，它所蕴含的意义深远。

祀奉对书院有功的学者是书院祭祀的普遍做法。如应天府书院祭祀戚同文，嵩阳书院祭祀庞式，花洲书院祭祀范仲淹，百泉书院祭祀邵雍，龙门书院祭祀程颐、程颢。邵雍是宋朝中叶著名的哲学家和教育家，青年时到辉县苏门山百泉书院学习并且在书院讲学，被公认为“百源学派”。范仲淹主讲应天府书院、花洲书院，这两个书院均长期祭祀范仲淹，以他“先天下之忧而忧，后天下之乐而乐”的思想教育、激励生徒，起到了“推重学统，加强教导”的作用。

可见，书院祭祀对象和学术大师足迹所至关系甚大，宋代岭南书院是受理学的潮流而兴起的，由于理学大师周敦颐曾经任职广东韶州，使得周敦颐成为岭南书院祭祀的主要对象。韩愈、苏轼、罗从彦等岭北的政治与学术精英也由于曾贬谪任职或讲学于岭南各个地域，从而成为岭南地区书院的主要祭祀对象。这种局面经过明中后期的王学大师兴办书院运动，岭

① 叶封：《重修嵩阳书院记》，载耿介：《嵩阳书院志》，清康熙二十一年刻本。

② 同上。

南的书院以祭祀陈白沙的书院最多，书院转而多讲心学，祭祀陈白沙的书院主要是其弟子湛若水所建。湛若水以95岁高寿讲学倡道数十年，到处建置书院祀陈白沙，弟子近4000人，他在岭南地区办有19所书院。

书院祭祀凸显了尊师、重道、崇贤等教育目的，对书院生徒思想品德的培养和提升有着重要的影响。元人唐肃认为，书院祭祀是一种寓教于祀的重要教育途径，所谓“抑书院之制，所以有教有祠者，非祠自祠、教自教也。盖教所以成德，以为后学之表，则祠亦为教设明也”[①]。

另外，书院祭祀还是一种榜样教育活动，在整个祭祀过程中，生徒心中怀着对“先圣先儒先贤”的崇仰之情，拜读着表彰祭祀对象的丰功伟绩的祭文，生徒们“闻乎其音声，瞻前忽后，若有见乎其仪刑，思其居处，思其嗜好，思其言语，雨露之沾濡，焄蒿之升降，观感而化之者，莫斯之为近也”[②]。生徒置身其中，心灵受到荡涤。

书院祭祀对生徒的人生观产生了重大影响，面对奸臣利诱，他们毫不动心、断然拒绝；面对死亡，他们视死如归、大义凛然。傅察（1089—1125年），字公诲，孟州济源人，求学于嵩阳书院，受到书院祭祀的熏陶，徽宗崇宁五年（1106）进士，蔡京欲妻以女，被他拒绝。傅察性直刚烈，被金俘不屈而死。文天祥曾经在白鹭洲书院读书一年，当他看到书院祭祀的场面时，心灵受到极大震撼，德祐二年（1276）临安陷落，两年后文天祥被俘，面对前来招降的张弘范，文天祥坚贞不屈，“成仁取义”，后来被押送至燕京，定下慷慨赴死的决心，始终没有同元政府妥协，留下了“人生自古谁无死，留取丹心照汗青”的千古名句，至元二十年（1283）被下令处死，成为流传千古的民族英雄。

（三）书院主讲的言传身教

书院主讲的学识与品德对生徒有着很深刻的影响。

1. 言传

北宋天圣四年（1026），范仲淹因丧母守制商丘，受知府晏殊之聘，

---

① 唐肃：《丹崖集》卷5《皇冈书院无垢先生祠堂记》，上海古籍出版社2003年版，第185—186页。

② 虞集：《道园学古录》卷36《考亭书院重建文公祠堂记》，上海古籍出版社1987年影印文渊阁《四库全书》本，第1207册，第515页。

主持应天书院。范仲淹执教应天书院时，教育学生不能仅以科举做官作为求学的唯一目的，要“从德”，重视自己的德行培育，他把学、问、思、辨四者作“为学之序”，目的是教生徒具备是非观念，并且能够辨别是非。书院课程主张学以致用，提倡实地考察，即所谓“明体达用”。范仲淹说：“天下危困乏人如此，将何以救？在乎教以经济之业，取以经济之才。”① 在培养“经济之才”的同时，主张选拔人才要德才兼备，且首先注意德。他率先提出匡扶“道统”的书院教育宗旨，并以此确立了培养“以天下为己任”之士大夫的人才培育方式，推动了宋代书院的健康发展。庆历变法失败后，范仲淹主讲豫西花洲书院，以其渊博的知识、忧国忧民的言行赢得了生徒的爱戴，许多士子慕名从黄河两岸、长江流域来到偏僻的花洲书院，听他讲学。

宋代著名理学家程颐、程颢在熙宁五年（1072）来嵩阳书院讲学，他们融汇兼采儒、释、道三家思想之精粹，对儒学理论进行创造性发挥，后经弟子杨时南传至朱熹等人，遂将其理学思想不断传播发展，最终形成“程朱理学”体系，同时开书院和理学一体化先河。程颢“厌科举之习，慨然有求道之志”。立志传承孔孟道学。程颢认为教育的目的是培养“圣人”的理想人格，所谓“人皆可以至圣人，而君子之学必至于圣人而后已”②。而这种理想人格的培育，要以正心诚意为核心，以格物致知为路径，注重“讲明义理”以经世致用，“读书将以穷理，将以致用也”③，不可“滞心于章句之末”。程颢对生徒以诚敬为本，待人亲和平易，生徒跟他学习，常有“如坐春风”之感，弟子范祖禹说：“先生为人，清明端洁，内直外方。其学，本于诚意正心，以圣贤之道可以必至，勇于力行，不为空文。”④ 程颐在洛阳伊川建造伊皋书院，在此讲学20年，与其兄程颢一样，主张教育的目的在于培育圣人，“圣人之志，只欲老者安之，朋

---

① 范仲淹：《范文正公政府奏议》卷上《答手诏条陈十事》，载范能濬：《范仲淹全集》，凤凰出版社2004年版，第478页。

② 程颢、程颐：《二程集·河南程氏遗书》卷25《伊川先生语十一·畅潜道录》，中华书局1981年版，第318页。

③ 程颢、程颐：《二程集·河南程氏粹言》卷1《论学篇》，中华书局1981年版，第1187页。

④ 程颢、程颐：《二程集·河南程氏遗书》卷25《伊川先生语十一·附录明道先生行状》，中华书局1981年版，第333页。

友信之，少者怀之”[①]，圣人以天地为心，更以天下为己任，教育应以德育为根本，强调通过格物致知穷理修身，提出“涵养须用敬，进学在致知”的主张，“一切涵容复载，但处之有道”。告诉生徒读书要善于思考，“不深思则不能造其学”，“凡看文字，先须晓其文义，然后可求其意，未有文义不晓而见意者也”。[②] 司马光、吕公著称赞程颐“力学好古，安贫守节，言必忠信，动遵礼法。年逾五十，不求仕进，真儒者之高蹈，圣世之逸民”[③]，程颐说：“学校礼仪相先之地，而月使之争，殊非教养之道。请改试为课，有所未至，则学官召而教之，更不考定高下。”[④] 学校是讲求礼仪的地方，如果每月都让生徒竞争排名，不符合教育的规律。建议把考试改为给生徒命题作文，如不能写好，可由老师把生徒叫来辅导，不能给生徒排定名次。

张栻认为学校的作用是“盖将使士者讲夫仁、义、礼、智之彝，以明夫君臣、父子、兄弟、夫妇、朋友之伦，以之修身、齐家、治国、平天下，其事盖甚大矣”[⑤]。学校的目标就在于教人学礼仪、明人伦、知荣辱、行仁义，做一个品德高尚的人，进而提出创办书院就是为了实现“传斯道而济斯民”的教育宗旨。“岂将使子群居族谭，但为决科利禄计乎？抑岂使子习为言语之工而已乎？盖欲成就人才，以传斯道而济斯民也。”[⑥] 袁甫作《象山书院记》时称“书院之建，为明道也”，也就是说，是为了让生徒以发明圣道和接续道统为使命。

陆九渊在白鹿洞书院讲学时开宗明义地说出“学者之志”，“志乎义，则所习者必在于义，所习在义，斯喻于义矣。志乎利，则所习者必在于

---

① 程颢、程颐：《二程集·河南程氏遗书》卷22《伊川语八·伊川杂录》（上），中华书局1981年版，第284页。

② 朱熹：《四书章句集注·读论语孟子法》，载朱熹：《朱子全书》第6册，上海古籍出版社、安徽教育出版社2002年版，第61页。

③ 脱脱等：《宋史》卷427《程颐传》，中华书局1977年版，第12719页。

④ 朱熹、吕祖谦：《近思录》卷9《制度五》，台湾商务印书馆2000年版，第354页。

⑤ 张栻：《南轩集》卷9《邵州复旧学记》，载张栻：《张栻全集》，长春出版社1999年版，第680页。

⑥ 张栻：《南轩集》卷10《潭州重修岳麓书院记》，载张栻：《张栻全集》，长春出版社1999年版，第693页。

利，所习在利，斯喻于利矣。故学者之志，不可不辨也”①。他创办象山精舍，规定书院的办学宗旨是“明理、志道、做人”，并且认为“做人”有三个层次的要求：一是做一个堂堂正正的人；二是做一个能够“备道”的人；三是做一个“无所不知，无所不能”的超人。主张学以致用，为社会培养具有强烈社会责任感的人才。

在朱熹看来，修德是第一事，读书是第二事；尊德性是大事，道问学是小事，道问学的目的就在于尊德性。修德首先要立志，朱熹说：“立志不定，如何读书。”② 张栻认为：“今之学者苟能立志尚友，讲论问辩，而于人伦之际审加察焉，敬守力行，勿舍勿夺，则良心可识而天理自著。”③

朱熹坚持“以明人伦为本”的教育宗旨，“学校之设，所以教天下之人为忠为孝也”④。在他看来，“明道”就是发明忠孝之道，“传道”就是传承忠孝之道。所谓“古者圣王设为学校，以教其民，由家及国，大小有序，使其民无不入乎其中而受学焉。而其所以教之具，则皆因天赋秉彝而为之，品节以开导而劝勉之，使其明诸心，修诸身，行于父子、兄弟、夫妇、朋友之间，而推之以达君臣，上下、人民、事物之际，必无不尽其分焉……先王学校之官，所以为政事之本，道德之归，然不可以一日废焉者”⑤。朱熹认为，古代设立学校就是为了进行人伦道德教育，将道德规范内化于心，外化于行。

朱熹在《白鹿洞书院揭示》中说的学习方法和步骤：“博学之，审问之，慎思之，明辨之，笃行之”⑥，语出《礼记·中庸》，“博学”指学习的范围要海纳百川，博采众长；“审问”指刨根问底，挖掘深度；“慎思”指独立思考，探求真谛；“明辨”指训练思维的灵敏，判定真伪；“笃行”指理论联系实际，践履所学。学、问、思、辨目的都是为了求知，“知”

---

① 陆九渊：《陆九渊集》卷23《白鹿洞书院论语讲义》，中华书局1980年版，第275页。

② 黎靖德：《朱子语类》卷11《读书法下》，中华书局1988年版，第177页。

③ 张栻：《南轩集》卷9《郴州学记》，载张栻：《张栻全集》，长春出版社1999年版，第684页。

④ 黎靖德：《朱子语类》卷109《论取士》，中华书局1988年版，第2703页。

⑤ 朱熹：《晦庵先生朱文公文集》卷78《静江府学记》，载朱熹：《朱子全书》第24册，上海古籍出版社、安徽教育出版社2002年版，第3741页。

⑥ 朱熹：《晦庵先生朱文公文集》卷74《白鹿洞书院揭示》，载朱熹：《朱子全书》第24册，上海古籍出版社、安徽教育出版社2002年版，第3586页。

是人生成功的开始。他还教给生徒修身、处事和接物之道，如谈到修身，他说：“言忠信，行笃敬，惩忿窒欲，迁善改过。”即说话要忠诚、诚实，行为要笃实、恭敬，惩戒愤恨，消除贪欲，向好处去做，把过错改掉。在说到处事之要时，他说：“正其谊，不谋其利；明其道，不计其功。”端正道德和行为，不是为了谋私利；阐明道理，而不计较自己的功绩。他还认为，德行的培养要在生徒善恶“未发之前”“将发之际”，“然今亦何以他求为哉，亦曰养其全于未发之前，察其机于将发之际，善则扩而充之，恶则克而去之，其如此而已矣，又何俟于予言哉!”[①] 扩展其善的一面，剔除其恶的一面，强调修养人的本性。在谈到接物之要时说：“己所不欲，勿施于人；行有不得，反求诸己。”[②] 即自己不想做的事情，就不要强迫别人去做；当自己要做什么事却不能遂愿时，不要怨天尤人，要从自己的言和行中寻找原因。

朱熹还教生徒以读书方法，元代教育家程端礼（1271—1345 年）将散见于朱熹著作中的读书方法集中起来，整理成《朱子读书法》，即循序渐进、熟读精思、虚心涵泳、切己体察、着紧用力、居敬持志。读书要有次序，不要颠倒。朱熹提出：“凡读书，先读《语》《孟》，然后观史，则如明鉴在此，而妍丑不可逃。若未读彻《语》《孟》《中庸》《大学》，便去看史，胸中无一权衡，多为所惑。”[③] 既要熟读成诵，又能精于思考。读书要融汇前贤和诸家之说，不要先入为主，牵强附会。而且要把学习的知识见之于实际行动，要身体力行，他说：“读书不可只专就纸上求义理，须反来就自家身上推究。”[④] 读书要有发愤忘食，乐以忘忧的精神。读书时要态度端正，精神专一，树立远大志向，持之以恒。

为了纪念朱熹兴复白鹿洞书院做出的杰出贡献，白鹿洞书院在元代被称为“朱晦翁书院”，成为当时的理学大本营。

---

① 朱熹：《晦庵先生朱文公文集》卷 79《衡州石鼓书院记》，载朱熹：《朱子全集》第 24 册，上海古籍出版社、安徽教育出版社 2002 年版，第 3782—3783 页。

② 朱熹：《晦庵先生朱文公文集》卷 74《白鹿洞书院揭示》，载朱熹：《朱子全书》第 24 册，上海古籍出版社、安徽教育出版社 2002 年版，第 3586 页。

③ 黎靖德：《朱子语类》卷 11《学五・读书法下》，中华书局 1988 年版，第 188 页。

④ 同上书，第 181 页。

2. 身教

“身教”二字讲的是书院山长的榜样示范作用，这是培育生徒价值观不可或缺的内容。它的重要性在于，生徒倾向于按照山长的表现塑造自己的行为，山长的行为表现较语言讲授更为直观，相当于在现实中呈现了一个可以模仿、追求的对象。

范仲淹在应天书院掌学时，诲人不倦，培养出许多优秀人才，如刘潜、刘牧、姜潜、李缊、祖无择、孔道辅等，皆“以文学称京东”。范仲淹本传记载，当时“学者多从质问，为执经讲解，亡所倦”[①]。范仲淹早年在南都学舍刻苦读书的故事激励着生徒，真宗大中祥符四年（1011），23 岁的范仲淹来到南都学舍读书，史载他在“南都学舍，昼夜苦学，五年未尝解衣就枕。夜或昏怠，辄以水沃面。往往馇粥不充，日昃始食”[②]。范仲淹在南都学舍的艰苦求学经历，不仅使他 5 年后进士及第，而且养育了他崇高的价值观，“之南都，入学五年，大通六经。为文章论说，必本仁义”[③]。他心系天下，“每感激论天下事，奋不顾身，一时士大夫矫厉尚风节，自仲淹倡之”[④]。范仲淹这种通过个人努力而光耀门庭的故事在生徒之间产生了强烈反响。

朱熹是著名的理学家，作为山长，他对书院建设以及学术追求可以说已经达到了痴迷的程度，生活中的朱熹严格要求自己，生徒对他的印象是讲究“威仪容止”，坐姿端正，走路稳健，祭拜先圣先贤，总是穿着“深衣幅巾方履”的礼服，书籍摆放整齐，吃饭动作彬彬有礼。朱熹的学术、道德已经达到了很高的境界，他对书院事业的执着感动了生徒们，这种精神已经超越了任何言语表述，对生徒而言他是一个可敬可畏的人物，这样的人物具有超强的人格魅力。

蔡元定是建宁府人，称为西山先生，终身研究义理，在庆元党禁时，甘冒风险与朱熹共同完成整理《参同契》工作，被官府以“佐熹为妖”的罪名押送道州，朱熹前来送别，随行者百余人之多，可见朱熹的巨大号

---

① 脱脱等：《宋史》卷 314《范仲淹传》，中华书局 1977 年版，第 10267 页。

② 楼钥：《范文正公年谱》，载范能濬：《范仲淹全集》，凤凰出版社 2004 年版，第 717 页。

③ 范成大：《范仲淹传略》，载范能濬：《范仲淹全集》，凤凰出版社 2004 年版，第 1205 页。

④ 脱脱等：《宋史》卷 314《范仲淹传》，中华书局 1977 年版，第 10267 页。

召力。蔡元定在道州时并未由于政治压迫而放弃讲学，显然在他的人生轨迹中受到了朱熹的巨大影响，因而塑造出一位威武不屈的理学家形象。胡泳也是朱熹的学生，朱熹辞世后书院渐渐沉寂，在朱熹门人黄榦的劝导下，决心聚集力量重振学派。胡泳主持白鹿洞书院时，仍然不忘克己修身的功夫，他时常与李燔、蔡元思等朱熹门人一起讲学论道，“岁月寖久，不少怠”，在学术传播过程中自身的情操也在不断升华。

白鹭洲书院首任山长、江万里弟子欧阳守道主张为学“求为有益于世用，而不为高谈虚语，以自标榜于一时”①。在书院教学时，向弟子慷慨讲述历代忠义的故事，文天祥发誓说，死后不置于忠义之列，就枉为男儿。欧阳守道去世后，文天祥在祭文中回顾了师长的教育和影响。当时，江万里做吉州知州，不仅创办了白鹭洲书院，而且“亲为诸生讲授，载色载笑，与从容水竹间，忘其为太守”，和文天祥会面，寄予厚望，抗击元军，不屈而死，文天祥称赞江万里“修名伟节，以日月为明，泰山为高，奥学精言，为天地立心，生民立命”②。他在《祭欧阳巽斋先生》中说：

> 先生之学，如布帛菽粟，求为有益于世用，而不为高谈虚语，以自标榜于一时。先生之文，如水之有源，如木之有本。与人臣言，依于忠；与人子言，依于孝，不为曼衍而支离。先生之心，其真如赤子，宁使人谓我迂，宁使人谓我可欺。先生之德，其慈如父母，常恐一人寒，常恐一人饥，而宁使我无卓锥。其与人也，如和风之着物，如淳醴之醉人。及其义形于色，如秋霜夏日，有不可犯之威。其为性也，如盘水之静，如佩玉之徐。及其赴人之急，如雷霆风雨，互发而交驰。其持身也，如履冰如奉盈，如处子之自洁。及其为人也，发于诚心，摧山岳，沮金石，虽谤与毁来，而不悔其所为。天子以为贤，缙绅以为善类，海内以为名儒，而学者以为师。③

---

① 文天祥：《文天祥全集》卷11《祭欧阳巽斋先生》，中国书店1985年影印本，第282页。

② 同上。

③ 同上。

文天祥称赞其师做学问只求对社会有用，并非自我标榜，文章教人信守忠义，孝敬父母，为人真诚，自身一贫如洗，却担心别人挨饿受冻，与人交往，如春风美酒，使人温暖沉醉，义正词严时，又令人不敢冒犯，为人解困，雷厉风行，对待自己，他小心谨慎，诚惶诚恐，洁身自好；对待别人，他一片真诚，感动顽石。当今皇帝称许他是圣贤，文武百官认为他是好人，天下人认为他是名望大儒，读书人都视他为才学大师。

宋末，国家存亡之际，书院师生表现出爱国赴义的忠贞，最典型的例证是岳麓书院师生的抗元事迹。德祐元年（1275）九月，元兵围剿潭州，岳麓书院的生徒在山长尹谷的带领下，当元兵围城之时，率领众生徒，英勇抵抗，可惜数月之后，城池仍然被破，岳麓书院诸生“多感激死义”，“死者什九”，尹谷甚至举家自焚，以身殉国。宋代理学以范仲淹为先导，文天祥为结局，先忧后乐、仁义为本、经世致用、舍生取义，清代著名学者全祖望说，由文天祥的壮烈殉国，“巽斋（欧阳守道）之门有文山（文天祥），径畈（徐霖）之门有叠山（谢枋得），可以见宋儒讲学之无负于国矣”[①]。南宋末年，面对元军的大举进攻，谢枋得倾家荡产，召集民间义士，抗击元军，失败被捕后，坚决拒绝元朝高官厚禄利诱，最终在元朝大都悯忠寺绝食殉国。在中国历史上，谢枋得和民族英雄文天祥并誉为爱国主义的“二山”。

元朝太极书院主讲赵复，以自身言行诠释儒家“忠孝节义”思想，继承书院士大夫重名节的优良传统。史料记载：“世祖尝召见曰：我欲取宋，卿可导之乎？对曰：宋，父母之国也。未有引他人之兵以屠父母者。世祖义之，不强也。”[②] 赵复“为人乐易而耿介”，身虽在燕而心永远在江汉，故学者钦佩，尊称“江汉先生”。

元大学士李谦在《圣泽书院记略》中曰：“余闻德之不修，学之不讲，驰骛于文词之末，以邀声名，苟利禄为计，非圣人所讲之学。而居其堂，以贻其羞，是则可忧也。自今当以圣贤之教为教，以圣贤之学为学，

---

① 黄宗羲、全祖望：《宋元学案》卷 88《巽斋学案》，中华书局 1986 年版，第 2944 页。

② 宋濂、王祎：《元史》卷 189《赵复传》，中华书局 1976 年版，第 4314 页。

俾经为通儒，文为名家可也。”[①] 强调生徒要学习圣贤之学。

（四）书院学规

学规，亦称学约、学则、教约、规约、揭示等。制定学规、章程以规范约束师生言行举止是书院制度确立的一个重要标志。书院的学规对士大夫价值观的培育也具有重要作用，《孟子》的《离娄章句上》曰“不以规矩，不能成方圆”。朱熹曰：“应接事物而处其当否”是格物致知的重要途径。书院要想培育出具有封建社会价值观的士大夫，就要把体现具有封建社会价值观的言行制作成为学规，对生徒的言行进行约束。学规的内容大体上可以分成以下几类。

1. 规范生徒的日常言行，重视生徒的品行养成，修身养性

《大学》云“古之欲明明德于天下者，先治其国。欲治其国者，先齐其家。欲齐其家者，先修其身。欲修其身者，先正其心”。身不修难以齐家，更谈不上治国，因而书院教育家特别重视生徒的修身教育，只有把个人的品德修养好了才能担当“治国平天下”的重任。很多书院的学规都对生徒的修身做出要求，宋朝江宁的《明道书院规程》记载：“诸生德业修否，置簿书之，掌于直学，参考黜陟。”[②] 将生徒平时的德行表现记录在案，作为等级升降的参考依据。

朱熹制定的《白鹿洞书院学规》，又称《白鹿洞书院揭示》《白鹿洞书院教条》，提出“处事、接物之要”，所谓“处事之要”，即正其谊不谋其利，明其道不计其功。所谓“接物之要”，即己所不欲，勿施于人；行有不得，反求诸己。所谓“修身之要”，即“行忠信，行笃敬。惩忿窒欲，迁善改过”[③]。

南宋吕祖谦于乾道四年（1168）为丽泽书院制定的学规《丽泽书院规约》对生徒的品行、言谈举止、人际交往等做了详细规定：

---

① 李谦：《圣泽书院记略》，载李修生：《全元文》卷286，江苏古籍出版社1999年版，第9册，第74页。

② 马光祖、周应合：（景定）《建康志》卷29《儒学志二·建明道书院》，中华书局1990年影印本。

③ 朱熹：《晦庵先生朱文公文集》卷74《白鹿洞书院揭示》，载朱熹：《朱子全书》第24册，上海古籍出版社、安徽教育出版社2002年版，第3586页。

凡预此集者，以孝悌忠信为本，其不顺于父母，不友于兄弟，不睦于宗族，不诚于朋友，言行相反，文过饰非者，不在此位。既预集而或犯，同志者规之；规之不可，责之；责之不可，告于众而共勉之；终不悛者除其籍。

凡预此集者，闻善相告，闻过相警，患难相恤。游居必以齿相呼，不以丈，不以爵，不以尔汝。

会讲之容端而肃；群居之容和而庄（箕踞、跛倚、喧哗、拥并，谓之不肃；狎侮、戏谑，谓之不庄）。

旧所从师，岁时往来，道路相遇，无废旧礼。

毋得品藻长上优劣，訾毁外人文字。

郡邑正事、乡间人物，称善不称恶。

毋得干谒、投献、请托。

毋得互相品题，高自标置，妄分清浊。

语毋亵、毋谀、毋妄、毋杂（妄语，非特以虚为实，如期约不信，出言不情，增加张大之类，皆是；杂语，凡无益之谈皆是）。

毋狎非类（亲戚故旧或非士类，情礼自不可废，但不当狎昵）。

毋亲鄙事（如赌博、斗殴、蹴鞠、笼养朴淳、酣饮酒肆、赴试代笔及自投两副卷、阅非僻文字之类，其余自可类推）。①

吕祖谦要求凡是到丽泽书院读书的生徒都要把孝、悌、忠、信作为立身的根本，传播别人做的好事，纠正别人的过失，扶危救困，听课时神态要端庄严肃，对待自己的老师要尽弟子之礼节，不对别人说长论短，不和官员勾结，不互相吹捧，不说脏话、奉承话，不吹牛、不胡扯，不做下流事。

《嵩阳书院学规》规定：生徒在仁孝、衣冠、言语、学业、作息、义利、礼仪等方面有过失，即记过一次，以示惩戒，史载：

书院同人，皆有志于先圣之学，须从德性涵养中来，致知力行而

---

① 吕祖谦：《东莱吕太史别集》卷5《家范五·学规·乾道四年九月规约》，载吕祖谦：《吕祖谦全集》第1册，浙江古籍出版社2008年版，第359页。

后可渐渍，以几于道。今有逾一年，或二年三年而气质犹未变化，德性未见涵养，殊非设立书院之意。兹仿白鹿书院立堂长一人，斋长二人，相与鼓舞董率之，庶几有所成就。所有条约列后：

一、孝为德之本，故平日谆谆以仁孝为劝勉。诸生中有在家庭不能尽孝道者，录过。

一、威仪为定命之符，诸生中有衣冠不肃，手容不恭，步履急遽，录过。

一、言者心之声也，心存则言语必谨。诸生中有言不及义，或好议论人过失者，录过。

一、君子自强不息，古人所以惜寸阴也。诸生中有好为嬉游，或当昼而寝，妨废学业者，录过。

一、义利之辨，君子小人之分，须是看得利字轻，方有长进。诸生中有较量锱抹，损人利己者，录过。

一、满招损，谦受益。若能抑抑虚怀，乐取为善，其造诣自不可量。诸生中有骄矜自满者，录过。

一、书院以礼让为先，即一饭之顷，必循循有序。诸生中有少长参差紊乱做次者，录过。

一、朋友有劝善规过之义，必能自改悔，然后可复于无过。诸生中有刚愎自用，不受规正者，录过。①

该学规从生徒日常生活的各个方面加以规范，违反者，记过错一次，目的是培育生徒良好的品行。

2. 关注生徒的学业，培育生徒的良好学习习惯

乾道五年（1169）的《丽泽书院规约》就更多地关注生徒的学业，要求“凡与此学者，以讲求经旨，明理躬行为本”。每天把学习收获记录在簿，如遇辍学也记录下来，一年辍学超过百天，开除，“肄业当有常，日纪所习于簿，多寡随意。如遇有干辍业，亦书于簿。一岁无过百日，过百日者同志共摈之”。平时把疑惑记录在专门的册子上，待到同志相见时，加以切磋，“凡有所疑，专置册记录。同志异时相会，各出所习及所

① 耿介：《敬恕堂文集》卷7《嵩阳书院学规》，中州古籍出版社2005年版，第400页。

疑，互相商榷，仍手书名于册后”。学习不用功，虚应故事者开除，“怠惰苟且，虽漫应课程而全疏略无叙者，同志共摈之”①。

3. 明人伦

孟子明确把学校教育的目的归结为“明人伦”，“夏曰校，殷曰序，周曰痒，学则三代共之，皆所以明人伦也。人伦明于上，小民亲于下”②。

书院大师朱熹说：“天生斯人……而使之有君臣、父子、兄弟、夫妇、朋友之伦，所谓民彝也……古先圣王为是之故，立学校以教其民……必使天下之人，皆有以不失其性，不乱其伦而后已焉。”③“如舜之命契，不过欲使父子有亲，君臣有义，夫妇有别，长幼有序，朋友有信，只是此五者。至于后来圣贤千言万语，只是欲明此而已。”④ 因此，朱熹把“明人伦”纳入他制定的《白鹿洞书院学规》，即“父子有亲，君臣有义，夫妇有别，长幼有序，朋友有信”。

书院重视生徒价值观教育的行动有了效果。南宋名臣江万里曾在白鹿洞书院肄业，师从朱熹的弟子林夔孙，在吉州任太守时创办白鹭洲书院，此后相继创办了道源书院和宗濂书院，德祐元年（1275）元军夺取饶州时选择投水殉国。元军进入泉州时，曾为南宋吏部员外郎、时已在杨林书院教学的吕大奎，拒绝诱降，发动他的生徒组成义军，经常组织抗击元军的活动。皇帝赠“无惭君亲”四字表彰他的义举。

（五）书院自然环境

“智者乐水，仁者乐山”，士子希望自己像水那样博大精深，像山那样稳重。“居山水为上”是儒士最为理想的自然环境观。书院在选址上，大都注重自然环境，选择山清水秀、风景绮丽的名山大川，因为幽静的山林、风雅的名胜，能够为生徒营造一个涵情养性的环境。在理学家看来，人易受环境影响，书院所处的环境要远离市井喧闹，尽量减少外部干扰。

如著名的白鹿洞书院地处庐山五老峰下，前有流水潺潺，后有松柏蔽

① 吕祖谦：《东莱吕太史别集》卷5《家范五·学规·乾道五年规约》，载吕祖谦：《吕祖谦全集》第1册，浙江古籍出版社2008年版，第360页。

② 《孟子译注·滕文公上》，杨伯峻译注，中华书局1960年版，第118页。

③ 朱熹：《晦庵先生朱文公文集》卷74《白鹿洞书院揭示》，载朱熹：《朱子全书》第24册，上海古籍出版社、安徽教育出版社2002年版，第3718—3719页。

④ 黎靖德：《朱子语类》卷14《大学一》，中华书局1988年版，第269页。

日，“傍山带水，尽幽居之美”。朱熹第一次来到白鹿洞，就对它的自然环境赞不绝口，白鹿洞“四面山水，清邃环合，无市井之喧，有泉石之胜，真群居讲学、遁迹著书之所”①。白鹿洞书院坐北朝南，山南水北，颇得堪舆之法。北有山峦环抱，南有贯道溪、泮池、莲池。诚如白鹿洞书院的楹联所说：“泉石可人，烟霞友我；青山傍屋，绿树盈门。”是说清澈碧绿的潺潺泉水从石洞中流出，令人赏心悦目；天空中云蒸霞蔚，好似可抒胸襟的友人。更有那书屋依傍在青山之中，翠色欲滴的碧树掩映着书院大门，真是读书的好地方！

象山书院位于江西省贵溪市境内应天山，应天山“陵高而谷邃，林茂而泉清”。书院首创于南宋淳熙十四年（1187），时称“象山精舍”。陆九渊说：“兹山之胜，犹在瀑流……精舍之前，两山回合，又自为一涧，垂注数里，喷薄飞洒于茂林之间。”② 精舍建在“两山回合”处，前有涧水，飞流直下，喷薄飞洒于茂林之中；周围皆山，层林叠嶂。这里正是读书养性的好去处！

岳麓书院坐落于湖南长沙岳麓山下，倚山瞰江，尽览壮美山川。嵩阳书院位于中岳嵩山南麓，背靠峻极峰，面对双溪河。分布在平原地区的书院难得自然山水之利，一般通过人工叠山理水，造出许多精致小巧的山水景观，如睢阳书院。

生徒在山环水绕、绿树浓荫掩映下的书院环境中读书，既远离了闹市喧嚣，也隔绝了世间诱惑，有利于士子潜心阅读，净化心灵，修身养性，使精神得到升华。

二　培养大量士大夫

经过书院教育的生徒很多人考中举人、进士，这些人以后又大都成为各级官员，或者著名学者，进入士大夫的行列。下面就从唐末五代、两宋和元朝几个历史阶段对这一问题进行研究。

（一）唐末五代时期

唐末五代是我国古代书院产生时期，虽然书院数量不多、规模不大，

---

① 朱熹：《晦庵先生朱文公文集》卷99《白鹿洞牒》，载朱熹：《朱子全书》第25册，上海古籍出版社、安徽教育出版社2002年版，第4584页。

② 陆九渊：《陆九渊集》卷9《与钱伯同二》，中华书局1980年版，第122页。

但也培养了不少著名的士大夫。

河南商丘的睢阳书院即应天府书院的前身，北宋四大书院之一，其前身是南都学舍，由五代后晋时的商丘人杨悫创办，杨悫去世后，其学生戚同文继承师业，继续办学。北宋大中祥符二年（1009），宋真宗正式赐额为“应天书院”。睢阳书院在五代后晋时，就培养出诸如宗度、许骧、陈象舆、高象先、郭成范、王砺等人才，“登第者五六十人，宗度、许骧、陈象舆、高象先、郭成范、王砺、滕涉皆践台阁”[①]。这些人后来都成为台阁重臣。范仲淹在《南京书院题名记》中说戚同文隐居乡里，以教书育人为乐趣，“门弟子由文行而进者，自故兵部侍郎许公骧而下，凡若干人。先生之嗣故都官郎中维、枢密直学士纶，并纯文浩学，世济其美，清德素行，贵而能贫”[②]。戚同文培养了兵部侍郎许骧等人，两个儿子也做了官员，身居高位却能够安贫乐道。南都学舍培养的士大夫还有：

薛居正（912—981 年），开封县人，学于南都学舍，后中进士，北宋建隆四年（963）拜官兵部侍郎，不久加封为左仆射，官至司空。

郭忠恕（？—977 年），后周时至南都学舍学习《易经》，宋朝建隆年间，授予国子监主簿，多次给国子监教授《尚书》《易经》等儒家经典。

梁周翰（929—1009 年），郑州管城人，南都学舍生徒，后周进士，至宋朝官至翰林院学士。

郭贽（935—1010 年），曾经在南都学舍学习，乾德五年（967）进士，官至参知政事。

张去华（938—1006 年），南都学舍生徒，建隆二年进士，官至工部侍郎。

宋准（938—989 年），开封人，南都学舍生徒，开宝年间进士，官至翰林学士。

位于登封嵩山南麓的太乙书院（即嵩阳书院的前身），又名太室书院，大致创办于后周世宗时期，北宋至道二年（990）赐名太室书院。太

---

① 脱脱等：《宋史》卷 457《戚同文传》，中华书局 1977 年版，第 13418 页。

② 范仲淹：《范文正公文集》卷 8《南京书院题名记》，载范能濬：《范仲淹全集》，凤凰出版社 2004 年版，第 165 页。

乙书院在五代时期培养的人才有：

冯吉（919—963 年），字惟一，洛阳人，早年求学太乙书院，文章绝佳，工于草隶，雅好琵琶，时人称为“三绝”，后授官太常少卿。

李度（932—988 年），洛阳人，太乙书院生徒，后周显德四年（957）中进士，工诗文。

安德裕（940—995 年），洛阳人，太乙书院生徒，博通经史，开宝二年（969）进士，官至郎中。

河南辉县的太极书院生徒魏丕（919—999 年），相州（今安阳）人，先后担任后周世宗司法参军，至宋朝官至左武卫大将军。

五代时期的北京窦氏书院聘请文行之士为师授业，“四方有志学者，听其自至”。窦氏书院培养了许多显贵，“凡四方之士，由公之门登贵显者，前后接踵来拜公之门”[①]。其中书院创办人窦禹钧自己的五个儿子在该书院肄业成材的故事流传古今，《三字经》说：“窦燕山，有义方，教五子，名俱扬。”窦禹钧的五个儿子后来都在北宋朝中做官，长子仪为礼部尚书，次子俨为礼部侍郎，二人皆为翰林学士；三子侃为左补阙，四子偁为左谏议大夫，参知政事；五子僖为起居郎。宋太祖对窦氏五子称赞有加，他曾经对宰相说：“近朝卿士，窦仪质重严整，有家法，闺门敦睦，人无谰语，诸弟不能及。僖亦中人材尔，偁有操尚，可嘉也。”[②]

（二）两宋时期

北宋中期以前，书院获得很大发展，众多生徒在书院读书，由书院而举人、而进士，继而成为士大夫。宋真宗的《劝学文》就是读书做官发财很好的写照，“富家不用买良田，书中自有千钟粟；安居不用架高堂，书中自有黄金屋；出门莫恨无人随，书中车马多如簇；娶妻莫恨无良媒，书中有女颜如玉；男儿欲遂平生志，《六经》勤向窗前读”[③]。

北宋天圣四年（1026），范仲淹受应天府知府晏殊之聘，讲学睢阳书院。真宗以睢阳书院为朝廷培养大量人才，于大中祥符二年（1009），正

---

① 范仲淹：《范文正公别集》卷 4《窦谏议录》，载范能濬：《范仲淹全集》，凤凰出版社 2004 年版，第 456 页。

② 脱脱等：《宋史》卷 263《窦仪传》，中华书局 1977 年版，第 9098 页。

③ 黄坚：《详说古文真宝大全》卷 1《劝学文·真宗皇帝劝学》，湖南人民出版社 2007 年版，第 14 页。

式赐额为“睢阳书院”。范仲淹到睢阳书院讲学时，与生徒朝夕相处。范仲淹早年刻苦读书的精神鼓舞了书院中的生徒。范仲淹继“以天下为己任”，以“九河我吞，百谷我尊”“浮云我决，良玉我切”的博大胸怀，为北宋培养大批人才，如书院生徒王尧臣、赵鰆于天圣五年（1027）分别考中状元和探花。另外，张方平、富弼、孙复和石介等人也中式，“宋人以文学有声名于场屋朝廷者，多其所教也”，于是，“天下庠序，视此而兴”。①

石介（1005—1045年），兖州人，天圣八年（1030）进士，后担任南京推官兼应天府书院主讲，再擢为国子监主讲。

张载（1020—1077年），长安人，范仲淹花洲书院生徒，熟读《中庸》，嘉祐年间进士，历任祁州司法参军等职，后游学嵩阳书院，与程颐、程颢讨论道学。张载还在长安终南山设立书院，与诸生讲学，著有《正蒙》《西铭》，是北宋中期著名的书院教育家。

范仲淹的儿子范纯仁（1027—1101年）也在花洲书院学习，皇祐元年（1049）进士，曾经和胡媛、孙复同窗，常常学习到深夜，后任职襄城知县，重视教育。

宋代的嵩阳书院更是培养了众多人才。吕蒙正（946—1011年），太平兴国二年（977），中状元，官至太子太师。吕蒙正中状元后，授将作监丞，通判升州。后任参知政事，拜为宰相。

赵安仁（958—1018年），字乐道，河南洛阳人，雍熙二年（985）进士，累官至御史中丞，著有文集50卷。

钱若水（960—1003年），字长卿，河南新安人，雍熙年间（984—987年）进士，官至谏议大夫。

陈尧佐（963—1044年），字希元，河朔人，从师种放，举进士，官至参知政事。

杨偕（980—1048年），字次公，从师于种放，官至翰林学士。

王曙（？—1034年），字诲叔，天圣年间（1023—1932年）进士，官至枢密使。

---

① 朱熹：《五朝名臣言行录》卷7《参政范文正公》，载朱熹：《朱子全书》第12册，上海古籍出版社、安徽教育出版社2002年版，第209页。

孙甫（998—1057 年），字之翰，许州阳翟人，中进士，曾官天章阁待制。

司马光（1019—1086 年），字君实，陕州夏县人，学于嵩阳书院，中进士，官至宰相，曾在嵩阳书院讲学，还编写了《资治通鉴》的 9—21 卷。

崔鸥（1058—1126 年），字德符，开封雍丘人，靖康元年（1126）进士，为相州（今安阳）教授。

陈与义（1090—1138 年），号简斋，洛阳人，政和三年（1113）进士，授开德府教授、太学博士等职，官至南宋参知政事。

张九成（1059—1192 年），字子绍，开封人，绍兴二年（1132）官至礼部侍郎。

江端友，生卒年不详，字子我，陈留人（今开封人），赐进士出身，任王宫教授。

泰山书院培养了众多的人才。著名者除石介外，还有姜潜、张洞、祖无择、李温、文彦博、吕希哲、朱光庭、莫说、朱长文等。其中，姜潜累迁至国子监直讲，后在徂徕山建易居堂，聚徒讲学。祖无择官至龙图学士。文彦博官至平章政事，封潞国公，历事四朝，出将入相 50 年。朱长文“以著书立言为事”，“从泰山学《春秋》，得《发微》深旨，作《通志》20 卷，《书》有《赞》，《诗》有《说》，《易》有《意》，《礼》有《中庸解》，《乐》有《琴台志》，盖自成一家书也”。①

宋哲宗年间，理学家胡安国被罢后定居衡山，在文定书院讲学撰著，胡安国死后，其子胡宏（1106—1162 年）继续在文定书院讲学，培养了一大批杰出的弟子，如张栻、彪居正、吴翌、赵师孟等人。张栻后来成为湖湘学派集大成者，他与朱熹、吕祖谦齐名，被称为“东南三贤”，促进了湖湘学派的形成与发展。

北宋的其他书院也是培养士大夫的重要场所。杨时（1044—1130 年），福建南剑人，先是在程颢的龙门书院肄业，后又在程颐的伊皋书院肄业，中进士后任职浏阳、余杭和萧山知县，重视教育，政绩卓著，晚年致力于书院教育，曾为朱熹、张栻的座师。韩琦（1008—1075 年），安阳

---

① 黄宗羲、全祖望：《宋元学案》卷 2《泰山学案》，中华书局 1986 年版，第 118 页。

人，百泉书院生徒，天圣年间进士，熟读兵法，后成为抗击西夏的名将，官至枢密院副使。

说起南宋书院发展，不能不提起朱熹，他是绍兴十八年（1148）进士，历仕高宗、孝宗、光宗、宁宗四朝，仕途不顺，大部分时间过着读书和讲学的生活，先后恢复了白鹿洞书院、岳麓书院、湘西精舍三所著名书院，并且亲自创办了寒泉精舍、武夷精舍、竹林精舍和云谷晦庵草堂等四所书院，与他往来的书院多达67所，追随他的著名弟子有400余人。南宋时期，岳麓书院培养了大批士大夫。张栻主讲岳麓书院期间，以反对科举利禄之学、培养传道济民的人才为办学指导思想，培养出了一批如吴猎、赵方、游九言、陈琦等经世之才。

吴猎（1130—1213年），字德夫，岳麓书院生徒，后为湖湘学派的重要传人。长期担任地方财赋总领，开禧二年（1206），金军围攻襄阳等地，他率领本部兵马赴援，击败金军，升任京湖宣抚使。

彭龟年（1142—1206年），字子寿，江西清江人。乾道初年求学岳麓书院，拜张栻为师，不久中进士。彭龟年系统吸收了理学思想，后又结识朱熹，因而终身崇奉理学，被全祖望称为“岳麓巨子”。历任焕章阁待制、知府，迁湖北安抚使。在朝言事面折廷争，善恶分明。

赵方（？—1221年），字彦直，潭州衡山人，岳麓书院生徒，孝宗淳熙八年（1181）进士及第。历大宁监教授、青阳知县、随州知州等职。累迁京湖制置使兼知襄阳府，力主抗金。

游九言（1142—1206年），字诚之，号默斋，建阳（今属福建）人。历古田尉，江川绿事参军等职，不附时相韩侂胄等人。

陈琦，字宝和，号希轩，无锡人，淳祐进士。历官翰林院编修、端明殿、文渊殿学士，兵部尚书、太子少保、刑部尚书、太子太傅，封信国公。

胡大时，字季随，号盘谷，湖湘学派奠基人胡宏之子，一生研习理学，绝意仕途，融合各家学说，兼采众家之长。

郑一之，字仲礼，湘潭人，从张栻研习理学。绍熙五年（1194），朱熹任湖南安抚使，见岳麓书院荒废，遂发布《措置岳麓书院牒》，让他主持教学和日常工作，深得朱熹学说之要理。

吴儆，字益恭，号竹洲，休宁人。曾在岳麓书院从学张栻，后中进士。《宋元学案补遗》称他："足以佐理天下，而不得居卿相之位。"① 能博采众家之长，兼容并蓄，强调"学该体用""一贯本末"。他以湖湘学教育生徒，《宋元学案》称"穷经论史，考德订业，分斋肄业"②。

南宋理学大师、教育家吕祖谦（1137—1181 年），创办了南宋四大书院之一的丽泽书院，桃李满天下，就连朱熹、张栻都愿意把子女送到其门下读书。吕祖谦主张"学者须当为有用之学"，他主持的丽泽堂和明招讲院培养了大批学者，诸生中成鸿儒名宦达 20 多人，嫡传弟子 80 多人，有造诣者 150 多人。

南宋时期白鹭洲书院盛极一时，宝祐四年（1256），金榜 601 名进士，吉州占 44 名，其中白鹭洲书院生徒 39 人，为全国之最，21 岁的书院生徒文天祥独占鳌头。理宗高兴地说："此天之祥，及宋之瑞也"，并且欣然亲笔题写了"白鹭洲书院"匾额，悬挂在书院大门上。白鹭洲书院自创办以后，历代共有 17 人中状元，2700 余人中进士，培养出文天祥、刘晨翁、邓光荐等一大批杰出人物。书院"风月楼"上的楹联，"千万间广厦重开，看杰阁层楼势凌霄汉；五百里德星常聚，合南金东箭辉映江山"，就是对白鹭洲书院作育英才的生动写照。

另外，乡贤李觏在江西抚州南城创办了盱江书院，当时从各地来求学的人数一度达到 1000 多人；杜子野在江西宜黄创办鹿冈书院，王安石自临川负箧来游，受业其中。

宋代江西鹰潭的道一书院培养出了调和朱、陆的理学大师吴澄，而樱桃洞书院和芝台书院也走出了宋庠、宋祁、黄注、黄序、黄庶等许多著名文学家和史学家，江西诗派的黄庭坚更是其中的佼佼者。

（三）元朝时期

元代虽然是蒙古族建立的政权，但是，书院仍然获得发展，书院为士大夫的培育做出了贡献。

许衡（1209—1281 年），号鲁斋，闻听姚枢、赵复讲学于百泉书院，

---

① 王梓材、冯云濠：《宋元学案补遗》卷 71《岳麓诸儒学案》，中华书局 2011 年版，第 4118 页。

② 黄宗羲、全祖望：《宋元学案》卷 71《岳麓诸儒学案》，中华书局 1986 年版，第 2388 页。

便前往求学，凡经史子集无所不学，尽得程朱遗书真谛。后被拜为集贤大学士兼国子监祭酒，著有《鲁斋遗书》10 卷、《鲁斋心法》等。

许有壬（1286—1364 年），元代文学家，字可用，彰德汤阴（今属河南汤阴）人，也在百泉书院肄业，读书“一目五行”，延祐二年（1315）进士及第，授同知辽州事，后来官中书左司员外郎，又任集贤大学士，不久改枢密副使，又拜中书左丞。敢于犯颜直谏，“于国家大事，侃侃不阿，多有可纪。文章亦雄浑闳肆，餍切事理，不为空言，称元代馆阁巨手”①。

王恽（1227—1304 年），字仲谋，号秋涧，卫州汲县（今属河南省）人，学于百泉书院，中统元年（1260）姚枢宣抚东平，辟王恽为详仪官，擢为中书省详定官。二年春转翰林修撰，同知制诰，兼国史院编修官。世祖至元五年（1268）迁御史台，后拜监察御使，二十九年（1292）授翰林学士、嘉议大夫。元贞元年（1295）加通政大夫知制诰，同修国史。王恽在 50 余年的宦海生涯中，多次上奏，陈述治国安邦之策，被誉为“三代谏臣”。

徐霖（1214—1261 年），字景说，上海柯城区华墅径畈村人，人称“径畈先生”，著有《太极图说》《葵园集》《春山文集》等。后任江西抚州、福建汀州知州。曾在柯山书院讲学，“研精六经之奥，探赜先儒心传之要”，所著《太极图说》影响很大，四方学子云集，曾有过“远近学子奔来求教者多达三千”的辉煌成就，弟子中有与文天祥齐名的爱国主义诗人谢枋得（字叠山）。徐霖曾评价自己这位弟子：“惊鹤摩霄，不可笼系。”

马祖常（1279—1338 年），字伯庸，光州人，嵩阳书院生徒，延祐元年（1314）进士，官至枢密院副使，著有《石田集》15 卷。

朱德润（1294—1365 年），睢阳人，嵩阳书院生徒，曾经担任国史院编修、行省儒学提举，著有《存复斋集》10 卷。

伯颜（1295—1358 年），一代师圣，蒙古人，世居开州濮阳县，在崇义书院求学，博通“五经”，尤擅《孝经》《论语》。晚年又讲学于崇义书院，生徒千余人。

---

① 贵泰、武穆淳等：（嘉庆）《安阳县志》卷 27《艺文志下》，清嘉庆二十四年刊本。

第三章

明代士大夫对书院发展的作用

明朝前期，官学发达，文化专制，思想僵化，士大夫创办书院的积极性不高，中期以后，随着官学的衰败，商品经济的发展，思想界王学异军突起，整个社会充满活力。王阳明学派为了传播自己的学说，纷纷创立书院。明代成化、弘治年间恢复书院的势头渐起，书院开始步入发展的轨道。此后，明朝书院迅速发展起来。

第一节　明代的书院政策

明朝的书院政策经历了以下几个阶段：明代初期，政府大力发展官学，对书院采取打击态度；中期随着官学的衰落和科举的腐败，以及王学的兴起，政府对书院逐渐采取了支持的政策；嘉靖、万历和天启年间，又几次对书院进行压制，多次加以禁毁；崇祯时期，再次支持书院发展，但由于政局动荡，效果并不明显。

一　洪武至宣德年间的书院政策

这一时期，统治者一方面通过兴办官学来和书院争夺教育资源；另一方面，采取具体措施摧毁书院生存的条件。

（一）大办官学

明代学校和以前的朝代相比，覆盖面增大、体制更完备，形成从社学书塾到府州县学、再到国子学的多层次教育制度。

明代的国子学始建于元朝至正二十五年（1365），洪武十四年（1381）迁建于南京鸡鸣山下，不久改名为国子监，“天下既定，诏择府、州、县学诸生入国子学”①。永乐元年（1403），明成祖朱棣在北京设立国子监。永乐十八年（1420）迁都北京后，便以北京国子监为京师国子监，原设在南京的国子监，改名为南京国子监。国学的长官为祭酒、司业，下有典簿、监丞、博士、助教、学正等官，分别掌管文书出纳、监务赏罚和教授考课学生等事。

统治者不但重视国子监教学，也十分重视地方官学的建设，府、州、县各级官学兴旺发达。

洪武二年（1369），谕中书省：“朕惟治国以教化为先，教化以学校为本。京师虽有太学，而天下学校未兴。宜令郡县皆立学校，延师儒，教生徒，讲论圣道，使人日渐月化，以复先王之旧。”② 于是朝野上下“大建学校”，各地纷纷设立官学，在防区卫所设立卫学，乡村设社学，还在各地方行政机构所在地，设置都司儒学、宣慰司儒学、按抚司儒学、诸土司儒学等。朝廷大力兴办官学的结果是：“天下府、州、县、卫所，皆建儒学，教官四千二百余员，弟子无算，教养之法备矣……盖无地而不设之学，无人而不纳之教。庠声序音，重规叠矩，无间于下邑荒徼，山陬海涯。此明代学校之盛，唐、宋以来所不及也。”③ 至万历年间，全国各地的府州县学总数达到 1435 所，说明当时 94% 的府州县均已经建立了官学。

为了保证官学的兴办，明初统治者将官学纳入了科举取士的体系之中，朝廷规定，“科举必由学校”，官员必由科举，洪武三年（1370）下诏曰：“使中外文臣皆由科举而进，非科举者毋得与官。”④ “科目为盛，卿相皆由此出，学校则储才以应科目者也。”⑤ 学校成为专门为科举培养人才的教育机构。加上官学的生员生活待遇优厚，于是学子大都集中到官学中肄业，打压了书院的生存空间。

明代的各级官学教学内容差别不大，且学习内容偏窄，根本不能满足社会发展的需要。再者，明代的官学受制于科举制度，教学完全围绕科举

---

① 张廷玉等：《明史》卷 69《选举志一》，中华书局 1974 年版，第 1676 页。
② 同上书，第 1686 页。
③ 同上。
④ 张廷玉等：《明史》卷 70《选举志二》，中华书局 1974 年版，第 1695—1696 页。
⑤ 张廷玉等：《明史》卷 69《选举志一》，中华书局 1974 年版，第 1675 页。

进行，因此，明代官学衰落是必然的。

（二）打压书院

以往的学界观点认为，明初百年书院沉寂的原因是由于官学的兴盛，其实还有另外一个主要原因，那就是统治者对书院采取了打压政策。明朝初期，朱元璋对书院采取限制甚至禁止的态度。洪武元年（1368），朱元璋下令“改天下山长为训导，书院田皆令入官”①。不仅降低书院级别，而且将其学田入官，斩断书院生存的财路。洪武五年，朱元璋又下令“革罢训导，弟子员归于邑学，书院因以不治，而祀亦废”②。将书院训导（原来的山长）革除，生徒也划归儒学，把书院推向灭绝之路。明朝统治者的书院政策，使书院“荡然靡存”。解缙曾上言明太祖曰：“古时多有书院学田，贡士有庄，义田有族，皆宜兴复而广益之。”③ 但被朱元璋置之不理。

政府对书院的打压政策，加上朝廷实行文化专制高压政策，使书院在明朝初年近百年的时间里处于沉寂阶段，许多书院被废弃，就连著名的白鹿洞书院和岳麓书院也是房舍坍塌，遍地瓦砾。白鹿洞书院，自元朝至正十一年（1351）毁于兵火后，直到正统三年（1438），南康知府翟溥福率众修复，87 年间无人过问，所谓“昔日规制不见，惟闻山鸟相呼，山鸣谷应，余音悠扬，恍类弦歌声”④。岳麓书院自元朝至正二十八年（1368）兵毁之后，一直处于荒芜状态，“今殿址故在，而列屋颓垣隐然荒榛野莽间，其址与食田皆为僧卒势家所据矣”⑤。

二　正统至正德年间的书院政策

科举腐败、官学衰落、王学兴起，政府开始扶持书院发展。

明初统治者大力倡导科举考试，规定科举考试只许在“四书”“五

---

① 曹秉仁、万经等：（雍正）《宁波府志》卷 9《城隍》，雍正十一年刻，清乾隆六年补刻本。

② 同上。

③ 张廷玉等：《明史》卷 147《解缙传》，中华书局 1974 年版，第 4118 页。

④ 王祎：《王忠文集》卷 8《游白鹿洞记》，上海古籍出版社 1987 年影印文渊阁《四库全书》本，第 1226 册，第 178 页。

⑤ 杨茂元：《重新岳麓书院记》，见丁善庆：《长沙岳麓书院续志》卷 4，载吴道行、赵宁等：《岳麓书院志》，岳麓书社 2012 年版，第 617 页。

经”范围内命题，答题采取八股文格式，如此造成士子只知死读“四书”“五经”，只知埋头做八股文的局面。随着时间的推移，科举腐败越来越甚，考试中存在着严重的舞弊现象，“贿买钻营，怀挟倩代，割卷传递，顶名冒籍，弊端百出，不可穷究，而关节为甚，事属暧昧，或挟恩仇报复，盖亦有之”①。士子们心存侥幸，不刻苦读书，而是热衷于走这些歪门邪道。成化以后，科举考试更加只重八股。对此，顾炎武批评道：“天下之人惟知此物可以取科名，享富贵，此之谓学问，此之谓士人，而他书一切不观……士子有登名前列，不知史册名目、朝代先后、字书偏旁者。举天下而惟十八房之读，读之三年五年，而一幸登第，则无知之童子俨然与公卿相揖让，而文武之道弃如弁髦。”②“率天下而为欲速成之童子，学问由此而衰，心术由此而坏。”③“愚以为八股之害，等于焚书，而败坏人材，有甚于咸阳之郊所坑者但四百六十余人也。”④痛斥八股文对士人的危害。

随着科举制度的腐败，官学成为科举的附庸，国子监、各级地方官学已经不能继续很好地为社会培养人才，对此，洪熙元年（1425），浙江布政司右参议戴同吉说：“近年以来，为师者多记诵之学，经不能明，身不能正；生徒放效而不敢责；有所问辩而不能对。故成材者少，无良者多。”⑤不仅官学的教师数量不足和素质低下，其管理也渐趋松弛，各省学政对学校的考课和监督也流于形式，“迩来学政堕窳，功令不信，有数年不经岁考，甚至有十八九年者，岂尽怠弛哉?”⑥明代中叶以后，官学的各种制度废弃不行，斋堂号舍几成虚设，教官聊备其员，学校的教育职

① 张廷玉等：《明史》卷70《选举志二》，中华书局1974年版，第1705页。

② 顾炎武：《日知录集释》卷16《十八房》，黄汝成集释，上海古籍出版社2014年版，第368页。

③ 顾炎武：《日知录集释》卷16《三场》，黄汝成集释，上海古籍出版社2014年版，第371页。

④ 顾炎武：《日知录集释》卷16《拟题》，黄汝成集释，上海古籍出版社2014年版，第372页。

⑤《明宣宗实录》卷10，洪熙元年冬十月丙戌，“中央研究院”历史语言研究所1962年校印本，第10册，第282页。

⑥《明神宗实录》卷514，万历四十一年十一月己卯，“中央研究院”历史语言研究所1962年校印本，第63册，第9709页。

能已经丧失殆尽，诚如陈宝良先生所说："自明代中期以后，教官之黜陟，生员之充发，均废格不行，即使卧碑所列各种禁例，亦只是一纸具文。地方儒学更是有堂不升，有斋不讲，凡饮、射、读法、膳会礼仪并一些规条课业，更是久已废置不行。就拿儒学学宫来说，其后也日渐陵替，只是用作供奉先师、居停学博，或者有司春秋二时丁祭、朔望行香之地而已，甚或庑为牧泮为渔，圃为蔬，舍为薪，无怪乎士习日偷，放荡于礼法之外。"① 各级官学弊端丛生，已经失去了存在的价值。

官学和科举制度的腐败，导致正德时期书院的发展，对此，明人沈德符说："国学之制渐隳，科举之弊孔炽，士大夫复倡讲学之法，而书院又因之以兴。"②

明代中期以后，程朱理学逐渐演蜕成科举考试的敲门砖，《性理大全》《四书五经大全》成为撰写八股文的材料，而科举考试的腐败，遭到人们的诟病。程朱理学面对这种局面，无以应对，反而成了束缚人们思想的僵死教条或空泛说教。时代需要儒学大师构建新的理论体系，以维系世道人心。以王守仁、湛若水为代表的心学大师承担了这一任务。正德以后，王学遍天下，王门弟子在各地创办书院，传播王学。沈德符说："自武宗朝（正德年间），王新建以良知之学行江浙两广间，而罗念庵、唐荆川诸公继之，于是东南景附，书院顿盛……阳明讲学之所，若龙冈书院，若贵阳书院，若濂溪书院，若稽山书院，若敷山书院，既皆随处经营，隐然以复古学校为己任。而同时湛若水亦筑西樵讲舍，建白沙书院，与阳明相应和。若水与阳明同讲学，而旨趣各别，一时学者遂分为王、湛之学。"③

早在正统、成化、弘治年间，随着官学和科举制度弊端的显现，政府及各级官员对书院的政策就已经有了转变。正统九年（1444），"诏改生徒肄业之所为书院"④。成化十五年（1479），宪宗为"紫云书院"赐额。成化二十年（1484），诏令重建江西贵溪县象山书院。弘治二年（1489），

① 陈宝良：《明代儒学生员与地方社会》，中国社会科学出版社2005年版，第110页。

② 沈德符：《万历野获编》卷24《畿辅 · 书院》，中华书局1959年版，第608页。

③ 同上。

④ 胡存琮等：（民国）《名山县新志》卷11《学校》，民国十九年刻本。

孝宗准奏修复常熟县学道书院的申请。一些地方官员也加入了创办、修复书院的行列。成化八年（1472），南阳府知府段坚先后修复、创办了诸葛书院、豫山书院、志学书院。成化年间，白鹿洞书院也恢复到盛时规模。弘治六、七年，巡按御史樊祉，在辽东创办了沈阳辽右书院、辽阳廖左书院和广宁崇文书院。弘治初年，经过长沙知府的努力，岳麓书院得以重新开讲。据统计，成化年间，复建书院78所，弘治年间复建书院95所。

随着王阳明心学影响的扩大，其门人纷纷创办书院。嘉靖三年（1524），王学门人绍兴知府南大吉对稽山书院进行修复，“聚八邑彦士，身率讲习以督之”。讲学盛况空前，“环坐而听者三百余人”，多为王门干将，“萧璆、杨汝荣、杨绍芳等来自湖广，杨仕鸣、薛宝铠、黄梦星来自广东，王艮、孟源、周冲等来自直隶，何秦、黄弘纲等来自南赣，刘邦采、刘文敏等来自安福，魏良政、魏良器等来自新建，曾忭来自泰和”①。王守仁的门人在其师死后，于隆庆、万历年间掀起创办书院的高潮，用以传播心学，对此，邓洪波先生说：“王守仁逝世后，各地王门弟子或建书院，或立祠宇、或创精舍、或办讲舍、都以传播、弘扬师说为己任，所在书院数不胜数，仅王守仁《年谱》所载著名书院就有近二十所。如江西安福县自嘉靖十三年邹守益建复古书院倡导师说后，其同门刘文敏、刘子和、刘阳、刘肇衮、欧阳瑜、刘敖、赵新、彭簪、刘晓等又先后创建了连山、复真、复礼、前溪、识仁、道东、中道、中南八座书院。”②

尤其是嘉靖内阁首辅徐阶以阳明弟子自居，在北京灵济宫开讲会，自为盟主，并且把王门高足欧阳德、聂豹、程文德等人请来“分主之”，当时“学徒云集至千人，其时在癸丑甲寅，为自来未有之盛”③，轰动京师。史载王守仁“素称姚江弟子，极喜良知之学。一时附丽之者，竞依坛坫，旁畅其说”④。当政者对王学的嗜好，对书院的发展起到了重大推动作用，“一时趋骛者，人人自托吾道，凡抚台莅镇，必立书院，以鸠集生徒，冀

① 王守仁：《王阳明全集》卷35《年谱三》，上海古籍出版社1992年版，第1290页。

② 邓洪波：《中国书院史》第5章《书院的繁荣与辉煌》，东方出版中心2004年版，第303页。

③ 黄宗羲：《明儒学案》卷27《南中王门学案三》，中华书局1985年版，第618页。

④ 沈德符：《万历野获编》卷8《内阁·嫉谄》，中华书局1959年版，第215页。

当路见知"[①]。隆庆、万历年间，书院发展进入高潮。嘉靖十七年五月，吏部尚书许赞在上疏中说："近来抚按两司及知府等官，多将朝廷学校废坏不修，别起书院，动费万金，征取各属师儒，赴院会讲，初发则一邑制装，及舍供亿，科扰尤甚。"[②] 说明王学书院的蓬勃发展引起政敌的极度不安。

三 嘉靖至崇祯年间的书院政策

由于王守仁的心学在思想界的影响越来越大，动摇了程朱理学在思想界的地位，特别是书院讲学讽议朝政，招致当权者的不满，加上王守仁平定宁藩朱宸濠叛乱，声望日隆，引起邪恶官员的嫉妒，污蔑其学是伪学、邪学，其人是邪党、无赖。他们以私建书院为名，上疏请皇帝禁毁书院，借此打击王学书院，进而打击王守仁。嘉靖十六年（1537）二月，御史游居敬上疏指斥南京吏部尚书湛若水，"倡其邪学，广收无赖，私创书院，乞戒谕以正人心。帝慰留若水，而令所司毁其书院"[③]。《明通鉴》记载，嘉靖十六年四月，"壬申，罢各处私创书院。时御史游居敬论劾王守仁、湛若水伪学私创，故有是命"[④]。《万历野获编》曰："至丁酉年（嘉靖十六年），御史游居敬又论南太宰湛若水，学术偏陂，志行邪伪，乞斥之，并毁所创书院。上虽留若水，而书院则立命拆去矣。"[⑤]《典故纪闻》详细记录了游居敬上疏的情况：

> 嘉靖时，御史游居敬请禁约故兵部尚书王守仁及南京吏部尚书湛若水所著书，并毁门人所创书院。戒在学生徒勿远出从游，致妨本业。世宗曰："若水留用，书院不奉明旨，私自创建，令有司改毁。自今再有私创者，巡按御史参奏。比年阳倡道学，阴怀邪术之人，仍

① 沈德符：《万历野获编》卷24《畿辅·书院》，中华书局1959年版，第608页。

② 朱国桢：《皇明大政记》，明刻本。

③ 王圻：《续文献通考》卷50《学校考》，明万历三十年松江府刻本。

④ 夏燮：《明通鉴》卷57《世宗》，嘉靖十六年四月壬申，中华书局1959年版，第2140页。

⑤ 沈德符：《万历野获编》卷2《列朝·讲学见绌》，中华书局1959年版，第52页。

严加禁约，不许循袭，致坏士风。”①

游居敬上疏矛头直指王守仁、湛若水讲学。嘉靖帝认为御史游居敬的上疏说得很对，于是下令不许私自创办书院，否则，就要拆毁，并且允许御史监督参奏私创书院的行为。

嘉靖十七年（1538）四月，吏部尚书许赞再次请毁书院，说：

> 世宗嘉靖十七年四月，吏部尚书许赞请毁书院，从之。初，太祖因元之旧，洪武元年立洙泗、尼山二书院，各设山长一人。宪宗成化二十年，命江西贵溪县重建象山书院。孝宗弘治元年，以吏部郎中周木言，修江南常熟县学道书院。武宗正德元年，江西按察司副使邵宝奏修德化县濂溪书院。其时各省皆有书院，弗禁也。至帝十六年二月，御史游居敬疏斥南京吏部尚书湛若水，倡其邪学，广收无赖，私创书院，乞戒谕以正人心。帝慰留若水，而令所司毁其书院。至是，赞复言，抚按司府多建书院，聚生徒，供亿科扰，亟宜撤毁。诏从其言。②

此事在《皇明大政纪》中也有记载，与《续文献通考》的记载稍有出入，但可互相印证：

> （嘉靖十七年）五月，毁天下书院。吏部尚书许赞上言，近来抚按两司及知府等官，多将朝廷学校废坏不修，别起书院，动费万金，征取各属师儒，赴院会讲，初发则一邑制装，及舍供亿，科扰尤甚。日者南畿各处，已经御史游居敬奉行拆毁，人心称快，而诸未及，宜尽查算，如仍有建者，许抚按据奏参劾。帝以其悉心民隐，即命内外严加禁约，毁其书院。③

---

① 余继登：《典故纪闻》卷17《禁王、湛所著书并毁其书院》，中华书局1981年版，第311页。

② 王圻：《续文献通考》卷50《学校考》，明万历三十年松江府刻本。

③ 雷礼：《皇明大政记》卷23，明万历刻本。

讲学是导致王学书院被禁毁的主要原因，嘉靖九年（1530），皇帝批“守仁放言自肆，抵毁先儒，号召门徒，声附虚和，用诈任情，坏人心术，近年士子传习邪说，皆其倡导”①。对王守仁的学说和讲学活动进行痛斥。朝中大臣群起攻之，先说王、湛书院“倡其邪学，广收无赖”，后以书院“动费万金，供亿科扰”，要求禁毁。嘉靖时期对书院的禁毁，遏制了书院发展的大好势头。

万历初年，张居正任内阁首辅，在“夺情事件”中，王学门人邹元标、何心隐等人猛烈抨击张居正不守礼制，“忘亲贪位”，让张居正大为恼火。本来张居正对书院讲学就心生厌恶，此时又遭到王学门人的攻击，于是对书院“言之切齿”。万历三年（1575），张居正给皇帝上《请申旧章饬学政以振兴人才疏》曰：

> 圣贤以经术垂训，国家以经术作人。若能体认经书，便是讲明学问，何必又别标门户，聚党空谈。今后各提学官督率教官生儒，务将平日所习经书义理，著实讲求，躬行实践，以需他日之用。不许别创书院，群聚徒党，及号召他方游食无行之徒，空谈废业，因而启奔竟之门，开请托之路。违者，提学御史听吏部都察院考察奏黜，提学按察司官听巡按御史劾奏，游士人等许各抚衙门访拿解发。②

张居正反对别立门户，空谈废业，要求各地提学官督促率领生员，把经书义理，贯彻到实践中去，禁止创立书院，聚集同党。监察部门要对允许创办书院、聚众讲学的官吏进行“奏黜”“劾奏”。

万历七年（1579），常州知府因为创办书院被告发敛财扰民，张居正抓住机会，以皇帝的名义“毁天下书院”，其间被禁毁的书院有 64 所。《明通鉴》记载：

---

① 《明世宗实录》卷 98，嘉靖八年二月甲戌，“中央研究院”历史语言研究所 1962 年校印本，第 38 册，第 2299 页。

② 张居正：《张太岳集》卷 39《请申旧章饬学政以振兴人才疏》，上海古籍出版社 1984 年版，第 496 页。

七年春正月戊辰，诏毁天下书院。先是，原任常州知府施观民，以科敛民财，私创书院，坐罪褫职。而是时士大夫竞讲学，张居正特恶之，尽改各省书院为公廨，凡先后毁应天等府书院六十四处。①

从“不许别建书院”，到“诏毁天下书院”，张居正在他执政年间，各地官员禁毁书院的记载不绝于书，明代书院发展的大好局面此后不再。张居正的倒行逆施受到很多人的反对，他死后不久，万历皇帝诏令“凡天下书院，俱准复之”。

张居正死后，改革停止，明朝迅速走向末路。朝廷上下党争激烈，魏忠贤专权乱政，东林党人被阉党排挤，他们在各地创办书院，著名者有东林书院、关中书院、徽州紫阳书院、江右书院，他们在讲会中反对宦官专权，抨击朝政，招致阉党嫉恨，导致书院再次禁毁。天启五年（1625）八月，魏忠贤的鹰犬御史张讷，奏请毁拆全国书院。此疏说全国书院最盛者为东林、关中、江右、徽州四处。东林书院“其来已久，乃李三才科聚东南财赋，竭民膏血为之修建者，良田美宅，不下数十万金。孙慎行、高攀龙辈窟穴其中，以交结要津，纳贿营私，皆是物也。如租佃户高转逊编朴千余，从来硬不完纳。近日借口灾伤，逋欠尤多，有司不敢问”②。说东林等书院搜刮民财，交接党人，纳贿营私，提出禁毁要求：

书院虽有数处，而脉络总之一条。南北相距不知几千里，而兴云吐雾，尺泽可以行天。朝野相望不知几十辈，而后劲前矛，登高自为呼应。其人自缙绅外，宗室、武弁、举监、儒吏、星相、山人、商贾、技艺，以至亡命罪徒，无所不收。其事则遥制朝权，掣肘边镇，把持有司，武断乡曲，无所不为。其言凡内而弹章建白，外而举劾条陈，书揭文移，自机密重情，以及词讼细事，无所不关说。数年以来，民生不得安堵，疆圉不得宁帖，朝廷不得收正人之用，而受嘉言之益，谓非若辈之为祟耶！而不特此也，其巧借最大题目以钳轧人

---

① 夏燮：《明通鉴》卷67，嘉靖七年正月戊辰，中华书局1959年版，第2613—2614页。

② 《明熹宗七年都察院实录》，天启五年八月初八日，载《明实录》附录，“中央研究院”历史语言研究所1962年校印本。

口，一空善类，如指梃击，指进丸，指移宫，敢于启衅宫闱，首发大难，而一时聚讼纷纷，翻腾清世，直蒙两朝以不白，而亏损皇上之孝思。今虽改正实录，宜布史馆，而当日礼卿娓娓千言污蔑先朝，可终置不问乎？伏乞敕下各省直抚按官，但凡有书院处所，尽数拆改，将房屋田土逐一登报，亟行变价，解助大工，不许隐漏。其或现任官员，有枉道会讲，骚扰一方者，严加禁止。至若孙慎行、冯从吾、余懋衡三大头目，位尊势重，未经处分，恐根株不拔，引蔓牵藤，为害更烈，乞圣断施行。①

张讷的这个奏折罗列了东林等书院的几大罪状：第一，东林、关中、紫阳、江右几处书院，虽然相距几千里，但相互交通；朝野大臣众多，但却能够互相呼应。第二，书院聚集绅士、宗室、武夫、监生、儒吏、星相、山人、商贾、技艺各色人等，甚至亡命之徒。第三，东林党言行不端。弹劾奏折，大到朝廷机密，小至民间词诉；干涉朝政，掣肘边事，把持地方。导致民不聊生，边疆多事，朝廷听不到善言，无正人君子可用。第四，借梃击、红丸、移宫三案，排斥异己，发难朝廷，给皇帝蒙上不白之冤，不可不问。第五，下令拆除各地书院，把房屋田地变卖，不许遗漏。严禁参与会讲的官员，严惩孙慎行、冯从吾、余懋衡三大讲学头目。

张讷的奏疏正合魏忠贤的心意，遂矫诏禁毁书院，对东林党人进行打击，史载：

其东林、关中、江右、徽州一切书院，俱著拆毁。暨田土房屋，估价变卖，催解助工。本内有名如邹元标，少负忠名，出山潦倒，其身虽死已久，然臣奸依势之恶尚存。著削了籍，仍追夺诰命。外如孙慎行、冯从吾、余懋衡，名虽假乎理学，行无异乎市井，或通关节，而居之不疑，或躬窝主，而靦颜无耻，甚至假仙惑世，吞产谋孤，读此令人发指。此三员都著削了籍为民，仍追

① 《明熹宗实录》卷62，天启五年八月壬午，“中央研究院”历史语言研究所1962年校印本，第69册，第2909—2911页。

夺诰命。①

命令把东林、关中、江右、徽州紫阳书院拆毁，其田土房屋，估价变卖；将邹元标、孙慎行、冯从吾、余懋衡削籍为民，追夺诰命。可见，阉党禁毁书院和对东林党人的打击联系起来了。经过这次打击，明代书院不可挽回地走向衰落。虽然崇祯皇帝即位后，改变了打击政策，采取了支持政策，但仍然没有能够挽回书院的衰落趋势。

明朝统治者的书院政策总的趋势是：禁止—提倡—三次禁毁—再提倡。但是，由于禁毁书院主要是针对讲学和东林党，因此，对书院禁毁的后果要做具体分析。嘉靖年间的禁毁书院政策，主要是冲着王、湛讲学而来的，并未波及其他书院，因此，嘉靖朝创办和修复的书院仍然高达596所，是明代历史上最多的。地方官员的保护和支持是嘉靖时期书院发展的主要原因。张居正对书院的禁毁，后果甚为严重，万历年间创办和修复的书院只有295所，年均不过6所多点，位于嘉靖、隆庆、正德之后。此后，明代书院由盛转衰。魏忠贤对书院的禁毁更使得书院的命运雪上加霜。

统治者对书院的态度很大程度上影响着士大夫对书院的态度，当统治者禁止书院发展的时候，一些士大夫便会阻止书院的发展；当统治者支持书院发展的时候，大多数士大夫便会加入到支持书院发展的行列。这个问题，我们将在第二节中论述。

第二节 明代官员对书院发展的作用

明代各级官员对书院发展的作用因为受制于朝廷书院政策而表现出二重性和阶段性。所谓二重性，即当朝廷支持书院发展的时候，官员们就支持书院发展；当朝廷禁毁书院时，部分官员就成为朝廷政策的执行者。所谓阶段性，就是明朝前期，由于朝廷禁止书院，提倡官学，官员的精力主要用于官学方面；成化、弘治以后，特别是王学兴起后，政府逐渐对书院

① 《明熹宗实录》卷62，天启五年八月壬午，“中央研究院”历史语言研究所1962年校印本，第69册，第2911页。

采取支持态度，官员转而支持书院发展，纷纷加入到创办、修复书院的行列中，至嘉靖年间达到高潮；万历、天启年间，朝廷禁毁书院，一些官员便加入其中，另外一些官员噤若寒蝉，不再热心书院教育。本节我们从以下几个方面论述明朝官员对书院发展的作用。

一 创办书院

明朝士大夫创办书院大致可以分成以下几个阶段。

（一）洪武至成化年间

明朝初年，官员的精力主要在官学教育上，对书院采取冷漠的态度。福建泉州晋江县安海镇的石井书院“岁久倾颓”，洪武年间，当地人给泉州的赵太守写信，希望能够修复石井书院，言辞恳切，却杳无音信。石井书院本是朱松、朱熹的“过化”之地，其遭遇尚且如此，其他地方的书院境遇可想而知了，其中泉州书院竟然被改为晋江县学。洪武二十一年（1388），御史钟道元视察学宫，发现泉州书院被占的情况，便训诫当地官员恢复泉州书院。第二年（1389），官员们在县学的礼殿后面建造一间朱子祠和若干间学舍，算是恢复了书院。永乐十四年（1416），按察使刘咸调任河南，寻找伊川书院旧址，希望复建，但他的倡议七八年间无人响应，终于在永乐二十二年（1424）得到知府李遵义等人的捐助，重修了伊川书院。

明朝正统年间，一些地方官员开始重修或创办书院。如正统元年（1436），浙江淳安的石峡书院、严州的钓台书院就是在地方官员的倡导下得以重修的。正统三年（1438），南康知府翟溥福率领僚属捐出俸银，重修白鹿洞书院于荒榛之中，建三贤祠于大成殿之左，祀周敦颐、朱熹。成化、弘治以后，官学和科举更加衰败，一些士大夫为挽救时弊，多建书院讲学。明人叶向高认为科举的腐败是导致士大夫创办书院的主要原因，他说：“明兴，设科罗才，虽取词章，而学宫功令载在卧碑者，一本于德兴，至于明伦额其堂，其大指于三代同。而末流之弊，逐功利而迷本真，乃反甚于汉唐。贤士大夫欲起而维之，不得不复修廉洛关闽之余业，使人知所自往。于是通都大邑，所在皆有书院。”① 成化七年（1471），南阳知

① 叶向高：《首善书院记》，载孙承泽撰：《天府广记》（上）卷3《书院》，北京古籍出版社1982年版，第32页。

府段坚先后筹建豫山书院、志学书院，并修复诸葛书院。[1] 成化十六年（1480），知县朱铨于宝丰县建程子书院。成化十七年（1481），河南提学佥事吴伯通，檄修伊川洛西书院，新建洛阳伊洛书院。[2] 成化十八年（1482），运判张庸轸在泉州府治创办了欧阳书院。

（二）正德至弘治年间

明代正德年间以后，随着王阳明、湛若水学说的崛起，王学弟子如钱德洪、王畿于其在野的三四十年间，“无日不讲学”，前者的讲学足迹遍及江、浙、宣、歙、楚、广，后者的讲学足迹到达北京、南京、吴、楚、闽、越、江、浙，他们在各地建书院、开讲会，书院和王学一体化，王学借助书院在各地传播开来，甚至朝中大臣，乃至于首辅也信奉王学，例如，嘉靖、隆庆年间的内阁首辅徐阶（1503—1583 年）。地方官员创办、修复书院的积极性日益高涨，明朝书院发展进入高潮，“流风所被，倾动朝野，于是绅之士，遗佚之老，联讲会，立书院，相望于远近”[3]。

明朝弘治十四年（1501），何珣为衡州知府时，兴复石鼓书院。正德元年（1505），刘玑为衡州知府，“暇视书院，以学宫虽设，而来游学者无栖身之所，书院徒名，寂然无弦诵之声，遂甃石鸠材，补罅增畀，而开拓之，一时才俊储养于此”[4]。知府刘玑感慨石鼓书院缺乏栖身之所，没有弦诵之声，便加以修建，使得石鼓书院又传来琅琅读书声。明朝嘉靖、万历时期，衡阳知府多人对石鼓书院进行数次重修，如周诏、蔡汝楠、金立爱分别于嘉靖十一年（1532）、二十八年（1549）和三十九年（1560）对石鼓书院进行过修复。

湛若水，号甘泉，广东增城人，弘治十八年（1505）进士，他在很多地方为官，创办书院讲学，纪念其师白沙，先后创建讲学的书院有 50 多所。正德十二年（1517），湛若水于广东省西樵山大科峰之南的天峰之下建立了云谷书院。同年（1517），吏部文选员外郎方献夫，于西樵石泉洞东建石泉精舍讲学，后获皇上赐书扩充为石泉书院。正德十四年

---

① 潘守廉、张嘉谋：（光绪）《南阳县志》卷 6《学校》，清光绪三十年刻本。

② 龚嵩林、汪坚：（乾隆）《洛阳县志》卷 5《学校》，清乾隆十年刊本。

③ 张廷玉等：《明史》卷 231《赞》，中华书局 1974 年版，第 6053 页。

④ 李安仁、王大韶、李扬华：《石鼓书院志》（上部）《地理志・书院沿革》，岳麓书社 2009 年版，第 15 页。

(1519)，湛若水门生霍敦、陈谟、扬鸾等人集资兴建的大科书院，位于大科峰西的烟霞洞中，湛若水担任书院首任山长。

（三）嘉靖、万历年间

嘉靖年间，书院建设进入高潮，数量达到596所，在创办书院的官员队伍中，既有王门弟子，又有程朱门人。如嘉靖二年（1523），福建安溪县令龚颖创办了凤山书院，以祀朱熹。嘉靖二年，提学使魏校在粤秀山麓重修了濂溪书院，在广州西濠街创办晦翁书院。嘉靖二年（1523），太保霍韬谢病归乡，始建精舍于海南西樵山西部宝林洞中，后更名四峰书院。嘉靖五年至十年（1526—1530年），登封县知县侯泰在嵩阳书院旧址又设立书院，重新恢复了嵩阳书院之名。嘉靖五年（1526），明代“三朝功臣、两部阁老”的王琼归里，创办晋溪书院，位于太原晋祠之侧，从明代王琼之后至民国之初，晋溪书院就出了翰林进士举人六七十人之多。晋溪书院一直由王琼后代经办，经历明清四百多年，于1993年修缮一新。嘉靖八年（1529），巡按御史聂豹、福建提学副使郭持平、泉州知府顾可久等人创建一峰书院。嘉靖十年（1531），侍御史吴云祥于广州崇报寺创办白沙书院；保定知府徐嵩在府治西北创办二程书院。蒋信（1483—1559年），嘉靖十一年（1532）进士，授户部主事，曾任贵州提学副使，修建正学、文明二所书院。嘉靖二十一年（1542），武昌县教谕朱瑛，得知本县近八年无一人获取科名，为了培养人才，他筹集经费在城南修建了东皋书院。嘉靖二十四年（1545），国子监祭酒伦以训在广州北城创办白山书院。

明代中期以后，官学衰败，有的地方官便创办书院以替代官学。如保定府满城县的玉川书院就是因为“学官不勤课，诸生不率教，由是县立书院”。同时也认为“书院者，地方公学也……月课诸生，第其优者，资以膏火费”①。有的地方官则因见地方官学规模太小，不能为生徒提供充分的求学之所，于是另创书院。如明朝嘉靖二十七年（1548），巡按御史阮鹗见“通旧无书院，虽建有儒学，而学舍未备，士子有志向学者，往往就僧房道舍，以时讲习……慨然念之”②。就在学宫右边，创建了通惠

① 陈宝生、陈昌源等：（民国）《满城县志略》卷6《县政二·教育》，民国二十年铅印本。

② 高天凤、金梅等：（乾隆）《通州志》卷10《艺文》，清乾隆四十八年刻本。

书院，“以为州学诸生退息肄业之所，使得通州诸士子朝升于堂，得以正其业于师；退息于院，得以考其道于友，时修祀事。从今而后，吾通人文之盛，将倍于往昔矣！”①

在张居正禁毁书院的时候，一些地方官员则利用各种方式来保护书院，有的寻找各种借口保护书院，如星子县的白鹿洞书院，万历七年（1579），大学士张居正“禁伪学，诏毁天下书院，鬻田以充边需”，都御史邵锐以书院“有敕额不便拆毁”为由，留田地300亩以备祭祀。有的地方索性将书院易名，待风头过后再加以恢复，如安福县的复古书院，万历九年（1581）毁天下书院时，易名“三贤祠”，后在知府余元祯、知县闵世翔的努力下，“恢复旧额”。

张居正死后，朝廷废止了其推行的书院政策，书院教育逐渐恢复，数量达到295所。如万历二十二年（1594），密云县知县康丕扬拨款重修白檀书院，万历四十一年（1613），知县尹同皋又增建白檀书院5间尊经阁。史载：“白檀书院，明万历二十二年，知县康丕扬建，前有堂后有亭，东春华馆，西秋实馆，并建社学斋房于邹大夫祠后。万历四十一年，知县尹同皋建尊经阁五楹，以贮书。”②

万历三十二年（1604）二月开始，顾宪成、高攀龙率顾允成、安希范、刘元珍、史孟麟及陈幼学、叶茂才、张大受、钱一本、王永图等为修复于城东故址的东林书院，倡导捐资，得到常州府、吴锡县以及相邻的苏州、松州、嘉兴三府在职官员的资助，历时半年落成，耗资白银1200余两。常州府知府欧阳东凤作《重修东林书院记》、无锡知县林宰作《重修道南祠记》、邹元标作《依庸堂记》，以为纪念。

（四）天启、崇祯年间

天启年间，阉党打击书院，全国新建书院只有21所，没有复建的书院。崇祯时期，朝廷支持书院发展，全国新建书院84所，复建2所。如崇祯八年（1635），河北行唐县知县陈志纪创办郢风书院。崇祯十三年（1640），兵备钱天锡在河北蠡县城南门外创办阳春书院。崇祯十五年

① 周家楣、缪荃孙：（光绪）《顺天府志》卷62《经政志》卷9《学校下·书院》，北京古籍出版社1987年版，第2194页。

② 臧理臣、宗庆煦等：（民国）《密云县志》卷4《书院》，民国三年铅印本。

(1642)，提学高世泰也对石鼓书院进行了重修。

另外，明朝还在边关修建了书院。明朝书院有个特征，就是士大夫为了教育戍边士兵的子弟，而在边关创办书院。例如，居庸关为北京西北的门户，形势险要，自古为兵家必争之地。明太祖朱元璋派遣大将军徐达督建了关城。建文帝时在此设置隆庆卫，永乐帝分成左卫和右卫。景泰以后又屡经缮治。关城是全卫政治、文化中心，内外建有衙署、庙宇、儒学。为了给士兵的子弟提供一个读书的场所，嘉靖二十年（1541），巡按御史萧祥曜创办了叠翠书馆，以“居庸叠翠”美景命名。名为书馆，实为授业读书的书院。书馆建成后，萧祥曜作《叠翠书馆记》以记之。

> 居庸旧有泰安寺，岁久圮坏弗葺，时余姚贡士孙汝贤，字允功，领诸生习业其中。予视事暇往课之，见无以蔽风雨，命分守张镐，即僧室之空者，稍加葺理，凡十六间。中为聚乐堂，以为朝夕会讲之所。余则师生分布以居。继发夫书籍五十四部，俾藏其中，以便诵览。叠翠峰则屏峙其前，茏岚葱郁，望之若俨然不可及，挹之愈久而益可爱。乃因扁为叠翠书馆云。予闻之传曰：仁者乐山。夫叠翠为京都奇景，士生兹土，得于闻见旧矣，其果有能真知其胜而乐之者乎?如其未也，则固不得谓之仁矣。今人无故而加我以不仁之名，岂诸臣之所乐受哉。噫！此可以观本心矣。今以往凡藏修于斯者，苟能体予建馆之意与其所以命名之义。久之，当自有触类而长之者，若经历徐沄、千户刘祚，咸与劳兹役，宜并记之。①

从这段史料可知，叠翠书院是巡按御史萧祥曜因寺庙修缮而成的，聚乐堂是会讲之所，有藏书 54 部。叠翠峰是京师奇观，书馆因山而得名。萧祥曜认为此地物华天宝，人杰地灵，希望有德者读书于此，览胜而乐。

还有北京密云县的后卫书院，(万历)《顺天府志》记载：“密云后卫书院，原建校古北口东门外，虏犯改建城内。”② 古北口位于密云县古北

---

① 王士翘：《西关志·居庸关》卷 10《艺文》，北京古籍出版社 1990 年版，第 263—264 页。

② 谢杰、沈应文、谭希思、张元芳：(万历)《顺天府志》卷 2《学校》，明万历刻本。

口镇东南，在山海关与居庸关中段，山陡路险，自古有“燕京门户”“京都重镇”“京北锁钥”之称。明洪武十一年（1378）加修关城、大小关口和烽火台，设立守御千户所，三十年（1397）改密云后卫，领左、右、中、前、后，五千户所。后卫书院最初设于古北口东门外，属于边关书院，但是，书院设立的具体时间，不得而知。后因蒙古骑兵不断侵扰，书院遂迁到古北口镇城内。

二　筹措经费

充足的经费是书院得以正常运转和持续发展的重要条件，学田则是书院最主要和比较稳定的经费来源，是书院赖以生存和发展的经济基础。明朝人娄性在《白鹿洞学田记》中说：“院有田则士集，而讲道者千载一时；院无田则士难久集，院随以废，如讲道何哉?”又“书院不可无田，无田无是院也”。[①] 对于书院而言，“田与学相与悠久”。

官员对书院的经费筹措既可以利用政府权威，也可以利用个人威信。上文提到的学田是书院生存的根本，官员利用手中的行政权，拨公用土地、绝户土地、被罚或有纠纷的土地给书院。书院的经费以缴纳的罚金充当，绝户的田地归入书院等，属于纯粹的政府行为，而使用俸银或通过集资购买的田产，则应当属于个人的捐赠。

（一）官员带头直接捐赠田地

如弘治十四年（1501），何珦为衡州知府时，石鼓书院才开始完全恢复讲学。周洪谟作《重修石鼓书院记》记有此事。正德元年（1506），刘玑为衡州知府，“暇视书院，以学宫虽设，而来游学者无栖身之所，书院徒名，寂然无弦诵之声，遂甃石鸠材，补罅增畀，而开拓之，一时才俊储养于此”[②]。时学道陈风梧督学湖南，到衡阳视学，对其予以褒奖，并感慨士人没有给养，乃捐置学田几千亩给石鼓书院。成化三年（1467），江西提学李龄在星子县为白鹿洞书院置办院田 408.9 亩。弘治十三年

---

① 李梦阳：《白鹿洞书院新志》卷 6《白鹿洞学田记》，载朱瑞熙：《白鹿洞书院古志五种》，中华书局 1995 年版，第 101 页。

② 李安仁、王大韶、李扬华：《石鼓书院志》上部《地理志·书院沿革》，岳麓书社 2009 年版，第 15 页。

(1500)，御史陈铨在建昌县为白鹿洞书院置办院田432.6亩。弘治年间，江西监察御史陈铨巡按南康，见白鹿洞书院学田被僧寺霸占，致使书院收入不敷养士之需，便“收市寺田”900亩给书院。嘉靖年间的吉安知府何其高和万历年间的吉安知府汪可受，都曾经先后向白鹭洲书院捐赠土地，使书院“皆称极盛”。宁乡玉潭书院原名玉山书院，明朝嘉靖年间，县令胡明善建造，他与其后的三任县令共捐黄花坪、华林冲、茯苓塘等处田地200多亩，后书院因兵燹废毁，学田也荒芜了。

（二）官员多方为书院划拨土地

以白鹿洞书院为例，有的官员把罚没的田地拨给白鹿洞书院。明嘉靖四十五年（1566），南康知府张纯将没收的建昌县犯人常百人的20亩田产划归白鹿洞书院所有。隆庆元年（1567），星子县知县谢存恕把没收的军犯钱昌裔的1.1亩土地拨给白鹿洞书院。万历四十八年（1620），推官李应升又把没收的犯人萧伟的赃田30亩归白鹿洞书院所有。

有的官员还把清查出的被侵隐的田产划归白鹿洞书院所有。如嘉靖六年（1527），推官徐进把清查出的星子县新开田地43.5亩拨给白鹿洞书院。万历十五年（1587），推官舒九思把清查出的卧云冈田7亩和邵家坂、萧成二姓侵隐的2.2亩田产交给白鹿洞书院。

有的官员用寺庙香火钱置办院田。香火钱除用来维持寺庙开支外，其羡余部分有时也被用来替书院置办田产。如明万历年间，南康知府田唁“以五里牌玄帝香资增置田七百余亩”，将其交与白鹿洞书院。

有的官员用赎金替书院置办田产。如嘉靖四十五年（1566），知府何东序知徽州事，“度故田租不足赡士，乃出赎金，益置腴田五十六亩，歙良干丰碣二十一亩，休扬村等处三十五亩，图地形料租税，登之簿书，置仓于总铺之侧，以储其入，名曰‘养贤仓’，恐日远弊生，记之于石”①。嘉靖年间的南康府同知汪伊奉上司之命，拿出赎金200两置办腴田，交与白鹿洞书院。

还有的官员将寺庙田产拨归书院所有。明代江西书院有不少是由寺庙改建而来的，书院建成后，寺庙田产便自然而然地归书院所有。如南城县的盱江书院，就是明正德年间，由提学副使李梦阳以城西南的东岳庙改建

① 施璜：《紫阳书院志》卷17《土宇·田亩》，黄山书社2010年版，第308页。

而成，李梦阳将所有被毁淫祠田产进行登记，一并交与书院。

（三）帮助解决书院经费

有的官员为书院捐献银两。例如，王守仁在明正德年间巡抚南赣时，就曾捐赠白金50两资助白鹿洞书院增置田产。郧阳府的郧山书院，由嘉靖二十六年（1547）巡抚于湛创建，“康饮褚墨悉捐廉以给之”，也都是捐廉修建的。万历年间，安陆府创办的文昌书院就是守道高第、吴尚默与其属下共同捐资兴建的。

有的官员还参与书院经费管理，规范经费使用。如提学副使郑廷鹄于嘉靖三十一年（1542）到白鹿洞书院视学期间，发现白鹿洞书院在洞租发放方面存在着“因有司不知节制，以致诸生视为己资，入有限而出无穷”的问题，他提出应根据生徒考课的成绩来发放洞租，史载：

> 合无自今考案为始，在一二等者，本府发洞肄业，资给租银，不愿者听外府，有志者，待本道批行，方准送入附薄，一体给赡，以后随考升降，著为定规。若既无分别，则勤勉无所劝惩矣。今后各府，一以考案为主，该府并属县生员，考一二等者，报名鉴薄，发洞肄业。①

三 书院讲学

在古代，学者和官员二者往往集于一身，有的地方官不仅创办书院，而且直接参与书院讲学，而讲学的主要目的便是生徒品德的培养。

如成化年间，扬州知府王恕不满“自谢泾第进士以来，垂五十年无继者”的局面，在江都创办资政书院，生徒是扬州各官学的优秀生员。王恕直接参与该书院的教学，通过考课来督促生徒的学业，“非朔望不得辄出，间复考第优劣，以奖其进，而策其不进者。由是众皆劝勉，以求不负所教而端其所履”②。后来，资政书院培育了很多人才，“登名甲科者遂

---

① 郑廷鹄：《白鹿洞志》卷12《酌定肄业洞生》，载朱瑞熙：《白鹿洞书院古志五种》，中华书局1995年版，第330页。

② 尹会一、程梦星等：《资政书院记》，载尹会一、程梦星等：《扬州府志》卷12《学校》，清雍正十一年刊本。

数有其人”。

我们还可以从官员和石鼓书院讲学为例，来看看官员对书院讲学的重视及其对生徒品德教育方面的关注。王门弟子蔡汝楠曾到石鼓书院讲学。蔡汝楠担任衡山知府时，“公暇，每月朔望，率诸生诣书院，讲论经书，命题考课，质疑问难，随叩而答。立有书院条约，会长、会副，问德考业，风闻邻邦，长、永二郡诸生及官师举监，皆负笈来学”①。蔡汝楠每月初一和十五，都要到石鼓书院讲学，解答疑惑，考课生徒，注重品德教育，吸引了附近的郡县生徒员前来学习。赵贞吉，字孟静，号大洲，四川内江人，嘉靖十一年（1532）进士，常到石鼓书院讲学，他“会白石蔡公、万渠潘公，讲学石鼓，诸生多所启发”②。

官员到书院讲学的例子还有很多，下面略举几例。

蒋信被称为“正学先生”，嘉靖十一年（1532）中进士，被授予户部主事，于嘉靖二十七年（1548），到甘泉精舍、石鼓书院讲学，他“揭道要、阐性学、正人心、闲邪说，学者宗之”③。

明代南京兵部主事刘忠在江西永丰县的龙云书院讲学时，“闽、楚、浙、蜀之士来学者甚众”④。

弘治十年（1497），兵部郎中、江西上饶人娄性在星子县白鹿洞书院讲学时，“来学者五百余人”⑤。

正德十三年（1518），王守仁在赣州府的濂溪书院讲学，各地学子前来听讲者甚多，致使讲堂无法容纳。

多任江西提学副使常到白鹿洞书院讲学，如正德元年（1506），蔡清亲自“典教洞学”，大文学家李梦阳也曾多次亲自来到白鹿洞书院讲学授徒。嘉靖三十一年（1552），提学副使郑廷鹄来到白鹿洞书院视学并登台讲学。王宗沐，嘉靖三十五年（1556）任江西提学副使，于白鹿洞书院

---

① 李安仁、王大韶、李扬华：《石鼓书院志》上部《人物志·名宦》，岳麓书社2009年版，第32页。

② 同上书，第23页。

③ 李扬华：《国朝石鼓志》卷1《事迹·仙洞寻幽》，载李安仁、王大韶、李扬华：《石鼓书院志》，岳麓书社2009年版，第161页。

④ 谢旻等、陶成、恽鹤生：（雍正）《江西通志》卷21《书院》，清雍正十年刻本。

⑤ 李应升：《白鹿书院志》卷5《主洞》，载朱瑞熙：《白鹿洞书院古志五种》，中华书局1995年版，第1146页。

聚集诸生，亲自答疑、讲学。

李应升，万历四十四年（1616），进士一甲第五名，授南康推官，以清廉著称，主持白鹿洞书院，重修《白鹿洞书院志》，他首倡“洞学科举”，“兴复白鹿洞书院，立馆舍招集人士，旬有小会，月有大会，会期亲诣洞宿，与诸生质疑问难，推明紫阳之教，一时从游学者千里应之。其成名于世者指不胜屈”①。

明朝万历十一年（1583），进士汤显祖被贬到广东徐闻县做典史，亲手创办贵生书院。后任遂昌知县时，又建相圃书院，并常到书院讲学。

官员在创办书院的同时，还利用“政暇课艺诸生”。云南的王凝就曾“召书院诸生于署楼之下课艺，亲为评骘”②。名儒罗汝芳“政暇，集士夫于书院，更端问难，响答如洪钟，人人虚往而实归”③。

像这类官员亲自讲学于书院的情况在明代是比较普遍的现象。

四　选拔山长

明朝的官员还为书院聘请学者担任书院的主讲或山长，这种完全由官府掌握山长聘用权的形式，我们称之“官聘”。如江西的地方官员常常为白鹿洞书院延请山长和主讲人。成化三年（1467），时任江西提学佥事的李龄，即聘请胡居仁主持白鹿洞书院。成化十六年（1480），江西提学副使钟成又聘请胡居仁担任白鹿洞书院的洞主。弘治十一年（1498），江西提学佥事苏葵及知府刘定昌聘请原兵部郎中娄性主持白鹿洞书院。正德十五年（1520），府学教授蔡宗被巡按唐龙聘为白鹿洞书院的山长。嘉靖二十三年（1544），巡按魏谦吉从南丰聘来教谕郑守道主持白鹿洞书院。由此可见，江西的官员对白鹿洞书院的控制程度，这种现象在全国其他各地均不同程度地存在。

当然，官员为书院选聘山长，也有弊端，鉴于官聘书院山长产生的弊端，曾有人公开拒聘。如明嘉靖三十一年（1552），临洮府狄道县典吏杨

---

① 陈鼎：《东林列传》卷4《李应升传》，上海古籍出版社1987年影印文渊阁《四库全书》本。

② 刘文征：（天启）《滇志》卷10《官师志·总部宦贤》，云南教育出版社1991年版，第354页。

③ 同上书，第359—360页。

继盛，被陕西巡按选任为巩昌书院山长。杨继盛上呈辞帖，指出书院中存在的问题，包括书院教职人员官聘的弊病。他说："凡以师道尊严，不可挟势位以屈之也。本院有志书院，是务欲行古道者。欲行古道，乃不能脱势位之套，而挟之宪牌提取若仆隶然，一则曰无得迟缓，二则曰无得迟缓，是以典吏召之也。夫既以典吏召之，职敢不遵朝廷之谪命；守典吏之官职，而乃为出位之往乎？且古之设书院者，专以讲明道理，今为书院计而挟势位以延其师，则所谓书院者，不过利禄之渊数，功名之筌蹄耳。其于斯道何所补哉！故虽不为此亦可也……今乃若与本院抗者，非敢固傲取罪，盖位之所在，虽不敢逾，而道之所在亦不可苟。如以牌而取，遵牌而往，不惟取知道之笑，其如师道之不立何？是职之卑贱不足惜，而师道之不立则深可惜也。呜呼！书院盛事也，延师盛举也。本院负其势，欲其入而闭之门。卑职守其道，宁丧沟壑而不顾。"[①] 认为官府挟势任命山长，把书院作为利禄之渊薮是对师道尊严的羞辱。

五　规范发展

官员规范书院的发展主要通过学规来进行，各个书院学规内容不一，但主要包括三个方面：一是有关办学宗旨的规定；二是有关修身养性方面的内容；三是有关读书治学方面的指导。

根据对明代书院和讲会规约的统计，直接由官员制定的学规占了一半。衡山知府蔡汝楠为石鼓书院制定"规约"，要求诸生"学文、敦行、辨志、慎习、笃论、常识、仁体"七条，"令诸士日以此相考质"。[②] 万历初年，江西金溪人黄希宪任湖南提学，为石鼓书院制定了《黄毅所先生训义八则》，实则学规，分为"立志""立教""求要""会讲""举业""惇行""慎习""继功"八个方面。

驿丞王守仁于正德三年（1508）制定《教条示龙场诸生》，主要内容：一曰立志，二曰勤学，三曰改过，四曰责善。

知府罗辂于嘉靖元年（1522）制定《白鹿洞洞学榜》，提学郑廷鹄于

① 呼延华国、吴镇：《狄道州志》卷4《学校》，清乾隆二十八年刊本。

② 廖汝恒：《蔡白石先生讲院记》，载江恂、江昱：《清泉县志》卷31，清乾隆二十八年刻本。

嘉靖三十一年（1552）制定《示白鹿洞主帖》，对书院的教学方法也进行了规定。提学高赉亨于嘉靖年间制定《洞学十戒》，对生徒容易犯的10个方面的错误如立志卑下、存心欺妄、悔慢圣贤等提出训诫。提学邵锐于万历六年（1578）制定《白鹿洞书院禁约》，对书院藏书管理、书院田租管理等作出规定。

知府汪可受于万历二十年（1592）制定的《汪太守约禁十一条》和《汪太守馆例十二条》，对书院房舍和器具使用、会讲注意事项、生徒日常言行等作出规范。在《汪太守馆例十二条》中，汪可受直接指出品行的重要性："本府所属望诸生，不独以文章取科第而已，愿以行己有耻为士人第一义。"①

提学副使查铎制定的《水西会条》，有"立真志、用实功、销旧习、求益友"的规定。

万历十年（1582），知府萧良榦修复山阴（今绍兴）稽山书院，并且为之订立《稽山会约》，反对空谈，提倡实学。"会约"凡三事：立真志，用实功，涤旧习。这三条和《水西会约》相同。

萧继忠的《问津书院学规》有"德行、宗旨、经济、制举、识议、规劝"方面的规定。

方世敏的《瀛山书院学规》有"格致、立志、慎修、戒傲、安贫、会文、尊注、通务、知命、惜阴"方面的规定。

关中书院制定了一系列的规章制度，如《士戒》（20条），《关中书院语录》《关中士夫会约》等，把谨守孔孟之道、圣人之学作为书院讲学宗旨，严格按照儒家的道德规范教育生徒，注重品德在生徒学习与做人中的作用，大到为人处世，小到日常规范，无所不包，如《士戒》中规定：

> 毋自恃文学，违误父兄指教；毋妄自尊大，侮慢宗党亲朋；毋在大庭广众中高谈阔论，旁若无人；毋争强好胜，擅递呈词；毋借人书籍不还及致损污；毋到人书房窥看私书簿籍及称夸文房器具；毋拣择衣服饮食及致饰车马等物；毋结交迷信相术之人；毋看《水浒》等

① 汪可受：《汪太守馆例十二条》，载高立人：《白鹭洲书院志》，江西人民出版社2008年版，第34页。

违背纲常礼教书籍；毋轻易品评前辈著作及学问深浅行事得失；毋见人贫贱姗笑凌辱，见人富贵叹羡诋毁；毋彼此约分饮酒游乐；毋哄人詈人并议论人家私事；毋作课之日轻易告假及彼此说话看稿以乱文思。①

生徒后辈必须尊重前辈，同辈之间要互相尊重，"如后辈途遇前辈，下车立道左，俟前辈过方可登车；如年岁及科目相近者，或彼此下车相揖，或车中拱手既别；生徒彼此称谓或字或号，不必称翁，惟后辈于前辈仍用翁字，以见乡党重齿之意"②。

六 增加藏书

明代官员对书院藏书的贡献主要通过以下几种途径体现。

（一）购书

如弘治年间，云南蒙化府署知府胡光，创办明志、崇正等书院，派人"直往江南中州市群书，贮于观文楼。于是，云南诸学积书之富，惟蒙化为最"③。万历六年（1578），河南辉县知县聂良杞对百泉书院院舍加以修复，并购书26部凡275册置于藏书阁中。除史书18部外，其余为《四书大全》《五经大全》《性理大全》《文章正宗》《大学衍义》《文章正宗钞》《大学衍义补》和《六子》等。

（二）刻书

明代一些官员为书院刻书。例如，衡山的地方官就曾经持续不断地为石鼓书院刻书。周诏担任衡州知府时，"因索院志，考其颠末，仅得残本，断烂将不可读。予阅其中纪载繁芜，淆乱无次，览者病焉，病斯湮息无传矣。因属东涯编次，而将翻刻之，阅月告成"④。他看到石鼓书院旧的院志已经不能供人阅读时，便让汪玩（东涯）重修翻刻修撰，于嘉靖十二年（1533）刊印。万历七年（1579），黄希宪任湖南提学，"悯书院

① 冯从吾：《士戒》，载冯从吾：《冯恭定公全书》，清光绪刻本。

② 同上。

③ 周季风：（正德）《云南志》卷6，明嘉靖二十三年刻本。

④ 周诏：《石鼓书院志序》，载李安仁、王大韶、李扬华：《石鼓书院志·重修石鼓书院志》，岳麓书社2009年版，第4页。

志缺，爰命两庠校官，托卿大夫王君心雪（王大韶）校雠编辑，越三阅月告成”①。万历十七年（1589），知府李安仁又重修《石鼓书院志》。地方官的努力，使得后人能够清晰地看出石鼓书院的历史演变过程。

嘉靖四十二年（1563），官员蔡国熙在宁夏卫建造朔方书院，据蔡国熙好友王道行《朔方书院记》记载，蔡国熙壁刻《白鹿洞教规》《君子小人义利之说》和张子《西铭》、王阳明《立志说》等书教授诸生。

琼州府文昌县的玉阳书院，知县贺定齐捐助工价银33.7两，“续助阁银十两，助刻白沙集价八两，助刻二程各书价一十五两八钱三”②。可见，玉阳书院刻印了《白沙集》和二程的文集。

书院刻书后，必须在本书院收藏若干部，因此，书院刻书实际上就是增加了书院的藏书。

（三）建造藏书楼

为了增加书院藏书，地方官员在创办或修复书院时，往往建造藏书楼以贮书。如陕西提学王云凤于弘治九年（1496），在西安重修正学书院，“建楼广收书籍，以资诸生阅览”③。弘治年间，同知杨茂元修复岳麓书院，即“增公田，储经书”，再建尊经阁，藏有《四书大全》《易经大全》《书经大全》《诗经大全》《礼经大全》《春秋大全》《性理大全》7部书籍。但由于王学认为“六经者，吾心之记籍”，王学书院不太重视书院藏书，因此，出现了书院藏书和书院发展不同步的现象。

七　禁毁和控制

由于明代前期把书院排斥在科举制度体系之外，地方官员对书院不予支持，如弘治初年由茶陵州创建的光岳书院就被按察分司占为署衙，“旧在武庙后。明弘治中，改为州按察分司。后废，并其地扩建为关帝庙”④。

---

① 熊炜：《石鼓书院志序》，载李安仁、王大韶、李扬华：《石鼓书院志·重修石鼓书院志》，岳麓书社2009年版，第6页。

② 林邦辉：《蔚文书院全志》卷2《任官助》，清嘉庆二十四年刊本。

③ 刘于义、沈青崖等：（雍正）《陕西通志》卷27《学校》，上海古籍出版社1987年影印文渊阁《四库全书》本。

④ 瑞征、谭良治、邓奉时：（嘉庆）《茶陵州志》卷13《学校·书院》，清嘉庆二十四年刻本。

明朝嘉靖、万历、天启年间，出于政治斗争的原因，朝廷多次禁毁书院。禁毁书院的诏令下达后，地方官员中便有积极响应者。据记载："月川书院在观嘉渚，嘉靖十年，知县刘长春建为庠士肄业之所，宇堂整饰，规制宏敞，有爱月堂、留月所、吸月湍、弄月矶，极为佳胜。寻以未经申详，当路革去。今废。"[①] 刘知县创办的这所月川书院，刚建六七年，即有禁令下达。于是"以未经申详"为由，而被"当路革去"。

泉州的石井书院在张居正禁毁书院时，一度被废，书院名字、二公祠、杏坛等名字也被改变，史载，石井书院"万历间，张相废天下书院，行郡邑，改其匾为'乡约'。三十四年丙午，改其祠为通判馆，又改杏坛为'熊卢二公祠'，以小山丛竹为文昌阁，移杏坛石碑于阁前"[②]。

天启五年（1625），关中书院毁于阉党王绍徽、乔应甲之手。天启六年（1626）四月，魏忠贤令将"苏常等处私造书院尽行拆毁，刻期回奏"[③]。

天启六年（1626）四月二十八日，应天巡按徐宪责令无锡县官吏，"即便督同该地方人等，立时拆毁。拆下木料，俱即估价，以凭提解，不许存留片瓦寸椽"[④]。东林书院被夷为平地。

天启年间被毁的书院，除去京师的首善书院、无锡的东林书院、徽州的紫阳书院、西安的关中书院、江右的仁文书院等几所书院以外，还有徽州地区的 5 所书院，即婺源的紫阳书院、福山书院，休宁的还古书院，黟县的中天书院和林应书院。江右地区也有 15 所书院被毁，它们是：乐平的泊阳书院，玉山的怀玉书院，德化的濂溪书院，进贤的征士书院、钟陵书院和栖贤书院，铅山的鹅湖书院，浮梁的双溪书院，南昌的友教书院、正学书院，安福的复古书院、复贞书院，庐陵的白鹭洲书院，太和的萃和书院，高安的筠阳书院，以及江苏嘉定县的明德书院改为劝农公所。这些

---

① 陈光前：（万历）《慈利县志》卷 10《公宇》，上海古籍书店 1964 年影印明万历元年刻本。

② 晋江县《安海志》修编小组：《安海志》卷 15《塔坊》，1983 年自刊本，第 183 页。

③ 《明熹宗实录》卷 66，天启六年四月乙酉，"中央研究院"历史语言研究所 1962 年校印本。

④ 许献、高廷珍等：《东林书院志》卷 14《公移 · 拆毁》，中华书局 2004 年版，第 565 页。

书院的被毁，都是地方官员具体执行朝廷命令的结果。

位于江西吉水县的仁文书院，原名文江书院，其在明朝后期的境遇很能够说明当时书院的生态环境。万历八年（1580），张居正禁毁天下书院，吉水县知县陈与相使用官俸把书院买下，送给邹元标作居室，使书院院舍免遭劫难。万历十一年（1583），张居正死后第二年，邹元标“复书院请，上报曰可”。于是，将院舍全部交还给当时的知县徐学聚，“以待来学”。徐学聚扩建之后，改名为仁文书院。其后知县黄流芳、沈裕相继扩建，邹元标长期讲学其中，直至天启四年（1624）逝世。天启五年，魏忠贤大毁书院，院舍基本上被拆售完毕。至崇祯十五年（1642），始重建。

第三节　明代乡绅对书院发展的作用

乡绅阶层是中国封建社会一种特有的阶层，它出现在明代，主要由科举及第未仕或落第士子、当地较有文化的中小地主、退休回乡或长期赋闲居乡养病的中小官吏、宗族元老等一批在乡村社会有影响的人物构成。

明代的乡绅在地方上拥有对各种资源的占有权力，政治上拥有种种特权，在经济上没有赋税和徭役负担，重要的是他们接受过充分的教育。而明代中晚期，政治生态环境日益恶化，官场险恶，许多官员主动或被迫退出政治舞台，回到家乡，成为乡绅的重要组成部分。乡绅利用自己在地方社会中的运作能力，积极参与乡村教育活动，而支持书院发展则是其中的主要内容之一。明代乡绅对书院发展的作用表现在以下几个方面。

一　创办书院

乡绅创办书院主要有以下两种情况。

（一）乡绅创办

乡绅凭借自己在地方上的社会地位和威望，基本上垄断了地方上的教育话语权。而儒学的衰败使乡绅把兴办教育的注意力逐步放在了书院教育方面，儒学的衰落又将生徒从官学赶到书院中，据嘉靖《陈东光修学记》

言："（有司）视学校不啻秦越，竟无能注意者。故栋桷蛊桡，墁瓦崩坠，诵读之地，遂成书圃。不及百年，已非其初，法久则弛。守令奉行之过也。"① "自儒学衰始也，儒学之士既无以教士而士乃群移于书院。"② 与官府创办的书院相比，各地乡绅创办的书院规模往往不大。

江西泰和梅溪士人罗宗智家中藏书甚富，他创办书院的目的是教其子孙和乡人，"盖自伏羲至于文、武，自周公、孔子至于周、程、朱、张，自经、史、诸子至于稗官小说，其书多具。既以为自修之资，又推以教其子孙及其乡人之俊秀，而名其藏书、施教之居曰'梅溪书室'"③。

湖北襄城县人李敏，青年时游学洛阳龙门书院、嵩阳书院，颇得程朱理学真谛，对书院教育的优越性认识深刻，景泰五年（1454），考中进士，历任监察御史、浙江按察使、山西布政使、四川布政使和大同巡抚等职，其间，他体察到各地官学仅是科举考试的场所，读书已成具文。成化四年（1468），李敏因母亲故去，回乡守孝三年，在此期间，他在家乡的紫云山创建了三间书屋，读书讲学，传授理学，太子朱祐樘（后为弘治帝）、书画家沈周等人都曾在此读书或讲学。成化十八年（1482）皇帝下诏赐名"紫云书院"。皇帝给书院赐额，说明自明初以来的禁止书院政策发生了变化，书院建设渐入佳境。

成化五年（1469），邑人刘济于郏县创办青云书院。弘治十四年（1501），陕西宜川县教谕王镳，卸任归里，在郏县县城创办符井书院，传授程朱理学，作《符井书院记》，申述自己创办书院的意图。

陕西三原县绅士王承裕，是弘治六年（1493）进士，历任兵部给事，太仆少卿、正卿、南太堂、户部右侍郎，嘉靖年间擢南京户部尚书。告归乡里后，创立弘道书院，讲学十余年。弘道书院是在一座废寺中建立起来的。"其地袤四十，广十二。"外为缭垣，"垣门曰仰高"，取意"对南山而仰止。""重门曰恭敬"，"门内为小垣三"，其门中曰中立，中立门内为弘道堂，后为考经堂，考经堂的后面是"春光亭"。"弘道堂之东荣为庖"

① 王琴林等：（民国）《禹县志》卷8《学校志》，民国二十年刊本。

② 同上。

③ 杨士奇：《梅溪书室记》，载杨士奇：《东里文集》卷1《记》，中华书局1998年版，第14页。

“西门库”，即库房“堂前东西建学舍各十一楹”①，书院颇具规模。起初，王承裕“假僧以居，题曰‘学道书堂’，君（王承裕）堂后自构一室曰‘弘道书屋’”。“始君举进士，即侍父太宰公归，诸生秦伟，刘德学、马理……雒昂辈从之学……复以疾归，从者益众。秦伟谋于众，欲作书院，锓疏遍告于里人之富而好礼者，商贾之游于其地者，鸠缗钱若干……遂白于官而肇工焉”②。书院得以很快建成，开始收徒讲学。为满足生徒阅读需要，王承裕把数千卷图书捐赠给书院。

明弘治年间，崇阳县富人汪恭，乐善好施，在雨山麓建高堤书院，为当地子弟提供肄业之所。县东的桃溪书院，是邑人蔡宁建立的。

著名学者陈白沙的学生湛若水（1466—1560 年），字元明，号甘泉，增城人。弘治年间中进士，后选庶吉士，授编修。所到之处，均创办书院进行讲学，以传播陈白沙的学说。湛若水在广州一带建立了不少书院，如西樵的云谷书院、大科书院，广州的天关书院，罗浮的甘泉精舍，增城的明诚书院、龙潭书院、独冈书院、莲洞书院和番禺的鳌峰书院等。

曾历官湖北枝江知县、南京刑部侍郎的董燧（1503—1586 年），放弃仕途归乡后，先是修建了新泉书院，聚徒讲学。晚年又创办了南洞书舍，王学门人聂豹、邹守益、罗汝芳、罗洪先等都曾会讲于此。

嘉靖十六年（1537），河北交河县进士冯时雍致仕回家后创办了书院，史载冯时雍“致政家居，诸生乐从之游……公乃捐己税田十二亩以建书院”③。

嘉靖三十一年（1552），安徽泾县学士捐赀创建水西书院告成，聘请王守仁高足邹守益、钱德洪、王畿先后主讲席，使“姚江之学盛于水西”，之后，县中“各乡慕而兴起，莫不各建书屋，以为延纳友朋，启迪族党之所，其在台泉则有龙云书屋，麻溪则有考溪书屋，赤山则有赫麓书院，蓝岭则有蓝山书院。一时讲学水西诸前辈，会讲之暇，地主延之，更互往来，聚族开讲。故合则考德而问业，孜孜以性命为事；散则传语而述

---

① 王云凤：《宏道书院记》，载焦云龙、贺瑞麟：（光绪）《三原县新志》卷 4《祠祀志》，清光绪六年刊本。

② 同上。

③ 高步青、苗毓芳等：《董子书院记》，载苗毓芳等：《交河县志》卷 3《赋役志》，民国五年刊本。

教，拳拳以善俗为心”①。嘉靖、万历年间，安福一县也有不少书院、书屋散处乡村，如嘉靖年间，邑人刘教创建的前溪书院；邑人刘晓创建的梅源书屋。万历三十年（1602），邑人刘元卿等创建的中道书院。万历年间，邑人朱元穗创建的中南书院。

江西南安府大庾县（今江西省大余县）人、退休官员、刑部右侍郎刘节，嘉靖后期回乡，创办了梅国书院，亲自讲学其中。

湖北麻城县，许多乡绅热衷书院事业。县城西的龙溪书院，由天顺年间的邑人周兑创办。县城南的白果书院，是弘治间邑人董朴重建。东溪书院是弘治间邑人熊经创办，熊经为成化年间进士，到无锡、陕西陇州为官，致仕后回乡创建东溪书院。辅仁书院是嘉靖年间邑绅周思久创办。周思久为嘉靖进士，曾任琼州太守，经常与李贽探讨性命之学。周思久致仕后，建辅仁书院并且常去讲学。在县北的白云书院，是庠生刘守业创办的。

东林书院，明朝万历三十二年（1604），由被罢黜里居的东林党人顾宪成、高攀龙等人重修。东林书院是北宋学者杨时讲学的地方，为了继承杨时讲学传统，顾宪成等人以“系道脉、树风声”为己任，重建东林书院。顾宪成撰写的“风声雨声读书声声声入耳，家事国事天下事事事关心”成为千古名联。顾宪成（1550—1612年），字叔时，号泾阳，江苏无锡人，东林党领袖。万历八年（1580）进士，历任京官，授户部主事。万历十五年（1587），被贬谪为桂阳州判官。万历二十一年（1593），任吏部文选司郎中，掌管官吏班秩迁升、改调等事务。次年因推荐选任内阁大学士，触怒神宗，被削去官籍，革职回家。顾宪成回到家乡以后，同弟弟顾允成倡议维修东林书院，偕高攀龙等讲学其中。万历三十六年（1608），朝廷封顾宪成为南京光禄寺少卿，顾宪成不就任，继续留在东林书院从事讲学。高攀龙（1562—1626年），字存之，又字云从，江苏无锡人，万历十七年（1589）中进士。万历二十三年（1595），高攀龙辞官归家，与顾宪成兄弟复建东林书院，在家讲学二十余年。当时的东林书院名扬天下，有“天下言书院者，首东林”之赞誉。

---

① 萧雍：《赤山会约·端本》，商务印书馆1936年排印泾川丛书本，收于《丛书集成初编》第733册，第54页。

位于北京通州张家湾城内的双鹤书院，是明朝著名的东林党人李三才于万历三十九年（1611），辞官归里后创办的，史载："双鹤书院在通州张家湾城内，万历中淮抚李三才建。"① 《东林列传》曰：李三才"归而置双鹤书院，讲学其中"②，著书立说，讲授理学，因书院设在李三才家双鹤轩内而得名。

黄冈县的王公书院（又名正宗会馆），是邑人王升重修的。王升为万历举人，师从湛若水，致仕后热衷书院教育。万历年间，邑绅孟化鲤创办了新安县的川上书院、吕维棋创办了新安县的芝泉书院等。崇祯年间，贡士郭永固独力捐修洛阳的瀍东书院。

坐落在抚州城内的崇儒书院建于明朝万历年间，由汤显祖积极倡导，创建者均为当时抚州城内的缙绅，其中有刑部侍郎舒化、退休在家的高应芳（官居太仆寺卿）、工部侍郎曾如春、去官在家的陈文燧（官居兵部主事）、山东参政黄廷宝。由于汤显祖的积极倡导，不到三个月时间，崇儒书院就落成了，并且置办学田，以使书院持续下去。崇儒书院既是会讲读书之所，更是纪念抚州乡贤之处，书院内挂有晏殊、王安石、曾巩、陆九渊、吴澄、谭纶、吴与弼等诸贤画像。

还有一些乡绅创办的书院，具体时间不知。位于蒲圻县斗门的心山书院，由"邑人潘之祯、王柞垣、马履昌、熊赞武率同学仿白鹿洞学规讲学其中"③。位于黄陂县甘露山下的甘露书院，是乡绅黄武滨创办的，书院"在甘露山下，系黄武滨兄弟捐贷建，尝与进之韩公、颐宾翁公、笃伯周公、镇之邓公、口泊邓公、以我王公、起华段公、幼学周公、源堤邓公九人讲学其中，今牌位俱存，中设二程夫子木主祀焉"④。明末"云间钱渐庵先生，致其蓬莱之政而归，日率其门弟子切磨性命之旨。因构讲堂一所……中丞怀鲁周公闻而嘉之，为颜之曰'日新书院'"⑤。

---

① 孙承泽：《天府广记》（上）卷3《书院》，北京古籍出版社1984年版，第34页。

② 陈鼎：《东林列传》卷16《李三才传》，上海古籍出版社1987年影印文渊阁《四库全书》本，第6册，第62页。

③ 陈梦雷、蒋廷锡：《古今图书集成》第148册《方舆汇编·职方典》卷1119《武昌府部汇考五·武昌府学校考》，上海中华书局1934年影印清雍正殿刻本，第53页。

④ 刘昌绪、徐瀛：（同治）《黄陂县志》卷3《学校志·书院》，清同治十年刻本。

⑤ 顾宪成：《泾皋藏稿》卷11《日新书院记》，上海古籍出版社1987年影印文渊阁《四库全书》本，第1292册，第145页。

（二）乡绅协助官员创办

官员往往是倡导者或发起人，乡绅则是积极的响应者，他们以各种形式协助官员创办书院，或张罗募捐经费，或负责购置建筑材料，或负责规划设计，或负责监督施工等。

嘉靖十五年（1536），王守仁的门生邹守益与安福知县程文德共建复古书院，两人认为，能在安福创办一所书院，将是一件很有意义的事情，既可以扩大圣学传承之地，又可以传承江右王门心学。经过多方论证后，他们商定选择县城东郊一里处的儒学旧址作为书院，建成了全县最早的一座书院。该书院为讲会式书院，取名复古书院。书院前为道德门，中为文明堂，左右两斋，一名忠信，一称笃敬，后为对茂堂。翼室各四，东西房舍各八，左为射圃。复古书院的成功举办，极大地方便了安福的文人雅士的交流论学，也激发了安福名士刘阳、尹一仁、刘三五、周东川、吴明应等在各地创办书院的激情，他们先后建成了洲湖复真书院、山庄崇文书院和连山书院。随后，严田识仁书院、枫田道东书院等书院也纷纷落成。

万历四十四年（1616），安徽祁门县县令欲重建东山书院，正在为经费问题发愁时，乡绅谢心元主动承担了全部修建费用，“落成之日，人人称处士之义”①。

万历年间，泾县修复水西书院时，为了募捐，“因置敛金簿十册，自引诸首，给以图书，遣诸生分劝士大夫及富民仗义辈，不旬日而乐输者不下百余金”②。

上述可见，乡绅创办书院积极性的提高主要体现在明朝中期以后，原因是鉴于官学和科举制度的腐败、政府对书院的态度由打压到支持的转变，以及王学的广泛传播等，特别是正德皇帝和嘉靖皇帝的荒唐，导致政局的混乱和恶化，使许多官员借故辞官归里，在地方创办书院、进行讲学。隆庆、万历年间，书院已经完全代替官学成为主要的教育机构，这和乡绅们的努力是分不开的。

---

① 胡世光：《重建东山书院讲院并置田租碑记》，载周溶、汪韵珊：（同治）《祁门县志》卷18《学校志·书院》，清同治十二年刻本。

② 翟台：《复水西书院祠田记》，载李德淦、洪亮吉：（嘉庆）《泾县志》卷8《书院》，清嘉庆十一年刻本。

二　公举山长

明朝时期，书院的山长相当多一部分是由地方上的乡绅负责推举的，称之为公举。如徽州府祁门县的东山书院，书院的山长就“由五乡绅士公议敦请，每年以十月为期，订送关书”，绅士每年公议商定一次山长人选，“每年司事之人，定以两乡钤管，如今年立事之初当派在城一人，以北乡一人佐之，如此递推。其人先由本乡文约公举，再由各乡允议，不得滥厕，以致办理不善”①。书院中管理账目的司事人选先由本乡公举，再由各乡允许，每年的两名司事以城里 1 人为主，乡下 1 人辅佐之，不得马虎。黟县的碧阳书院，其章程规定：“山长以邑人公议延请，经费由典商领本生息，官吏俱不为经理……院中司事二人，由公举；司匣，每都一人，各举院中肄业者。”② 休宁的海阳书院也是“请县申详，其山长听邑人公议延聘，膏火支放不经官吏”③。碧阳书院和海阳书院的山长均有“邑人公议延请”。

三　捐献经费

正统元年（1436），东莞人翟溥福来守南康，决定修复白鹿洞书院，“于是率僚属捐俸入以为之倡，而三邑义士叶刚、梁冲、杨振德等闻风而兴，或出资费，或助力役，划秽除荒，取材僦工”④。

弘治十年（1497），泉州郡守李哲决定重修石井书院，并且“捐俸金十两以倡”，乡绅黄隆海等人积极响应，纷纷慷慨解囊，捐资助学。嘉靖九年（1530），晋江知县钱梗，对石井书院的大殿进行重修，得到乡绅的捐助。保定蠡县知县创办了有斐书院，“士民感之相约捐资”，“复捐金五十两，置学田五十六亩”。⑤ 这里的“士民”主要是指乡绅，一般百姓是

---

① 唐治：《东山书院志略·新立条规》，清咸丰二年刻本。

② 吴甸华、程汝翼、俞正燮：（嘉庆）《黟县志》卷 10《政事志·书院》，江苏古籍出版社 1998 年版，第 353 页。

③ 何应松、方崇鼎：（道光）《休宁县志》卷 3《学校志·书院》，江苏古籍出版社 1998 年版，第 70 页。

④ 胡俨：《重建白鹿洞书院记》，载朱瑞熙编：《白鹿洞书院古志五种·白鹿书院新志》卷 6《文志》，中华书局 1995 年版，第 91—92 页。

⑤ 韩志超、张瑲：（光绪）《蠡县志》卷 3《书院志》，清光绪二年刻本。

没有能力捐献的。

海南琼州府文昌县在建造玉阳书院时，“贡监生林全愚、肖愚助书价书版柜工价二两五钱，续助阁银六两”①，“万历二十三年，林全愚、肖愚共捐银二十五两，买水二畐，田五址，秧田二址，原共米二斗，万历二十五年，林全愚、肖愚共捐银一十二两五钱，买坊厢二畐，田一址，秧田一址，原共米二斗”②。程乡县的松江书院，“梅江书院废，至明崇祯间，移建松江，程乡李二何先生……壬申冬捐廪买地而重建”③。东莞县的鹏南书院“邑人刘孔武建，置田二十亩作公费”④。嘉靖三十一年（1552），督学御史黄洪昆、知府刘起宗、知县邱时庸倡导创建水西书院，泾县学士慷慨解囊，捐赀创建。

明嘉靖年间，江西泰和县邑人李伯明捐良田 220 亩给丰城县剑东义馆。万历年间，江西泰和县贡生胡聪等各赡义田充当萃和书院膏火银。官员在安徽青阳九华山建造甘泉书院以后，“赡士之资无所出”，乡绅宁涵“遂刈腴田百亩入书院，以赡士之来学者”⑤。

保定蠡县的阳春书院，崇祯十三年（1640），由兵备钱天锡建，书院大门向西，东堂三楹，规制深峻，遴士之绩学有志者。兵备道钱天锡预备银两四十两，“绅商又捐价置西城大堤学田十亩，又设处公田五十亩以供书院诸生肄业”⑥。

四 管理经费

安徽祁门县重建东山书院时，当地处士谢心元独肩其事，建成之后，“侯因捐俸锾五十镮，为置田租六十秤，即令处士辈督守之，岁以所获为缮修具……因列田租之数如左，其门两偏为铺房四楹，岁得僦值，亦附入

---

① 林邦辉等：《蔚文书院全志》卷 2《纪义助·贡监生》，清嘉庆二十四年刻本。

② 林邦辉等：《蔚文书院全志》卷 4《田产总纪一》，清嘉庆二十四年刻本。

③ 吴颖：《重建松江书院记》，载王之正修，叶承立等：（乾隆）《嘉应州志》卷 7《艺文部·诗文》，广东省中山图书馆古籍部 1991 年版，第 356 页。

④ 汪运光、张二果、曾起莘：（崇祯）《东莞县志》卷 3《学校志十五》，明崇祯十二年刻本。

⑤ 林文俊：《方斋存稿》卷 7《九华山甘泉书院田记》，上海古籍出版社 1987 年影印文渊阁《四库全书》本，第 1211 册，第 262 页。

⑥ 韩志超、张瑨：（光绪）《蠡县志》卷 3《学校志·书院》，清光绪二年刻本。

租数中，并识之，且以征处士心计之工焉”①。处士谢心元负责管理书院的田租。

常熟虞山书院，于万历末年制定了《院田事宜六款》，详细规定了乡绅管理书院田租的职责。书院的田租由当地“殷实公正”之人负责征收，管理的田产多，田租又能按时征收上来的，县衙给予奖励，弄虚作假者则予以处罚。书院将应该征收的田租数目另造册一簿，交给县典史衙门管理，每年秋季收租之时，如有奸顽佃户拖延不交，“殷实公正”之人可以禀报县衙“严拿追比”。征收的田租放置在书院旁边的“养贤仓”中。乡绅对这些田租具有日常支出的管理权，史载：

> 今必以前项田租附入本院门簿之后，随簿到换。其租米收支，并课讲勤惰，俱听本院按簿查考。其支放之时，该承值人役必先计一会食用几何，一月约费几何，或远方赐教来学供应几何，或宫室墙壁修理几何，具数关三纲。三纲参裁停妥，转送儒学，末齐具文转呈本县，即于循环簿内填写应支数目，礼房吏立案出放单与知数书手支放。如无三纲数目而辄有学呈，而辄出放单，与无放单而擅放院米，与放院米而不登循环者，学县该吏与知书手，依法定罪。
>
> 田租定于输米，取其易于充足也。但所取米除书院内食用外，倘久贮仓廒，未免腐坏，必须该学会同三纲验过，存米若干，该时价若干，登记明白，然后着管佃公正发粜，讫将银暂寄县库，经管者或无侵渔挪移之弊。至于存下余银，仍听三纲计议量买田亩，以便永久。
>
> 天地三纲为书院统率，其人品志向、会讲规模，前已具揭呈递各院。惟今公租支放，三纲尤当互相商榷，每岁收放各造文册一样三本，呈县送三纲，每纲春元一人，生员六七人，按季协力收掌。季满，即将前册另付下手接管，周而复始，永为定规。三纲春元登第，即于众春元中举一人以继之。若三纲生员有始勤终惰，文学不进，德行有缺者，听提调官令选贤者而委之。总期于其成院规

① 胡世光：《重建东山书院讲院并置田租碑记》，载周溶、汪韵珊：（同治）《祁门县志》卷18《学校志・书院》，清同治十二年刊本。

而已。①

上文中的所谓三纲者，皆由县中“孝廉”“青衿”或退休居家之官员担任，可以视作士绅的代表。他们加入管理并控制经费支放权，表明士绅已与官府分享书院经费的管理权，甚至成为主导者。

五 书院讲学

正德四年（1509），叶钊担任石鼓书院山长，教授圣贤之学和理学思想。叶钊，字时勉，号丰川，丰城人，弘治十五年（1502）进士，曾任南京刑部主事，因忤权阉刘瑾被免职，他任石鼓书院山长时，“讲圣贤身心之学、道德之旨，剖晰疑义，阐发幽微，听者亹亹”②。众多学者从四面八方慕名而来。嘉靖、万历年间，王学大师湛若水多次到石鼓书院讲“体认”之学，邹守益亦在此传播“良知”学说，石鼓书院“宛然一邹鲁洙泗之风也”③。其他王门弟子蔡汝楠、蒋信、赵贞吉、罗汝芳、孙应奎等，还有茅坤、李渭等其他流派的理学家，也曾到石鼓书院讲学。湛若水还曾以八十岁和九十岁高龄两次来石鼓书院讲授《孟子》。

明代乡绅讲学主要是指王守仁门人的行为，讲的是王学。邹守益，字谦之，号东廓，安福（今属江西）人，为王学之正传，江右王门的开山鼻祖，正德进士，翰林院编修，一生主要从事讲学，曾在衡山县祝融峰下东廓书院、庐山白鹿洞书院、长沙岳麓书院和衡阳石鼓书院讲学，阐发王学。邹守益一生讲学不辍，如致仕后，在嘉靖十五年（1536），讲会于复古书院。嘉靖二十五年（1546），会讲于白鹭洲书院。次年，开讲于白鹿洞书院。二十九年（1550），会讲于东山书院。三十一年、三十四年、三十七年、四十年，会讲于复古书院。一生“凡为会七十余，大会十”④。

---

① 孙慎行、张鼐：《虞山书院志》卷6《院田志·书院详允院田事宜六款》，明万历年间刊本。

② 李扬华：《国朝石鼓志》卷2《叶丰川从祀石鼓书院碑文》，载李安仁、王大韶、李扬华：《石鼓书院志》，岳麓书社2009年版，第185页。

③ 廖汝恒：《蔡白石先生讲院记》，载江恂、江昱：（乾隆）《清泉县志》卷31《艺文志·碑文记》，清乾隆二十八年刻本。

④ 徐阶：《谥文庄邹公神道碑铭》，载邹守益：《邹守益集》卷27《附录》，凤凰出版社2007年版，第1379页。

邹守益讲学对象不限于士人举子，还有“田夫市侩”。邹守益把在石鼓书院讲学的内容编成《教言二十五篇》，向生徒进行“德行道义”教育，提出“慎独”“戒惧”说，作为修身养性途径。他在回答诸生提出的圣学“何以有已发未发之言”时说：“心一也，有指‘体’而言者，寂然不动是也；有指‘用’而言者，感而遂通天下之故是也。诸生谓‘体’、‘用’有二时，‘寂’、‘感’有二地乎？戒慎恐惧便是‘慎’，不睹不闻便是‘独’。故曰无须臾之离，将奚分于动静？予尝为友人大书‘慎独’二字，投笔而叹曰：从真从心，即是‘慎’矣，‘独’也者，真心寂感之几也。故除却自欺更无病，除却真心更无学。”① “戒慎恐惧便是‘慎’，不睹不闻便是‘独’。”“从真从心”，这就是邹守益的“慎独”说。要求生徒时刻进行“内省”，见贤思齐，知错必改，除却自欺，保持真心，一心“修省”。

还有王艮，长期在书院讲学。嘉靖五年（1526），王艮应泰州知府王瑶湖之请，主讲于安定书院，宣传“百姓日用即道”的观点，《安定书院讲学别言》，求学者纷至沓来，为书院教育输入了新的气息，促进了书院教育理念的转换。

六　制定学规

王承裕是明朝大臣王恕的儿子，弘治进士，后官至户部尚书，其父致仕后告归乡里，奉养其父，在家乡陕西三原县创办了弘道书院，建成后，受众弟子之请，王承裕为书院立教条，总共有二十条如下：“曰明德，曰学道，曰考试，曰诵读，曰讲解，曰察理，曰学礼，曰作古文，巨博观，曰明治，曰考德，曰改过，曰作字，曰游艺，曰会食，曰夜课，曰归宁，曰给假。”此二十条对前来就学学生的学习内容进行了规定。

查铎，明泾县人，嘉靖进士，隆庆时为刑科左给事中，忤大学士高拱，初为山西参议。万历初年官至广西副使，以疾归里，修缮水西书院，讲王畿、钱德洪之学，亲订《水西会条》，“会条”内容主要有“立真志”“用实功”“销旧习”“求益友”。

萧雍为泾县赤麓书院订立的《赤山会约》，分遵（圣）谕、四礼

---

① 李安仁、王大韶、李扬华：《石鼓书院志》上部《述教志·邹东廓先生语石鼓诸生》，岳麓书社2009年版，第41页。

(冠、婚、丧、祭)，营葬、睦族、节俭、正分、广仁、积德、慎言、忍气、崇宽、劝业、止讼、禁赌、备赈、防盗、举行、黜邪、戒党、置产、恤下、闲家、端本等23条，其“意不厌浅，语益加详”，而性命之学、圣人之道皆得见于日用伦常之中，儒家的基本理论得以具体化，成为可被一般民众接受的规条，无形中成为其日常生活的行为准则。

胡居仁入主白鹿洞书院后，在讲学之余，重建了白鹿洞书院的各种规章制度，制定了《续白鹿洞学规》6条，成为继朱熹《白鹿洞书院揭示》之后影响最大的学规，对书院的教育宗旨、学术主张、求学门径、修身方法、待人接物等都有具体的规定，尤其注重对生徒品德修养的培养。《续白鹿洞学规》共6条，即正趋向以立其志；主诚敬以存其心；博穷事理以尽致知之方；审察几微以为应事之要；克治力行以尽成己之道；推己及物以广成物之功。在每条学规之下，胡居仁都列引经书及先贤的言论，以告诫生徒，并在此基础上阐述自己的观点。

章潢于万历十八年（1590）为白鹿洞书院制定的《为学次第》实际上也是一个学规，主要包括：学以立志为根源，学以会友辅仁为主意，学以致知格物为入路，学以戒慎恐惧为持循，学以孝悌谨信为实地，学以惩忿窒欲、迁善改过为检察，学以尽性至命为极则，学以稽古穷经为征信。章潢万历年间做过白鹿洞书院的山长，他对生徒的理想、交友、伦理、治学方法等都做了规定。

耿橘，万历二十九年（1601）进士，曾任常熟知县，颇有政声，主讲虞山书院时，制定了《虞山书院学道堂堂规》（以下简称“堂规”），“堂规”由“父子之道仁”“兄弟之道义”“夫妇之道礼”“君臣之道智”“朋友之道信”几部分组成。

正德年间，王守仁的《教条示龙场诸生》，其条文有“立志、勤学、改过、责善”；万历年间，萧继忠的《问津书院学规》有“德行、宗旨、经济、制举、识议、规劝”；天启年间，方世敏的《瀛山书院学规》有“格致、立志、慎修、戒傲、安贫、会文、尊注、通务、知命、惜阴”等内容组成。

上述书院规程制定者们的身份都是乡绅，个别的人虽然做过官员，但在其制定学规的时候，其身份是乡绅，如耿橘和王阳明，所以，我们仍然称之乡绅。

七　增加藏书

明朝一些士大夫创建的书院仍然把增加藏书作为重要内容。以江西为例，在吉安府吉水县城南文江，洪武初年，有乡绅刘惠定在此创办仁山书院，“其子龄增构馆阁，聚古今图书，以待来学者”①。在临江府新喻县，乡绅梁寅也于洪武初年创办石门书院，“聚书遗子孙，名曰山庄”②。

陕西陇州人阎仲实致仕归里后，居城西五里建岍山书院，筑崇经阁，藏其所积万余卷图书，“凡州之俊秀未籍于庠校者，皆聚学其间，延师教之”③。

明代江西泰和梅溪地处山林僻远地，当地处士罗宗智博学而藏书甚富，“盖自伏羲至于文、武，自周公、孔子至于周、程、朱、张，自经、史、诸子至于稗官小说，其书多具。既以为自修之资，又推以教其子孙及其乡人之俊秀，而名其藏书、施教之居曰‘梅溪书室’”④。

广东琼山县的桐墩书院，由贡生陈文徽建，“多聚书，旋树桐以备其用，以启迪乎后昆，旁及乎乡郡”⑤。

官学和科举制度的腐败，使明代政府转而支持书院的发展，而王学门人为了传播自己的学说，也纷纷在各地创办书院，明朝时期的书院获得大的发展，书院取代学校成为主要教育机构；但是，当书院的自由讲学威胁到专制统治时，或者是一些大臣和学者利用书院讲学攻击政敌时，政府或政敌便会对书院采取打击的态度。在万历年间张居正打压书院后，后来建立的一些书院如关中书院和首善书院都规定不再议论朝政和官员优劣，然而，东林党人在书院中的活动，引起阉党的嫉恨，阉党为了打击东林党，便污蔑书院议论朝政，书院再次被禁毁。明代政府和书院的关系时好时坏，与党争和书院自身的问题都有关系。

---

① 刘坤一、刘绎、赵之谦等：（光绪）《江西通志》卷81《建置略六·书院一》，上海古籍出版社影印清光绪七年刻本。

② 同上。

③ 李东阳：《李东阳集》第3卷《记·岍山书院崇经阁记》，岳麓书社1985年版，第76页。

④ 杨士奇：《东里文集》卷1《梅溪书室记》，中华书局1998年版，第14页。

⑤ 刘俨：《桐墩书院碑记》，载李文恒、郑文彩：（咸丰）《琼山县志》卷25《艺文志·记上》，清咸丰七年刊本。

第四章

明代书院对士大夫的影响

书院在明朝虽然发展并不顺利，但是，其书院数量和规模仍然达到历史新高，对社会方方面面都产生了重要影响，具体到对士大夫阶层的影响而言，首先是书院对士大夫的价值观形成具有重要作用，其次是为士大夫阶层培育了大量的后备人才，为明代官员知识水平的提高做出了重大贡献。

第一节　明代书院和士大夫价值观培育

我们的祖先很早就提出了“礼义廉耻，国之四维”“仁义礼智信”的思想，推崇以“诚意、正心、修身、齐家、治国、平天下”等为主要内容的价值观。这在巩固封建制度统治秩序中，起到了精神支撑作用。书院把儒学和士人紧紧地结合在一起，在培育士大夫的价值观方面发挥了重要作用。书院教育秉承儒家修身养性、内省自悟和知行合一的传统，始终将德育作为教育的核心，以“四书”“五经”等儒家经典为教材，通过对士人进行儒学教育来培养士人的价值观。书院主要通过讲学论道、质疑辩难和会讲等形式，对儒家经典进行阐释，以期培养出能“公天下之理”“无物我之私”“事天下保民之心”“致君泽民”，有修齐治平志向的士子。另外，书院还通过祭祀、学规等向诸生灌输封建社会的核心价值观。

一　书院教学

书院会讲起始于南宋、盛行于明代，逐渐演变成一种比较完备的教育制度，是我国古代书院举行的重要学术活动。

“古之欲明明德于天下者，先治其国；欲治其国者，先齐其家；欲齐其家者，先修其身；欲修其身者，先正其心；欲正其心者，先诚其意；欲诚其意者，先致其知；致知在格物，物格而后知至，知至而后意诚，意诚而后心正，心正而后身修，身修而后家齐，家齐而后国治，国治而后天下平。自天子以至于庶人，一是皆以修身为本。”[①] 这是无数圣贤之士在长期的道德教育实践过程中，通过对中国传统人生的深刻思考而总结出来的价值观培育途径和目标指向。

（一）注重儒家经典的灌输

书院教学内容以“四书”“五经”为主，如《弘道书院学规》第三条写道：“每日读经书，一般《易》《诗》《书》《春秋》《礼记》之类。四书，一般《论语》《大学》《中庸》《孟子》之类。史书，一般《通鉴纲目》《续通鉴纲目》《通鉴节要》《续通鉴节要》《史略》《史断》之类。随其资质高下，限以遍数，多读熟记，厥明升堂背诵。”[②] 以上是必修课，选修课则有《性理大全》《近思录》《朱子家礼》《周礼》《仪礼》《文章轨范》《唐音》《贞观政要》《唐鉴》《大学衍义》。可见，书院讲学把儒家经典放在了首要地位。至于为什么重视儒家经典，顾宪成《东林书院会约》中有这样的阐释：“尊经云何？经，常道也。孔子表章六经，程朱表章四书，凡以昭往示来、维世教、觉人心，为天下留此常道也。”[③] 儒家经典是“入学之门”，更是“积德之本”，能够起到“宣讲教化，敦励风俗”，实现“道明德立”的作用。所以，书院大都把儒家经学作为必修课程，包括“四书”“五经”等书院普遍使用的基本教材以及宋、明理学大师的著作、讲义、语录、注疏等。

（二）王学书院重视伦理教育

明朝教育家王阳明强调生徒的主体意识，强调道德的自我体认和人生的自我实现，认为“圣人之学，心学也”，“吾心之良知，即所谓天理也”，凡人均可以为圣贤，关键是要“立个必为圣人之心”，端正人生态

---

① 《礼记·大学》，载夏剑钦：《十三经今注今译》（上册），岳麓书社 1994 年版，第 996 页。

② 来时熙：《弘道书院志·学规》，明弘治十八年刻本。

③ 顾宪成：《东林会约》，载许献、高廷珍等：《东林书院志》卷 2《院规》，中华书局 2004 年版，第 21 页。

度，树立远大理想，奉献人类社会。在说到兴办书院的目的时，王阳明说："古圣贤之学，'明伦'而已"，"是故明伦之外无学矣"①。

尧对舜禅让时说，人心难易其诡，道心难得其真，求真总须精纯专一，治世贵在守中固善。王阳明认为这就是做人的学问。

王守仁把书院每日功课分为：先考德，次背书诵书，次习礼或作课艺，次复诵书讲书，次歌诗。可见，王守仁是把德育放在第一位的。要求山长在每日肄业之前先引导生徒反思与自省，"每日清晨，诸生参揖毕，教读以次遍询诸生，在家所以爱亲敬长之心得无懈忽未能真切否？清定自省之仪得无亏缺未能实践否？往来街衢步趋礼节得无放荡未能谨饬？一洋感言行心术得无欺妄非僻未能忠信笃敬否？诸童子务要各以实对，有则改之，无则加勉。教读复随时就事曲加诲谕开发，然后各退就席肄业"②。

王守仁在书院讲学，还非常注意教学方法，他认为："今教童子者，当以孝悌、忠信、义礼、廉耻为专，务其培植涵养之方，则宜诱之歌诗，以发其志意；导之习礼，以肃其威仪；讽之读书，以开其知觉。今人往往以歌诗习礼为不切时务，此皆末俗庸鄙之见，乌足以知古人立教之意哉？"③ 他主张对学生的教育要以孝悌、忠信、义礼、廉耻为本，还要教之诗歌和礼仪，那种认为诗歌习礼为不合时宜的观点是"末俗庸鄙之见"。

明代学人吕柟在《解梁书院语》中曾这样评价德育为先的教学方式："德在言先者，其言亦易喻；言在德先者，虽三令五申，莫之能听矣。"而且，他进一步论述把道德教育付诸实践的必要性："行在文先者，其文亦易明；文在行先者，虽缡章绘句，亦无所于用矣。"④ 胡居仁在《白鹿洞讲义》中强调了德育为先的教学特点："古之学者，必以修身为本；修身之道，必以穷理为先。理明身修，则推之天下国家无不顺治。今诸君在洞者，务必用功于此。虚心一意，绝其杂虑，而于圣贤之书，熟读，精

① 王守仁：《万松书院记》，载王守仁：《王阳明全集》卷7《文录四》，上海古籍出版社1992年版，第253页。

② 朱汉民：《千年讲坛：岳麓书院历代大师讲学录》，湖南大学出版社2003年版，第130页。

③ 王守仁：《王阳明全集》卷36《年谱附录一》，上海古籍出版社1992年版，第1343页。

④ 吕柟：《泾野子内篇》卷5《解梁书院语第八》，中华书局1992年版，第36页。

思，明辨，反之于身而力行之。又于日用之间，凡一事一物，必精察其理；一动一静，必实践其迹。则所学在我，而于酬应之际，以天下之理，处天下之事，必沛然矣。”古代的学者，一定把德育置于第一位，修身才能使国治，胡居仁要求白鹿洞书院的生徒务必把修身放在首位。

衡州的石鼓书院是明代心学的一个重镇。湛若水、邹守益、蔡汝楠及其王、湛后学等一批理学家，相继到石鼓书院讲学，传播心学。讲学的王门后学有江右王门邹守益、楚中王门蒋信、王门左派泰州学派赵贞吉、罗汝芳、浙中王门孙应奎等，另外还有茅坤、李渭等其他流派的理学家也曾到石鼓书院讲学。这些著名学者到石鼓书院讲学，扩大了书院的影响。

邹守益《教言二十五篇》完成于石鼓书院讲学期间，是他教学经验的总结。其宗旨是向生徒进行“德行道义”教育，他发挥了朱熹“局敬穷理”和王守仁的“致良知”的思想，提出了“慎独”“戒惧”的修身养性原则。有诸生问圣学“何以有未发已发之言?”对此，他在回答时说：“心一也，有指‘体’而言者，寂然不动是也；有指‘用’而言者，感而遂通天下之故是也。诸生谓：‘体’‘用’有二时，‘寂’‘感’有二地乎？戒慎恐惧便是‘慎’，不睹不闻便是‘独’。故曰无须臾之离：将，奚分于动静。予尝为友人大书‘慎独’二字，投笔而叹曰：从真从心，即是‘慎’矣；‘独’也者，真心寂感之几也。故除却自欺更无病，除却真心更无学。”① 邹守益的“慎独”说，就是要求生徒时刻进行“内省”，知善必迁，知错必改，只有除却自欺，则德行就高尚；只有真心实意地“修省”，才可以穷其理而道义纯洁。邹守益这种品德教育方法，继承和发扬了曾子的“吾日三省吾身”的修身原则。

（三）注重躬行礼教教育

在关学的影响下，陕西的书院普遍以儒家“修齐治平”的理想和躬行礼教的行为准则来教育生徒。弘治元年（1488），王恕在《复学古书院记》中说：“余为诸生时，尝窃叹曰：书院乃儒生讲学明伦之所，所以化

---

① 李安仁、王大韶、李扬华：《石鼓书院志》上部《述教志·寓贤教言》，岳麓书社2009年版，第41页。

民善俗而成下者也……诚使吾乡复此书院，为有司者延有道之儒以为师，选民间之俊秀以为弟子员，俾之讲学肄业于其中，于以明纲常之道，知修齐之理。”①

关中书院更是以谨守孔孟之道、圣人之学作为办学宗旨，严格按照儒家的道德规范教育生徒，处处强调道德在学习与做人中的作用。为此，书院制定了一系列的规章制度，如“士戒”20条，“关中书院语录”“关中士夫会约”等，大到为人处世，小到日常规范，无所不包，兹择“士戒”数条，以窥其强调道德之严格，史载：

> 毋自恃文学违误父兄指教；毋妄自尊大侮慢宗党亲朋；毋在大庭广众中高谈阔论旁若无人；毋争强好胜擅递呈词；毋借人书籍不还及致损污；毋到人书房窥看私书簿籍及称夸文房器具；毋拣择衣服饮食及致饰车马等物；毋结交迷信相术之人；毋看水浒等违背纲常礼教书籍；毋轻易品评前辈著作及学问深浅行事得失；毋见人贫贱姗笑凌辱，见人富贵叹羡诋毁；毋彼此约分饮酒游乐；毋哄人詈人并议论人家私事；毋作课之日轻易告假及彼此说话看稿以乱文思。

诸生之间必须互相尊重，后辈必须尊重前辈，“如后辈途遇前辈，下车立道左，俟前辈过方登车；如年岁及科目相近者，或彼此下车相揖，或车中拱手既别”，“生徒彼此称谓或字或号，不必称翁，惟后辈于前辈仍用翁字，以见乡党重齿之意”。警告诸生慎听毋忽，否则严惩不贷。同时，“士戒”还规定：诸生可以监督讲官学长，一旦讲官有不率者，诸生当先鸣鼓以问院长训导不严之罪。可见，关中书院从德行、慎修、改过、立志等诸多方面对学生进行严格的要求。由于这种纪律严明、严于律己的要求，才使关中书院声名远扬，享誉全国。

明末顺天府的首善书院对扭转京师士大夫中的不良风气起到了积极作用。叶向高在《首善书院记》中说，邹元标、冯从吾“朝退公余，不通

① 王恕：《复学古书院记》，载刘绍攽纂：（乾隆）《三原县志》卷14《艺文志》，清乾隆四十八年刻本。

宾客，不赴宴会，辄入书院讲学，绅衿有志于学者，环而静听，或间出问难，无不畅其怀来，一时转相传说，咸知顾名义，重廉耻，士风为之稍变”①。“顾名义，重廉耻”成为士大夫追求的目标，所以“一时听者甚众，北京城中街谈巷议皆言首善之学”。足见首善书院对士大夫价值观的影响。天启元年（1621）十二月十九日，邹元标在首善书院讲《论语》中的“岁寒松柏”句。听完在座的各位的解说以后，邹元标曰：“为人要办一副松柏底骨，若骨是桃李，饶会熬耐，终然凋谢。诸友各各谛审，人身中如何是撼不摇，吹不折，火不焚，水不溺，古今不动的?”② 又曰：“世人相见诉穷，便是贪欲影幌，这穷字，断送多少豪杰。试看先辈赫赫者，大叚穷人，如何他便耐得，今人便不耐? 此处不可不思。”③ 其意在告诉人们，做人要如松柏、有骨气，耐得住贫穷的煎熬，贫贱不能移其志。首善书院讲学时，正值明朝内外交困。冯从吾认为时下最紧要的是向世人讲明理学，灌输忠孝节义伦理道德，如宋朝那样，培养出张俊、韩世忠、刘錡、岳飞、文天祥之辈，以挽救大明王朝的颓势。

> 一友问夷虏交讧，中外震动，先生聚徒讲学，人以为迂。先生曰：“向者将溃士窜，坐失封疆，正繇平日不明理学，于忠君亲上、死忠死孝之义愦愦耳。古今谭边备者，举弱宋为鉴，幸当时理学大明，故张、韩、刘、岳辈，能杀身成仁，文天祥为宋人生色也。”④

东林书院认为讲学有九大好处，所谓“崇九益”，即“以道义相切磋，进到圣贤之域；宿学硕儒讲学，各色人等都可受教；使人耳目以新，奋发向上；使凡情俗态荡然而尽；四方学者汇聚一堂，互相商榷；增加见闻；检讨自身过去的得失，计划将来的行为；使人自重自爱，不妄自菲

---

① 叶向高：《首善书院记》，载孙承泽：《天府广记》（上）卷 3《书院》，北京古籍出版社 1982 年版，第 32 页。

② 刘侗、于奕正：《帝京景物略》卷 4《首善书院》，北京古籍出版社 2000 年版，第 150 页。

③ 同上。

④ 同上。

薄；可以明学明道，使人从根本上立言、立功、立节”①。

二 书院祭祀

法国社会学家爱弥尔·涂尔干认为，仪式的功能不仅是表面上呈现出来的“强化信徒与神之间的依附关系”，它实际上所强化的是“作为社会成员的个体对其社会的归附关系”。通过仪式强化了社会个体对集体的归附感。书院在举行祭祀活动时，会在祭文中，把被祭祀的先圣先贤的非凡事迹进行介绍。生徒则面对着先圣先贤的画像，拜读着表彰祭祀对象的丰功伟绩的祭文，能够起到见贤思齐，以先贤的品格、学问、气节来激励自己的作用。

书院祭祀的繁复过程包括大师俯伏、鞠躬、上香、跪拜、献礼、献帛、读祝文、焚祝文等程序，以此来表达行礼者内心对先圣的真诚向往与尊崇之情，正如《礼记·祭统》所言：“贤者之祭也，致其诚信，与其忠敬”，这种尊崇之情并不是外界强加于行礼者的，而是行礼者发自内心的感动与模仿，“夫祭者，非物自外至者，自中出，生于心也。心怵而奉之以礼，是故唯贤者能尽祭之义”。②

（一）祭祀先圣先贤

明朝弘治年间，官员杨廉在白鹿洞书院《宗儒祠记》中就谈到书院祭祀的作用，他说：“群居终日，潜心乎儒，如射者之必至于中的，如行者之必期于赴家。旦望瞻仰，必如《图说》所谓‘定之以中正仁义而主静’，《洞赋》所谓‘明诚其两进，敬义其偕立’而日加勉焉。此外复以直卿诸儒之著述，旁披而博考焉。于以反复而精思之，于以勇往而力行之，其不至于儒，吾不信也。”③ 认为书院祭祀可以使士子有所向往，将来成为儒者。明代学者彭时在谈到祭祀的教育作用时谈到，书院祭祀先贤，就是要使士人“仰而瞻其容，俯而读其书，一惟其道德言论是式是

① 顾宪成：《东林会约》，载许献、高廷珍等：《东林书院志》卷2《院规》，中华书局2004年版，第12页。

② 《礼记·祭统》，载夏剑钦译：《十三经今注今译》（上册），岳麓书社1994年版，第937页。

③ 毛德琦、周兆兰：《白鹿书院志》卷13《艺文》，清宣统二年刻本。

循”[①]。明代白鹿洞重建二贤祠，祀周敦颐和朱熹，南康官员蒋国祥作《记》称：“余之新其祠宇，岂惟是俎豆之为耶？读其书而法其人，游其宇而思其道，以之持己，则峻理欲之防；以之治人，则严王霸之辨，以之论学，则儒与释必不可以同归。”[②] 祭祀先贤，最根本的目的在于“法其人”“求其学”“思其道”，“惟其道德言论是式是循”。

书院的祭祀礼仪加上陈设、祭品、仪品等，营造出庄严肃穆的氛围，使生徒对祭祀对象的崇敬之情得到升华。如白鹿洞书院礼圣殿，在祭祀前，行祭者须“斋戒三日，不饮酒，不茹荤。散斋前二日，沐浴更衣，宿于别室。致斋一日，宿于洞中”[③]。

北京通州的通惠书院，致仕的士大夫杨行中记载了通惠书院诸生祭祀先哲的情况：

> 今书院之置，实迩学宫，诸士子朝升于堂，得以正其业于师；退息于院，得以考其道于友。时修祀事，又得以景行先哲，以起其效法之思。[④]

通惠书院按时举行祭祀，目的是希望诸生以先哲为榜样，唤起他们效法先哲的意识。

书院祭祀仪式上，参与者随着通赞和引赞者的引导，做出各种动作，史载：

> （通赞唱）执事者就位。陪祭者各就位。分献官各就位。献官就位。瘗毛、血、迎神，鞠躬，拜兴，拜兴，拜兴，拜，兴，平身。行献礼。（引赞唱）诣盥洗所，诣酒尊所，司尊者举幂，酌酒。诸先师孔子神位前，跪，献爵，俯伏，兴，平身。诣读祝文，跪。（通赞

① 薛熙：《明文在》卷57《重修胡文定公书院记》，清康熙三十二年古渌水园刻本。

② 毛德琦、周兆兰：《白鹿书院志》卷14《艺文》，清宣统二年刻本。

③ 郑延鹄：《释奠》，载朱瑞熙：《白鹿洞书院古志五种》（上册）卷4，中华书局1995年版，第184页。

④ 杨行中：《通惠书院记》，载高天凤修，金梅等纂：（乾隆）《通州志》卷10《艺文》，清乾隆四十八年刊本。

唱）众官皆跪。（引赞唱）读祝。（通、引同唱）俯伏，兴，平身……复位。（通赞唱）送神，鞠躬，四拜。兴，平身，礼毕。①

书院祭祀礼仪庄重肃穆，生徒置身于其中，潜移默化。如仁文书院的祭祀程式，史载：

议定每入谒，必盥沐而进，齐集于仁文堂。每会，巳时鸣钟五声，院赞二生导引齐入，肃仪澄虑，诣四先生神位前，唱排班，班齐揖，平身，如是揖者四，礼毕。初入会，谒者另出四拜，复导引出至仁文堂，东西分立，击鼓三声，各就班位，肃揖就坐。默坐少顷，院长先捧晦翁先生院规、象山先生喻义利章，或朗诵一过，或讨论一番，在坐者肃然倾听。复少倾，师友各随己意，以六经疑义互相问难。过未击鼓七声，执事者进茶饼，毕，一揖乃退。②

通过上述礼仪，使生徒置身于庄严肃穆的氛围中，引起他们的共鸣。

（二）祭祀对本书院有贡献的人物

为了增加生徒对本书院的热爱之情，更为了使生徒对学习的榜样能有亲近感，书院往往对其开创者、山长及其他有功之臣也加以祭祀。明朝时，对白鹿洞书院加以重修，建造先贤祠，白鹿洞山长或有功之名官，如李涉、李渤、颜翊、李善道、邵宝、李梦阳、邵吴远等人被列入其中。岳麓书院的六君子堂、李中丞祠、罗典祠、欧阳厚均祠等所供奉的都是对书院的发展做出过重大贡献的人物。书院祭祀的对象不仅有先贤而且还有为诸生所熟悉的身边人，甚至为其建有生祠。如嘉庆时期的广南知府何愚，由于在任期间，善政最多，特别关心书院的创办与管理，坚决抵制上级官员徇私举荐山长的陋习，“以老乞休”后，邑绅“置生祠于培风书院祀之”。③ 书院通过祭祀已经为生徒所熟知的人物，活化了烦琐、呆板、枯

---

① 周伟：《礼圣殿释菜》，载朱瑞熙：《白鹿洞书院古志五种》（上册）卷4，中华书局1995年版，第183页。

② 岳元声、岳和声：《仁文书院志》卷4《院规·讲规》，明万历年间刻本。

③ 林则徐、李希玲：（光绪）《广南府志》卷3《名宦下》，清光绪三十一年重钞本。

燥的道德教条。

生徒置身于先贤瞩目的环境中，生徒对前贤往哲报以感激之情。祭祀活动可以缩小生徒与“圣贤”的心理距离，将祭祀对象的高尚品质与丰功伟业作为生徒人生榜样和奋斗目标，使其从中受到启发和鼓励，见贤思齐，所谓“登堂瞻仰，慨然想见其为人，相与考其行谊、著述，讲明而切究之，而教者学者皆时时有藉以惕其身心，而不敢为非礼悖义之事”①。

三　书院学规

书院学规注重平时对生徒价值观的培育，润物无声，春风化雨，主要体现在以下几个方面。

（一）规范生徒的日常生活行为，使之符合社会规范

书院学规对生徒的言行也有规范，王守仁《教约》曰：“往来街衢，步趋礼节，得无放荡、未能谨饰否？一应言行心术，得无欺妄非僻、未能忠信笃敬否？”② 生徒行走坐卧要规矩，言行要符合礼仪，如果这些方面存在问题就要纠正，即使没有问题也要提醒自己不要犯错。

王学后人蔡汝楠在为石鼓书院诸生制定的为学“规约”中，明确提出“学以致用”的主张。规约要求学生平日要做到“学文、敦行、辨志、慎习、笃论、常识、仁体”七条，“令诸士日以此相考质”。蔡汝楠谦恭好学，对于远近来访的学者，“先生亦率诸士敦礼请教，以所学互相质证”。③

明嘉靖年间，江西提学高贲亨为白鹿洞书院制定的《洞学十戒》，给生徒订下许多规矩，包括学习、生活、做事的方方面面。他要求诸生“不得立志卑下、存心欺妄、侮慢圣贤、凌忽师友、群聚嬉戏、独居安肆、作无益之事、观无益之书、好争、无恒”④。试图通过规定帮助生徒

---

① 戴钧衡：《书院杂议四首·祀乡贤》，载佚名：《桐乡书院志》卷6《艺文》，清末活字本。

② 王守仁：《传习录中·教约》，载王守仁：《王阳明全集》卷2《语录二》，上海古籍出版社1992年版，第88页。

③ 廖汝恒：《蔡白石先生讲院记》，载江恂、江昱：（乾隆）《清泉县志》卷31《艺文志·碑文》，清乾隆二十八年刻本。

④ 高贲亨：《洞学十戒》，载毛德琦、周兆兰：《白鹿书院志》卷8《学规》，清宣统二年刻本。

立下远大志向，以指导他们日常生活学习与修身养性。

明万历年间，以疾归里的查铎在为水西书院制定的《水西会条》中明确要求生徒要在修身方面下功夫，“论修己不外一敬，论待人不外一恕，论行有不得，不外一反己。此皆从身心性情上理会。须以此心之灵为主，时时著察，精神必敛，意气必平，举动必端，取与必慎，惩忿窒欲，无纵情以自肆，迁善改过，无长傲以遂非，无好争是非，无背言过失，常使一敬流过，毫发不敢自肆，真有终日对越上帝之心，此方是见在实功，方是入微路径”[①]。他要求生徒不能将修身只是停留在口头上，而是必须经常反求诸自身、常常省察克己，以实际行动来提高自身的德性修养。

万历初年，江西金溪人黄希宪任湖南提学，为石鼓书院制定了《黄毅所先生训义八则》，实则学规，分为“立志”“立教”“求要”“会讲”“举业”“惇行”“慎习”“继功”八个方面。第六条讲“惇行”，“孝弟忠信，士人之美节；礼义廉耻，立身之大闲”[②]，在日常生活中践行孝悌忠信、礼义廉耻的价值观。

（二）书院学规要求生徒应该立志，担当社会责任

明正德三年（1508），王阳明在《龙冈书院学规·教条示龙场诸生》中说：“诸生相从于此，甚盛。恐无能为助也，以四事相规，聊以答诸生之意：一曰立志，二曰勤学，三曰改过，四曰责善。”[③]“志不立，天下无可成之事，虽百工技艺，未有不本于志者……志不立如无舵之舟，无衔之马，漂荡奔突，终亦何所底乎？”[④]“立志不定，终不济事”，鼓励生徒“胸有凌云志，无高不可攀”。《东林会约》开宗明义地说：“一曰立志。立志云何？志者，心之所之也。莫贵于人，莫灵于心。心欲超凡民而之豪杰，豪杰矣！心欲超豪杰而之圣贤，圣贤矣！有不然者，由其漫然不知自贵耳。”又“夫志者，心之所之也，是人一生之精神之所结聚也，是人之

---

① 查铎：《水西会条》，《丛书集成》初编本，商务印书馆1936年版，第1页。

② 李安仁、王大韶、李扬华：《石鼓书院志》上部《述教志·寓贤教言》，岳麓书社2009年版，第54页。

③ 王守仁：《教条示龙场诸生》，载王守仁：《王阳明全集》卷26《续编一》，上海古籍出版社1992年版，第974页。

④ 同上。

一生之事业之所根柢也”。[①]

在黄希宪为石鼓书院制定的《黄毅所先生训义八则》中，第一条就是立志，即“为学须先立志”，而且还要持之以恒，所以，第八条是讲“继功”，“夫真志立矣，而功或不继，则亦终于半途而废也”。[②]

章潢在《为学次第》中指出：“学以立志为根源，盖树必有根，其茂参云；水必有源，其流倒海。志乃人之根源……此志一立，此心恒存，一日千里谁御之，一念万年谁夺之。”[③] 要求生徒把立志作为人生第一要义。

古代书院把立志看得很重要，大凡先圣先贤、豪杰之士，均是心有大志之人。

（三）要求生徒明人伦、重孝道

书院学规特别重视对生徒进行孝道教育。“明人伦”是整个书院课程设置的依据，不管是“四书”“五经”等儒家经典的学习、优秀历史典籍的挖掘研读，还是院中大师的讲学传道，都是以培养生徒个体明乎人伦、行于礼仪，成为社会需要的理想人才为最高目标的。到底什么是明伦之学，又该如何去讲求明伦之学呢？王守仁在著名的《万松书院记》中详细论述道：

> 尧舜之相授受曰：“人心惟危，道心惟微，惟精惟一，允执厥中。”斯明伦之学矣，道心也者，率性之谓也，人心则伪矣。不杂于人伪，率而发之于用也。以言其情，则为喜怒哀乐；以言其事，则为中节之和，为三千三百《经曲》之礼；以言其伦，则为父子之亲、君臣之义、夫妇之别、长幼之序、朋友之信，而三才之道尽此矣。舜使契为司徒以教天下者，教之以此也。是固天下古今圣愚所同具，或其昧焉者，物欲蔽之。非其中之所有不备，而假求之以外者也。是所谓不虑而知，其良知也；不学而能，其良能也。孩提之童，无不知爱

① 顾宪成：《东林会约》，载许献、高廷珍等，《东林书院志》整理委员会编：《东林书院志》卷2《院规》，中华书局2004年版，第21页。

② 李安仁、王大韶、李扬华：《石鼓书院志》上部《述教志·寓贤教言》，岳麓书社2009年版，第55页。

③ 章潢：《为学次第》，载毛德琦、周兆兰：《白鹿书院志》卷6《学规》，清宣统二年刻本。

> 其亲者也。孔子之圣，则曰："所求乎子以事父未能也。"是明伦之学，孩提之童亦无不能，而及其至也，虽圣人有所不能尽也。人伦明于上，小民亲于下，家齐国治而天下平矣。是故明伦之外无学矣。外此而学者，谓之异端；非此而论者，谓之邪说；假此而行者，谓之霸术；饰此而言者，谓之支辞；背此而驰者，谓之功利之徒、乱世之政。虽今之举业，必自此而精之，而后不愧于敷奏明试；虽今之仕进，必由此而施之，而后无忝于行义达道。斯固国家建学之初意，诸君葺书院以兴多士之盛心也。故为多士诵之。①

"人伦"明，则"家齐国治而天下平"。虞山书院（明万历年间）书道堂堂规曰："父子之道仁帝尧曰：父子有亲。子思曰：仁者人也，亲亲为大。孟子曰：仁之实，事亲是也，为人第一要行孝，为学第一要识仁。孔子曰：仁远呼哉，我欲仁，斯仁至矣。孟子曰：仁人心也。程子曰：仁者浑然与物同体，心仁而后可以事亲，若不仁，事亲皆伪，这个仁字可识得私？此学道堂中先务也。"由此可以看出，书院对孝道是有严格要求的，不仅要行孝，而且要真心行孝，不可虚伪侍亲。作为学生，应该把孝敬父母，友爱同学作为第一美德培养，一个连父母都不爱的人怎么会去爱国家。所以，孝道是每一位学生必须首先具备的素养。

王守仁《教约》中说，每天早晨，生徒向老师行礼，老师就要逐人询问："在家所以爱亲敬长之心，得无懈乎，未能真切否？温情定省之仪，得无亏缺，未能实践否？"② 每天早晨讲课之前，老师都要对生徒进行孝敬父母的教育，提醒生徒孝敬父母之心不可懈怠，要情真意切，早晚侍候父母的礼节不能有疏漏。

四　山长的言传身教

明代，书院山长的任职资格重在品行与学问两个方面。如弘治年间，

---

① 王守仁：《万松书院记》，载王守仁：《王阳明全集》卷7《文录四·序记说》，上海古籍出版社1992年版，第253页。

② 王守仁：《传习录中·教约》，载王守仁：《王阳明全集》卷2《语录二》，上海古籍出版社1992年版，第88页。

辽左、辽右二书院建成后，以“学行老成师儒主之”[①]。明嘉靖年间，刘濂认为书院“其师无常，惟贤是署”，提出紫微书院“必以明经有道者主之”。[②] 书院的山长、主讲大都是品德高尚、学问高深的人，他们的一言一行都对生徒产生了积极的正面影响。

王守仁年轻时就壮游塞北，视“读书学圣贤”为人生“第一等事”。他说：“学校之中，惟以成德为事”，其学上承孟子，中继陆象山，构建了心学思想体系，创立了和程朱理学相抗衡的“阳明心学”，其人其学“自孔孟以来，未有若此之深切著明者”。通过“致良知”来培养生徒的道德意识，认为教育要循序渐进，因材施教，充分认识到生徒“乐嬉游、惮拘检”的心理特征，寓教于乐，使之学而不倦，反对一味督责、加重生徒课业负担等违背生徒认知规律的做法。因为那样只能使学生视学校如监狱、视老师为寇仇，厌倦甚至放弃学业。王守仁不畏权贵的行为也影响着弟子们。正德初年，王守仁上疏反对宦官刘瑾擅政，触怒刘瑾，被杖四十，谪贬至贵州龙场驿做驿丞。正德十四年（1519），宁王朱宸濠发动叛乱，王守仁仅用35天就擒获朱宸濠，平定了叛乱。嘉靖皇帝称赞他，两肩正气，一代伟人，具拨乱反正之才，展救世安民之略。王士祯说他为明代第一流人物，立德、立功、立言，皆居绝顶。

冯从吾（1556—1627），字仲好，号少墟，陕西省长安人，著名学者。明万历进士，官至工部尚书。他为官清正廉洁，性情耿介，疾恶如仇，曾上书批评皇帝沉溺酒色、荒于朝政，触怒了皇帝，因而愤然辞官归故里，在故里，他和志同道合的几位朋友讲学于关中书院，他把“德教为先”作为主要教学原则，教导生徒“无驰于功利，无溺于词章，无夺于毁誉”，[③] 要求生徒踏实做人做事，不要受外在名利之诱惑。他指出：“存此谓之道心，悖此谓之人心，惟精精此者也，惟一一此者也。此之谓

① 钦贺：《辽右书院记》，载赵兴德、王鹤龄：（民国）《义县志》中卷《艺文志·下卷》，民国十九年铅印本。

② 刘濂：《紫微书院记》，载黄蓉惠、贾恩绂：（民国）《南宫县志》卷23《石刻篇上》，民国二十五年刊本。

③ 冯从吾：《少墟集》卷12《语录》，载《四库明人文集丛刊》，上海古籍出版社1993年版，第199页。

允执厥中，此之谓尽性至命之实学。”[①] 严格按照儒家道德规范培养人才。由于他知识渊博，品行端正，讲学严谨，一时从学者竟达数千人，其中不乏一些地方官吏。时人评其曰：“出则真御史，直声震天下；退则名大儒，书怀一瓣香。”[②] 他根据自己的治学经验，提出了“学、行、疑、思、恒”五字结合的治学方法。同时他也是明代关中最重要的理学大师，长期主持关中书院，使之成为正直人士评论国事、反对阉党的讲坛和学术活动中心，先后培养5000多弟子。天启元年（1621），诏赐冯从吾任左都御史，与魏忠贤宦官集团展开了殊死斗争，认为“当今国家多事，士大夫不知节义”，欲“唤起忠君爱国之心，亲上师长之义，非讲学不可”。遂与邹元标等人建立首善书院。

邹元标（1551—1624年），字尔瞻，别号南皋，吉水县城人，为官刚正不阿，忠言进谏，不畏廷杖，有“割不尽的韭菜蔸，打不死的邹元标”之谚语。邹元标以王守仁为师，终身研究王守仁的“致良知”理论，并且把“致良知”发展为“致良知，务良能”，这就是邹元标哲学思想的精髓。先后在青原、白鹭洲、白鹿洞、岳麓、九华山阳明、关中和首善等书院讲学。

冯从吾、邹元标在明朝天启年间于北京创办首善书院，书院倡导传承儒家思想，讲求廉耻，重视气节，扶正世道人心。邹元标讲学，提出学者要有远大坚定的理想和独立进取的人格，“学道之士，在世途极是不便，向道不笃的，易生退转，若真信千古而得一知者，犹比肩也，何孤立之有？不能自立，东挨西靠，口嘴上讨得个好字，眼前容易过，误却平生事业矣”[③]。强调做人要有松柏之气、赤子之心，“不随人口吻，不随人脚跟者，是真正英雄”[④]。

《明史纪事本末》把邹、冯归入东林党人，盛赞他们是“真理学、真

---

① 冯从吾：《少墟集》卷12《语录》，载《四库明人文集丛刊》，上海古籍出版社1993年版，第203页。

② 陕西省地方志编纂委员会：《陕西省志·出版志》下部《人物·陕西出版人物传略》，三秦出版社1998年版，第612页。

③ 黄宗羲：《明儒学案》卷23《江右王门学案八》，中华书局1985年版，第544页。

④ 刘侗、于奕正：《帝京景物略》卷4《首善书院》，北京古籍出版社2000年版，第150页。

骨力、真气节、真清操、真吏治”[1]。王阳明、邹元标、冯从吾等人，道德文章堪称一流，由他们教育生徒，必将产生巨大的正能量。

东林书院在不畏权奸、刚直不阿的顾宪成、高攀龙的言传身教影响下，培养出一批刚正廉洁、重视气节的杰出人物，如杨涟、左光斗等。明末有不少忠难死节的人物也都出自东林书院。明末在太原三立书院学习的傅山，带领薛宗周、王予珪等103名书院师生徒步进京为被阉党无端陷害的袁继咸鸣冤辩白，义行闻动天下。后来经过近一年的斗争，袁继咸得以平反昭雪，恢复官职，而阉党张孙振则被撤职查办，流放边疆。

五　书院自然环境

古代书院非常注重书院环境对于生徒人格熏陶的影响，通过书院的匾碑、门楹、堂联和斋舍的命名来影响生徒价值观的形成。如岳麓书院门楹就有“地接衡湘，大泽深山龙虎气；学宗邹鲁，礼门义路圣贤心”。顾宪成、高攀龙主持的东林书院依庸堂上的著名楹联则有“风声、雨声、读书声，声声入耳；家事、国事、天下事，事事关心”的对联。学生每日耳濡目染，受益良多。东林书院丽泽堂上楹联：“乐道人善；愿闻己过”，教育生徒为人立世的哲理；依庸堂的对联是“庸德之行，庸言之谨”，“坐间谈论人，可闲可圣；日用寻常事，即性即天”。中和堂堂联为“尽性至命立三才极；继往开来为万世师”。道南祠堂联“道启东南，一代师儒光俎豆；学宗洛闽，四方贤哲共蒸尝”。既赞颂了先儒，亦道出了学派的师承关系。

万历三十七年（1609）十月，陕西布政使汪可受、按察使李天麟、参政熊应占、闵洪学及副使陈宁、段猷显等，在西安创建关中书院。书院中建有讲堂六楹，题匾名“允执堂”。冯从吾《关中书院记》云：“书院名关中，而匾其堂为‘允执’，盖借关中‘中’字，阐‘允执厥中’之秘耳。”“允执厥中”语出《尚书·大禹谟》：“人心惟危，道心惟微，惟精惟一，允执厥中。”意思是说言行不偏不倚，符合中正之道。实际上是说出了关中书院的宗旨，教育生徒言行务必符合中庸之道。

---

① 谷应泰：《明史纪事本末》卷66《东林党议》，中华书局1977年版，第1047页。

第二节 明代书院和士大夫培养

明朝中后期，官学的衰败，科举制度的腐败，一定程度上为书院的发展壮大提供了契机。书院生徒规模动辄几百人甚至上千人。大部分书院以考课为主，只有少数书院仍然以讲授心性之学为主要内容。但是，无论哪种书院，都为国家和社会培养了大批人才。

一 培养了大量官员

明代书院的发展达到了前所未有的繁荣程度，不仅数量大增，培养的士大夫数量也成倍增长。特别是明朝中后期，官学的衰败，客观上为书院的繁荣发展提供了机遇。这一时期，书院成为科举考试的主要场所。各级书院中的生徒很多考中举人和进士，这些人日后陆续成为各级官员或乡绅。当时，许多功勋卓著的文武大臣都是从书院中走出来的。

（一）全国闻名的大书院

明朝时期，书院是培养人才的主要阵地，尤其是全国著名的大书院，在人才培养方面发挥了重大作用。

1. 大梁书院

开封的大梁书院为社会培养了大量人才。大梁书院，天顺五年（1461）创建，原名丽泽书院，坐落在南熏门蔡河北岸。后迁往繁台东侧，明末毁于黄河水灾。明代的大梁书院人才辈出，如王廷相（1474—1544 年），字子衡，号浚川，世称浚川先生，河南仪封（今兰考）人，祖籍潞州。曾经肄业于开封大梁书院，弘治进士，官至南京兵部尚书、都察院左都御史，也是明朝文坛“前七子”之一。

李梦阳（1473—1530 年），字献吉，号空同，肄业于大梁书院。弘治六年（1493）乡试第一，次年又中进士，历任户部郎中、江西提学副使。明代中期文学家，复古派“前七子”的领袖人物。他提倡“文必秦汉，诗必盛唐”，其倡导的文坛“复古”运动曾经盛行了一个世纪。

李濂（1488—1566 年），字川文，祥符（今开封）人，早年在开封大梁书院学习。少年的李濂慨然慕信陵君、侯生之为人，曾作《理情赋》，受到李梦阳的称赞。明正德年间，李濂中进士，官至山西佥事，不久便辞官归里，以后40年集中精力研究学问。李濂一生著作甚多，主要有《嵩渚集》《李氏居家记》《祥符文献志》《祥符乡贤传》《汴京遗迹志》《观政集》《医史》等。

高拱（1513—1578年），字肃卿，号中玄，新郑人。曾经求学于大梁书院，嘉靖二十年（1541）进士，授官翰林编修。嘉靖四十五年（1566）由徐阶推荐，拜文渊阁大学士。学问广博，著述甚富。对于隆庆中期以后的政治，高拱进行了重要的整顿和改革，为其后的万历朝十年大改革奠定基础。

沈鲤（1531—1615年），字仲化，号龙江，归德（今河南商丘）人。先在睢县锦襄书院学习，后于开封大梁书院肄业。嘉靖四十四年（1565）进士，历官检讨、吏部侍郎、礼部尚书、东阁大学士，著有《献帝实录》《亦玉堂稿》10卷、《文雅社约》等。沈鲤为人正直，为官清正，是明代万历年间著名的政治家、理学家。其为人峻洁峭直，力行古道。历嘉靖、隆庆、万历三朝，被称为“三代帝王师”。

史可法（1601—1645年），字宪之，又字道邻，祖籍北京大兴县，河南开封祥符县人。肄业于大梁书院，崇祯元年（1628）进士，任西安府推官。后来成为明末抗清名将、民族英雄。

2. 嵩阳书院

明嘉靖初年，浙江嘉定举人侯泰任登封知县，嵩阳书院得以复兴。侯泰每月一日定期到书院检查书院教学情况。省督学也不定期到书院视学，如发现成绩极差的生徒，便降低知县、教谕的俸禄。嵩阳书院文风大盛，培养了一批优秀的士大夫，如刘绘（1505—1573年），字子素，又字少质，学于嵩阳书院，举乡试第一，嘉靖十四年（1535）进士，历官户部给事中、重庆知府等。

焦子春，登封城人。早年就学于嵩阳书院，明嘉靖四十四年（1565）进士，授户部主事。大学士高拱识其贤，三个月内两次被升迁。

孟化鲤，生卒年不详，字叔龙，号云浦，河南新安人。嵩阳书院生徒，万历八年（1580）进士，历任户部主事、选司郎中。

崔应科，长垣（今属河南）人。曾经肄业于嵩阳书院，明万历二十三年（1595）进士，官按察司副使，汉中知府。

刘景耀（？—1639年），河南登封县人。年轻时在嵩阳书院学习，天启二年（1622）进士，后官至山东按察使佥事。崇祯十二年（1639），担任山东巡抚。

王铎（1592—1652 年），字觉斯，号痴庵，曾经游学于嵩阳书院。天启二年（1622）进士，官至礼部尚书，是当时的书法大家。

焦贲亨（？—1695 年），登封县人。曾学于嵩阳书院，顺治五年（1648）举人，授官复建兴化府推官，有政声，归与耿介兴复嵩阳书院，文风大变。

3. 白鹿洞书院

白鹿洞书院由于著名学者解缙、胡俨、王守仁、湛若水、罗洪先、李梦阳、李贤、李龄等人曾经到书院讲学，作育人才，故在明朝盛极一时，以“经明行修之区，而非图利之地也”著称，史称“名公巨卿，鸿才硕彦，多出其中”（清人余成教语）。明代的宰辅解缙、胡俨、张位、李贤等均出自白鹿洞书院。

解缙（1369—1415 年），字大绅，号春雨、喜易，明朝吉水（今江西吉水）人。早年求学于白鹿洞书院，洪武二十一年（1388）中进士，与徐渭、杨慎一起被称为明朝三大才子，官至内阁首辅，参与机务。明成祖朱棣曾说，“天下不可一日无我，我则不可一日少解缙”。

胡俨（1360—1443 年），字若思，南昌人。年少在白鹿洞书院肄业，洪武年间举人。明成祖朱棣称帝后，以翰林检讨值文渊阁，迁升为侍讲。永乐二年（1404）拜国子监祭酒。曾任《明太祖实录》《永乐大典》《天下图志》总裁官。后退休回乡。

张位（1538—1605 年），字明成，号洪阳，江西新建县人。曾肄业于白鹿洞书院，隆庆二年（1568）进士，改庶吉士，授翰林院编修。万历元年（1573），被贬为徐州同知。张居正死后，升为国子监祭酒，后因病辞归。数年后，进礼部尚书，后改任文渊阁大学士。

李贤（1408—1467 年），字原德，谥文达，邓（今河南邓州市）人。白鹿洞书院生徒，官至少保、吏部尚书、大学士，为官清廉正直，政绩卓著，为一代治世良臣。曾奉敕编《大明一统志》。

颜钥，江西吉安府永新县三都中陂村（今江西永新县）人。年轻时曾就学于白鹿洞书院，王门弟子，后历任山东新城知县、湖北枝江知县。

胡适认为，在中国文化史上，白鹿洞书院“代表着中国近代七百年的宋学大趋势”。

4. 石鼓书院

明代的石鼓书院闻名遐迩，这不仅是由于湛若水、罗洪先、蒋信、赵贞吉、茅坤、李渭、罗近溪、刘尧诲、甘公亮、蔡汝楠、王万善等著名理学家，曾相继来这里登台传道，也是因为它培养出了许多人才。

王大韶（生卒不详），字心雪，晚年自号衡岳野樵，湖广衡阳县人。青年曾求学于石鼓书院，曾从师湛若水、蔡汝楠研习阳明理学，系蔡氏所称“朱陵六凤”之一。嘉靖三十一年（1552）举人，授江西建昌府推官，为官清廉，迁凤阳府、泗州知府，官至御史。王大韶学识渊博，博古通今，致仕后主讲石鼓书院，参与编纂、重校首部《石鼓书院志》，为后世留下了极为珍贵的石鼓书院的史料。

王夫之（1619—1692 年），明朝著名的思想家、文学家，衡阳市人，字而农，号姜斋。16 岁时，入石鼓书院肄业。湖广提学检事高世泰岁试衡州，称赞王船山的文章“忠义肝胆”“情见乎辞”。19 岁时，他又到长沙岳麓书院读书，在这里他饱览藏书，专注学问，与师友们“聚首论文，相得甚欢”。受岳麓书院经世致用传统学风的影响，他和一些志同道合的学友建立了“行社”和“匡社”，讨论学术，纵谈国事，体现出心忧天下的精神。崇祯十六年（1643），考中举人。他一生既不和清廷合作，也不与吴三桂合作。王夫之与顾炎武、黄宗羲并称明清之际三大思想家。其著作有《黄书》《尚书引义》《永历实录》《春秋世论》《噩梦》《读通鉴论》《宋论》等。

5. 岳麓书院

顾璘（1476—1545 年），字华玉，号东桥居士，长洲（今江苏省吴县）人，岳麓书院名徒。少有才名，以诗著称于时，与其同里陈沂、王韦号称“金陵三俊”。弘治九年（1496）进士，授广平知县，南京刑部尚书、湖广巡抚等职，曾作《岳麓感旧诗》。

明初百余年，岳麓书院几近荒芜，弘治七年（1494）以后，经地方官陈刚、杨茂元、王韬、吴世忠多次修复扩建，奠定了现存建筑格局，王守仁及其弟子先后到书院讲学。嘉靖六年（1527），知府王秉良、孙存扩建院舍、增置山亩，广招生徒肄业其中。

周采，字子亮。嘉靖七年（1528）参加湖广乡试，获得第二名，次年中进士，由中书舍人晋礼科给事中，敷奏务持大体，时各省镇守、太监多横恣，列疏纠之。出补参政，迁四川布政使，云南巡抚，以清介闻。①

夏宝，字楚善，益阳人，和周采一起参加乡试和会试，嘉靖七年（1528）参加湖广乡试，获得第二名，次年中进士，任户部主事，累官福建参议。罗洪先为其撰写碑文，称其公忠明敏。②

董策，字希仲，长沙人。曾肄业于岳麓书院。嘉靖十三年（1534）中举，二十年（1541）成进士。历官河间府知府、广西右参政、贵州按察使、江西布政使。主张“主静以养心”的学说，其思想既有“廓心学之源”的时代特色，又有“推明义利之分”的朱张传统，颇能反映当时岳麓书院反对“腾口耳，纵逸游，炫名失实”的学术主张。

李腾芳（1573—1632 年），字子实，号湘洲，湘潭人。万历十六年（1588），肄业于岳麓书院，当年乡试中举。二十年成进士，改庶吉士，以好学负才名于京师。崇祯二年（1629），官至礼部尚书。一生以清正、忠直、能干闻名，著有《李文庄奏议》《备倭议》《增辽响议》《新编孙武子十三篇说印韬略世法》《新编尉缭子标题引证韬略世法》《孙子解》《批选王阳明集》《说庄》《说楞严》《金刚经集注》等传世。

（二）道府县级书院

1. 紫阳书院

徽州的紫阳书院在正德七、八年的肄业学生有王舜臣、程曾、唐皋、方据、吴邦祐、张钦、江淇、罗传、何澄、汪晟、汪遵、毕珊、汪昉、吴沂、黄凤、汪星、程敏庸、戴炼、黄约、方明显、汪愈、程镠、程旦、程容、王钢、黄训、程濂、汪潭、张镇、孙价、汪天锡、胡德崇、陈有容、康载、王大度、程逵、曹濂、张翱、罗佐、郑佐、舒希旦 41 人。其中唐皋、程旦、吴邦祐、江淇、郑佐、汪遵、汪昉是正德八年（1513）举人，方明显是正德十一年（1516）举人，程容、陈有容是嘉靖元年（1522）举人，戴炼是嘉靖四年（1525）举人，何澄、汪天锡、康载、王大度是

① 李瀚章、曾国荃等：（光绪）《湖南通志》卷 166《人物七 · 明二》，清光绪十一年刻本。

② 同上。

嘉靖七年（1528）举人。[①] 而正德八年（1513）举人共有王大化等 135 人，紫阳书院就占有 7 人。江南官学、书院众多，7 人的数字也可谓不少。中进士及第的则有唐皋、郑佐、程旦、黄训等 4 人。其中唐皋还在正德九年（1514）以“廷试第一”获甲戌科状元。程旦，嘉靖二年（1523）进士，授户部主事，历升云南按察使、浙江布政。黄训，嘉靖八年进士，“为政温良，不取声誉，爱民好士，有去后之思，迁兵部主事”[②]。

2. 锦襄书院

位于河南省睢县的锦襄书院，又名绘川书院、道存书院。明嘉靖四年（1525），提学萧凤鸣由尼庵改建而来，旧襄邑学宫后有濯锦池，故名“锦襄”。吕柟、金弦尝讲学其中。该书院培养了著名的清官吕坤。吕坤（1536—1618 年），字叔简，一字心吾、新吾，自号抱独居士，归德府宁陵（今河南商丘宁陵）人。明朝文学家、思想家，万历二年（1574）进士，历官山西巡抚、刑部侍郎。吕坤刚正不阿，为政清廉，他与沈鲤、郭正域被誉为明万历年间天下“三大贤”。吕坤著述颇丰，代表作有《吕坤全集》。

3. 范文正公讲院

范文正公讲院又名文正书院。明万历二十九年（1601），归德知府郑三俊重建“范文正公讲院”于归德府学东，效法范仲淹的精神，亲自执书讲学，一时培养了许多杰出人才。诸如官至户部尚书的侯恂，南京国子监祭酒侯恪，兵部侍郎叶廷桂、练国事等，皆为郑氏赏拔。他们身上都有范仲淹崇志向、尚气节的遗风，为官清正廉洁。

侯恂（1590—1659 年），字大真，号若谷，河南归德府人。早年学于“范文正公讲院”，万历进士，授山西道御史。天启年间与阉党魏忠贤斗争，遭罢官。崇祯元年（1628）再次被启用，历任河南道御史、兵部右侍郎、户部尚书。为官清廉，不附权奸。

侯恪（1592—1634 年），侯恂之弟，少有奇才，与兄侯恂同读于范文

---

① 赵宏恩、黄之雋等：（乾隆）《江南通志》卷 127—128《选举志・举人》，第 3 册，载《中国地方志集成・省志辑・江南》，凤凰出版社 2011 年版，第 461—469 页。

② 罗炌、汤齐、黄承昊、李日晔：（崇祯）《嘉兴县志》卷 11《官帅》，书目文献出版社 1991 年版，第 463 页。

正公讲院。24 岁与侯恂同年中进士，不肯出仕，闭门读书。万历四十七年（1619），选翰林院庶吉士，后历任编修、庶子、左春坊右庶子兼翰林院侍读、南京国子监祭酒等职。侯恪为人正直无私，坚决不与魏忠贤阉党合作。

侯方域（1618—1655 年），字朝宗，侯恂之子，学于范文正公讲院，顺治八年（1651）中式副榜。后成为明末清初散文家，复社领袖，明末“四公子”之一，著有《壮悔堂文集》10 卷，《四忆堂诗集》6 卷。

叶廷桂（1585—1646 年），字青莱，号番实，河南省归德府人。范文正公讲院生徒，万历四十年（1612）中举人，天启二年（1622）中进士，授户部山东司郎中，历任户部主事、兵部侍郎兼督关蓟军务、陕西布政使司参政、河南按察使、大同巡抚、户部右侍郎、改兵部右侍郎、辽东宁锦巡抚。

练国事（1582—1645 年），字君豫，河南永城人。年少肄业于范文正公讲院，曾任南明福王政权的户部左侍郎、兵部左侍郎，加尚书。

4. 紫云书院

襄城县的紫云书院是成化年间，太子太保、户部尚书，襄城县人李敏创办的。成化帝下诏赐名“紫云书院”。它既是当时中原四大书院之一，也是程朱理学的中心之一。紫云书院曾培养了许多人才，如王鸿濡（？—1519 年），南阳人，先后在紫云书院和诸葛书院肄业，河南乡试第一名。成化进士，授官南京户部主事，历官山西副使，南京户部尚书。更加具有传奇色彩的是当朝太子朱祐樘（后为弘治帝）也曾来此书院读书，大概是因为其父为该书院赐额的缘故吧。

5. 弘道书院

陕西三原县的宏道书院，明弘治九年（1496），由本邑进士王承裕建，并与从游之士讲学于此。陕西名儒马理、雒昂皆在该书院肄业。

马理，字伯循，号谿田，三原人。弘治间，师事三原学派创始人王恕（1416—1508 年）之子王承裕（1465—1538 年）于宏道书院。正德进士。历官吏部稽勋司主事、稽勋考功郎中、南京光禄卿等。曾讲学于嵯峨精舍与商山书院。著有《四书注疏》《周易赞义》《尚书疏义》等。

雒昂（生卒年不详），字仲俛，明朝名臣。西安府三原县（治今三原县）人。嘉靖二年（1523）进士。任吏科给事中时，弹劾内阁大学士张璁、都察院左都御史汪鋐，后来又荐举致仕尚书罗钦顺、赵璜等。屡次触犯圣意。后官至都察院右副都御史，巡抚河南。后因触帝怒，被杖击而死。

（三）乡村和家族书院

还有一类家族书院，虽然办学规模不大，但却培养了很多人才，如江西乐安龙冈书院为都御使谢绶的祖先创办，其家族世代讲学其中，“既而诸子皆以文章取科第，为显官”。陈献章因此感叹道：“谢氏之先，以儒起家，传数世至公，父子兄弟皆能以文章取科第，出为当世用，肩摩踵接，盛于一门，其得于龙冈者不亦多乎！”① 该书院曾培养出了许多公卿宰辅。

明代江西的乡村书院和家族书院为社会培养了大批人才。如先后担任过东莞县令、御史大夫、刑部尚书之职的乐安县人董裕，少时曾在家乡的卧云书院和曾家书院，学习《大学》《中庸》《论语》《孟子》等儒学著作。

泉州最早的书院——杨林书院在明代人才辈出。黄华瑞、黄华秀曾在此“唯谨灯书，不分昼夜，不休讲诵，不穷理不止”，“攻苦茹淡，伯仲相助”，万历十六年（1588）乡试，二人同登榜首，次年又一起登进士榜，时称“兄弟同榜”“双凤联科”。黄华秀后擢升南京、浙江道监察御史，以清廉正直著称。黄华瑞后任南京国子监学政，人称其“端凝善教”，皇上赐匾“南国双贤”。杨林书院还培养了曾任云南知府的进士郑晋，曾任华亭训导的岁贡许拱，曾任常德府同知的举人李文瓒等，并有进士多名。

王守仁在贵州龙场创办的龙岗书院，培养了自己的嫡系学派——黔中王门，该派早期代表为其弟子汤伯元、陈宗鲁、叶子苍；成熟期代表为李渭、孙应鳌、马廷锡，也是其弟子，即所谓的“贵州王学三先生”。王守仁在龙岗书院的弟子除贵州的汤伯元、陈宗鲁、叶子苍外，还有从湖南常德远道而来的蒋信和戴元亨。

蒋信是王阳明在龙岗书院讲学时的学生。蒋信（1483—1559 年），字卿实，号道林，常德（今属湖南）人。嘉靖进士，授户部主事，转兵部

---

① 陈献章：《白沙子》卷 1《龙冈书院记》，四部丛刊三编景明嘉靖刻本。

员外郎，后任四川水利佥事，升贵州提学副使，任内建正学、文明二书院，聚士子讲学其中。因病归里后，筑精舍于桃花冈，学徒云集。其学重践履，不事虚谈，楚中王门学派的代表人物，蜚声江南，被湖南学者尊称为“正学先生”。

四川嘉定（今乐山市）城北龙泓山的东坡书院，为明正统十三年（1448），州人刘洪禹创建，祀苏轼，并“令其子肃敬之、子节介之读书其间”。成化二年（1466）、十九年，刘肃、刘节二人先后考中进士，并成为高官，十分荣耀。到正德年间，刘节重修书院，乡绅刘春作《东坡书院记》，仍津津乐道，其称：“成化丙戌，敬之举进士，累官御史，今为方伯，风裁凛凛。癸卯，介之亦举进士于乡，今为夷陵太守，政化大行。”① 并将刘肃、刘节两人读书成名之功，归于其父创建书院表彰先哲之举。

二 培养了大量学者

明代的书院无论是讲会式书院，还是考课式书院，都是为了培养“修齐治平”的人才，这其中当然也包括培养学者。

论到明代书院培养的著名学者，不能不说王学书院的贡献。因为明代书院的发展、繁荣主要是王学产生以后的事。

王守仁龙岗书院的弟子冀元亨，字惟乾，武陵人。笃信王学，正德十一年（1516）举人。后跟随王守仁到赣南，遵师命到宁王朱宸濠处的阳春书院讲学，试图规劝其放弃反叛，却被太监张忠、许泰非法逮捕，重加炮烙毒刑，逼其诬陷王守仁曾与朱宸濠私通谋反。冀元亨坚贞不屈，后被械系京师诏狱，直到后来，世宗即位，才得以昭雪其冤。

嘉靖初年，王阳明在稽山书院讲学。嘉靖三年（1524），信奉阳明之学、“以座主称门生”的绍兴府知府南大吉，重修稽山书院，“聚八邑彦士，身率讲习以督之”。远近的学者争先前来听讲，多为王门干将，“环坐而听者三百余人”。其中，“萧璆、杨汝荣、杨绍芳等来自湖广，杨仕鸣、薛宝铠、黄梦星来自广东，王艮、孟源、周冲等来自直隶，何秦、黄

① 刘春：《东坡书院记》，载文良等修，陈尧采等纂：（同治）《嘉定府志》卷44《艺文志》，清同治三年刻本。

弘纲等来自南赣，刘邦采、刘文敏等来自安福，魏良政、魏良器等来自新建，曾忭来自泰和"。[①] 这些人后来大都成为著名的学者。南大吉，字元善，号瑞泉，陕西渭南临渭区官道镇南家村人，正德进士。后罢官而归里，建造书院以教四方来学之士，传播王学思想，是将王学输入关中的第一人，其著作有《绍兴志》《少陵纯音》《瑞泉集》等。

王畿（1498—1583 年），字汝中，号龙溪，学者称龙溪先生。浙江山阴（今绍兴）人。师事王守仁，为"浙中王门"创始人。嘉靖初年，协助王守仁在书院指导后学，时有"教授师"之称，为王守仁最赏识的弟子之一。嘉靖十三年（1534）中进士，官至南京兵部主事，曾任南京武选郎中之职，因思想和当时首辅夏言不合被黜。罢官后，来往江、浙、闽、越等地讲学 40 余年，所到之处，听者云集。著有《龙溪全集》20 卷。黄宗羲认为其学说近于释老，使王守仁之学渐失其传。

邹守益（1491—1562 年），字谦之，号东廓，江西安福县北乡澈源人。笃守王学传统，把王守仁的"致良知"学说作为道德教育的根本，并对"致良知"作了充分的发挥，成为"江右王门"学派的开山鼻祖。嘉靖初年，路过浙江，和王守仁相见，问学一个多月。因在"大礼仪"中违背世宗的旨意被下诏狱严刑拷打，贬为广德州判官。在广德任职期间，以教化治郡，创办复初书院，延请王守仁高足王艮等学者来讲学。嘉靖七年（1528），王守仁去世。邹守益为继续老师遗志，与湛若水、吕楠、钱德洪、王畿、薛侃等在杭州建立天真书院，聚众讲学，传播王学。嘉靖十三年（1534），邹守益回到家乡，与王门弟子创建复古、复真诸书院，继续讲会。黄宗羲谓"姚江之学唯江右为得传"，而邹守益又为王学在江右的主要传人，故其在王门中的地位甚高，影响甚大。王时槐曰："盖阳明王公之学盛于东南，实赖先生之力也。"

钱德洪（1496—1574 年），名宽，字洪甫，号绪山，浙江余姚人。尝读《易》于灵绪山中，人称绪山先生。明朝中后期哲学家、思想家、教育家，是王阳明之后儒家心学的重要代表人物之一，和王龙溪齐名。曾到稽山书院请授"良知"之学，颇得"良知"学说之真谛，成为王阳明的主要教学助手，人称为"王学教授师"。嘉靖十一年（1532）中进士后，

---

① 王守仁：《王阳明全集》卷 35《年谱三》，上海古籍出版社 1992 年版，第 1290 页。

在京任职，嘉靖二十年（1541），因抗旨入狱，出狱后，在野三十年，无日不讲学，于苏、浙、皖、赣、粤各地讲学，每岁春秋，辄与东南同志相期聚会于天真学院。传播阳明学说，培养了大批王学骨干。黄宗羲曰："龙场而后，四方弟子始益进焉。郡邑之以学鸣者，亦仅仅绪山、龙溪，此外则推轮积水耳。"①

素有"东方莎士比亚"之称的汤显祖，年轻时曾就读于罗汝芳创办的从姑山房。汤显祖（1550—1616 年），江西省抚州临川县人。明嘉靖二十四年（1545），罗汝芳到此地读书，并创立从姑山房，授德讲学，汤显祖曾就读于此，"魁然圆顶，若入踞而坐"。在这里，汤显祖常与诸多同道谈论诗文，并且深受"泰州学派"的影响，这对他以后的创作生涯起到深远影响。万历初年进士，汤显祖因上书《论辅臣科臣疏》，弹劾当朝大学士、首辅申时行并抨击朝政，被贬为广东省徐闻县典史。在当地，汤显祖建立了贵生书院，亲自讲学。书院有 12 间教室，分别命名为审问、博学、慎思、明辨、笃行、格物、致知、诚意、正心、修身、齐家、治国。明万历二十一年（1593）三月，汤显祖又到浙江省遂昌县任知县，创办了相圃书院。致仕后又参与创办了崇儒书院。

泰州学派代表人物罗汝芳，少时就曾读于其父创建的前峰书屋。前峰书屋后来成为罗汝芳讲学的地方。罗汝芳，学业者称之"近溪先生"，明中后期著名哲学家、教育家、文学家、诗人，被誉为明末清初启蒙思想的先驱。

鉴于王学末流的空疏学风的危害，明朝后期的思想界逐渐转向追求崇实风气，书院的教学内容也由王学转向程朱理学。

太原的三立书院是明代万历年间创办的，是山西地区的最高学府，三立书院以"立言、立德、立功"为办学宗旨，讲求"经济学"即经世济民的实用之学。崇祯七年（1634），新任山西提学袁继咸重振三立书院，选拔全省二百余名优秀学子进入书院学习，27 岁的傅山名列其中。傅山（1606—1684 年），字青主，号石道人、啬庐等，阳曲人。三立书院的学习生涯奠定了傅山以后治学做人的基础。他强调实学，反对空谈，认为实学能救民于水火，为天下兴利除害。晚清山西巡抚丁宝铨在他刊印的

① 黄宗羲：《明儒学案》卷 11《浙中王门学案一》，中华书局 1985 年版，第 220 页。

《霜红龛集》中称赞傅山是连接陈亮与颜元经世致用之学的桥梁。“国初，儒者如孙夏峰、胡石庄、黄梨洲、陆桴亭、顾亭林、李士室、王船山及傅啬庐氏，皆遗老之魁硕，后学之津逮……学必实用，动必世法，率八人而如一也……啬庐年次孙氏而长于胡、黄，故巍然河北大师者垂数十年。论者以声振天下，伏阙为师……按颜习斋为今巨儒，及极称同甫（陈亮），所著《习斋记余》者四。傅、颜议论先后一辙，由是以言颜氏学风，啬庐所渐渍者也。”① 名满天下的思想家、学者顾炎武曾三次前来拜访傅山，并拜其为师。

戴廷栻（1618—1691），字枫仲，祁县人，18 岁时入选三立书院学习，与傅山同学，并且结为诤友。“甲申后，无意仕进，居丹枫，著《书操选政》，锓版数十种行世，一时名满天下，学者仰之如山斗。海内名流，南方多聚于水绘园，北方则丹枫阁，称极盛焉。康熙己未，应博学鸿词科，声闻甚隆，一时名卿巨公，倾心尊礼，王阮亭题其庐曰‘山右龙门’。”② 著作有《半可集》《补岩集》《枫林一枝》。

位于江苏无锡的东林书院，原是北宋理学家杨时讲学的地方，万历三十二年（1604），顾宪成、高攀龙在其地重建书院。以《白鹿洞书院学规》为院规，并制定《东林会约》，明确要求书院师生继承程朱理学的学术宗旨，反对王学末流的弊端，在明末名声大噪。

陈龙正（1585—约 1645 年）明清之际学者。字惕龙，号几亭。嘉善（今属浙江）人。崇祯进士，授中书舍人，官至南京国子监丞。师事高攀龙于东林书院，其学以万物一体为宗，尤留心于经世致用之学，认为“学者须得为万世开太平意思，方是一体”③。指出“身视心则心微矣，惟身斯显，故学不本正而本修”④，突出修身功夫的重要性。对于心学末流的“教人废学问”以及“教人不做工夫”等流弊提出批评，著有《几亭全书》《几亭外书》等。

---

① 傅山：《霜红龛集》，山西人民出版社 1985 年版，序。

② 曾国荃、张煦等修，王轩、杨笃等纂：（光绪）《山西通志》卷 156《文学录下 · 录八之三》，清光绪十八年刻本。

③ 黄宗羲：《明儒学案》卷 61《东林学案四》，中华书局 1985 年版，第 1503 页。

④ 同上书，第 1501 页。

第五章

清朝士大夫对书院发展的作用

清朝是我国古代书院发展的巅峰时期，无论是书院数量，还是书院分布程度，都是史无前例的，其原因是清朝政府对书院教育的政策支持，充分调动了士大夫创办书院的积极性，士大夫发展书院教育的热情迸发出来，对书院普及发挥了重大作用。

第一节　清代的书院政策

清朝的书院政策经历了一个禁止—有限支持—大力提倡—改制的过程，支持和控制并举是清朝政府书院政策的核心内容。与明朝采取禁毁的办法不同，清朝是通过渗透的方式来达到控制书院的目的的。清初近百年，即顺治元年（1644）至雍正十一年（1733），统治者禁止书院的发展，因此，书院数量增长很慢。雍正十一年以后，朝廷赋予书院存在的合法性，提倡书院教育，在各省会设立了23所省会书院。各地方官闻风而动，给书院拨付经费，置产收租，发商生息，从经济上扶持书院。另外，各省督抚、学臣掌握着书院山长的聘请权，还规定了书院的考核、奖励制度。这些措施和制度使书院获得了很大发展，数量和分布地域都超过包括明代在内的以往任何朝代，但另一方面也使书院受政府控制的程度超过以往，书院进一步官学化，朝着统治者规定的方向发展。

一　顺治和康熙时期的书院政策

顺治时期，清朝政府鉴于明末东林之祸，尤其是当时南方的一些读书人，如黄宗羲、高世泰等创办的证人书院和东林书院，延续明末讲学遗风，引起清政府的猜疑和警觉。同时，清廷认为，明朝灭亡的原因是自由讲学所致，因此，需要加强对讲学的控制，于是便对书院采取禁止的态度。顺治八年（1651），清政府发布上谕，禁止书院发展："各提学官督率教官，务令诸生将平日所习经书义理，着实讲求，躬行实践，不许别创书院，群聚结党，及号召地方游食之徒，空谈废业。"[①] 同一年还颁布了《学校禁例十八条》，其中有《训士卧碑文》八条，规定"军民一切利病，不许生员上书陈言，如有一言建白，以违制论，黜革治罪"。有意思的是，顺治帝的这个诏令竟然和万历年间张居正执政时颁布的禁令十分地相似。张居正禁毁书院时称："今后各提学官督率教官生儒，务将平日所习经书义理，著实讲求，躬行实践，以需他日之用。不许别创书院，群聚徒党，及号召他方游食无行之徒，空谈废业。"[②] 从清朝政府的这两个诏令可以看出，清朝禁止书院的目的是控制言论，不许士人干预朝政，以维护刚刚建立的王朝。

但是，很多学校毁于崇祯年间的兵燹，仅湖南省就有华容县学、桃源县学、龙阳县学、沅江县学、沅陵县学、黔阳县学、麻阳县学、凤凰厅学、桂东县学、绥宁县学、澧州县学、安乡县学、石门县学、慈利县学、永定县学、临武县学 16 所县学，至顺治年间仍然没有得到恢复。清初，尽管在顺治帝"帝王敷治，教化为先"的诏谕下，政府要求从中央到地方建立各级官学，但是，由于战乱不断，官学损毁的现象仍一直延续着，桂阳县学就是于顺治八年毁坏的。江西、云南、湖北、四川各省的学校亦遭到了严重破坏，江西官学废弃达 30 所，云南达 38 所，湖北达 45 所，四川竟达 76 所。直隶省永清县学在顺治九年（1652）时的状况是"棂星、戟门、殿庑门窗及各处神牌，无一存者。大殿仅卧数椽，风雨不蔽，前后窗墙，久圮无迹，一望萧然，几同牧场"[③]，这种情况在全国具有一定的代表性。

---

① 昆冈、刘启端等：（光绪）《钦定大清会典事例》卷 383《礼部·学校·劝惩优劣》，清光绪年间刻本。

② 张居正：《张太岳集》卷 39《请申旧章饬学政以振兴人才疏》，上海古籍出版社 1984 年版，第 496 页。

③ 张国正：《顺治九年修儒学记》，载章学诚：（乾隆）《永清县志》永清文征叙例《征实叙录·永清文征第二》，清乾隆四十四年刻本。

官学遭到破坏，一时又难以恢复。为了稳定统治，推行教化，顺治皇帝的书院禁令到顺治十四年（1657）就开始有所松动了。史载：“抚臣袁廓宇疏言：‘衡阳石鼓书院，崇祀汉臣诸葛亮及唐臣韩愈、宋臣朱熹等诸贤，聚生徒讲学于其中，延及元明不废。值明末兵火倾圮，祀典湮坠，今请倡率捐修以表章前贤，兴起后学，岁时照常致祭。’从之。”[①] 朝廷允许地方大员重修石鼓书院。

康熙年间，随着国家政局的日益稳定，清政府的书院政策也在发生变化，虽然禁令没有解除，但是采取了有限支持的政策。

康熙帝对书院给予了重视，主要表现在对书院赐御书、匾额方面。关于赐书，据载，康熙“二十四年乙丑，巡抚安世鼎疏请国子监十三经、廿一史，延南丰名宦汤来贺主洞事。知府周灿详请建御书阁于彝伦堂”[②]。对此，《清实录》亦载，康熙二十四年（1685），上“颁发四书、易经、书经、讲义于白鹿洞书院”[③]，是为清廷向书院赐书之始。关于赐额，据载，康熙“二十六年丁卯，钦颁御书‘学达性天’匾额及经史，遣官悬挂”[④]，是为钦赐书院匾额之始。

康熙二十四年（1685），湖南巡抚丁思孔率官绅重修岳麓书院，聘请山长，招收生徒，肄业其中。丁思孔认为“不重以朝廷之明命，虞其久而或替也”，便两次上疏，请赐匾额及经史诸书，借此巩固书院的地位。据赵宁等人编撰的《长沙府岳麓志》所载，其疏云：“伏念必蒙御书赐额并颁给解义诸经书，使士子恭睹宸章，仰窥圣学，益深忠爱之思，更明理学之统，不惟增光旧制，而于治化实有裨焉。”[⑤] 康熙二十五年（1686），御书“学达性天”匾额，赐给岳麓书院，并向岳麓

① 张廷玉、嵇璜等：《清朝文献通考》卷69《学校考·直省乡党之学一》，浙江古籍出版社1988年版，第5488页。

② 毛德琦：《白鹿洞书院志》卷3《沿革》，载朱瑞熙：《白鹿洞书院古志五种》，中华书局1995年版，第1095页。

③ 《清圣祖实录》卷121，康熙二十四年秋七月丁亥，中华书局1986年影印本，第2册，第282页。

④ 毛德琦：《白鹿洞书院志》卷3《沿革》，载朱瑞熙：《白鹿洞书院古志五种》，中华书局1995年版，第1095页。

⑤ 赵宁纂：《长沙府岳麓志》卷1《请书额疏·第二疏》，载吴道行、赵宁等：《岳麓书院志》，岳麓书社2012年版，第190页。

书院颁发经史诸书。[①]

康熙三十二年（1693）、四十二年（1703）、四十四年（1705）、六十一年（1722），康熙帝先后向徽州紫阳书院、山东省城书院等赐给御书匾额。康熙皇帝向一些书院赐匾、颁书，尽管涉及面并不广泛，但其社会影响却很大，它向社会传递了一个积极的信号，那就是朝廷对书院的肯定态度。这表明朝廷的书院政策发生了重大变化，即从禁止到有限度的支持，从而刺激了各地士大夫创办书院的积极性。

二 雍正时期的书院政策

雍正初期，清廷的书院政策发生了逆转。雍正帝登极之初，以各地所造生祠、书院劳民伤财为由，“命各省改生祠、书院为义学，延师教授以广文教”[②]，对书院采取禁止态度。雍正四年（1726），江西巡抚裴度以白鹿洞书院已经修葺，奏请雍正帝颁书籍，赐匾额，亦未准。雍正帝诏谕：

> 朕临御以来，时时以教育人材为念，但期实有益于学校，不肯虚务课士之美名。盖欲使士习端方，文风振起，必赖大臣督率所司，躬行实践，倡导于先。劝学兴文，孜孜不倦，俾士子观感奋励，立品勤学，争自濯磨，此乃为政之本。至于设立书院，择一人为师，如肄业者少，则教泽所及不广；如肄业者多，其中贤否混淆、智愚杂处，而流弊将至于藏垢纳污。若以一人教授，即能化导多人俱为端人正士，则此一人之才德即可以膺辅弼之任、受封疆之寄而有余。此等之人，岂可易得？当时孔子至圣，门弟子三千余人，而史称身通六艺者仅七十有二，其余不必皆贤。况后世之以章句教人者乎？是以朕深嘉部议，不肯草率从裴徫度之请也。其奏请颁发未备之典籍，亦不知未备者是何等书。不便颁发。至于奏请特赐匾额，常年既经圣祖仁皇帝赐

① 《清圣祖实录》卷128，康熙二十五年十二月丙申，中华书局1986年影印本，第2册，第370页。

② 《清世宗实录》卷11，雍正元年九月乙巳，中华书局1986年影印本，第2册，第123页。

以御书，朕亦不必再赐。[1]

由此可见，雍正初年，皇帝对书院还是贬抑和排斥的态度，认为书院弊端或在“教泽所及不广”，或在“贤否混淆、智愚杂处”“藏污纳垢”，故不仅拒绝地方大员选授书院主讲之请，而且对于颁发典籍、御赐匾额等请求也概不允许。

但是，经过一段时间的观察以后，雍正皇帝逐渐认识到书院教育对统治阶级并没有什么危害，甚至还可以利用书院为思想统治服务。到了雍正十一年（1733），雍正帝终于改变了对待书院的态度，特颁谕旨，令各省省城均建书院，并阐明了原因：

> 各省学校之外，地方大吏每有设立书院，聚集生徒，讲诵肄业者。朕临御以来，时时以教育人材为念，但稔闻书院之设，实有裨益者少，浮慕虚名者多，是以未尝敕令各省通行，盖欲徐徐有待，而后颁降谕旨也。近见各省大吏，渐知崇尚实政，不事沽名邀誉之为，而读书应举者亦颇能屏去浮嚣奔竞之习，则建立书院，择一省文行兼优之士，读书其中，使之朝夕讲诵，整躬励行，有所成就，俾远近士子观感奋发，亦兴贤育材之一道也。督抚驻扎之所，为省会之地，着该督抚商酌举行，各赐帑金一千两，将来士子群聚读书，须豫为筹画，资其膏火，以垂永久，其不足者在于存公银内支用。封疆大吏等，并有化导士子之职，各宜殚心奉行，黜浮崇实，以广国家菁莪棫朴之化。则书院之设，于士习文风有裨益而无流弊，乃朕之所厚望也。[2]

可见，雍正帝对书院的态度发生了一百八十度的大转变，这道谕旨说出了雍正迟缓支持书院的理由，承认了书院可以发挥羽翼科举的功能。使士子埋头读书，对朝廷是有利的，这是顺应书院发展现状而颁布的，此其

① 《清世宗实录》卷 43，雍正四年四月乙亥，中华书局 1986 年影印本，第 1 册，第 631—632 页。

② 《清世宗实录》卷 127，雍正十一年正月壬辰，中华书局 1986 年影印本，第 2 册，第 665—666 页。

一；其二，要求各省省城都要创建书院，经费由政府拨发。各省奉旨后，先后对省城书院“赐帑银一千两，岁取租息，赡给师生膏火”①，从此，书院走上了快速发展的轨道，史载：

各省会城书院，直隶曰“莲池”，江苏曰“钟山”、曰“紫阳”，浙江曰“敷文”，江西曰“豫章”，湖南曰“岳麓”、曰“城南”，湖北曰“江汉”，福建曰“鳌峰”，山东曰“泺源”，山西曰“晋阳”，河南曰“大梁”，陕西曰“关中”，甘肃曰“兰山”，广东曰“端溪”、曰“粤秀”，广西曰“秀峰”、曰“宣城”，四川曰“锦江”，云南曰“五华”，贵州曰“贵山”，皆遵旨赐帑银一千两，岁取租息，赡给师生膏火。其广东端溪、粤秀二书院，各银一千两；湖南岳麓、城南二书院，及广西秀峰、宣城二书院，俱各共一千两。至奉天沈阳书院，于每学学田租银内，酌量拨给，作为师生膏火。其余各省府州县书院，或绅士出资创立，或地方官拨公经理，俱申报该管官查核。②

除了上述省级书院（省会书院）外，各府、州、县也纷纷创办书院。根据邓洪波先生统计，雍正朝的13年间，全国各地新创建书院324所，修复旧书院38所，共计362所，年平均创建或修复书院27.846所。可以想象，这其中的大部分书院都是在雍正十一年（1733）以后创办或修复的。清代书院进入了快速发展期。

三　乾隆时期的书院政策

自雍正皇帝确立支持书院发展的大政方针以后，乾隆和嘉庆两位皇帝加以细化，陆续制定了一系列的具体措施，扶持书院发展。

乾隆皇帝登基后不久即颁谕旨，称书院的作用是“导进人材”，以“广学校所不及”。书院相当于古代诸侯国的国学，老师和生徒要品学兼优，教学相长，为国育才，反对书院教育仅仅为了科举考试。史载：

---

① 昆冈、刘启端等：（光绪）《钦定大清会典事例》卷395《礼部・学校・各省书院》，清光绪年间刻本。

② 同上。

书院之制，所以导进人材，广学校所不及，我世宗宪皇帝命设之省会，发帑金以资膏火，恩意至渥也。古者乡学之秀，始升于国，然其时诸侯之国皆有学。今府、州、县学并建，而无递升之法，国子监虽设于京师，而道里辽远，四方之士不能胥会，则书院即古侯国之学也。居讲席者，固宜老成宿望，而从游之士，亦必立品勤学，争自濯磨，俾相观而善。庶人材成就，足备朝廷任使，不负教育之意。若仅攻举业，已为儒者末务，况藉为声气之资，游扬之具，内无益于身心，外无补于民物，即降而求文章成名，足希古之立言者，亦不多得，宁养士之初旨耶？该部即行文各省督抚学政，凡书院之长，必选经明行修、足为多士模范者，以礼聘请；负笈生徒，必择乡里秀异、沉潜学问者，肄业其中。其恃才放诞、佻达不羁之士，不得滥入书院中。酌仿朱子《白鹿洞规条》，立之仪节，以检束其身心；仿《分年读书法》，予之程课，使贯通乎经史。有不率教者，则摈斥勿留。学臣三年任满，谘访考核，如果教术可观，人材兴起，各加奖励。六年之后，著有成效，奏请酌量议叙。诸生中材器尤异者，准令荐举一二，以示鼓励。①

这段谕旨具有以下几层意思，第一，书院教育的作用是培养人才，弥补学校教育的不足；第二，国子监设在京师，天南海北的读书人由于道路遥远，不易汇集京师，书院相当于古代的诸侯国学，便于士子就学；第三，书院的老师和生徒必须是品学兼优之人，教学相长，培育的人才要能够为朝廷任用；第四，书院教育不能仅仅为了科举，因为科举已经成为儒者的“末务”，即使为了文章成名，以“立言”，也不是育人的本来意愿；第五，书院的院长，必须是经明行修，足为士子楷模的人，生徒必须是地方上优秀才俊，放荡轻佻之人不能入学书院；第六，书院要仿照朱熹的《白鹿洞规条》来约束生徒，仿照程端礼的《分年读书法》教育生徒，使其经史贯通，对于那些不可教之人则予以开除；第七，各省的学政大臣三

① 《清高宗实录》卷20，乾隆元年六月甲子，中华书局1986年影印本，第1册，第487—488页。

年任满，要给予考核，对于教学方法得当、培育众多人才的，要加以奖励，六年以后卓有成效者则晋级官品，生徒中优异者，学政要予以举荐，以示鼓励。

乾隆皇帝特别要求各省督抚仿照朱熹白鹿洞书院之例，设立条规，慎选院长、生徒。这等于由官方为书院制定了基本规则，充分说明了最高统治者对书院的高度重视。而各地书院大都贯彻了这一政策。同年又议覆“嗣后书院讲席，令督抚学臣悉心采访，不拘本省邻省，亦不论已仕未仕，但择品行方正、学问博通、素为士林所推重者，以礼相延，厚给廪饩”①。乾隆四年（1739），首开对捐资助学者给予授予官职奖励的先例。② 其后，乾隆皇帝又下谕旨，对书院山长的聘请、生徒的选择，皆有具体规定，如山长要“由督抚学臣不分本省邻省、已仕未仕，择经明行修，足为多士模范者，以礼聘请”；九年（1744）议覆“嗣后各省书院肄业之人，令各州县秉公选择报送，各布政司会同专司稽查之道员，再加考验，其果才堪造就者，方准留院肄业，毋得滥行收送”。三十年（1765），论“督抚有维持风教之责，搢绅中积学砥行、足备师资者，谅不乏人，何必令丁忧人员，觍居讲席”。五十年（1785）议准“各省书院，不得久需讲席。教职本有课士之责，不得兼充院长，以专责成”③。“书院生徒，由驻省道员专习稽察，各州县秉公选择，布政使会同该道再加考验，果系材堪造就者，方准留院肄业。”“其余各府州县书院，或绅士捐资倡立，或地方官拨公款经理，俱申报该管官查核，各处书院，不得久虚讲习”，“不得延请”丁忧在籍官员为院长，教官“不得兼充书院师长”等。④

乾隆以后，政府对府州县一级的书院，凡经费紧张的，准许地方政府给予经费支持。对于拨给书院的经费，清政府规定，一律不准挪作他用。并且给重要的书院赐额，如鳌峰书院的“澜清学海”、徽州紫阳书院的

① 昆冈、刘启端等：（光绪）《钦定大清会典事例》卷395《礼部·学校·各省书院》，清光绪年间刻本。

② 《清高宗实录》卷97，乾隆四年七月丁卯，中华书局1986年影印本，第2册，第470页，记载乾隆四年（1739），安徽巡抚奏报，亳州捐职州同王庆泽捐谷资助书院，照例题请议叙，奉旨准以应得之缺，不论单双月即用。

③ 昆冈、刘启端等：（光绪）《钦定大清会典事例》卷395《礼部·学校·各省书院》，清光绪年间刻本。

④ 同上。

“道脉薪传”、岳麓书院的“道南正脉”、白鹿洞书院的“洙泗心传”和苏州紫阳书院的“白鹿遗规”等。

乾隆十六年（1751），又颁上谕，强调省城书院的重要性，对南方几个省级书院各赐予经史书籍。史载：

> 经史，学之根柢也。会城书院聚黉庠之秀而砥砺之，尤宜示之正学。朕时巡所至，有若江南之钟山书院、苏州之紫阳书院、杭州之敷文书院，各赐武英殿新刊《十三经》《二十二史》一部，资髦士稽古之学。①

乾隆三十年（1765），针对山长选聘中存在的问题，乾隆帝在“慎选书院山长谕”中对书院山长的选用标准、考核奖惩等做出了明确的规定：

> 前经降旨，令督抚等慎选山长，如果教术可观，六年之后，著有成效，奏请酌量议叙。原以山长为多士观摩，若徒视为具文，漫无考核，既无以为激劝之资，则日久因循，未免怠于训课，惟知恋栈优游，诸生或且习而生玩，恐于教学无裨。且在籍闲居之人，未尝无端谨绩学可主讲书院者。若实心延访，使之及早更代，自必鼓舞振兴，共相淬励，方不负设馆育材之意。乃自降旨以来，各督抚并未见有遵旨具奏者，即如齐召南之在敷文书院，廖鸿章之在紫阳书院，岂止六年之久，何以从前未经办及？朕所知已有二人，恐各省似此者尚复不少。著各该督抚将因何不行遵旨办理之处，查明具奏。嗣后均以六年为满，秉公考察，分别核办，庶于劝学程功均有实济。②

书院山长的言传身教至为重要，因为“山长为多士观摩”，其人格魅

① 张廷玉、嵇璜等：《清朝文献通考》卷71《学校考·直省乡党之学三》，浙江古籍出版社1988年版，第5515页。

② 《清高宗实录》卷746，乾隆三十年冬十月戊申，中华书局1986年影印本，第10册，第210页。

力和学术素养直接影响着书院生徒的培养效果。选定了山长之后，考核制度也必须跟上，“若徒视为具文，漫无考核，既无以为激劝之资，则日久因循，未免怠于训课”。所以，乾隆皇帝要求地方官员加强对山长的考核，“秉公考察，分别核办，庶于劝学程功均有实济”，将对书院的管理纳入到政府工作中。

乾隆帝还做了对书院特别有利的事情：一是开创了巡幸书院之例。乾隆十五年（1750），他巡视河南，十月初一日“幸嵩阳书院”①。十六年三月，巡视浙江时，又“幸敷文书院”②。他还曾三次“幸临”莲池书院，视察学生的课业。并题诗：“直省督勤书院规，保阳独此号莲池。风开首善为倡率，文运方当春午时。”③ 以褒奖直隶总督创办书院的功绩。乾隆皇帝还赐诗嘉勉书院中的师生，“兹来阅诸生，颇觉知趋向。所期正学敦，讵夸词藻畅。处为传道器，出作济世匠，棫朴方在此，勖之毋或忘”④。其后，嘉庆帝也曾“幸莲池书院”⑤，召试书院生徒。召试在乾隆时最盛，所涉及者又多有在书院肄业之生徒。乾隆二十七年（1762）三月，以南巡召试，分别赏浙江、江苏、安徽进献诗赋，考取一等诸生以举人衔，或内阁中书，同时对浙江敷文书院和诗的翟灏等 12 人各赏荷包一对。⑥

由于最高统治者对书院的大力支持，书院的发展在乾隆朝达到了一个高潮。根据邓洪波先生的统计，乾隆王朝历时 60 年，其间新建书院 1139 所，修复旧书院 159 所，合计 1298 所，位居历朝之首。而且，年平均数为 21.633 所，名列清代第三位。这标志着，随着清王朝统治进入全盛时

---

① 《清高宗实录》卷 374，乾隆十五年十月庚午，中华书局 1986 年影印本，第 5 册，第 1126 页。

② 《清高宗实录》卷 384，乾隆十六年三月庚子，中华书局 1986 年影印本，第 6 册，第 45 页。

③ 李鸿章、黄彭年等：（光绪）《畿辅通志》卷 13《帝制纪》13《京师二》，上海古籍出版社 1991 年影印本。

④ 同上。

⑤ 《清仁宗实录》卷 241，嘉庆十六年闰三月戊戌，中华书局 1986 年影印本，第 4 册，第 253 页。

⑥ 《清高宗实录》卷 656，乾隆二十七年三月丙午，中华书局 1986 年影印本，第 9 册，第 345 页。

期，书院也呈现出最为兴旺发达的局面。[①] 书院起到了官学起不到的作用，诚如礼部所说："各府州县设立书院，以广学校所不及。"[②] 以书院为培养人才的另外一种途径。

四 嘉庆、道光和咸丰时期的书院政策

书院的官学化导致管理松弛，嘉庆时期，书院教育屡遭诟病，"今之书院，其敝可得而言矣，月课季考，不出时文，一暴十寒，虚应故事，就试者膺袭倩代，潦草苟率，敷衍滥恶，相沿不耻"[③]。后来，一些书院山长玩忽职守，对此，至嘉庆二十二年（1817），嘉庆帝谕旨：

> 各省教官废弃职业，懒于月课，书院、义学夤缘推荐，滥膺讲席，并有索取束脩，身不到馆者，殊失慎选师资之意。著该督抚学政等，务延经明行修之士讲习讨论，如有学品庸陋之人、滥竽充数者，立即斥退，以励师儒而端教术。[④]

针对书院山长中存在的不敬业、不到馆，甚至索取薪金的现象，嘉庆帝要求督抚学政务必聘请经明行修之学者做山长，发现学问、品德庸陋之人和滥竽充数者，立即斥退。

但是，整顿的效果并不理想，以至于嘉庆二十四年（1819），嘉庆帝又要求各督抚"务延经明行修之士讲习讨论，毋得滥竽充数，致成旷废"[⑤]。

由于山长薪金高，特别是延聘的山长有的来自权要，这些山长对书院的教育与管理不管不问，致使书院教育质量下降。为此，道光二年

---

① 邓洪波：《中国书院史》（增订版）第6章"书院的普及与流变"，东方出版中心2004年版，第439—440页。

② 《清高宗实录》卷1236，乾隆五十年八月辛巳，中华书局1986年影印本，第16册，第613页。

③ 方东树：《考槃集文录》卷7《新建珠场社学记》，清光绪二十年刻本。

④ 昆冈、刘启端等：（光绪）《钦定大清会典事例》卷395《礼部·学校·各省书院》，清光绪年间刻本。

⑤ 《清仁宗实录》卷359，嘉庆二十四年六月癸卯，中华书局1986年影印本，第5册，第736页。

（1822）上谕：

各省府厅州县分设书院，原与学校相辅而行。近日废弛者多，整顿者少。如所称院长并不到馆及令教职兼充，且有并非科第出身之人腼居是席，流品更为冒滥，实去名存，于教化有何裨益。著通谕各直省督抚，于所属书院，务须认真稽查，延请品学兼优绅士，住院训课。其向不到馆支取干俸之弊，永行禁止。至各属教职，俱有本任课士之责，嗣后亦不得兼充，以责专成。①

针对山长不履行职责，而且非进士举人出身，觊觎山长职位的现象，清廷要求总督巡抚认真稽查，延聘品学兼优的绅士，住院授课，禁止不到馆却领取薪金的事情发生。

道光九年（1829），针对河南洧川县书院刚开办一年，就“已废讲课”的情况，道光帝特颁谕旨，要求地方官“妥为筹议，立定章程，务须行之久远”，断不可“日久视为具文，以致有名无实”②。

道光十四年（1834），清廷再下谕旨，要求学政会同总督和巡抚“公同举报”省会书院山长，而地方府州县的书院院长，则由地方官会同教官、绅耆“公同举报”，一定举荐“经明行修”的人出任，不许上司举荐，学政要随时稽查。史载：

嗣后各省会书院院长，令学政会同督抚司道公同举报。其各府州县院长，由地方官会同教官、绅耆公同举报。务择经明行修之人，认真训课。概不得由上司挟荐，亦不得虚列院长名目，并不亲赴各书院训课，仍令学政于案临时，就便稽查，以昭核实。③

---

① 昆冈、刘启端等：（光绪）《钦定大清会典事例》卷395《礼部·学校·各省书院》，清光绪年间刻本。

② 《清宣宗实录》卷163，道光九年十二月辛巳，中华书局1986年影印本，第3册，第532页。

③ 昆冈、刘启端等：（光绪）《钦定大清会典事例》卷395《礼部·学校·各省书院》，清光绪年间刻本。

道光十五年（1835），针对“士风习于浮夸”，道光帝再颁谕旨，特别指出：“学校为培养人才之地，士品克端，斯民风日茂。亦惟训迪有术，斯士习益淳……著直省各督抚严敕地方官，遵照成例，敬谨宣讲《圣谕广训》，务须实力奉行，不得日久生懈……书院肄业生童，必须严加甄别，不得瞻徇情面，滥行去取。延请院长，必须精择品学兼优之士，不得徇情滥荐。”① 道光十七年（1837），针对各地书院院长，有聘任而不到馆者，有到馆领取脩金就离开者，甚至有的山长不到馆而由上司代取脩金转付者，道光皇帝下旨内阁予以整顿。史载：

> 直省儒学、书院之设，所以教学造士，绍植人材，立法极为周备。若如该御史所奏，近来教官大率不能振作，竟有干预地方公事，劣生签士因之效尤，以致包抗钱粮，起灭词讼，士风人才日益污下，尚复成何政体。著直省督抚学政严加整顿，通饬教官务当敬教劝学，无负乃职。其不能破场士节、扶持名教者，即行严参惩办。至各省书院延请院长，原为激励人材而设，近日竟有荐而不到馆者，有甫经到馆旋取脩金以去者，并有不到馆而上司代取脩金转付者，殊属有名无实。著直省督抚各体察情形，核实整顿，务使馆无虚旷，士有师承，勉副朕崇重实学至意。将此通谕知之。②

道光三十年（1850），咸丰皇帝刚刚即位，即下谕旨，要求官员，“于书院、家塾教授生徒，均令以《御纂性理精义》《圣谕广训》为课读讲习之要”，以“性理诸书”，为“导民正轨”。③ 面临日益严重的社会问题，统治者从支持汉学书院，转而支持宋学书院，要求书院以程朱理学著作为讲学的主要内容。

---

① 《清宣宗实录》卷269，道光十五年七月庚子，中华书局1986年影印本，第5册，第134—135页。

② 《清宣宗实录》卷299，道光十七年七月庚子，中华书局1986年影印本，第5册，第650页。

③ 邓洪波：《中国书院史》（增订版）第6章《书院的普及与流变》，东方出版中心2004年版，第445页。

五　同治、光绪前期的书院政策

同治、光绪两朝成为清代书院发展最快的时期之一。同治年间（1862—1874 年），太平天国运动最终失败，社会恢复稳定，洋务运动兴起，对人才的需求增加。清统治者着意振兴文教，把恢复和重建书院作为一项重要政策颁令实行，“天子方垂意斯文，封疆大吏咸承上意，兴书院以教育人才”①。最高统治者的重视，对书院的恢复和重建起了重要作用，书院获得了一个发展的时机。

同治二年（1863），朝廷下诏清理因战事而流失的书院财产，恢复办学；经费缺乏者，亦当设法筹集，使士子能够肄业，以稳定人心。上谕：

> 近来军务省分各府州县，竟将书院公项藉端挪移，以致肄业无人，月课废弛。嗣后，由各督抚严饬所属，于事平之后，将书院膏火一项，凡从前置有公项田亩者，作速清理。其有原存经费无存者，亦当设法办理，使士子等聚处观摩，庶举业不致久废，而人心可以底定。②

除此以外，清统治者还针对书院教育的弊病，制定相应的措施，对书院进行一系列改革。

第一，崇尚实学，经世致用，纠正书院以八股举业为重的旧弊积习。同治元年（1862），鉴于翰林院庶吉士不事实学，专攻诗赋，无裨实用，清廷下令整顿翰林院，“自明年癸亥科起，新进士引见分别录用后，教习庶吉士，务当课以实学，治经、治史、治事及濂洛关闽诸儒等书，随时赴馆，与庶吉士次第讲求，辨别义利，期于精研力践，总归为己之学，其有余力及于诗古文词者听之”③。这个诏令向世人表明了新皇帝推崇实学的倾向。各省督抚闻风而动，躬行实践，崇尚实学、讲求经世致用的学风得

---

① 俞樾：《春在堂杂文》卷 1《紫阳课艺序》，清光绪二十五年刻春在堂全书本。

② 昆冈、刘启端等：（光绪）《钦定大清会典事例》卷 395《礼部·学校·各省书院》，清光绪年间刻本。

③ 《清穆宗实录》卷 52，同治元年十二月庚寅，中华书局 1986 年影印本，第 1 册，第 1423 页。

以在各地书院倡导。

第二，整顿山长选拔秩序，同治二年（1863），皇帝颁谕内阁："方今大江南北，渐就肃清，一切抚绥安辑，叠经降旨，责成地方官吏妥为办理，而教养兼施，使百姓革面洗心，不致再为教匪邪说所煽惑。"认为"书院义学，亦培植人材之一助，乃近来风气，延请者多循私情，为师者止图修脯，陋习相沿，牢不可破，并著各省地方官力除积弊，毋徒迁就官绅，务各延请耆硕，以副敦崇实学至意"①。要求各省力除积弊，毋迁就官绅，务各延请耆硕担任山长，表达崇尚实学的意愿。

第三，加强对书院经费的管理，凡是擅自挪用书院经费者则给予惩处。光绪六年（1880），奉天学政王家璧案临吉林考试，动用书院经费作为考费，被降三级调用。据载："王家璧前以书院经费缺乏，奏明将生息余银作为束脩膏火之需，继又将此项提作考费，致书院经费无出，不能延师课士……著照部议降三级调用，不准抵销。"②

在官方和民间两支力量的共同作用下，晚清书院进入了一个超高速发展的时期。曾国藩、李鸿章、左宗棠、丁宝桢、张之洞等一批封疆大吏，在各地修复并创建了众多书院，使清代书院的数量达到了历史上的最高峰。根据邓洪波先生统计，同治年间创建书院 366 所，恢复旧书院 14 所，合计 380 所，年平均创建或恢复书院高达 29. 23 所，远远超过乾隆年间的 21. 633 所，名列清代第一。光绪年间，新建书院 671 所，修复旧书院 11 所，合计 682 所，总数仅次于乾隆、康熙时期。③

这一时期书院的特点是西学内容进入了书院的课堂，出现了一批教会书院，例如，香港的英华书院、澳门的拔萃女书院、上海中西书院、苏州的中西书院、南京的汇文书院、宁波的华英书院、天津的中西书院、北京的汇文书院和潞河书院等。晚清时期，教会书院数量有八九十所之多。

---

① 《清穆宗实录》卷 88，同治二年十二月庚寅，中华书局 1986 年影印本，第 2 册，第 861 页。

② 《清德宗实录》卷 107，光绪六年正月己卯，中华书局 1986 年影印本，第 2 册，第 579 页。

③ 邓洪波：《中国书院史》（增订版）第 6 章《书院的普及与流变》，东方出版中心 2004 年版，第 447 页。

六　光绪后期的书院改制

甲午战争以后，面对西方列强的侵入引起的统治危机，士大夫们日益感觉到有对教育进行改革的必要，于是纷纷对书院教育进行改革。有的书院通过变通书院章程，将算学、格致、译学等作为书院教学内容，对旧有课程进行改革，如湖北两湖书院，“初改章时，学科为经学、史学、舆地、算学四门，图学附于舆地，后又将地图一门改称兵法。兵法又分三类：（一）兵法史略学；（二）兵法测绘学；（三）兵法制造学。最后又增授格致体操，体操尤重兵操，瞄准射击，皆时肄习”①。江苏的惜阴书院，于光绪二十三年（1897），改考西学，课题分时务、算学、兵、农、矿、化等。浙江的求是书院，兼课中西实学，“延一西人为正教习，教授各种西学，华教习二人副之，一授西文，一授算学，委监院一人，管理院中一切事宜，一面购置仪器图籍”②，这类书院是在书院教育中增加西学内容。

光绪二十一年（1895）闰五月，顺天府尹胡燏棻在《变法自强疏》中说，西方国家富强，是因为学校向学生传授自然科学，中国虽有书院、义塾，但在八股、试帖、经义之外，“一无讲求”。他建议朝廷申饬总督巡抚，务必“弃章句小儒之习，求经济匡世之材”，首先把省会书院改制为学堂，数年以后，加以推广，再将府州县的书院改成学堂。可见，这是一个渐进的改革方案。史载：

> 特旨通饬各直省督抚，务必破除成见，设法变更，弃章句小儒之习，求经济匡世之材，应先举省会书院，归并裁改，创立各项学堂……数年以后，民智渐开，然后由省而府而县，递为推广。将大小各书院，一律裁改，开设各项学堂。③

---

① 张继熙：《两湖书院》，载张继熙：《张文襄公治鄂记》卷2《教育之设施·书院改章时期》，湖北通志馆编印。

② 廖寿丰：《请专设书院兼课中西实学折》，载龚嘉俊、李榕：（民国）《杭州府志》卷17《学校四·学堂》，民国十一年本。

③ 胡燏棻：《变法自强疏》，载朱有瓛：《中国近代学制史料》第1辑（下册），华东师范大学出版社1986年版，第473—485页。

光绪二十二年（1896）五月，刑部左侍郎李端棻在《推广学校以励人才折》中，认为各地的书院积习日深，陷入八股帖文，很难培养出人才，再提改书院为学堂事宜，史称：

> 臣查各省及府州县，率有书院，岁调生徒入院肄业，聘师讲授，意美法良。惟奉行既久，积习日深，多课帖括，难育异才。今可令每省每县各改其一院，增广功课，变通章程，以为学堂。书院旧有公款，其有不足，始拨官款补之。因旧增广，则事顺而易行；就近分筹，则需少而易集。①

李端棻建议每个省每个县各自选择一所书院进行改革，改制为学堂，改进学习内容，变革章程，他认为这种在旧有制度的基础上进行变通，"事顺而易行"，能够减少阻力。

光绪二十二年（1896）九月，清政府将以上主张一并通报各省督抚学政，在《礼部议复整顿各省书院折》中指出："参酌采取，以扩旧规而收实效。"② 但并没有一个全国的改制方案，而是把改制权力交给地方。

到了戊戌变法时期，书院改制作为变法的重要内容被提上日程，康有为上《请饬各省改书院淫祠为学堂折》，建议"将公私现有之书院、义学、社学、学塾，皆改为兼习中西之学校"③，提出彻底废书院而建学堂。

光绪二十四年（1898）五月二十二日，光绪帝颁发上谕：

> 前经降旨开办京师大学堂，入学肄业者由中学、小学以次而升，必有成效可睹。惟各省中学、小学尚未一律开办，总计各直省省会及府厅州县无不各有书院，著各该督抚督饬地方官各将所属书院处所、经费数目，限两个月详复具奏，即将各省府厅州县现有之大小书院，

---

① 王先谦、朱寿朋：《东华录 东华续录》，光绪一百三十四，光绪二十二年五月丙申，上海古籍出版社2008年影印本。

② 黄爵滋、王树敏、王延熙：《皇朝道咸同光奏议》卷7《礼部议复整顿各省书院折》，上海古籍出版社2008年影印本。

③ 康有为：《请饬各省改书院淫祠为学堂折》，载康有为撰：《康有为政论集》（上），中华书局1981年版，第312页。

一律改为兼习中学、西学之学校。至于学校阶级，自应以省会之大书院为高等学，郡城之书院为中等学，州县之书院为小学，皆颁给京师大学堂章程，令其仿照办理。其地方自行捐办之义学、社学等，亦令一律中西兼习，以广造就……至于民间祠庙，其有不在祀典者，即著由地方官晓谕居民，一律改为学堂，以节靡费而隆教育。①

这个谕令要求各地两个月内将现有的大小书院一律改为兼习中学西学的学堂。不久，由于变法的失败，慈禧有懿旨：

书院之设，原以讲求实学，并非专尚训诂词章。凡天文、舆地、兵法、算学等经世之务，皆儒生分内之事。学堂之学，亦不外乎此。是书院之与学堂，名异实同，本不必定须更张。现在时事艰难，尤应切实讲求，不得谓一切有用之学，非书院所当有事也。②

慈禧认为书院和学堂，“名异实同”，不必另行更张。各省书院照旧办理，停罢学堂。但改革大势已不可阻挡，废科举，兴学堂的呼声越来越高，特别是1901年八国联军攻占北京，令慈禧太后痛下决心，于光绪二十七年（1901），推行“新政”，又提出改书院为学堂，八月二日的《改书院为学堂上谕》中说：

人才为庶政之本，作育人才，端在修明学术。三代以来学校之隆，皆以德行道义为重，故其时体用兼备，贤才众多。近日士子，或空疏无用，或浮薄寡实，今欲痛除此弊，自非敬教劝学，无由感发兴起。除京师已设大学堂，应行切实整顿外，将各省所有书院，于省城均改设大学堂，各府厅直隶州，均设中学堂，各州县均设小学堂，并多设蒙养学堂。其教法当以四书五经、纲常大义为主，以历代史鉴及

① 王先谦、朱寿朋：《东华录东华续录》，光绪一百四十五，光绪二十四年五月甲戌，上海古籍出版社2008年影印本。

② 王先谦、朱寿朋：《东华录东华续录》，光绪一百四十九，光绪二十四年九月庚辰，上海古籍出版社2008年影印本。

中外政治艺学为辅，务使心术端正，文行交修，博通时务，讲求实用，庶几植基立本，成德达材，方副朕图治作人之至意。著该督抚学政，切实通筹，认真举办。所有慎延师长，妥定教规，及学生卒业，应如何选举鼓励，一切详细章程，著政务处咨行各省，悉心酌议，会同礼部复核具奏，将此通谕知之。①

光绪二十八年（1902），清朝颁布由管学大臣张百熙拟定的《钦定学堂章程》（即“壬寅学制”年），把学堂分为初等教育、中等教育和高等教育三等七级。次年十一月，又颁布由张百熙、张之洞、荣庆修订的《奏定学堂章程》（即《学务纲要》，又称“癸卯学制”年），对学堂体制、课程设置、教学方法和学校管理制度等都有具体规定。光绪三十一年（1905）九月，袁世凯、张之洞奏请立停科举，以便推广学堂，咸趋实学。慈禧太后下诏，宣布自光绪三十二年（1906）开始废除科举。至此，在中国历史上延续了1300多年的科举制度最终被废除。学堂章程的颁布和科举制度的废除，使书院失去了存在的价值。于是，各地书院便被迅速改制为学堂，书院改制一波三折，至此，存在千余年的书院寿终正寝。

第二节　清代官员对书院发展的作用

由于朝廷的提倡，清代上至督抚，下到县令，各级官员对书院建设均十分热心，纷纷加入到创办书院的队伍中，从书院建造维修，到经费筹措管理、教学管理等都有士大夫积极参与的身影。地方官员更是对书院建设的各个方面给予支持，教化乡里，维护所在地的统治秩序。例如，同治十一年（1872），衡阳知府李镐制定了《章程二十条》和《馆规二十四条》，加强书院管理制度建设，“章程”和“馆规”对生徒的选拔、录取名额及提供的膏火数量和发放时间都有安排，对生徒的奖惩办法及奖金的金额、住斋生的录取及请假制度、生徒违反书院纪律的处分、山长的修金及薪水数量、书院经费的来源与管理等都有详细的规定。目的是使“书

① 《清德宗实录》卷486，光绪二十七年八月乙未，中华书局1986年影印本，第7册，第419页。

院训迪有山长，稽察有监院，收放各项款目有首事专司经理。肄业生童只宜闭户潜修，不必纷志外务，所有书院一应事宜不得干预，以期造就文行兼修之士”①。

一　创办与修复书院

各级官员热衷于书院教育是清代非常突出的历史现象，其原因主要是清代统治者对书院发展采取了鼓励的政策和措施。下从县令、知州，上到巡抚、总督，均身体力行，投身到书院建设的大潮中。这些官员所到之处，以振兴文教为己任，往往是建造书院和修复书院的倡导者与发起人。

（一）封疆大吏创办书院

明清鼎革之初，清廷虽然诏令不允许聚徒结社、别创书院，但地方大员仍然承袭明朝遗风，或私人创办，或以官府的名义重修前朝的书院。

李日芃（？—1655 年），汉军正蓝旗人，初籍辽阳，清初将领，顺治初年为江南巡抚。顺治九年（1652），他私人捐银两千余两，创办了以他的字号命名的培原书院，书院规模宏大。清人吕崇烈在《创建培原书院碑》中记载：“背枕龙岳，面襟江流，特建培原书院，乃赀二千余金，聚材鸠工，绳直黾正，乃作正门三楹，厥门端正严丽，中构讲堂五楹，厥堂深广爽垲，名曰礼让，位师席，列钟鼓，备俎豆千戚之容，后竖楼五楹，厥楼四望远厂，名曰经正，贮经史以备宏览，堂左右东西各七楹，为号舍，楼后东西各九楹，为六斋，翼翼绵绵，俾诸士息静温习于其间，楼后为祠五楹，名曰宗儒，中立木主，祀濂溪、明道、伊川、横渠、紫阳五先生，以皖理学名宦及皖诸名儒配焉。祠后列二楹，实培原先生与诸士鼓箧横经辩志观摩地，累石为山，庭草交翠，间则与诸士游艺任天。”② 李日芃亲自兼任山长，不领薪酬，他的行动对以后的巡抚起到了垂范作用，在李日芃以后兼任书院山长的巡抚也都不领报酬。乾隆元年（1736），清廷下旨改培原书院名为敬敷书院，光绪二十三年（1897），书院移建到今安

① 李扬华：《国朝石鼓志》卷 4《规费》，载李安仁、王大韶、李扬华撰：《石鼓书院志》，岳麓书社 2009 年版，第 228 页。

② 吕崇烈：《创建培原书院碑》，载安庆市地方志编纂委员会编：《安庆市志》（下册）附录《碑刻选辑》，北京方志出版社 1997 年版，第 1904 页。

庆师范学院校内。

图5－1 敬敷书院大门

山东省的历山书院创办于明朝，在康熙初年由布政使张缙彦重修，增建白雪楼，改名为白雪书院。康熙帝东巡济南，赐“学宗洙泗”匾额。康熙二十五年（1686），巡抚张鹏扩建学舍数十间，复名历山书院。康熙二十七年（1688），布政使卫既齐再次增建学舍十余间，康熙三十九年（1700），学政徐炯“拔六郡之士百二十人肄业其中，复广斋舍庖湢”[①]。捐赠图书数千卷，后渐衰落。道光元年（1821），布政使程祖洛改之为义学，光绪年间废。

张伯行（1651—1725年），历任福建、江苏巡抚，官至礼部尚书，此人有很浓厚的书院情结，“所至必兴书院，聚秀民，导以学朱子之学，而辨其所以异于姚江者”[②]。他是程朱理学的积极倡导者。康熙四十六年（1707）春，张伯行被擢为福建巡抚，“三月升福建巡抚，六月抵福建巡抚任，冬十月建鳌峰书院”[③]。到任不久即兴建鳌峰书院，他本人也在公暇之余，“辄为学者指道统之源流，示人圣之门路”，“一时有志之士，慕

① 王赠芳、王镇、成瓘、冷烜：（道光）《济南府志》卷17《学校》，清道光二十年刻本。

② 钱仪吉：《碑传集》卷17《太子太保礼部尚书张清恪公墓志铭》，清道光刻本。

③ 张师栻、张师载：《张清恪公年谱》，康熙四十六年丁亥，57岁条，清乾隆二年刻本。

道偕来几数百人”[①]。亲自为士子讲学，倡导圣人之道，慕名而来就学者达几百人。康熙五十二年（1713），时任江苏巡抚的张伯行又创建紫阳书院。当时康熙帝提倡程朱理学，钦定《紫阳全书》颁布天下。紫阳书院以朱熹之学为宗，选派高才生肄业其中。

图5－2　鳌峰书院大门

陈宏谋（1696—1771），早年在桂林华掌书院读书，雍正元年（1723）考中乡试第一名。乾隆七年（1742），时任江西巡抚的陈宏谋为豫章书院制定学约十则，即立志向、明义利、立诚敬、敦实行、培仁心、严克治、重师友、立课程、读经史、正文体等10条，并附节仪。乾隆二十三年（1758），陈宏谋为紫阳书院新订了条规。

雍正十一年（1733）以后，由于朝廷明确支持书院发展，各地封疆大吏对书院建设倾注了更大精力。首先是在各省省会相继建立了22所省级书院，这些书院的名称在第一节中已经论及，兹不再赘述。

清朝中后期，地方大员继续在省会城市创办书院，即所谓的新生代书院。它们是京师的金台书院，江宁的惜阴书院和文正书院，苏州的正谊书院，江阴的南菁书院，杭州的诂经精舍和求是书院，福州的凤池书院和正谊书院，南昌的友教书院和经训书院，开封的明道书院，武昌的经心书院

① 张师栻、张师载：《张清恪公年谱》，康熙四十六年丁亥，57岁条，清乾隆二年刻本。

图 5-3 修葺一新的紫阳书院，在今苏州中学校园内

和两湖书院，长沙的求忠书院、校经书院和时务学堂（后改为求是书院），广州的广雅书院、越华书院、学海堂、菊坡精舍和应元书院，桂林的榕湖经舍（又名经古书院）和桂山书院，成都的尊经书院，贵阳的正习书院（后改名学古书院）和正本书院，陕西泾县的味经书院和崇实书院，兰州的求古书院，迪化（今乌鲁木齐）的博大书院，太原的令德书院，奉天（今沈阳）的萃升书院等。

在清朝中后期，阮元、陶澍、曾国藩、左宗棠和张之洞等地方大员都以创办书院并讲学其中为荣。

阮元在嘉庆五年（1800）出任浙江巡抚时，于美丽的杭州西湖创办了诂经精舍。嘉庆二十二年（1817），阮元担任两广总督，道光四年（1824）创办学海堂。这两处书院成为研习汉学的专门机构。

左宗棠青年时期曾肄业于城南、岳麓书院，后又曾任醴陵渌江书院山长，这是一所很有名气的书院，后来李立三、程潜、陈明仁、左权等都曾在这里求学。左宗棠在这里结识了朝廷重臣陶澍，成为他人生的转折点，从政后对书院十分热心。如他在闽浙总督任上，创建了正谊书院；在陕甘总督任上，除关注兰山、关中等大书院外，还新建修复书院 37 所；在两江总督任上，支持学政创建江阴南菁书院，提倡教学内容的改革。

图5－4　湖南株洲醴陵市的渌江书院

张之洞在湖北学政任上，创建经心书院；在四川学政任上，创建尊经书院；在山西巡抚任上，创办令德书院；在两广总督任上，创建广雅书院；在湖广总督任上，创建两湖书院。

曾国藩21岁时就肄业于本邑涟滨书院，24岁时又肄业于岳麓书院，“以能诗文，名噪甚，试辄第一”①，闻名当时。他曾经深受主讲钟山书院的姚鼐、主讲金陵书院的唐鉴的影响。升任两江总督后就立即致力于修复、重建江苏书院。重新在南京城东隅重修钟山书院，还重建了尊经书院，并于今清凉山重修陶澍创办的惜阴书院，亲自为书院选拔山长。

（二）基层官员创办书院

除去封疆大吏积极创办书院以外，更多的地方官员才是创办书院的生力军。清代每州县大都有书院，有的州县甚至还创办了多所书院，这些书院绝大多数是当地的知府、知县创办的，这是清代书院发展的一大特点。只有得到基层官员的重视，书院才能普及，甚至普及边疆。所以，这里我们重点讨论知县在书院创办、修复过程中的作用问题。

① 黎庶昌：《曾国藩年谱》，岳麓书社1986年版，第4页。

康熙十三年（1674），登封知县叶封在明代的嵩阳书院旧址上，修复书院，建造堂屋三间，新筑墙壁五十丈并将幸存的两株汉封将军柏也围入院中，奠定了今嵩阳书院的基本布局。

图5－5　嵩阳书院大门

康熙三十年（1691），河南新蔡县知县吕民服“合众议”，捐俸银35两，卜买城内东隅王公旧园十余亩，周围筑墙，大门三间，曰“大吕书院”。中构讲堂三间，曰“典礼堂”，后书室三间，曰“时雨堂”。左斋房六间，曰“居仁斋”、曰“成德斋”；右斋房六间，曰“由义斋”、曰“达材斋”，每斋三间。即于是年，诸名师讲学其中。史载：

> 适有王氏园基，瓦砾茂草，欲售者再。于是合众议公捐赀买为官基。遂鸠工庀材，早夜督理，不间寒暑，构造几易日月。乃立大门一重、典礼堂一重、时雨堂一重。东西各有斋，曰“达才”，曰“成德”，曰“居仁”，曰“由义”。内奉伯彝漆雕开、曹邮、秦冉、陈蕃之主，以时祭祀。藏《通鉴》《性理》诸书，以供披览。随聘名师讲学课文，月凡两会，而诸生童之从教者甚众。前凿池以种莲，后聚石为山，植花木于旁以为游息地。又循唐人远上寒山之句，于山后右基

筑室曰“白云深处”，于左幽篁中创亭曰“弹琴处”，盖取王维《竹里馆》余意。至（更年）于院之西构观德堂三间，为习射圃。①

该书院还仿照唐人文学作品的意境修建了“白云深处”和“弹琴处”。

山西寿阳县寿阳书院是康熙四十一年（1702），知县钱熙贞由旧察院行署改建而来，位于县治东。乾隆十八年（1753），知县张淑渠增建学舍。三十三年（1768），知县龚导江增建仪门（今日云门）及学舍，修治墙垣、内外丹垩，更名受川书院。据史料记载：

国朝康熙四十一年，知县钱熙贞改旧察院行署为寿阳书院，在县治东。乾隆十八年，知县张淑渠增建学舍。三十三年，知县龚导江增建仪门（今日云门）及学舍，修治墙垣，内外丹垩，更名受川书院。嘉庆二十年，知县希灵阿重修，道光十年，知县钟汪杰重修并增建考棚及学舍，各有碑记。②

寿阳书院在其发展历程中，规模不断扩大，这从历任知县都不断增建学舍就可以看出。又载：

书院经始于康熙四十一年前令刘君熙贞，增建于乾隆十八年前令张君淑渠。导江以肄业之舍不足以容多士，门墙之陋不足以展威仪。于是于大门北增设仪门一座，讲堂前东西向增设学舍六间，缭以周垣，丹垩漫漶，凡栋楹之桡折、瓴甋之破缺者，胥斥而新之，不逾月，工告竣，诸生相与庆诵读之得所。③

① 吕民服：《大吕书院碑记》，载莫玺章、王增等：（乾隆）《新蔡县志》卷9《艺文志》，清乾隆修，民国重刊本。

② 马家鼎、张嘉言、祁世长：（光绪）《寿阳县志》卷4《学校志·书院第八》，清光绪八年刊本。

③ 龚导江：《重修受川书院记》，载马家鼎、张嘉言、祁世长：（光绪）《寿阳县志》卷4《学校志·书院第八》，清光绪八年刊本。

方亭书院位于四川什邡县，乾隆六年（1741）由知县史进爵捐俸创建，乾隆十二年（1747）和四十一年（1776）分别修缮，据史料记载：

> 乾隆六年，知县史进爵……捐俸倡首，悉心区画，创建书院。内分正殿、讲堂、东西学舍、前厅、大门、偏厦等房，共二十余间。至九年，功始告竣。院中井、灶、床、桌诸器悉具，延师训课。适会礼部有改设三教堂，崇奉至圣像之议，遂迎邑中各处三教堂圣像三尊安设于正殿中。十二年，又建后堂五间，置田产。于是，肄业诸生始有膏火之资。厥后邑令石钦承迁奉圣像于魁星阁楼下。至四十一年，邑令任思正捐俸增修书院房廊，更改大门西向，添设田亩膏火，建夫子楼于院后，移奉圣像，旁列二程夫子木主，率学者四时释莱，礼庶不缺。①

从中可以看出，方亭书院从创建开始，内部设施就比较完备，而且知县史进爵还为其置了田产，为书院的发展提供了重要条件。后来知县任思正又扩建了书院，添设了田亩膏火，使生徒在其中读书没有了后顾之忧。

许多知县在创办书院的过程中，重视发挥地方绅士的作用，如江苏省睢宁县的睢宁书院。乾隆二十八年（1763），严安儒担任睢宁知县，他在《重修睢宁书院碑记》中记载：

> 癸未，予来令兹土，询知前令桂林刘君如晏曾建书院于治后，历年久远，遂为营兵盘踞，垣宇倾颓，仅存废址。思有以修葺，而未逮也。丙戌岁，太学生李文惠因公晋谒，予以修理书院相商，生慨然肩为已任，鸠工庀材，不数月而落成……道光十年，知县刘与权视事，多善政，尤关心学校，以桂林书院规模狭隘，欲拓而大之。以资巨，未果行。适有绅富王雅贤、朱大诰、刘雅修、刘保庆、秦景淞、张继珩、袁锡租及魏云倬、梁汝吉诸人，慷慨捐赀，共襄义举，兼以劝募，而鸠工庀材。遂移建于城东堤外，经营缔构，道光十五年落成，更名“昭义”。此昭义书院所自昉也。光绪十年，知县侯绍瀛履任，

① 王文照、曾庆奎、吴江：（民国）《重修什邡县志》卷6《学校》，民国十八年刊本。

> 志在培植人材，振兴科目，以士子胸襟不阔，由于见闻不广，置书数千卷于院中，以备观览。①

在睢宁书院的建立、修葺、移建过程中，当地知县的倡议之功巨大。乾隆三十一年（1766），严安儒倡导修缮书院，得到太学生李文惠的积极影响。道光十年（1830），知县刘与权计划修缮书院时，是众乡绅“共襄义举”。历任知县对书院的重视，得到了地方绅士的支持，使书院规模不断扩大，规制日益完善。直到光绪十年（1884），知县侯绍瀛还置书数千卷于院中，以备生徒阅读。

当时很多基层官员对书院教育都相当重视，每到新任，第一件事就是关心书院的建设，嘉庆元年（1796），宝邑知县孙源潮刚到任，即和乡绅谋划创办书院事宜，史载：“宝邑固无书院也，源潮始莅事，即谋于其乡老、乡大夫。”② 又载：

> 既下车，即诣书院，进诸生而面命之，一以崇实效、黜浮华为本，业必古今并肄，品必内外交修。每岁亲较其艺之甲乙，而进退之。又命监司方面驻节会城者，按月而分课之。至于爱护之深，体恤之至，则又有家人父子之所不能逾者……是故，上则开来继往，为圣贤不朽之业；次则砥节励行，为豪杰有用之才；即等而下之，而仅仅以科举之学自奋，亦必经明行修，文章尔雅，不愧为读书种子，而后可不愧为书院之士。③

即地方官员对书院教育也给予期待，每到一处，首先到书院检查生徒学习情况，以求实效，学业和品德都能有进步；还亲自主持考课，分别等级。对诸生的爱护体恤甚至超过生徒的家长。目的是培养人才，其上是培

---

① 严安儒：《重修睢宁书院碑记》，载侯绍瀛、丁显：（光绪）《睢宁县志》卷8《学校志》，清光绪十二年刊本。

② 孙源潮：《建画川书院记》，载孟毓兰、成观宣：（道光）《重修宝应县志》卷24《艺文》，清道光二十年刻本。

③ 杨绳武：《钟山书院碑记》，载陈栻等：（道光）《上元县志》卷23《艺文志》，清道光四年刻本。

养出继圣贤、开太平，建立不朽业绩的人才；其中是培养出有气节、见行动，具有豪杰气概的有用人才；其下是培养出为科举、苦读书，经明行修，文章尔雅的读书人。

营陵书院位于山东昌乐县，嘉庆二年（1797），知县魏礼焯创建。其后，知县李正义、傅履恒、黄咸宝等相继增修。光绪元年（1875），黄咸宝在《续修营陵书院碑记》中记述了他于同治八年（1869）“先为之倡”，重修营陵书院的状况，史载：

> 营陵书院，始建于嘉庆二年。迨至咸丰三年重修之，其间，李云阶明府曾加葺理，张镇岩学博捐置案凳，皆志在崇尚儒学，仰副国家教育人材之至意，故以书院为首务也。然经营缔造诚不易，读魏公凛斋、傅公如山两碑记，悉其详。余于同治八年秋莅斯土，计距始建之时七十余年矣，虽岁恒修葺，其如屋多渗漏，墙半坍圮，更因东西考棚柱短瘦，以致前檐向外欹，侧岌岌乎有欲倾之势。且喜军务肃清，连年中稔，民安习业，士乐读书。近岁，县试人数倍增于昔，号舍有不敷之虞，余乃先为之倡，邀同城乡绅士诸君，集议捐资以成之举。旧有东西考棚二十六间，余添建四间，共计三十间，檐柱以石易木，并木案亦易以石。此外，大门、照壁、讲堂、退厅、挂屋、围墙、阶级、砖石一律修整。又添造点名厅三间、厨屋二间，于十二年六月鸠工，十三年九月落成。①

从这段史料中可以看出，黄咸宝看到县试人数倍增，原来的书院房屋渗漏，围墙坍塌，考棚破败，几乎倾倒，于是和乡绅商议，捐资修缮并扩建，修缮大门、照壁、讲堂、退厅、挂屋、围墙等，增建考棚、点名厅、厨房。整个过程历时一年零三个月。

光绪十七年（1891），南汝光道道台朱寿镛在南汝光道署驻地信阳创办了豫南书院。朱寿镛本人捐献5000两，其他官员纷纷捐献，南阳府、汝宁府、光州等地官绅捐银3000两，购置信阳州城内60间民房，新建斋

---

① 王金岳、赵文琴、王景韩：（民国）《昌乐县续志》卷16《艺文志》，民国二十三年刊本。

房、殿堂70余间。遴选南阳府、汝宁府等豫南各府州县儒学生员肄业其中。生徒除按期考课诗文，兼习经史词章外，尤注重西学，“乡试获俊者常十余人”。

（三）边远地区官员创办书院

尤其值得注意的是，清代偏远省份和边疆少数民族地区的地方官员也很重视书院教育事业，加入到创办书院的队伍中。正是由于这些官员的努力，清代书院教育才得以普及到边疆地区。

清代东北也创办了书院。最早的银冈书院位于辽宁铁岭，康熙十四年（1675），由学者郝浴所建。银冈书院原是“侍御郝复阳先生谪书室也”①，“公濒行，手记岁月，留所居为士子读书处，此银冈书院之由名也”②，“并城东南二十里官房身田地二十二亩半，城内鼓楼西南隅地基一段，留为生徒肄业之资”③。银冈书院原是郝复阳先生被贬铁岭时所居的书室，后先生官复原职，临行之时，将他的书室改成了书院，留作士子读书之所。光绪年间李百川、李重瑞、赵维城等学者讲学其中。银冈书院作为东北地区唯一保存下来的古代书院，是清代关东第一书院。

黑龙江宁安县的龙城书院，于康熙十五年（1676）创建，康熙皇帝亲御赐额“龙飞胜地”，书院生徒学习满、汉文及骑射。吉林最早的白山书院，由嘉庆十九年（1814）由吉林将军富俊创建。长白书院（又名启秀书院），同治十一年（1872）绥远城将军安定督劝八旗官兵捐建，仅招收满洲旗籍子弟为生徒。

宁夏中卫县应理书院在县城南门内，系康熙年间西路同知高士铎创建。嘉庆二十年（1815），知县周又溪移建于文昌宫右边。咸丰二年（1852），震圮，四年（1854），知县封景岷重修。道光二十一年（1841），知县郑元吉又重修，并撰《重修中卫应理书院碑记》，史载：

---

① 董国祥：《银冈书院记》，载董国祥、贾洪文：（康熙）《铁岭县志》卷下《学校志》，民国《辽海丛书》本。

② 黄叔琳：《重修银冈书院记》，载黄世芳、陈德懿：（民国）《铁岭县志》卷8《艺文志》，民国六年铅印本。

③ 佚名：《银冈书院之创始》，载黄世芳、陈德懿：（民国）《铁岭县志》卷4《教育志》，民国六年铅印本。

图5－6 银冈书院

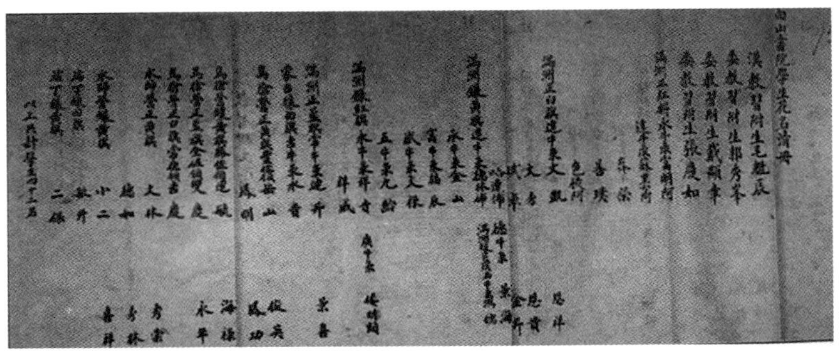

图5－7 白山书院生徒花名清册

应理书院旧在南门，始于司马高公士铎，年月无可稽考。嘉庆二十年乙亥，前署令周公又溪因规模狭隘议改建之。购买草厂吴氏旧宅，建内院一、讲堂一、外院一，内外房舍共二十六间。代远年湮，渐就倾圮。时余方经营文庙学宫事，尚迟迟未暇及此，庚子冬始得从事而整顿之。所仍旧而增高其气象者，院内之讲堂，周围之墙垣及院前之照壁也。所重新而加其改造者，院之门户，院之房舍二十六间也。自庚子冬至辛丑春，鸠工庀材，晨夜展力，始克告成。舍夙心于是乎一慰也。①

雍正二年（1724），土默特都统丹津在归化创建蒙古学书院，招蒙古族子弟入学。

新疆地区则有乌鲁木齐的桐华书院，为将军阿桂创建，谪臣徐世佐、纪昀先后主讲其中。光绪初年，维吾尔族王爷沙木胡索特创建了伊川书院，招收维、汉子弟，用满、汉两种语言教授《百家姓》《千字文》《三字经》《论语》《孟子》等儒家经典。

西南边陲的云南州县也新建了许多书院，如新平县就有一所桂香书院，它在发展过程中，经历了多次改建。据史料记载："乾隆四十七年，知县徐图南就西关外旧龙王祠改建书院，规模始具。道光初，移置城内文昌宫。光绪二十五年，知县钮承植以地势狭隘，率士绅倡建于大城北门内。"②

甘肃徽县的凤山书院建于嘉庆年间。史载："凤山书院始自嘉庆十二年、十三年，详明督藩两宪立案。知县张伯魁以旧仓基并官地基陆续捐盖。东集口市房八间，西街市房二十间，上北街房院市房一所，大小四十七间，中北街市房大小十间。又契买刘安文地二垧，又契买五麻子地二十垧，悉归书院，取租以充膏火之费。"③

位于台湾澎湖马公镇附近的文石书院。清乾隆三十一年（1766），由澎湖通判胡建伟应贡生许应元等之请，捐款创建。因澎湖特产文石，故名。"是役也，经始于丙戌之孟冬，落成于丁亥之孟夏"④。胡亲任山长，并制定《文石书院学约》，即"重人伦、端志向、辨理欲、励躬行、尊师友、定课程、读经史、正文体、惜光阴、戒好讼"，来指导生徒学习。

嘉庆九年（1804），广东学政姚文田视学粤东，将海南文昌的蔚文书

---

① 冯福祥、王之臣：（民国）：《朔方道志》卷27《艺文志》，民国十五年铅印本。

② 王志高、马太元等：（民国）《新平县志》卷9《教育·书院》，民国二十二年石印本。

③ 佚名：《凤山书院》，载张伯魁：（嘉庆）《徽县志》卷3《建置志》，清嘉庆十四年刊本。

④ 胡建伟：《文石书院落成记》，载胡建伟：（乾隆）《澎湖纪略》卷4《文事纪》，清乾隆三十六年刊本。

院改建于学宫遗址，构“讲堂三间，堂下左右翼两廊，前为大门三间，大门下左右两廊，竖师生同甲坊于大门前廊下正中。又前为照墙，砌杏坛篆字碑于墙中……南开路门，通于崇儒门。讲堂后为堂三间，后堂下左右翼两廊，后堂之后为尊经阁，厨房在讲堂之两旁”①。

青海大通的三川书院，乾隆元年（1736）冬，由西宁府佥事杨应琚创建，延名师主讲，并于乾隆三年（1738），制定《三川书院学约记》，敦促弟子求学上进。

上述可见，清朝自雍正帝时期明确支持书院发展以后，省府州县各级政府和官吏纷纷投身到书院建设当中。雍正、乾隆朝以后，全国的书院数目迅速增加，超过明朝，体现在以下几个方面：第一，书院之设遍布全国各地。从前的书院主要集中在江南地区和北方一些经济、文化较发达的地方，而清朝书院已经发展到边远地区甚至少数民族地区，如甘肃、青海、新疆、内蒙古、台湾等地，都创办了书院；具体到每个府县，也几乎都创办了书院，有的府县创办的书院甚至可达数十所之多。第二，书院大都设在都市、城镇。宋明时期的一些著名书院往往建造在山林之中，清朝的书院主要是在都市郊区而不在乡野山林中，20 多所省城大书院均在各省省会，各地府县的书院也主要在府州县治所在地。这两个特点都和书院主要是官员创办的有关。

二 经费筹措与管理

（一）官员和书院经费筹措

各级官员为了解决书院经费问题，采取的措施往往有拨付学田、设置税收、捐廉捐俸等。

1. 拨付公款

省级书院在使用公款方面享有优势，雍正十一年（1733）的上谕中说“其不足者，在于存公银内支用”。这表明省会书院在书院经费不足时，可经由政府公款挪补。例如，岳麓书院在同治七年（1868）大修用去钱 60519 串，是从厘金项下预支，再开出清单后全部报销的。

地方政府拨付给书院的公款，一般是地方财政可支配的税收。如湘阴

---

① 张霈、陈起礼、林燕典：（咸丰）《文昌县志》卷 3《建置志》，清咸丰八年刻本。

的仰高书院的经费中就有政府拨付的税收。乾隆四年（1739），湘阴知县梅廷模请以鳊鱼、芦林二潭鱼利交给绅士生息，他的这一想法于乾隆十二年（1747）由知县徐梁栋实现，以历年鱼利积存银两创建了书院，仍名“仰高”。

又如茶陵州洣江书院因经费困难，知州常庆曾在道光元年（1821）下令于“漕米项内岁抽钱五百串备增膏火，每年征漕即饬粮总交经理首士”。同治三年（1864），因“书院田租仍旧征粮，而礼房档册无存，经理者漫无端绪，又复不敷支应”，茶陵州士绅请求知州再拨给一部分漕羡钱，于是书院每年都可以得到官拨漕羡钱800串作为膏火。①

道光十六年（1836），山西太平知县陈维屏将改建试院剩余的银子两千两，归入太平龙门书院，作为书院膏火，为培植士子永久之费。

2. 拨付学田

官员利用手中的权力，通过各种手段给书院拨付田地，成为书院的学田，书院通过收取地租充作办学经费。

康熙二十八年（1689），衡州知府崔鸣鷟重修石鼓书院时，就曾经把清查的11亩铺田和书院前12间地基俱拨给书院充作经费。

山西解州夏县的养正书院在郭村观音寺内，原有大里村、韩王村、郭村官地一顷八亩。乾隆元年（1736），知县田成玉详“准留三十亩给寺僧，余地七十八亩，计大小六段，俱坐落村西，每年收租七十两二钱，完粮八两七钱四分，其六十一两零，拨入养正书院为修脯等费”②。

乾隆四年（1739），登封县知县施奕簪将123亩土地划拨给嵩阳书院作为学田，用于修缮藏书楼、先贤祠、讲堂、道统祠、大门等，又新购入一批书籍存放于藏书楼，使嵩阳书院面貌焕然一新。

有的官员把寺庙田地拨给书院，如四川岳池县的凤山书院，乾隆初期，知县王承爔在《添置书院田亩碑记》中记载：

余莅任兹土，欲拓大其田以裕膏火，每虑醵金有限，捐助无多，

① 福昌、梁葆颐、谭钟麟：（同治）《茶陵州志》卷13《学校》，清同治十年刻本。

② 运城教育史志编纂委员会：《运城市教育志》第1章《儒学教育·书院》，山西人民出版社2009年版，第31页。

皇如也。适有石鼓寺豪强争占，金龙寺师徒常住，牙角无休。其田不侵蚀于强霸而荡废于僧众者几希，爰每寺断给租谷二十石付僧看守寺宇外，于石鼓寺起出田租一顷二十六亩五分，金龙寺起出田租一十六两四分八厘八毫，拨入书院，勒石垂留，以补不敷。①

知县王承爔莅任后，发现书院膏火不足，想要为书院另置些田产，但当时没有那么多钱，得到的捐助也不多，恰好石鼓寺和金龙寺内部都出现了问题，而它们却都占有大量田亩，这些田亩再继续交由寺庙管理，不是被恶霸强占就是被僧众荒废。针对这种情况，知县下令，除了留租谷二十石给每个寺庙外，于石鼓寺拨出田租一顷二十六亩五分，于金龙寺拨出田租一十六两四分八厘八毫，拨入书院，来补充书院经费的不足。在这个筹集书院经费的过程中，知县充分展现了他在政治方面的权力。

乾隆三十九年（1774），崔举担任富平县县令，将元陵地拨付给南湖书院作为学田，筹集经费，史载：

因募捐银二百五十两，详请给付邑之商民。岁收薄息可给百金，又详拨元陵地十一顷三十三亩零，分别三则取租，岁入租银七十四两有奇。连前岁得银二百余两。师生脩膳、膏火、官课优等奖劝之需，以及司执爨黝垩苫葺诸费粗取足焉。②

有的官员把昔日的赡养廪生之地全部交给书院，如河北南宫县的东阳书院，几乎每任知县都向书院拨付学田。据史料记载：

知县衷炳修……勾稽旧档，得学田顷余。又举向日所谓学院田、按院田，均昔日赡养廪生之地，详学田表，共十顷有七亩，均收归书院，充束脩膏火之需。是为书院再造之基……嘉庆二十

① 王承爔：《添置书院田亩碑记》，载何其泰、吴新德等：（光绪）《岳池县志》卷18《艺文志中下》，清光绪元年刊本。

② 佚名：《南湖书院增设脩金膏火记》，载樊增祥、谭麐：（光绪）《富平县志稿》卷2《建置志》，清光绪十七年刊本。

> 一年，知县吴承龙捐募重修，规模复整。贡生魏炳文复捐田四十亩，为岁修之资。道光八年，知县周栻整顿田租，增至京钱八百余贯，以延山长。①

知县衷炳修，在修建东阳书院时，为书院添置了学田。日后书院遭到了破坏，知县吴承龙又捐募重修，在他的倡导下，贡生魏炳文也给书院捐田 40 亩。

3. 捐置学田

官员还往往把自己购买的土地交给书院，作为书院学田，是为捐置学田。如官员纷纷为嵩阳书院捐置学田，康熙二十八年（1689），学道吴子云捐购学田 100 亩。后来，河南府知府汪楫捐置束脩田 100 亩，学道林尧英捐置学田 100 亩，知县张圣诰捐置学田 200 亩，孟津绅士王鹤捐置学田 50 亩，本县生员焦健银捐置学田 9 亩。山长耿介捐置学田 200 亩，又垦荒 130 亩捐入书院，从而保证了书院的经费来源。

有清一代，岳麓书院不断收到官员捐置的土地。康熙二十三年（1684），巡抚丁思孔给书院捐置学田 300 亩。嘉庆五年（1800）十二月，盐法道达明阿等又捐膏火田 222. 34 亩。

有的官员将自己的廉俸捐出，为书院捐置学田，如解州运城宏运书院的学田是“御史李日宣捐俸置夏县地一顷四十余亩，御史姜思睿捐置安邑县地五顷七十一亩，御史楚朗扬捐置夏县地八十余亩”②。

4. 发商生息

把经费交给店铺或者当铺，每年收取一定的利息，是为发商生息，这种方式到了清代尤为多见，这表明书院在当时深受商品经济发展的影响。清代各时期的利息一般不低于年息 12%，高者甚至翻倍。由于发商生息具有一定的稳定性，因此，受到书院经营者的欢迎。

“岳麓、城南二书院于雍正十二年恩赏帑银壹千两，又奏动藩库银三千两发商营运支给，嗣因息银逐有积余，先于乾隆七年将原借藩库银三千两归还原款。复于十五、二十等年两次酌拨支存息银四千七百两，一并营

---

① 黄蓉惠、贾恩绂：（民国）《南宫县志》卷 6《建置篇》，民国二十五年刊本。

② 言如泗、熊名相、吕濫：（乾隆）《解州安邑县运城志》卷 4《学校》，清光绪六年刻本。

运，以作膏火之用。”[①] 岳麓、城南二书院就曾经使用雍正十二年（1734）赏给省会书院的1000两帑银和藩库拨发的3000两银发商生息，到乾隆七年（1742），积累的利息银两，还清了3000两的藩库银。

河北南宫县的东阳书院，乾隆“四十八九年，知县夏元凯、沈赤然共捐银六百两，发商生息……道光八年，知县周栻整顿田租，增至京钱八百余贯，以延山长。又倡捐官绅，得京钱五千余贯，除修葺一切外，余四千贯发商，岁得息七百余贯，以充生童膏奖”[②]。乾隆年间，知县夏元凯、沈赤然给书院捐银六百两，发商生息。到了道光八年（1828），知县周栻在整顿了田租之后，又对官绅进行了劝捐，并且把其中的四千贯用来发商生息，将每年得到的七百余贯息金拿来用于充当生童的膏火和奖赏。

雁峰书院在海南琼山县，道光三年（1823），由琼山知县于学质和邑绅吴玢等筹集光洋7200多元创办的。苏桀在《重增琼山雁峰书院膏火碑记》中记载：

> 琼邑雁峰书院在琼郡贡院东，前令于君改社学为书院，讲堂学舍焕然一新。乃经费不足，沾溉无几，故肄业者尚属寥寥……余莅任之始，入院观风，慨然有志增益，首先捐廉俸洋银四百四十元，易制钱三百五十二千文为倡，爰谋之值事廪生林瀛、王魁衡等广集邑之绅士设法劝捐。凡吾力所可及与众志所乐输者，不惮多方筹画，务期集腋成裘，集篑成山。阅一岁，共劝捐得洋银三千四百二十元，易制钱二千六百四十八千文，共结得铜钱三千千文，发当商生息，按季分缴，为添增膏火之需。[③]

雁峰书院经过县令于君建立之后，因为缺乏经费，到这里来读书的人很少。而苏桀莅任之后，为了给书院筹集经费，自己首先捐俸捐廉，后来又进行了劝捐，多方筹划，将他能够提供的和民间那些乐于捐输者提供的

① 赵宁：《长沙府岳麓志》卷7《请广书院名额疏》，载吴道行、赵宁等：《岳麓书院志》，岳麓书社2012年版，第437页。

② 黄蓉惠、贾恩绂：（民国）《南宫县志》卷6《建置篇》，民国二十五年刊本。

③ 苏桀：《重增琼山雁峰书院膏火碑记》，载李文恒、郑文彩：（咸丰）《琼山县志》卷26《艺文志三》，清咸丰七年刊本。

银两都集中起来，共得洋银三千四百二十元，即铜钱三千千文，用以发商生息，来补充膏火的需要，为生徒在书院中专心学习提供了重要保障。

嘉庆七年（1802），盐法道达明阿、布政使通恩，共捐银 4000 两给岳麓书院和城南书院，发商生息。

京师北京的金台书院也曾经将剩余的银两用来发商生息。光绪五年（1879）春至七年（1881）春，顺天府尹周家楣对金台书院大修后，还余下捐银 5064 两，他把这余下的银子“交五城各典当分存，按一分取息，助诸生膏火等需”①。为了解决金台书院日常的办学经费，顺天府尹奏请皇帝恩准，让两江总督左宗棠“筹银四万两解京，发商生息，分资国子监、金台书院两处膏火之需”。左宗棠遂命江宁藩司梁肇煌在“库存盐票报效项下，如数划提四万两，汇解顺天府衙门”②。

一些书院还对利息银的提取做了明确规定。山东昌乐县的营陵书院，规定了取息的程序，据知县陈丰厚在《营陵书院章程》中的记载，“遇取息之时，由监院来县领折往取，取到即将折缴案。如取息而无折，或持折者非监院，该当概不得滥付，以杜弊端”③。取息的时候，必须同时具备两个条件：一是取息人必须是监院；二是取息时监院必须赴县领折，凭折取息。缺少其中的任何一个条件，当商均不得滥付。这是县级书院的利息提取手续，可见比较大的书院对利息提取会更加严格。

5. 设置税收

乾隆二十六年（1761），藩使将原宝昌县属每岁额征茶糟溢税银一百零七两零五分，详准拨充粤秀书院经费，保障了书院的日常供给。

嘉庆之后，衡阳知府高人鉴，设立莲税津贴供石鼓书院使用，为石鼓书院的正常教学奠定了稳定的经济基础。

光绪十年（1884），富川县知县顾国诰将县属上宋村蒋氏大岭开办的煤厂每月缴纳的税银二十两捐为书院膏火。据《创立书院膏火记》记载：“前条煤厂每月缴县署税银二十两，由官按月催收，不择不扣，发交董事

---

① 周家楣、缪荃孙：（光绪）《顺天府志》卷 62《经政志》卷 9《学校下・书院》，北京古籍出版社 1987 年版，第 2190 页。

② 左宗棠：《左文襄公奏疏》（三编）卷 3《划解膏火银两片》，清刻本。

③ 陈丰厚等：《营陵书院章程》，载王金岳、赵文琴、王景韩：（民国）《昌乐县续志》卷 16《艺文志》，民国二十三年刊本。

经管。支给生童膏火，亦无折扣。”①

6. 捐廉捐俸

清朝政府鼓励个人捐献，对于捐献一定额度者给予议叙的奖励，各地的书院在创办过程中，都得到过来自官员的私人捐献。尤其是北京，各类官员集中。因此，北京的书院不仅得到京官，而且得到各地官吏们的捐献。

例如，金台书院在乾隆四十六年（1781）大修时，内阁学士兼礼部侍郎李绶捐银20两，翰林院侍读学士、福建学政朱珪捐银40两，内阁侍读学士邵□曾捐银10两，司经局洗马翁方纲捐银30两，内阁侍读吴肇元捐银30两，翰林院编修王天禄捐银5两，翰林院编修高杕生捐银5两，原任广东学政、吏部稽勋司郎中张模捐银19两，礼部主客司郎中李蔚捐银30两，刑部奉天司主事周元良捐银16两，刑部陕西司主事范鏊捐银20两，户部江西司主事何均捐银10两，候选员外郎王起凤捐银100两，户部司务胡朝栋捐银10两，四川布政使查礼捐银100两，福建布政使杨廷桦捐银□□两，原任福建布政使德文捐银20两，四川清军监茶道林俊捐银□□两，原任浙江湖州府知府候补同知张三礼捐银50两，原任浙江嘉兴府知府张登书捐银20两，江西南昌府知府黄良栋捐银10两，原署河南怀庆府知府候补直隶州李天墀捐银30两，云南武定州知州查淳捐银120两，四川宜宾县知县王毓玟捐银20两，河南南阳县知县李之英捐银20两，陕西渭南县知县徐大文捐银60两，福建漳平县知县陈汇义捐银30两，山东定陶县知县陈廷训捐银5两，四川垫江县知县许祖武捐银5两，候选同知任云路捐银15两，候选同知李建荣捐银20两，候选知州祝文升捐银20两，候选州同徐见恭捐银10两，候选州同杨名义捐银10两，候选知县沈曾传捐银20两，贡生吕麟捐银10两，国学生汲天佑捐银20两，国学生刘文逵捐银20两，安徽庐州府合肥县知县刘崑捐银□两，翰林院编修安徽学政徐立纲捐银□两。捐款的官员来自四面八方，不仅仅限于北京及周边地区的官吏，而且其中还有未出仕的士子。

光绪年间，周家楣任顺天府尹时，又对金台书院大修一次。为筹集大量经费，周家楣多方奔走，最后竟然筹措到14631两银子，其中李鸿章和

① 顾国诰、何日新、刘树贤等：（光绪）《富川县志》卷6《学校》，清光绪十六年刊本。

周家楣各捐银1000两，前天津关道郑藻如、常镇道沈敦兰、宁绍台道瑞璋、奉锦道续昌亦各捐银1000两，东海关道方汝翼捐银2000两，前兼尹臣万青藜、前尹臣梁肇煌各自捐银400两，另动用顺天府衙公银1000两。历任顺天府尹童华、李朝仪、游百川和顺天府各厅州县教佐等官员以及顺天府绅士等也纷纷捐俸捐廉。在如此巨大的财力支持下，金台书院得以旧貌换新颜。

还有的省份，为了确保书院经费的稳定性，特意规定各级官员在任期内必须为书院捐献一定额度的银两。如清朝末年，河南各级官员（含部分河南籍京官）任职期间定额捐助大梁书院经费逐渐形成了制度。当时规定：大学士、尚书、督抚每任捐银1000两，总宪、侍郎、学政每任捐银500两，臬道每任捐银400两，知府、直隶州每任捐银300两，寺卿、御史、给事中、知州、知县每任捐银200两，翰林、郎中、员外主事每任捐银100两，教授、教谕、训导每任捐银40两。

7. 帮助追缴地租

四川盐源县县令要求县衙礼房和具体催租的差人，不许刁难租种柏香书院学田的佃户，否则许佃户随时禀告官府；但如佃户抗租，也要被提问锁拿。史载：

> 至催收租息，用差一名，每年给工食钱四千文，均于书院开支。倘礼房、催差从中刁难需索，许佃户随时禀县，定行查核革究。若佃户抗租不纳，亦即提追，以清年款。①

8. 其他渠道

贫困地区的书院，其经费筹措相当困难，当地的知县为了书院经费问题，想了很多办法，可谓绞尽脑汁。如山西襄垣县的古韩书院，知县程汝涛莅任时，针对书院经费不足，民生拮据，本人又无廉可捐的情况，他一筹莫展。正好此时，得知盐、当两行每遇县官生日必演戏宴会，各送规礼四五十千，一年两次，费近百千，他认为与其用这些钱来过生日，不如将这些钱捐给书院充当膏火银。遂规定，官之寿礼永远裁革，盐、当两行每

① 王寿天：《柏香书院详定章程规约》，载辜培源、曹永贤等：（光绪）《盐源县志》卷6《学校志》，清光绪二十年刻本。

年各出钱百千交监院经理，添给应课生童以助薪膳，他的建议得到众多乡绅的支持，“并乞示以垂久远”。史载：

> 经费无多，不敷士子膏火，故肄业其仍复寥寥。中心欲经营之，值年岁未丰，民情拮据，余既无廉可捐，费又巨，资难集，今及期年，余将受代矣。筹之无术，心滋愧焉。适当余初度之辰，知盐、当两行每遇县官生日必演戏宴会，各送规礼四五十千，一年两度，则每行费近百千，与其以无谓之礼致币帛之虚縻，曷若以有用之财作地方之至计。商之绅商，将此项捐作书院膏火。每年盐、当各出钱百千交监院经理，添给应课生童以助薪膳，官之寿礼永远裁革。所谓予不伤惠取，不伤廉者，庶几近之。绅商佥以为可，并乞示以垂久远。①

此后，古韩书院的经费困难得到缓解，生童没有了后顾之忧。

（二）官员和书院经费管理

书院山长和监院的薪金多少，由官员规定。如四川新都县的龙门书院经费如何使用就由官员加以规定，史载：

> 书院原有产业并新置田亩，岁收租谷，约计可折价银五百两有奇。山长束脩、节礼、聘金并监院薪水及生童膏火共需银三百四十余两，余银以作生童奖赏、课期卷价、柴炭之费，此外不准支用。②

有的官员对书院山长脩金、膳食银、过节费、茶水银等开支均有规定，如河北南宫县的东阳书院，对书院掌教的薪金发放情况进行了明确规定，据知县周栻在《东阳书院新定规程》中的记载，“书院掌教脩金一百

① 程汝涛：《添给书院膏火记》，载严用琛、鲁宗藩、王维新：（民国）《襄垣县志》卷6《营建考》，民国十七年刊本。

② 张奉书：《龙门书院章程碑记》，载陈习删、闵昌术等：（民国）《新都县志》第2编《政纪·学校》，民国十八年铅印本。

二十两，按两季致送；薪膳每月银一十两，茶水银每月一两，按月致送；节敬四两，按节致送；路费银六两，年终解馆致送”①。规定掌教的脩金按两季致送，薪膳和茶水银按月致送，节敬按节致送，路费则年终解馆致送。

官员有给书院山长增加薪金的权力。浙江平阳县的龙湖书院，为了使山长常住院内，和生徒朝夕相处，知县余丽元订立章程，增加山长薪金，据《龙湖书院章程》记载：“查向送龙湖山长岁修、伙食共钱壹百千文，昆阳山长共钱肆拾千文，似属菲薄。而山长往往挂名，不常住院内，有何裨益？今酌送龙湖山长岁修钱贰百千文，昆阳山长岁修钱捌拾千文，夫马、伙食一并在内，从优致送，务令皋比久坐，以期朝夕熏陶。”②

有的官员对考试作弊的书院生徒罚金做了规定。如陕西略阳县的嘉陵书院，规定书院的膏火、奖赏，由考试排在前10名的人获得。如果这10个人当中有人抄袭作弊，那么他们获得的膏火、奖赏将被扣除，由第11名者领取。据知县贾芳林在《嘉陵书院成规五条》中记载：

> 凡录旧及倩人代笔者，除将应得膏火奖赏扣除外，生员罚钱六百文，童生罚钱四百文。扣除膏火，发给是课取在十一名者，多则以次递推。其所罚钱，经山长及本县查出，即以所罚之钱充公；经书院肄业生童查出，即以所罚之钱给赏。其倩书院中人代笔者，本人与代笔人并罚。其录写成文在五句以内者，扣除奖赏，膏火扣一半；五句以外者膏火、奖赏全扣。其录写或系同类题全节全章非原题者，十句以内扣除奖赏，膏火只扣一半；十句以外膏火、奖赏全扣。扣除膏火、奖赏俱发给本课取在十一名者。其附课之罚，与书院肄业生童等。③

对抄袭作弊者进行惩罚，不光是要扣除他们得到的膏火、奖赏，还要

① 周栻：《东阳书院新定规程》，载周栻、陈柱：（道光）《南宫县志》卷3《书院志》，清光绪十年刊本。

② 何子祥、余丽元：《龙湖书院志》卷下《龙湖书院章程》，清光绪十四年刻本。

③ 贾芳林：《嘉陵书院成规五条》，载谭瑀、黎成德等：（道光）《重修略阳县志》卷3《建置部》，清光绪三十年刻本。

罚他们的钱。扣除的膏火，要发给应得的生徒。如果生徒的违规行为是由山长及本县查出的，则将罚他们的钱充公；如果是由书院的肄业生童查出来的，则将所罚之钱作为奖赏奖给生童。如果出现抄袭，本人与代笔人都要接受惩罚。如果录写成文在五句以内，只扣除一半的奖赏、膏火，如果在五句以外，则全扣。如果录写的并不是原题的，十句以内只扣除一半的奖赏、膏火，十句以外，则全扣。扣除的膏火、奖赏俱发给本课取在第十一名者。可见，书院的膏火、奖赏，只有具备真才实学的生徒，才能获得，靠抄袭得到的，最终还要还回书院。

有的官员对书院学田和地租的管理也做了规定。如湖北利川县的钟灵书院，知县对书院的田税情况和经管人进行了规定，据知县郭逢源在《钟灵书院田税出入条款记》中的记载，“凡田产之远近，价值之多寡，课租之丰约，与夫经管之绅首姓名簿目，缕晰条分，汇为一册，合红契、当约、字据共五十二分，存诸县署，以备考核。至承管首士，必选品端行方，逐年挨换，以杜弊端，而归实用。而每岁所收谷石，值钱若干，量入为出，至详且悉”①。书院田产，它的远近、价值大小以及课租丰约等情况还有经管首士的姓名簿，都要造册进行登记，并保存在县署以备考核。至于承办首士的任职资格和任职期限，按规定必须品端行方，逐年挨换，以避免他们滥用权力，以权谋私。

三　书院讲学

官员对生徒的学业也很关心，希望他们朝勤夕勉，以先哲和先生为榜样，学有所成，成为对国家、对社会的有用之才。如山西榆社县的箕山书院，知县费映奎在《告书院士子文》中就说：

> 惟愿具大成之资，不作速成之望；有可教之质，益坚求教之诚。口诵心维，朝勤夕勉。步亦步，趋亦趋，懔先生之模范；言其言，行其行，昭前哲于羹墙。书已明矣，犹当质疑而问难；文固佳矣，更宜刮垢而磨光。食古寝今，求工不徒制艺；入孝出弟，立志岂但科名？

① 郭逢源：《钟灵书院田税出入条款记》，载黄世崇：（光绪）《利川县志》卷13《艺文志》，清光绪二十年刊本。

储朝廷可用之才，有为有守；作乡党寡过之士，立德立言。①

知县希望生徒具备质疑精神，读书不唯科举考试，为的是为国储备可用之才，为乡村培养谦谦君子。官员和书院讲学的关系表现在以下方面。

（一）亲自讲学

清代很多官员是从书院走出去的，由书院而科举，由科举而官吏，对书院怀有特殊的感情。还有一些官员受到朝廷大办书院的影响，也加入到书院讲学的行列中，应了那句“如入芝兰之室，久而自芳”的话。

河南提学吴子云、林尧英不仅为嵩阳书院捐献学田和银两，还曾亲自到嵩阳书院讲学。康熙十八年（1679），学使吴五崖，借道嵩阳书院，拜谒二程、朱子，并“即讲席、进诸生”②。康熙二十三年，学使林尧英“惠顾嵩阳，为诸生阐发孔门言仁之旨”③。并且于本年内，在书院讲学月余，“前后开坛三次，阖省绅士会集，环桥门而观听者几千人”④。翌年，耿介致信林尧英，称赞他在嵩阳书院的讲学说：“（先生）开绛帐于嵩阳，发挥理欲之介，敬肆之分……祇今嵩少间别是一番局面，其与紫阳夫子在南康过化之速，异世同符。”⑤ 林尧英著有《嵩阳书院讲学记》。

清代众多的地方官员是书院讲学的重要力量。张牖如任登封县令时，修复嵩阳书院，“偕多士月一讲学一课文，寒暑风雨不少辍”⑥。知县张埙，“以兴起斯文为己任，月吉讲学课艺其中”⑦。

浙江平阳县的龙湖书院规定，县令和县学的教官要和山长一样负责，随时到书院给生徒讲学，告诉他们读书的方法、制定行为准则的标准，培育生徒朴实无华的作风。史载：

① 费映奎：《告书院士子文》，载王家坊、葛士达等：（光绪）《榆社县志》卷9《艺文志》，清道光七年刊本。

② 耿介：《敬恕堂文集》卷5《嵩阳书院讲学纪事》，中州古籍出版社2005年版，第256—257页。

③ 耿介：《敬恕堂文集》卷6《与林淡亭先生书》，中州古籍出版社2005年版，第358页。

④ 耿介：《敬恕堂文集》卷6《寄张牖如父母书》，中州古籍出版社2005年版，第369页。

⑤ 耿介：《敬恕堂文集》卷7《与林淡亭先生》，中州古籍出版社2005年版，第376页。

⑥ 耿介：《敬恕堂文集》卷5《嵩阳书院会业序》，中州古籍出版社2005年版，第282页。

⑦ 耿介：《嵩阳书院志》卷2《嵩阳书院记》，中州古籍出版社2003年版，第85页。

> 山长为表率之资，固应口讲指画，无倦无隐。而邑令、儒学亦与有父师之责，当随时亲临书院，会同山长召诸肄业者而讲论之，示以读书之法，制行之方，崇本黜华，庶有所兴感，足以重文教而厚风俗。①

康熙三十年（1691）三月，河南学使张润民视学中州，撰写了《南阳书院学规序》，记载自己“下车后，即檄各郡、州、县暨教官与多士讲《孝经》《小学》，每月逢二、六日与父老子弟解《圣谕十六条》，兢兢凛凛，以躬身复古为务”②。可见，讲学对地方官员来说，不仅是自愿的，也是必需的。

赵士麟任河北容城县知县时，创建了正学书院，并制定了《正学书院会约》，规定“每月之会，初二、十六辰刻赴院，一揖就位”。讲学的内容“或证所得，或质所疑，或征六经、四子之言，以为折衷，或举前人嘉言懿行，以为楷模”。允许携子弟同来，“子弟有愿听教者，不妨携至，使观法考镜，俾知向道，则习心习见可破除也”，并希望“继吾后者，当视此为名教乐地，按约举行，庶几此会之可永也”③。

（二）教导生徒学习方法

官员对书院生徒的学习也比较关心，这主要体现在：一是教导生徒学习顺序；二是让生徒登台讲述学习体会，相互辩难。

湖南安仁县知县谭崇易规定本县的宜溪书院生徒首先熟读“五经”《性理》《小学》《近思录》《大学衍义》，其次是《资治通鉴纲目》、诸史和三通以及御制诗集等，仿照程瑞礼的《读书日程》用心功课。史载：

> 诸生习五经，须熟读详解，《性理》《小学》《近思录》《大学衍义》，不时讲读；纲目、诸史、三通，各量资性以为多寡。其节次由

① 何子祥、余丽元：《龙湖书院志》卷下《院规告示》，清光绪十四年刻本。

② 朱璘：（康熙）《南阳府志》卷6《艺文志》，清康熙三十三年刊本。

③ 赵士麟：《正学书院会约》，载王克淳：（乾隆）《容城县志》卷7《艺文》，清乾隆二十六年刻本。

武英殿颁行御纂、钦定及嘉庆年间奉颁御制、钦定各集，皆宜潜心诵读，仿照《读书日程》，限定功课，月计不足，岁计有余，诸生毋以迂远而忽之。①

河南伊阳县的紫逻书院，县令李章堉规定生徒要好好研读“四书”“五经”，宋儒性理诸书，记载周敦颐、程颢、程颐、张载四子的读经方法的《近思录》等，对钦定诸经，凡有疑义之处，便随时记录下来，并在书院会讲时阐发自己的心得体会，史载：

尔诸生平日各将“四书”“五经”以及宋儒性理诸书，四子近思录，悉心玩味折衷，于御纂钦定诸经，其有疑义未彻，随手录记。遇朔、望或课期公集，各出所知，互相辨难，勿执故见，勿蓄己疑，庶不负教学相长之意。②

河北平乡县的崇正书院，县令汪枚规定生徒读书顺序是“四书”“五经”《十三经》《左氏》《国语》《大戴礼记》《尚书大传》《逸周礼》《史记》《汉书》《昭明文选》《唐文粹》，还有苏轼的《策论》和陆贽的《奏议》等。史载：

初学先诵“四书”，次及“五经”。至《周礼》《仪礼》《尔雅》，则每苦其难读，《公羊》《穀梁》《孝经》，则又视为可缓。岂知十三经颁在学宫，无一不当诵习。外如《左氏》《国语》《大戴礼记》《尚书大传》《逸周礼》等，虽不列于十三经之中，实足以补十三经之阙，凡此皆当熟读者也。二十四史，寒士或力难置办，而《史记》、两《汉书》要为必读之书，不特文词古懋，兼之儒先是说间出其中，实足以羽翼经传。而班《书》尤无俗字，古人假借

① 佚名：《宜溪书院条规》，载侯钤、欧阳厚均：（嘉庆）《安仁县志》卷6《学校志二》，清嘉庆二十四年刻本。

② 李章堉：《紫逻书院规条》，载张道超等、马九功等：（道光）《伊阳县志》卷5《艺文志》，清道光十八年刊本。

通用之字，可藉以考见崖略，更足为小学之助。《昭明文选》为词章之潭奥，固当家置一编。唐代文体大备，为姚氏《唐文粹》实撷其菁华，当选取一二百篇读之。若论事之文，则陆宣公《奏议》、苏长公《策论》，纵横驰骤，反覆详尽，读之尤足扩充识见，增长笔力。①

广东连山县的连山书院，县令李来章要求生徒对“四书”“五经”，应该认真阅读，融会贯通，以致学有所得，史载：

国家令申，书试其三，经试其四，虽分先后，原属兼重。今诸子虽不能篇诵“五经”，至所专业者，宜反覆熟诵，字析句解，章通篇贯，先使本文，溜然上口，了然在心，即以所讲“四书”，参考互证，久自融会，至于有得。②

湖北潜江县的传经书院，县令王又旦要求生徒在一年四季的仲月，随时登台讲经，发表自己的学习体会，史载：

凡讲期以四仲月。春、秋用上丁日，先期随令宿于庙，次早盛服行释奠礼毕，乃诣书院。凡讲前十日，择经明行修者一人为之主，至期中坐，余皆侍，东上为县令，次广文，次佐贰，西上为缙绅，以齿序，诸生以次就坐。三伐鼓，检姓名册随意出诸生五人，各讲经一章，问难析义俱听主者。毕，乃退。夏、冬用二至，出诸生五人，各讲四书一章，毕，乃退，余如春、秋例。③

首先让生徒自学，然后各自登台阐述自己的学习体会，这种学习方法应该说还是比较科学的。

---

① 汪枚：《续修崇正书院志》卷2《示肄业生童课程》，清光绪四年续刊。

② 李来章：《连山书院志》卷2《书院学规·连山书院学规》，《礼山园全集》本。

③ 王又旦：《传经书院约》，载史致谟、刘恭冕等：（光绪）《潜江县志》卷5《学校志》，清光绪五年刊本。

（三）教学管理

1. 对生徒进行考课

山西陵川县的望洛书院，每月初一和十五日，都会迎来县令到书院对生徒进行考课，俗称官课。书院对生徒的考课俗称馆课。官课和馆课内容都有具体要求，经学和诗学兼顾，史载：

> 查经学为士子之根底，诗古学亦不可偏废。今拟以朔课作四书文一篇，经文一篇；望课作四书文一篇，余一篇或诗赋，或策论，相间命题，各试所长，俾同归于有用之学等因。卑府查国家取士，首试经书以观其学力，次考策论以觇其才识。馆课生童宜俱作四书文、经文，俾其植立根底，策论令肄业与课生员自行学习，仍向馆师就正。至古今载籍，学者宜无不讲求。诗赋特游艺之一端，听各生童于专心举业之余随意涉猎，可不在考校之列等因。①

山西徐沟县的梗阳书院，不仅对官课和院课秩序有规定，而且要求县令亲临考场，主持考试。史载：

> 官课及山长公课，俱封门扃试，一文一诗，自辰至酉，以六时为定，不准逾限，以杜冒名领卷之弊。有逾限者，文虽佳不得取膏火。其官课必县主亲临扃试，庶足以昭慎重，如实因公忙道远，亦必两月一亲临甄别膏火，庶足严防弊端。如欲振兴文教者，仍以一月亲课为定。至官课日期，亦与徐沟官课相间。余课俱由监院扃试。②

河北宁津县的临津书院，对生员、童生的考课晋级及其膏火银的奖励都有具体规定。史载：

---

① 陈封舜：《望洛书院条规》，载程德炯：（乾隆）《陵川县志》卷14《学校》，清乾隆四十四年刻本。

② 程豫：《详定书院章程八条》，载王勋祥、王效尊：（光绪）《清源乡志》卷5《学校》，清光绪八年刻本。

每年二月初二日，甄别生童一次。取定肄业生五十名，童八十名，以后按课升降。生超等六名，特等八名，膏奖有差，一等三十六名，只前十二名给膏火，以外不给。童上取六名，中取八名，膏奖亦各有差，余归次取，亦只十二名有膏火。院长望课膏奖与正课同。其有事故甄别未到愿附课者，准其归入附课，俟有剿袭旧文及雷同、不完卷与文理悖谬，并无故三课不到，又三次均在一等次取二十名以后者扣除，以附课之屡试前列考补入，以示劝惩。①

湖北孝感县的西湖书院对书院考课时试卷领取、批阅都有详细规定，每月初四，县令到书院按照实到生徒人数发给试卷，如遇公务繁忙，则委派给掌教代理。考题到县衙领取，考后也送县批阅，生徒不得无故旷课。最后根据成绩，发给生徒膏火银。史载：

至课期不准携卷外出，定于二更前交卷送署，后交者不阅。倘有录旧雷同及字画草率者，加榜示惩。

书院向止八课，今增为十课。除童试、乡试停课一次（毋庸另补，费归杂用）及闰月无课外，自二月开课至冬月课满，定期每月初四本县至院点名给卷，如遇公冗即请两学或掌教点名，题目赴县署请领，试卷亦送县署批阅，不可无故旷课。榜示之期，不得过十七。堂课定于十九。给领膏火、花红，定于十九、二十两日斋长督率院书在书院分给本人收领，其不交堂课卷者不给。间有因事未到，准于下月官课交卷补给，两次不到即行扣除。他人不得代领。②

2. 对生徒日常学业进行考核管理

湖南平江县的天岳书院，规定生徒从经、史、子、集、舆地、兵法等课程中选择一门肄业，每个生徒每月领取一本课程表，按照句读、钞录、质疑、博览四个方面进行考课。四门全修，考试成绩优异者为上等。每个月底考核一次，院长核实，分别等次，上报县署给予奖励。年终汇总考核

---

① 祝嘉庸、吴浔源：（光绪）《宁津县志》卷4《学校志》，清光绪二十六年刊本。

② 朱希白、沈用增：（光绪）《孝感县志》卷4《学校志》，清光绪八年刊本。

一次，以甄别生徒去留。史载：

经、史、子、集、舆地、兵法及一切有用之书，各就性之所近，专习一艺。月领课程表一本，工夫列为四分，曰句读、钞录、质疑、博览。以句读为主，四分俱全、应课又佳者为上。逐日工夫照表分注，由院长酌定讲期，各生童宜分经分日进质，月终核计，总数注在篇末一页，呈院长核明，分列等第，开单缴县，另榜给奖。年终会计一次，即以用功之多少定甄别之去留。其书由本人自备，四分详细工夫另列表首。①

湖南安仁县的宜溪书院对生徒功课簿的记录内容有具体规定，县令会不时进行抽查。史载：

诸生各立功课簿一本，将每日清晨、午间、灯下功课逐一开入，如理经史何书，于何起止，理古文某篇，诗某首，或学书临某帖，据实登填，听掌教不时抽阅叩问，并候本县不时取阅。总期靠实，难容捏饰，有捏填者，自欺之人，甘心暴弃，以犯规扶出。②

3. 规定讲学日期

山西陵川县的望洛书院规定了书院山长讲学的日期，是每月逢九日、十九日、二十九日，开讲三次。史载：

至讲学日期，原应听馆师随时开课，第既有外肄业及与课者均得同赴听讲，亦当议定常期，庶可按期而至。今拟于每月开讲三次，逢九日、十九日、二十九日为期。至内肄业生童听其日就馆师请业、请益，不在此限等因。③

---

① 李瀚章、曾国荃等：（光绪）《湖南通志》卷69《学校八·书院二》，清光绪十一年刻本。

② 侯钤、欧阳厚均：（嘉庆）《安仁县志》卷6《学校志二》，清嘉庆二十四年刻本。

③ 陈封舜：《望洛书院条规》，载程德炯：（乾隆）《陵川县志》卷14《学校》，清乾隆四十四年刻本。

江苏高淳县的学山书院则规定“每月初四、十九，定为山长讲书之期。是日，山长于讲堂正坐，生徒东西旁坐。先四书，后五经，务宜剀切指陈。讲毕，生徒各挟疑义扣请质正，不妨往复辩难”①。生徒每个月的这两天可以向山长辩难质疑。

四　山长选拔和管理

清代书院山长大致每年一聘。乾隆年间，江汉书院规定：“院之长，督抚主而聘之。”② 湖南《凤凰厅志》记载，嘉庆年间，敬修书院“馆师由本道敦聘品醇学优之士，不得徇私滥延”③。《遵义府志》载：“清道光三年，湘川书院主讲归府延致。”④

上述情况属于官员直接选聘书院山长，还有一种情况是乡绅公议山长人选，大多在年前由书院所在地的乡绅公议，推举人选，然后报当地知县或知府等官员批准，由其发出聘书，并附聘金。在清代中后期，这种公议官聘的山长比较多。

乾隆三十九年（1774），孙西峰应聘主讲于陕西户县的明道书院。据《户县志》记载，明道书院规制为“山长一人，司士子训课之事……每岁由知县聘请地方宿儒充之”⑤。

道光年间，知县俞汝本制定《凤城书院章程》，规定山长“公议不由上官推荐。每岁中秋后，各绅士预先议举，由县禀明上宪，然后敦请，以免虚声坐据”⑥。同治元年（1862），山西徐沟县知县程豫创办书院，并制定《详定书院章程八条》，规定“山长由绅士公议，于年前择定品学兼优、堪以掌教者，禀明县主，由县主备官聘请”⑦。

---

① 佚名：《学山书院规条》，载李前泮：《学山尊经两书院志》，清光绪十九年刊本。

② 吴省钦：《白华前稿》卷10《江汉书院院长题壁记》，清乾隆刻本。

③ 黄应培、孙均铨、黄元复：（道光）《凤凰厅志》卷6《学校志》，清道光四年刻本。

④ 平翰、郑珍、莫友芝：（道光）《遵义府志》卷24《学校三》，清光绪十八年补刻本。

⑤ 赵葆贞：（民国）《户县志》卷4《学校》，民国二十二年刊本。

⑥ 俞汝本：《凤城书院章程》，载林佩纶、杨树琪等：（光绪）《续修天柱县志》卷4《学校志》，清光绪二十九年刻本。

⑦ 程豫：《详定书院章程八条》，载王勋祥、王效尊：（光绪）《清源乡志》卷5《学校》，清光绪八年刻本。

五　书院藏书和管理

（一）捐赠、购置书籍

一些著名的书院，往往引起封疆大吏的关注，他们出资购置书籍捐赠给书院。嘉庆二十五年（1820），巡抚左辅为长沙城南书院购书 403 部，10055 卷，并且刊印书目。

嘉庆二十五年（1820），巡抚李尧栋划拨公帑五百缗为岳麓书院购书，总计 387 部，以部数计，占当时岳麓书院藏书的 99.8%，计 3271 种，凡 10054 卷，装成 320 函。咸丰三年（1853），岳麓书院院长丁善庆为该书院捐书 4 种，共 858 卷，时任湖南巡抚部院李瀚章也捐书 8 种，共 308 卷，而据丁善庆所编《岳麓书院新捐书目录》记载，另有贺诒今等共 16 人捐献图书凡 14130 卷。同治年间，湖南全省官绅及书院师生捐献图书 220 余部，计 5720 余册，14130 卷。光绪年间，熊希龄购买西学类书 120 种，捐献给岳麓书院。

箴言书院位于湖南益阳，咸丰三年（1853）由湖北巡抚胡林翼创建，他把家中的图书全部捐献给书院，史载："尽发其家所藏之书，益以蒐采册籍，几数万卷置院中，为诸生读诵。"[①] 据胡林翼编的《箴言书院志卷中·志典籍第七》记载，箴言书院共购置图书 1337 种，36261 卷，其中经书 444 种，计 7048 卷；史书 232 种，计 16320 卷；子书 195 种，计 6046 卷；集部书 198 种，计 6730 卷；碑帖 195 种，计 117 卷。这其中很多书籍是胡林翼捐赠的。

清初，耿介兴复嵩阳书院，河南省鲁山县教谕李兆元得知此事后，让儿子李瀚前往赠书。登封人，江西瑞金府同知焦卉亨生病在床，当他听说嵩阳书院藏书楼建成的时候，便特地派人将捐赠多种图书送给嵩阳书院。

而那些级别低的书院，一般情况下则只能接受到地方知县和知州的书籍捐赠。如乾隆二十二年（1757），河北定县知县李衡筹资改建燕平书院。光绪初，知县劳乃宣得知书院藏书不足时，便捐俸购置书籍，于是院中"经籍琳琅满目"，供生徒阅读。

---

① 庄受祺：《箴言书院志》卷下《箴言书院志后叙》，清同治五年刻本。

同治四年（1865），原陕西巡抚、宁乡人刘典捐资创办宁乡云山书院时，看到生徒购书不易，遂又捐资购买数千卷图书置于藏书楼中，便于生徒阅读。史载："复虑寒畯置书不易，乡曲见闻甚隘，不足为研精眈道之助。捐资置书数千卷藏其中，以资学者诵习。而必不少之书，仍陆续购储而设藏书阁以庋之。"①

（二）藏书管理

清朝时期，书院藏书管理制度已臻完善，地方官员在其中发挥了重要作用。如河北宁津县的临津书院，县令杨善庆在《临津书院章程》中规定，书院设立斋长1人管理藏书，以学业优异者担任斋长，三年一易；生徒借阅藏书，需一个月内交还，借还都要随时登记，如致藏书散失，必须赔补。史载：

> 书院存书，设斋长一人经管。年终予薪资一百四十四千，俾得常住书院，以专责成。以岁考列第一者为之。设有枪替幸取者，不准冒充。如第一有故不就，则以第二、第三代之。三年一易。凡生童借阅书籍，限一月交换。其于借时检取，还时之收度，务当随时登记，仔细检点，不得任意延忽，设或残缺散佚，必须根究赔补，庶可历久无失。②

昌平知州雷致亨在《燕平书院章程》中，对燕平书院藏书做了规定。历史记载：

> 买置书籍、器具，除造册报销外，另缮清册一本，盖用州印，付交董事，责成经理稽查，官绅士人一概不得借出。每年六月，将书籍抖晾一次，傥书残器缺，不随时修整，甚或听其散失，查出令董事认赔。若有人私行携去，董事查出禀州，除追回外，官绅士人照原价罚钱，以充经费，吏役人等，立予责惩，仍追回原物。若董事、斋夫私

① 周瑞松：《宁乡云山书院志》卷1《艺文》，清同治十三年刊本。

② 祝嘉庸、吴浔源：（光绪）《宁津县志》卷4《学校志》，清光绪二十六年刊本。

借与人者，分别加倍罚责。[1]

昌平的燕平书院藏书楼将书籍造册，盖上州印，交给“董事”负责管理，任何人不得将书籍借出。“斋夫”和“看役”等负责日常管理，每日要开窗通风，打扫卫生；每月还给书橱通风数次；每年夏季最炎热的时候，都要将书籍曝晒一次。如果发现图书残缺，不随时修理，甚或听其散失，一旦查出，令“董事”赔偿。如果有人私自把书携出，“董事”查出禀告知州，除追回外，官绅士人照书籍原价罚钱，杂役人员，立予责惩，仍追回原物。而如果“董事”、斋夫私借与人，则分别加倍罚责。

第三节　清代乡绅对书院发展的作用

清朝初年对书院的禁令对官吏有效，但是，对民间书院的打压却有限，明朝的遗民如黄宗羲、李颙、孙奇峰、颜元等人仍然利用书院阐发学术，使清初出现了学术繁荣的景象；清朝中期以后，清王朝的统治面临着危机，国家财政日趋困难。在此背景下，乡绅创办的书院逐渐增加。同治、光绪年间书院的高速发展，主要是乡绅在发挥作用。这一时期，民间创办的书院数量超过了官方创办的书院数量。例如，江西乐安县同治年间新办书院有 43 所、永新县有 12 所，其中大都是乡绅所建，超过全省 96 所新办书院的半数。光绪年间，江西新建书院 60 所，万载县有 23 所，占全省总数的 38. 33%，全是乡绅所建。湖南茶陵在清代有书院 18 所，除县城洣江书院为官建之外，其余都是乡绅创办，而且有 15 所创办于同治年间。新田县在清代有书院 16 所，光绪年间创办了 12 所，全部由乡绅创办。

乡绅对书院发展的作用，包括创办和协办、经费支持、书院管理等方面。乡绅参与书院建设积极性高涨的原因：一是通过教化乡里，增加在本地的话语权；二是朝廷的奖励措施，对兴办书院有功人员予以嘉奖或

---

① 雷致亨：《燕平书院章程》，载吴履福、缪荃荪、刘万源：（光绪）《昌平州志》卷 12《学校》，北京古籍出版社 1989 年版，第 376 页。

升官。

一 书院创办与修复

（一）创办、修复书院

乡绅创办和修复的书院是指由乡绅独资创办、修复或者倡导创办、重建的书院。在书院的发展过程中，随着官办书院能力的下降，乡绅创办和修复的书院在书院教育中日益占据重要的作用。一般情况下，由乡绅创办的书院，大都属于乡村书院或者家族书院，规模都不是很大，这是由其财力状况决定的。

如茶陵州的乡绅就对创办书院十分热心，创办了好几所书院。嘉庆二十二年（1817）的《茶陵州志·学校》载："寻乐书院，在州西，苏姓建，积赀置田租，考课优奖，具有成画。"这段史料说明寻乐书院由苏姓创办，但不知具体是谁。同治九年（1870）修的《茶陵州志·人物》记载，这个苏姓是指一等秀才苏联元，"苏联元，字佐朝，禀生。学问深邃，慷慨乐施。捐建寻乐书院，栽培士子，里人至今称颂"。再据茶陵《苏氏族谱》记载："寻乐书院，原嘉庆壬申十七年（1812）十月初四捐立。道光乙未十五年（1835）秋，鸠工庄村费二千七百余金建立书院。"又称："书院始于奎垣公（又名国文），清道光十八年（1838）贡生，纠合族之贤明者，乐捐缗钱三百余串。"综合上述史料，可知寻乐书院于嘉庆十七年（1812），由苏联元捐建，道光十五年由苏奎垣率众扩建，道光十八年又进行修缮。

范乐书院，建于道光初年，由贡士兰卓焕倡建，位于茶陵州平水镇把集村。据清同治九年（1870）的《茶陵州志·人物》记载："蓝纯夫倡建范乐书院，为力居多。"但据《狮山蓝氏六修族谱》中的记载："卓焕（字奎恩），道光元年（1821）贡士，于道光初年首倡捐建范乐书院。"经查考，卓焕为纯夫之叔，卓焕生于乾隆二十七年（1762），纯夫生于乾隆四十四年（1779）。卓焕 59 岁中贡士，例赠修职郎，未入仕途，道光初年首倡捐建范乐书院以教族内子孙，但自己已年过花甲，年老体衰，书院建成不久，便于道光六年（1826）去世。当时创建书院的许多具体工作实际为其侄纯夫操办。书院建在把集村附近的玉峰山丘上，因院后范乐山而得名。①

大湖书院，在茶陵州北潞水上坊，道光年间，庠生颜可象等倡建。

梓林书院，道光年间，刘姓公建，坐落在茶陵州的上九都（今腰陂镇石陂村）庵屋里右边。

河北定兴的奎文书院“在西关文昌庙，举人张浩募捐倡置”。“紫峰书院，在固城店大街，同治十年邑人刘灼等重修。”②

（二）协助官员创办、修缮书院

在建造和修复书院的过程中，官员往往是倡导者或发起人，乡绅则是积极的响应者，或捐金银，或献田地。施工基本上也由乡绅负责。

著名的嵩阳书院毁于明末战火，康熙十三年（1674），登封知县叶封在嵩阳书院旧址上致力重建，邑绅耿介（1622—1693年）又续有创建，慨然“修复之”。康熙十六年至二十八年间（1677—1689），在邑侯张牖如的支持下，耿介以置学田为突破口，大力复兴嵩阳书院。耿介于康熙十六年（1677）开始，主持嵩阳书院，先后捐田，扩充经费，为书院扩建学舍。很多士大夫也纷纷解囊相赠，为书院的建设做出了巨大贡献。此时的嵩阳书院大有北宋之盛况，被称为“中州之白鹿”。

乾隆十三年（1748），广东香山知县暴煜在建造丰山书院的过程中，乡绅方增具体董理，既购置土地，又建造院舍、讲堂，还建亭凿池，美化环境，发挥了巨大作用，史载：

> 遂以邑贡生方君增董其事，先购东侧隙地建舍二十间，以居肄业者。起南北二亭，南曰“鉴亭”，北曰“寻乐斋”。鉴亭前凿池栽卉，两旁各建廊房，以为游息之所。嗣购学前民居，拓其基宇，创修讲堂五间，颜曰“毓秀堂”。③

乾隆十六年（1751），河北邢台知县衷炳修“捐赀首倡”，得到乡绅

① 阳卫国、刘振祥、彭东明：《历代茶陵书院》第4章《清代书院·历代茶陵书院概览》，湖南人民出版社2007年版，第171页。

② 张谐之、张主敬等、杨晨：（光绪）《定兴县志》卷2《建设志》，清光绪十九年校定本。

③ 暴煜：《复修丰山书院记》，载田明曜、陈澧：（光绪）《香山县志》卷6《建置·学校》，清光绪刻本。

支持，“不旬月而据金累千”，遂于东大街察院故基，创建东阳书院。该书院规模宏大，其中构讲堂五间，堂中有“敬业乐群”额，为直隶总督方观承所书。东西厢房各三间，再东为庖厨二间，再西为库房二间，堂前过厅三间，厅前东西院各为斋室三间；又前曰“聚奎”，门东有文昌祠，门西司阍房三间，又前为牌房。其后隙地二亩余，西有地三亩余，亦曰“射圃”。[①] 史载：

> 邑令衷君来莅兹土，留心政务。特悯近年科甲浸以寥寥也，毅然以振兴文教为急务。每集诸生考课，必亲至明伦堂，论文讲道，多所启发。且以肄业无专地，则观摩不切而鼓舞不生，遂度地于文庙之东，得察院遗基，捐赀首倡，宴集绅士为建立书院之谋。群情踊跃，不旬月而据金累千。经始于辛未九月，以明年六月落成。其地广袤一亩余，中建讲堂五间，其两傍为厨房，堂之前为文昌祠，祠之东西各建书舍十三间，隔以短垣。其外为聚奎门，门之外为大门，牌楼屹立，颜曰“东阳书院”。讲堂之后余地，以待增建书舍，院之西隙地为射圃。规制宏敞，黝垩焜煌，窗明室静，布置井然。一时造其门者，诧为畿辅巨观，且以为犹乔木之有邓林，美玉之有元圃也。襄其事者，县佐卢君国泰、广文谭君国桂，及邑绅士齐瑀等十数人。至于程方定式，鸠工庀材，一木一石，靡不自衷君苦心经营而出者也。[②]

在创建东阳书院的过程中，县佐卢国泰、县学教谕谭国桂，及绅士齐瑀等十余人负责具体承办。

江苏睢宁县的睢宁书院，原名桂林书院，由康熙年间的知县桂林人刘如晏创办。乾隆二十八年（1763），新上任的知县严安儒看到书院已经变成兵营，且破败不堪，便欲修缮，但由于经费没有落实，未能实施。后来

---

① 佚名：《东阳书院》，载黄蓉惠、贾恩绂：（民国）《南宫县志》卷6《建置篇》，民国二十五年刊本。

② 张志奇：《东阳书院碑记》，载黄蓉惠、贾恩绂：（民国）《南宫县志》卷24《石刻篇下》，民国二十五年刊本。

得到太学生李文惠的赞助，书院的修复才得以于乾隆三十一年（1766）完成。史载：

癸未，予来令兹土，询知前令桂林刘君如晏曾建书院于治后。历年久远，遂为营兵盘踞，垣宇倾颓，仅存废址。思有以修葺，而未逮也。丙戌岁，太学生李文惠因公晋谒，予以修理书院相商，生慨然肩为己任，鸠工庀材，不数月而落成……按书院始名桂林，以知县刘如晏桂林人，志不忘盛德也。①

道光十年（1830），知县刘与权再次修缮睢宁书院，但苦于经费不足，幸而得到多位乡绅如王雅贤、朱大诰、刘雅修、刘保庆、秦景淞、张继珩、袁锡租及魏云倬、梁汝吉等人的劝捐和协助，为书院建设召集工匠，准备材料，才使书院得以告成。史载：

道光十年，知县刘与权视事，多善政，尤关心学校，以桂林书院规模狭隘，欲拓而大之。以资巨，未果行。适有绅富王雅贤、朱大诰、刘雅修、刘保庆、秦景淞、张继珩、袁锡租及魏云倬、梁汝吉诸人，慷慨捐赀，共襄义举，兼以劝募，而鸠工庀材。遂移建于城东堤外，经营缔构，道光十五年落成，更名“昭义”。②

新修建的书院迁址到城东，并且更名为昭义书院。

陕西蓝田县的玉山书院是乾隆四十一年（1776），由知县阮曙倡议建造的，具体负责的乡绅有王有造等人。史载：

大门五间，厦房六间，二门五间，讲堂五间，上房五间，东西诸生肄业房三十间，共费银二千八百三十八两。其董事王有造、李成家、臧中典、毕增祥、王有恒、冯席珍等。工竣之后，无复延师束脩

---

① 严安儒：《重修睢宁书院碑记》，载侯绍瀛、丁显：（光绪）《睢宁县志》卷 8《学校志》，清光绪十二年刊本。

② 同上。

以及肄业生童膏火、饭食、奖赏之费，阮曙捐俸办理。①

广西兴业县的石南书院，在文庙之左，训导署之前。乾隆四十三年（1778），知县王巡泰和乡绅商议创办书院，得到乡绅响应，于是购买地基，开工建造，年内书院得以建成，史载：

> 乃与邑之贤绅士合谋，佥议，得地于文庙之东，鸠工庀材，诹吉兴役，几卒岁而竣事。颜曰“石南书院”，石南，古兴业也，故名焉。讲肄有地，师生有舍，门庑庖湢悉具。②

河北南宫县的东阳书院在嘉庆二十年（1815），由县令吴公倡导重修，经过乡绅的努力，面貌一新，“邑侯吴公募绅士重修，规模宏整，较旧有加”③。

黄咸宝在《续修营陵书院碑记》中，记述了他于同治八年（1869）重修昌乐县营陵书院时，得到众多乡绅支持的情况。史载：

> 余乃先为之倡，邀同城乡绅士诸君，集议捐资以成之举……是役也，适前任清平县阎端亭广文读礼在籍，延之董司其事。凡劝捐督工辛勤备至，在事诸君亦皆笃实，各任其劳，一秉至公，毫无间言，所有各姓氏，或出力监督，或出资襄助，以及捐用工料各数，另立一石备书之。④

光绪九年（1883），程丰厚出任昌乐县县令，欲修复营陵书院，苦于经费没有着落，便求助于当地的乡绅。史载：“乃谋诸绅，众佥慨然曰：

---

① 佚名：《玉山书院》，载吕懋勋、袁廷俊：（光绪）《蓝田县志》卷1《玉山考院图》，清光绪元年刊本。

② 王巡泰：《石南书院记》，载苏勒通阿、王巡泰等：（乾隆）《续修兴业县志》卷9《艺文》，清乾隆四十三年抄本。

③ 陈柱：《重修东阳书院及经费碑记》，载黄蓉惠、贾恩绂：（民国）《南宫县志》卷24《石刻篇下》，民国二十五年刊本。

④ 王金岳、赵文琴、王景韩：（民国）《昌乐县续志》卷16《艺文志》，民国二十三年刊本。

‘人各有子弟，宜各勉之为学，官倡之众或不能继与自暴弃焉何殊。’于是，各称其所蓄以输，三阅月，集钱千二百万有奇。”①

乡绅或出力，或出资，各尽所能，仅仅三个多月，就筹集经费1200万钱。

顺天府的乡绅也积极参与书院的创办。道光六年（1826），知州周起瑶对延庆州的冠山书院进行修缮，由急公好义的乡绅“董其役”，因其旧制修葺，堂楹廊庑，焕然一新。道光十五年（1835），房山知县杨巨源倡议建造云峰书院讲堂，得到乡绅李心莲等人的响应，乡绅们不但捐款，还“悉心规画讲堂”。史载：“吾房亦尚义哉。材木既庀，赀用既赡，偕绅董悉心规画讲堂，筹备脯饩，酌其丰俭，计其长久，视从前经营旧制，则建造无多，而深注于膏火经费。”② 道光二十三年（1843），平谷知县曹擢创办近光书院，乡绅“争输缗镪，鸠工选材”。

二　书院讲学

清初虽然限制书院讲学，但这主要是针对官员而言的，对于乡绅依托书院讲学，政府还没有严禁，如黄宗羲、孙奇峰、高世泰、李颙等人就在各地书院讲学。

孙奇逢（1584—1675年），讲学于苏门山下的百泉书院，并制定了《苏门会约》，作为讲学结社的戒约。规定：每月两会，不得无故缺席、迟到、早退；新人入会，须有老会员介绍；未履行入会手续者，不得参与会内活动；已入会者，不得随意脱离。③ 对讲学进行了系统的制度化管理。使百泉书院讲学25年，“四方负笈而来者日众”。

黄宗羲（1610—1695年），讲学于浙江会稽的证人书院。他提倡经世致用之学，认为“明人讲学，袭《语录》之糟粕，不以‘六经’为根柢，束书不读，但从事于游谈。学者必先穷经，经术所以经世，乃不为迂

① 程丰厚：《捐增营陵书院经费记》，载王金岳、赵文琴、王景韩：（民国）《昌乐县续志》卷16《艺文志》，民国二十三年刊本。

② 杨巨源：《重修云峰书院讲堂碑记》，载周家楣、缪荃孙：（光绪）《顺天府志》卷62《经政志》卷9《学校下·书院》，北京古籍出版社1987年版，第2200页。

③ 孙奇逢：《夏峰先生集》卷11《苏门会约》，清道光二十五年大梁书院刻本。

儒”，“读书不多，无以证斯理之便；读书多而不求于心，则又为伪儒矣”。① 他通过讲会的论辩来寻找经世济民之路。受此影响，证人书院的讲学者达数百人。

高世泰（1604—1677 年），讲学于江苏无锡的东林书院，前后达 30 年之久。制定了《申订东林讲会规则》，规定：“质疑问难，俱于听讲毕后任从枚举。”“远客相访，即于会所答拜，不必至客舟客寓，通名只用单帖。”② 一时集四方学者相率赴会，其中北方之刁包、关中之李颙尝千里来游，传为佳话。

康熙十年（1671），著名理学家李颙（1627—1705 年）南游江苏无锡东林书院，在此讲学，为他重开关中书院讲会奠定了基础。康熙十二年（1673），主讲关中书院，并订立了《关中书院会约》，对讲学时间、内容、方法、目的及弟子日常礼仪规范均做出了具体规定。从而来游者甚众，关学得到了重振。

清朝中后期，乡绅成为书院建设的主力军，他们不仅创办、修复书院，还亲自到书院讲学。

光绪十三年（1887），端溪书院院长梁鼎芬制定《端溪书院章程》，规定：“每月逢一、六日讲书，生徒听讲者，辰初到院。”③

光绪二十三年（1897），黄舒昺被聘为洛学书院山长，他制定了《洛学书院学规》，规定每月初一、十一、廿一日，齐会书院讲学。

光绪年间，刘光蕡任味经书院山长，“仆忝主讲席，自愧学力浅薄，然诸生果知踏实用功，即奉一心为严师，仆亦未必无一长之助。若执经问字，有意刁难，以窥探仆之深浅，甚至面加抵牾，按出匿名揭帖，仆当登时辞退，决不自取羞辱，并致贻笑学宪”④。会讲期间，如遇到故意刁难之徒，当登时辞退。且“会讲日，院外农工商贾有愿听讲小学者，尤为

① 江藩：《国朝汉学师承记》卷 8《黄宗羲》，清嘉庆十七年刻本。

② 许献、高廷珍等：《东林书院志》整理委员会：《东林书院志》卷 2《院规 · 高汇旃先生申订东林讲会规则》，中华书局 2004 年版，第 33 页。

③ 傅维森：《端溪书院志》卷 4《学规 · 梁节庵先生端溪书院章程》，清光绪二十六年刊本。

④ 刘光蕡：《陕甘味经书院志》卷 5 上《教法》，清光绪二十年刊本。

可佳，宜引入门。但宜静立阶下，不可高声闹嚷”①。

三　经费筹措

（一）捐献经费

为了鼓励民间兴办书院的积极性，清朝政府制定了奖励政策。在清廷颁布的《捐输义述章程》中，明确规定：“绅民人等有乐善好施，急公报效，与义述例相符者，准予议述。”② 对书院的捐输者进行奖励，根据其捐输的多少奖励出身或官职，地方官员也积极为书院捐献的乡绅“请功”，这极大地调动了乡绅捐献的积极性。据统计，整个清代由乡绅捐资兴建书院的比例达到了42.84%，中后期这一比例更高。

许昌的聚星书院，其脩金膏火的一部分均来自乡绅的捐献，“自乾隆六年始，每年延师课士于其中，凡束脩膏火皆一州四县捐俸及绅士捐助”③。乾隆三十年（1765），洪洞县乡绅刘光晟，嘉庆五年（1800），绅富刘克昌分别为该县的玉峰书院捐银，史载玉峰书院，“清乾隆乙酉，邑绅刘光晟捐银三千两，发商生息，为生童膏火资，而延请主讲修脯仍无所出。清嘉庆庚申，知县阎绍世，复劝捐，绅富刘克昌等捐银叁千贰百两，除修理书院用项外，余银捌百两有奇，又捐廉壹百叁拾余两，合前项共叁千九百余金，购水田百亩，以租代息，岁计所入较前已充盈矣”④。由于两位乡绅的捐献，玉峰书院不仅解决了日常经费问题，还把剩余的部分银两用来发商生息和购买水田。

丰山书院是乾隆十三年（1748），广东香山知县暴煜以义学拓建而成的，就在暴煜为“资未有所措”发愁时，乡绅踊跃捐献，“士绅来告余曰：‘邑之义学，邑人愿增修焉，请侯为倡。’余曰：‘是吾志也。’首捐俸五十金，绅士踊跃咸乐输助，不逾月得数百金，至是而事可举矣”⑤。

---

① 刘光蕡：《陕甘味经书院志》卷5上《教法》，清光绪二十年刊本。

② 陈谷嘉、邓洪波：《中国书院史资料》，浙江教育出版社1997年版，第45页。

③ 王秀文、张庭馥等：（民国）《许昌县志》卷5《教育》，民国十二年石印本。

④ 孙奂仑、韩垌等：（民国）《洪洞县志》卷10《学校志上》，民国六年铅印本。

⑤ 暴煜：《复修丰山书院记》，载田明曜、陈澧：（光绪）《香山县志》卷6《建置·学校》，清光绪刻本。

河北南宫县知县袁炳修，于乾隆十六年（1751）修建了东阳书院，到了乾隆四十九年（1784），县令夏元凯、沈赤然重修，并且捐银发商生息，乡绅又响应知县的号召，纷纷捐献，以为书院长久之策。史载：

> 邑侯夏公元凯、沈公赤然捐募重修，因膏火不足，又捐银六百两，交盐、当二分生息，以衬其阙……未下车，即延请名宿来主讲，先捐廉俸百金，同城官属亦量力捐俸，乃召阖邑绅士谋所以经久之策，邑人无不踊跃。不数月，共捐京钱五千五百九十一千九百二十四文。①

乾隆四十八年（1783），沈赤然担任南宫县知县，次年春“乃商之阖邑绅士，颇有乐从者。数月间，共捐银六百余两”②。

广东广宁县的文治书院是县令黄思藻于道光三年（1823），发动诸位乡绅因义学旧址修复而成的。为使书院能够长久下去，随后各位乡绅又慷慨捐资，或捐田，或捐银，竟然有几千两之多。史载：

> 予自去秋倡集邑中绅士因义学旧址更修为文治书院，阅数月而功成，规模宏远，气象一新，都人士咸称为邑中第一盛举。惟是学田所出为数无多，终以不能增设膏火为憾。因先捐廉二百两以倡其始，复命首事周宜鲁、程倬焜、梁焕堂再三劝谕，而众君子亦遂大动其好义之志，或捐田，或捐银，通计得几千两之多，将斟酌经画，定立章程，永为书院长远之计。③

乾隆十一年（1746），知州杜甲重修潞河书院时，当地的周姓、刘姓和魏姓绅士捐献大量银两。至道光八年（1828），因生徒增多，原来的潞

① 陈柱：《重修东阳书院及经费碑记》，载黄蓉惠、贾恩绂：（民国）《南宫县志》卷24《石刻篇下》，民国二十五年刊本。

② 沈赤然：《增设东阳书院膏火碑记》，载黄蓉惠、贾恩绂：（民国）《南宫县志》卷24《石刻篇下》，民国二十五年刊本。

③ 黄思藻：《文治书院捐设膏火碑记》，载黄思藻、欧阳振时等：（道光）《广宁县志》卷15《艺文志》，民国二十二年补刻本。

河书院院舍难以容纳，东路厅同知辛文沚决定别建分院，欲典南门内四眼井胡同刘姓房屋1所。可是，一时无法筹到高额的费用，绅士李如瑗愿意捐献款项，用以典得刘姓房屋，并且声明，将来刘姓赎回的话，赎金作为本金，发商生息，以为膏火银。道光末年，刘姓赎回了房屋，绅士李如瑗也兑现了自己的诺言。《通州志》记录了这一事件：

> 道光八年，东路厅辛公文沚，以旧制狭隘，详请改建，典得南门内四眼井刘姓房一所，价千陆百缗，时以无款可筹，拟暂提膏火生息之项，俟官绅捐齐弥补归款，绅士李如瑗以为创建书院，原为鼓励寒畯起见，如动用膏火，似非尽善。即独力捐钱千陆百缗，抵典值，且声明：刘姓有时赎产，即将此项发商生息，充肄业膏火，具案详存道署、东路厅。道光末年，房被赎，遂将原典值充肄业膏火之用，书院仍归并天恩胡同。①

道光九年（1829），苏棨担任海南琼山县令，慨然有重修雁峰书院之志，便率先捐献，又和廪生林瀛、王魁衡等人商议，广集乡绅，设法劝捐。众乡绅纷纷响应，不久即捐得洋银3420两。史载：

> 余莅任之始，入院观风，慨然有志增益，首先捐廉俸洋银四百四十元，易制钱三百五十二千文为倡，爰谋之值事廪生林瀛、王魁衡等广集邑之绅士设法劝捐。凡吾力所可及与众志所乐输者，不惮多方筹画，务期集腋成裘，集篑成山。阅一岁，共劝捐得洋银三千四百二十元，易制钱二千六百四十八千文，共结得铜钱三千千文，发当商生息，按季分缴，为添增膏火之需。从此膏偕春润，火以薪传；琅琅书声，出于金石。②

道光十三年（1833），知县李宣范重修密云的白檀书院，“倡捐廉俸

---

① 英良、高建勋、王维珍：（光绪）《通州志》卷5《学校·书院》，清光绪五年刻本。

② 苏棨：《重增琼山雁峰书院膏火碑记》，载李文恒、郑文彩：（咸丰）《琼山县志》卷26《艺文志三》，清咸丰七年刊本。

若干金，邑人士复踊跃好义，共集若干金”①。李宣范本人“捐金五百两建书院，民慕效者七千人。又建义学。由是县有乡举士”②。李宣范捐出廉俸作为倡议，得到当地绅士的热烈响应，共收到捐资7500余两。

道光十五年（1835），房山知县杨巨源重修云峰书院时，他和乡绅李心莲带头各自捐赠300金，结果，得到乡绅的响应。杨巨源的《重修云峰书院讲堂碑记》记载道：

> 曰此李君之义，吾与诸君子其善成之，遂有马君成玉、常君泰、李君咸一，率先踊跃，踰年甲午，益加敦劝。于是，捐金币者、捐膏腴者，争先恐后，未匝月，醵三千金……爰拟章程，申之制军，请旨于朝，重蒙天恩，以捐银三百以上之知县李心莲纪录一次，绅士常滋、李桢等各赏八品衔，而巨源亦滥明议叙，加一级，余听有司给匾，旌奖有差。仰见皇上嘉惠士林，风励臣庶，虽微必录，凡以为培养士子者劝耳。③

乡绅马成玉、常泰、李咸一等人踊跃响应，不到一个月凑齐3000两白银，绅士常滋、李桢等还因为捐献数额大而各赏八品衔。

道光十九年（1839），九江府德安县知县张维模到任，对年久失修的敷阳书院大加修缮。敷阳书院原为我国早期著名的家族书院，即唐末江州（今江西九江）义门陈氏的东佳书堂，北宋嘉祐年间迁至德安县城，以后屡建屡废。道光十九年，“张令维模甫下车即劝谕乡绅士，大加捐输，力成善举。各乡捐田若干亩，新置田若干亩，共计租谷千余石，折制足钱六百余金，每年派廪生二人管理”④。众多乡绅积极协助县令兴办书院，使古老的书院重新焕发生机。

① 周家楣、缪荃孙：（光绪）《顺天府志》卷62《经政志》卷9《学校下·书院》，北京古籍出版社1987年版，第2198页。

② 周家楣、缪荃孙：（光绪）《顺天府志》卷74《官师志》卷3《传》3《国朝》，北京古籍出版社1987年版，第2717页。

③ 杨巨源：《重修云峰书院讲堂碑记》，载周家楣、缪荃孙：（光绪）《顺天府志》卷62《经政志》卷9《学校下·书院》，北京古籍出版社1987年版，第2200页。

④ 燕笙：《书院说》，载沈建勋、程景周等：（同治）《德安县志》卷6《学校·书院》，清同治十年刻本。

山西临汾的平阳书院，知县告于上官，与当地绅士筹集经费，“捐银六千两，畀之商贾，使生什一之息为肄业诸生膏火费，延师讲授，一时称盛，四易寒暑告成。捐金姓氏俱附于后，以为好义者劝。樊大勳、王孙武、王性善、樊基、郭善相、刘方烜、景育祥、武廷献、齐三级、郭永禧、张廷枢、陈善言、韩梃、侯希曾等”①。

大同府天镇县紫阳书院的学田一部分来源于地方乡绅捐赠，乾隆十六年（1751），邑民韩之瑞暨生员韩常明捐地十顷，岁收租二十五石。乾隆十七年（1752），生员王才文、监生袁星、邑民王加银、袁秉儒、袁秉[illegible]、袁怀尚、袁俊、袁品以及大同县生员王国治、西宁县监生张可祯共捐地四顷，岁收租四十石。邑民何珍捐地五顷四亩一分，岁收租十五石一斗二升。

广东广宁县的文治书院，知县黄思藻在《文治书院捐设膏火碑记》中记载，“予自去秋倡集邑中绅士因义学旧址更修为文治书院……惟是学田所出为数无多，终以不能增设膏火为憾。因先捐廉二百两以倡其始，复命首事周宜鲁、程倬焜、梁焕堂再三劝谕，而众君子亦遂大动其好义之志，或捐田，或捐银，通计得几千两之多，将斟酌经画，定立章程，永为书院长远之计”②。文治书院建立后，因为学田所出为数无多，无法给生徒提供足够的膏火银，知县黄思藻遂率先捐廉二百两，并命首事进行劝谕，引来乡绅纷纷捐田、捐银，从而为书院的长久发展提供了条件。

地方官员也积极主动为捐献的乡绅“议叙”。道光二十一年（1841），湖南浏阳知县请巡抚吴其濬给狮山书院、文华书院捐资达3万多白银的乡绅“议叙”，第二年（1842），礼部议准，“捐银三百两以上之童生刘大镛、王应康等各给予八品顶戴。至刘大镛、王应康均系董事出力，再各给予记录二次。捐银二百两以上之耆民曾文杰、俊秀王应炳、李超凡等，应与仅系董事出力之廪生李芸、例贡生汤诰、监生李南雅、童生王应蘋等各给予九品顶戴”③。咸丰元年（1851）浏阳狮山书院捐资者获得奖励的情

① 刘玉玑、张其昌：（民国）《临汾县志》卷2《教育略·书院》，民国二十二年铅印本。

② 黄思藻：《文治书院捐设膏火碑记》，载黄思藻、欧阳振时等：（道光）《广宁县志》卷15《艺文志》，民国二十二年补刻本。

③ 萧振声：《浏东狮山书院志》卷6《捐输》，清光绪四年刊本。

况："捐银三百两以上之童生汤绍纯、马曙二名，各给予八品顶戴。捐银二百两以上之童生王应瑶等，与未经捐银仅系董事出力之童生李林、曾广槐等二十七名，各给予九品顶戴。"①

密云人王靖涛，字松坪，其曾祖父王谦于道光初年，曾经建立义学，延请儒士教养乡人，"以捐修白檀书院，议叙八品衔"②。密云人宁鸿烈，"以助赈及修书院议叙加三级，晋封奉政大夫"③。受此鼓舞，地方乡绅对书院建设相当热心。

（二）催缴地租

河北枣强的敬义书院，其学田的地租就由乡绅帮助催缴。同治十三年（1874），方宗诚在《敬义书院膏火地记》中说，敬义书院买入上好的田地，交给绅士负责地租的征收，不经过胥吏之手，不上缴官府。在官员为书院买地时，当地绅士又帮助挑选田地，选择佃户，史载：

> 又虑发商生息不可以持久也，于是，买上地，召佃人耕种之，戒以每年登麦登谷之期，分两季纳其租。不由胥吏，不入官府，而择绅士司其出入之数，以综理其成。枣强保甲旧章：一邑分为六路，曰县前，曰南关，曰县东，曰东关，曰县西，曰西关。六路各有长，谓之分管，居城中，应官府之召令。其乡村则各有地方，而以六路分管统之。县有事召分管，分管召乡村地方，不日而办，其法绝善。予为书院买地，必其地亩所在之村有绅士为相视地之肥瘠，选择佃人之勤惰，然后书券成契。一村之地，以一村之地方司其租；一路之地，以一路之分管司其租。每及期，书院综理绅士召六分管告之曰："时至矣，速催租无怠！"于是，各路分管召各村地方而告之如其言。地方催佃人，佃人随地方入城，由分管以交于综理之绅士，登诸簿以待用。其佃人之骩疲者，令分管自往催之，甚则令其村之绅士更择一人命之佃，不必白官府签差役，虑扰农民也。其分管、地方、佃人之姓名租入之数，具载于契，不必记，且亦时有变更，不能终古如一也。

① 萧振声：《浏东狮山书院志》卷6《捐输》，清光绪四年刊本。

② 臧理臣、宗庆煦等：（民国）《密云县志》卷6《事略》，民国三年铅印本。

③ 同上。

惟地亩之数与所在之村落，不可不志之以垂久远。①

陕西略阳县的嘉陵书院，对遇到灾荒，土地发生荒歉时，佃户交租的情况进行了规定，据知县贾芳林在《嘉陵书院成规五条》中的记载：

至于书院佃户所纳租课，较之佃种民地者虽轻，然荒歉亦宜体恤。夏租于五月初十日起征，秋租于九月初一日起征。略邑秋收为重，且地亩坐落高山平坝不等，如遇实属荒歉，斋长于八月内逐一查明，某佃户应减租若干，某佃户不应减租，于尚未征收秋租以前禀请出示豁免。征收春租亦然。庶使穷苦者亦得霑感实惠也。其余亦不得藉口顽抗。②

可见，嘉陵书院在征收秋租前若发生荒歉，斋长要在收租前的八月份查明荒歉的具体情况，明确谁应该减租谁不应该减租，然后再禀请出示豁免，征收春租时也按规定如此办理。这样，既体恤了那些穷苦人家，也不至于使那些没有发生荒歉的佃户借机逃税。

四 书院管理

清代书院在漫长的发展过程中，逐渐形成了一套管理制度，就是由乡绅组成董事会管理书院事务，官府从一旁进行监督。这种官府监控下的书院管理董事制度，既能够发挥乡绅的积极性，又能够发挥官府的优势，避免因民营而势单力薄、官营而漏洞难堵之弊端。

（一）乡绅管理书院机制

乡绅参与书院管理，这是清代书院的一大特征，为了保证乡绅对书院的有效管理，各地书院均有一套自己的办法，如浙江平阳县的龙湖书院，公举殷实乡绅7人，每年2人料理院事，每人轮值2年，7年一轮回，史载：

---

① 方宗诚：《敬义书院膏火地记》，载方宗诚：（光绪）《枣强县志补正》卷5《记艺文录后》，清光绪二年刊本。

② 贾芳林：《嘉陵书院成规五条》，载谭瑀、黎成德等：（道光）《重修略阳县志》卷2《建置部》，清光绪三十年刻本。

凡事久则弊生。查书院田租向系书办经收，每亩折交钱五六百文不等，□□育婴堂田租，每亩折收钱壹千文，或千贰百文，虽地有肥硗，何至多寡迥殊，显有弊窦。今将旧管□□各处田亩及捐输各款立簿盖印，公举殷实乡绅七人，报明立案，每年二人董理院事，每人轮值二年，计七乡，以城、万、小、江、南、北、蒲为序，连环交□，每年一换一留，如甲年城隅与万全二人董理，则乙年万全与小南绅董继之，丙年又系小南与江南之绅董接办。如是递更，七年一回，复行举报。倘该殷董或窎远不暇，托人代理，亦听其便，惟所托非人，设有亏空，仍惟原董是问。至殷实之董，虽□藉乎薪水，而火食川资实所应用，每人酌岁支钱肆拾千文，以免陪累而专责成。①

有的书院明确规定把绅士分成几班，每班值年1年，如河北东阳书院由24个乡绅分成3班，每班8人当值1年，3年轮流一次，经管书院账目，史载：

公同议定经管书院绅士二十四人，分为三班，八人分值一年，腊月清算帐目，交割簿籍，三年轮流一次，周而复始。其现年经理之人，不得推诿，亦不得□越，永为定式。倘议定办理之人，遇有事故造退，公同择举一人接管。②

山西雁平道的斗山书院，“光绪六年知州俞筹款三百缗，并发当商一分生息，岁收利银七十五两六钱，利钱一千一百三十三缗，以绅士六人司其事，三年则别举六人以代”③。这种定期轮流制，可以有效地避免由于乡绅长期负责，无人监管而导致的懒于职守或营私舞弊行为，同时以多名绅士负责其事，也有互相监督的作用。

（二）经费管理

官督民营的经费管理方式比较多见，一般是书院建立起“董事”会，

---

① 何子祥、余丽元：《龙湖书院志》卷下《龙湖书院章程》，清光绪十四年刻本。

② 佚名：《东阳书院章程》，载周栻、陈柱：（道光）《南宫县志》卷3《学校志》，清道光年间刊本。

③ 俞廉三、杨笃：（光绪）《代州志》卷5《学校志·书院》，清光绪八年刻本。

地方则推举绅士为轮流首士负责办理具体事务，并且定期或年终向官府报告，每年书院用费支出都要公示。也有的书院设“董事”、礼房、司事专管财务，这些人员由乡绅或书院选拔，组成“董事”会，选任首士管理书院，有一定的任期，由官府监控专人管理，账目公开化。

参与书院经费管理的绅士必须正直公正，年终报销，经费收支状况没有丝毫差错，更不许上下其手，损公肥私，否则一经查出，必须赔偿补足，如湖南秀水书院，史载：

> 书院首士经理谷石业务，必其人鲠直公正，方克肩此任。年终报销，实出实入，不许丝毫浮开。倘收纳之时以多讳少，开除之项以少饰多，其中亏挪侵蚀，展转支吾，甚至党援佃户，高下其手，以至经费不敷，叠相称贷，阳为报公，阴实肥己。此种弊窦，或所不免，一经查出，勒令赔补，觍面徒存，噬脐何及？公举首事以三年为轮转，届期着阖县衿秀，或留旧报新，秉公举绅士二人，由县核定。查首事清厘账簿，烦碎清劳，不偿所司，未为允洽。着每年每人准给谷八石，以养其洁，各宜自珍，无蹈前辙。①

乾隆十三年（1748），广东香山知县暴煜建成丰山书院以后，把书院经费管理事宜交给乡绅负责，史载：“经营既备，又为筹膏火之资，得沙田二顷，详明入学，与原有田七顷余，岁收其租以充经费。择绅士之有品学者以经理之。”②

嘉庆二十一年（1816），王湛恩担任贵州铜仁府知府，县令刘春谷请把公款三百缗交给铜仁书院，让殷实乡绅轮流负责经管，利息作为生徒考课的奖励。史载：

> 嘉庆丙子冬，余再守铜仁，县令刘君春谷修举废坠，政通人和，

---

① 胡礼箴：《酌定秀水书院条规》，载盛庆绂、吴秉慈、盛一林：（同治）《芷江县志》卷12《书院》，清同治九年刻本。

② 暴煜：《复修丰山书院记》，载田明曜、陈澧：（光绪）《香山县志》卷6《建置·学校》，清光绪刻本。

尤孜孜以诱掖后进为己任。曾有公款三百缗力请于余畀之书院，择殷实绅士徐孝廉廷标、杨文学晓、左上舍之祜轮流经理，出纳按月取息以为课士奖赉之用。俟积有盈余，仍置田以垂久远，用意良厚而贻泽长矣。①

绅董还有将书院经费银两发商生息的任务，如江西东山书院规定，书院经费积累到二百千文，即让绅董发商生息：

每年除取用外，如有盈余，俟同书院岁租计，积至二百千文，该首事即发商生息，不得轻视锱铢，坐听耗费。

各典领书院经费足钱五千二百串，按月一分起息，设立连三簿据，存县一本、学一本、值年首事一本，三簿俱全，始准发息，钱本永不准挪用。如该典私行付给，及官另有借欠典项，藉以扣抵情事，均著该典照数赔付。总期垂之久远，免致侵废。监院按季着学斗拈簿取息，每次车船饭食钱四千文，即从息内支销。②

书院账本一式三份，一本存县衙，一本存书院，一本存首事，三方都同意，才能取息。

洪洞玉峰书院规定，书院所置办的土地由各绅士轮流经理，佃户耕种，收得的租粮变价交给官府，充当书院经费。史载：

所置地，即俾各绅士等轮流经理，倩人佃种，以租代息，每年所收租粮，按时值变贾纳官，以资书院公费，永不假手书役，致有侵蚀，仍恐年远事湮，别滋弊端，复详各宪列入交代存案。又奉府批，以每年收获租课及支销膏火银两细数，按年造具四柱清册，送府转请核销。并列入交代，以为后来者交代。③

---

① 王湛恩：《筹捐书院奖赏碑记》，载敬文、徐如澍：（道光）《铜仁府志》卷9《艺文·碑记》，清道光四年刻本。

② 常山凤：《捐置东山书院膏火经费善后规条》，载区作霖、曾福善等：（同治）《余干县志》卷6《学校志》，清同治十一年刊本。

③ 孙奂仑、韩垧等：（民国）《洪洞县志》卷16《艺文志中》，民国六年铅印本。

有的书院则把经费利息银管理权力交给士绅负责，如山西省梗阳书院规定，书院经费利息银由值年乡绅轮流经管，每年由城里人 2 人，乡下人 4 人负责，1 人做两个月的斋长，6 人共同管理账目，如有斋长舞弊，即革退追赔。6 人年终把账目交给下任，如有亏空，6 人共担。史载：

> 其生息银两轮流值年绅士经管，每年共派六人，在城二人，四乡四人，每两月轮一人为斋长，如遇闰月，即值以前月斋长。其账目六人公同查考，如值月者有弊端，实时回明监院革退追赔，另补妥人。至年终，其将账目清交接管之人。有亏空者，六人共任，不得推诿。①

这样，就形成了 6 人之间的相互监督，确保了书院经费的安全。

如果有的绅董不负责任，致使书院破败，要处罚绅董，如贵州凤城书院“书院岁修每年计钱十千文，如有荒废不修之处，惟值年首士是问”②。

为防止书院经费管理过程中，个别乡绅中饱私囊，一般由绅士推举几位家境富裕、廉洁正直、慷慨好义者担任董事或首事，来共同管理经费，按年轮值，核算每年书院经费及收支的数额，首士“概公举廉能之士充当”。临汾太平的龙门书院，推举本县较为公正的绅士 8 人，监理书院事务。有关延请山长，收发膏火费用，都归监院 8 人管理，轮流经手，官署内不能参与，书吏也不得染手。山西蒲县的崇文书院，“命曹景苏、曹士锠、曹馝、冯仪凤、张乃德、王曰旦、王居中、贾迥八人经理其事。景苏等向为士林翘楚，有守有为，必不负余所托，倘将来栋楹欂桷之有摭折者，盖瓦级砖之有破缺者，赤白之有漫漶不鲜者，皆取诸此。无侈前人，无废后观”③。8 人监管书院事务，定期或年终向官府报告，但是，有的书院董事还是利用行使权力的便利，徇私舞弊，如江西德安县的敷阳书院学

① 程豫：《详定书院章程八条》，载王勋祥、王效尊：（光绪）《清源乡志》卷 5《学校》，清光绪八年梗阳书院刻本。

② 俞汝本：《凤城书院章程》，载林佩纶、杨树琪等：（光绪）《续修天柱县志》卷 4《学校志》，清光绪二十九年刻本。

③ 巫慧、王居正：（乾隆）《蒲县志》卷 4《学校志·书院》，清光绪六年刻本。

田租票由首士给发，也为首士谋利大开方便之门，“乃人心觊觎见票，自外行毫无顾忌。于是告宽告缓者凫集，求让求免者麇至”①。因此，张仲礼先生得出经理地方事务是乡绅获取收益的来源的结论，“作为个体士绅，热心为公之士从未断绝，但在社会学意义上说，作为一个社会阶层的士绅，增进家乡福利的动力只能来自于对公共权力的获取……士绅的善行也是士绅支配的一种方式，而且还是成本较低的一种控制方式”②。所以，对于乡绅热心书院建设要一分为二地看待，除去少数乡绅热心书院教育是不求回报的以外，大部分乡绅是怀有私心的，企图通过这种途径，达到控制书院的目的。

书院的经费是由书院董事集体管理，官府不得参与，地方官员不得挪用。例如，平遥超山书院，同治元年（1862）的《平遥超山书院创建重修原委碑记》记载，书院经费的生息银两的开支由书院董事二十四家轮流值年管理，官吏概不经手。

有的乡绅发现书院经费被侵吞，便冒死抗争。如山西浮山县张增玗，字寻堂，性好施，“即使倾资也不惜，光绪大浸，以谷三十石散给贫乏。神山书院膏火资兴被绅铃、蠹吏烛殆尽，抗争于大府监司，身几临祸”③。还有秦考祥，字吉旋，邑庠生，神山书院“初因经理人贪污，累年共烛一千余金，生息告匮，月课亦停。时某势力方盛，无人敢言。公毅然与之争算，相持阅岁完璧”④。

（三）教学管理

浙江平阳县的龙湖书院，县令余丽元对山长的职责进行了规定，要求山长及时纠正生徒的过失，对官课卷子秉公评阅，仔细批改，循循善诱，如有不守规矩的生徒，即禀告本县，将其逐出书院，史载：

山长正躬率物，原为多士坊表之资。诸生童等或违矩矱，当随事

---

① 燕笙：《书院说》，载沈建勋、程景周等：（同治）《德安县志》卷6《学校·书院》，清同治十年刻本。

② 李士众：《晚清士绅与地方政治：以温州为中心的考察》，上海人民出版社2006年版，第22页。

③ 任耀先、张桂书等：（民国）《浮山县志》卷27《孝义》，民国二十四年刊本。

④ 同上。

训饬，以期日新。每课秉公评取，详加批改，口讲指画，方见循循善诱之意。倘有不遵约束，许即禀明，斥出院外，以为骜傲不悛者戒。①

辽宁义州的聚星书院则规定：“山长有训课之责。必品学端优，堪为士林矩矱，考课不可间辍，文卷细加批改，随时讲贯，俾学者奉为圭臬，庶不至有名无实”②，要求山长履行训课之职，按时考课，细心批改文卷，随时进行讲解。

江苏高淳县的学山书院，对山长校阅课卷有具体规定，“山长校阅课卷，有能于逐卷纰缪之处，或一对，或一段，或一篇，改抹精当，不遗余力，固为可贵。即或力有不能，亦必将优劣之所以然分别细批，使阅者了然，方有裨益。不得泛用套语，同于张冠李戴”③，即必须认真负责，量力而行。

（四）山长和书院其他职事的选拔管理

1. 山长的选拔管理

山长的职责重大，只有“学行兼善”者才能担任。乾隆元年（1736），清政府正式规定：“凡书院之长，必选经明行修、足为多士模范者，以礼聘请。”④ 其后，针对院长聘请中存在的问题，乾隆三十年（1765）诏谕，丁忧在籍官员不得充任书院院长，地方亦不能延请丁忧在家之官员主讲书院。⑤ 道光二年（1822）强调，书院院长必须是科第出身之人。⑥ 以上讲的是书院院长的任职资格。从史料可见，各地乡绅在书院的创办和持续发展过程中，捐献了大量钱财，因此，在山长选拔的过程

① 何子祥、余丽元：《龙湖书院志》卷下《院规告示》，清光绪十四年刻本。

② 佚名：《聚星书院条规》，载赵兴德、王鹤龄：（民国）《义县志》中卷8《学制志·历代学制》，民国二十年铅印本。

③ 蒋启勋、汪上铎等：（光绪）《续纂江宁府志》卷5《学校》，清光绪六年刊本。

④ 昆冈、刘启端等：（光绪）《钦定大清会典事例》卷395《礼部·学校·各省书院》，清光绪年间刻本。

⑤ 《清高宗实录》卷749，乾隆三十年十一月己亥，中华书局1986年影印本，第10册，第247—248页。

⑥ 《清宣宗实录》卷30，道光二年二月乙未，中华书局1986年影印本，第1册，第532页。

中，自然应该拥有话语权，但实际情况是官府谋求长期控制山长的选聘权力。嘉庆年间，随着官聘山长众多弊病的暴露，受到邑绅们对其进行公开的责难与抵制。道光时，一些邑绅便直言："书院连年废弛，皆因山长多来自权要"，并强烈要求"今书院一切事宜即议归绅士经管，嗣后山长亦归绅士延聘"①。经过斗争，乡绅具有了选聘山长的权利，这又分两种情况：一是乡绅完全控制了山长的选拔权；二是乡绅公举，由官府核准并发放聘书。

乡绅负责山长的推荐选拔，将品学兼优的山长人选禀报县令批准，具体条件各地有所区别。

河北东阳书院则明确规定由乡绅选择附近文行兼优科甲者作为山长人选，由县令批准聘请，外地人不得充任山长，史载：

> 书院掌教先生，应由本处绅士延访附近文行兼优科甲，呈由本县聘请。其远方夙彦道路遥隔不能常在院中主讲者，不得滥充是席，庶免有名无实。②

山西徐沟县的梗阳书院，知县程豫在《详定书院章程八条》中规定："山长由绅士公议，于年前择定品学兼优、堪以掌教者，禀明县主，由县主备官聘请。现奉大宪面谕，不得因上宪及地方官徇情推荐，以致虚糜脩膳。亦不得以本学绅士掌教，以致年久弊生。"③ 规定山长必须是品学兼优能够胜任掌教职责者，由当地绅士于年前公议，并禀明县主由县主备官聘请，官员不得徇情推荐。而且为了防止年久弊生，不得以本学绅士充当掌教。

乾隆朝后期，书院院长由"公议官聘"产生的日益增多。嘉庆年间，养正书院于"每岁冬，公举品优学裕、堪为师范者于官，验可而聘焉"④。

---

① 王榕吉：《定武书院新译经理章程》，载王榕吉、汪鸣和等：（咸丰）《定州续志》卷1《学校》，清咸丰十年刊本。

② 周栻：《东阳书院新定规程》，载周栻、陈柱：（道光）《南宫县志》卷3《学校志》，清道光年间刊本。

③ 程豫：《详定书院章程八条》，载王勋祥、王效尊：（光绪）《清源乡志》卷5《学校》，清光绪八年刻本。

④ 陈熙：《养正书院记》，载陈熙晋：（道光）《仁怀直隶厅志》卷19《艺文》，清道光二十一年刻本。

嘉庆二十二年（1817），四川归州的丹阳书院由“合邑绅士公举素有品学，足以服众者一二人，候本州酌定延请”[①]。嘉庆二十四年（1819），惠州的丰湖书院“掌院老师须择两榜品学兼优者，听绅士公议，禀本府出名聘请”[②]。道光十七年（1837），栾城县的龙冈书院“由总理及董事会同邑绅公择科甲出身、学行素著、诗文兼长者，以为多士矜式，择定后禀明本县，具关敦请。仍旧留请者，亦于八九月禀明订定。总须在院训迪，按月课试，庶于士风能有裨益，本县不得曲徇荐托，致书院徒有虚名”[③]。此例不仅公开宣称山长实行“公荐官聘”，而且把官吏不得“曲徇荐托”，以防滋生弊端，也写入书院章程之中。

书院山长一般任期一年，但有的书院规定，如果山长胜任，则不必拘泥此惯例，如浙江的龙湖书院规定：

> 山长为人师表，必须经明行修、学优养粹者，始足以启后学而正人心。每届岁终，院董会商诸绅，妥择名师，禀请县主复加访察，备关延聘。如教训有方，无庸拘一年一换之说，切勿瞻徇，是为至要。[④]

书院山长除去“公议官聘”以外，还有就是乡绅完全控制了选聘山长的权力，山长由乡绅“公举聘请”。

如徽州的书院，早在明代就实行了“公举聘请”山长的制度。嘉靖四十二年（1563），重建后的碧阳书院规定：“山长由邑人公议延请”，嘉庆十三年（1808），碧阳书院再次重申：“山长以邑人公议延请，经费由典商领本生息，官吏俱不为经理。”嘉庆十二年，海阳书院规定：“山长由邑人公议延请，膏火支放不经官吏，邑绅刘启伦董其事。”道光年间，紫阳书院规定：“山长以邑人公议延请，官吏俱不为经理。”[⑤]

---

① 余思训、陈凤鸣：（同治）《归州志》卷2《建置志·书院》，清同治五年刊本。

② 刘湝年、邓抡斌等：（光绪）《惠州府志》卷10《经政》，清光绪十年刊本。

③ 佚名：《龙冈书院章程》，载桂超万、高继珩等：（道光）《栾城县志》卷3《书院志》，清道光二十六年刻本。

④ 何子祥、余丽元：《龙湖书院志》卷下《龙湖书院章程》，清光绪十四年刻本。

⑤ 马步蟾、夏銮：（道光）《徽州府志》卷3《营建志·学校》，清道光七年刻本。

湖北孝感县的西湖书院，要求乡绅“公举聘请”山长，必须选择本地品学兼优的举人或进士担任，如举荐的山长人选不符合“公论”，或者衙门举荐非本地之人，允许乡绅辞退。遇有意外，再行“公举”，史载：

> 书院掌教由首事绅衿访择本邑品学兼优之举人、进士，公举聘请，住院训迪，其非举人、进士，毋得延膺讲席，如文品不符公论及各衙门荐非本邑之人，许绅士呈明辞退。斋长必须公同选举学校中端方通雅之儒，俾为诸生表率。如有事故，另行公举，不得私相代谢。①

有的书院规定，山长不得由县令举荐，如山东鸣琴书院。

> 书院之掌教由各绅士同心参酌，聘请品学兼优之人主讲书院，不得官荐，以致有名无实。盖书院本为造就人才而设，若听县令荐举，则谋馆者不论品学若何，记荐徇情，反无裨益。是以延请掌教，专贵绅衿。②

道光十九年（1839），德俊针对“山城苦瘠，出息无多”，以至难以聘到山长的实际情况，提出增加书院山长的伙食待遇，并从“本邑择其品学素著为民望者，由斋长及庠生共荐以为掌教”。③ 道光年间，桐城各书院皆因经费不足，“未能专请山长”。但同时又表明，“若请山长，必由董事及诸生议聘经明行修老成硕德之士，不由官长荐举”④。这种现象充分反映了官府对书院经费投入的严重不足，因而，地方绅士在资助书院经费的同时，事实上也就控制着书院山长的聘用权。山长由董事和诸生商议

---

① 佚名：《西湖书院详定续捐书院事宜》，载朱希白、沈用增：（光绪）《孝感县志》卷4《学校志》，清光绪八年刊本。

② 项葆祯、李经野：（民国）《单县志》卷4《学校志》，民国十八年石印本。

③ 德俊：《续修增广香书院山长伙食碑记》，载德俊、韩塘：（道光）《两当县志》卷11《艺文》，清道光二十年抄本。

④ 佚名：《桐乡书院志》卷3《章程·杂款八则》，清末活字本。

聘请，生徒也具有了选聘山长的参与权。

湖北孝感县的西湖书院，则规定书院掌教，必须是当地人，以便能履行住院训迪的职责。掌教不光要品学兼优，而且必须要有举人、进士的功名，由首事绅衿公举聘请。对于不符合要求的，还允许绅士呈明辞退。据孝感县的官绅在《西湖书院详定续捐书院事宜》中的记载："书院掌教由首事绅衿访择本邑品学兼优之举人、进士，公举聘请，住院训迪，其非举人、进士，毋得延膺讲席，如文品不符公论及各衙门荐非本邑之人，许绅士呈明辞退。"①

值得指出的是，乡绅公举山长的权力也不是从天而降的，而是经过斗争争取来的。如张朴在《重修定武书院碑记》中所说："昨春，阖郡绅士因山长久不住院课士，而体公之事繁且劳也。公同具禀，请以书院事宜归绅士经理，并山长亦由绅士聘请"，由于众多绅士的联名上奏，官吏被迫作出让步，以"俾积习可除，斯主讲无虚席，肄业获实益焉"② 为由，把书院的一切权力下放给"邑绅们"。道光年间，栾城县的龙冈书院重修后，乡绅们议定"延师不徇上荐"，否则"存本不许官支"③。桐乡书院则规定，山长须"由董事及诸生议请经明、行修、老成、硕德之士"，并指出"不由官长推荐，非轻官长而故拒之也。夫亦以官长主之，终且有不能为官长所主者矣"④。

历史每前进一步都是艰难的，一些高级官员仍旧插手地方书院山长的聘用权。如"陕西大荔西河书院重修后，邑绅具呈抚宪，要求公举山长，但知府已受甘肃布政使之托要荐一孝廉，众绅士假托聘当地名儒李元春为山长以示拒绝，知府曰：'如所举李君实能任之，则无可言，否则孝廉之荐无容易也。'结果，该孝廉居院一年，竟无一人肄业，辞职而去"⑤。乡绅与官府为争夺书院山长聘用权的斗争有时还是很激烈的。

---

① 佚名：《西湖书院详定续捐书院事宜》，载朱希白、沈用增：（光绪）《孝感县志》卷4《学校志》，清光绪八年刊本。

② 张朴：《重修定武书院碑记》，载王榕吉、汪鸣和等：（咸丰）《定州续志》卷4《艺文》，清咸丰十年刊本。

③ 桂起万：《国朝重修龙冈书院碑》，载陈泳、张悖德：（同治）《栾城县志》卷14《碑碣》，清同治十一年刻本。

④ 佚名：《桐乡书院志》卷6《书院杂议四首》，清末活字本。

⑤ 李元春：《潼川书院志》，清道光、咸丰年间刊《桐阁全书》本。

2. 对书院其他职事的管理

山西永宁县的首阳书院，设有专门管理书院事务的人，知县莫兆文在《复设首阳书院条规并叙》中说：

> 于附近书院之各村庄中公举贡生、廪生、文生二人，管理院事。倘经管得宜，则三五年后或有事故，始行更易；如办理不善，许众绅士公同立时议换，毋得遁隐，致偾厥事。该绅士等须公举身家殷实、品行端方之人，交与经理，毋得徇私，亦毋得争管，致滋弊窦……管理院事之人，每遇上下手交接，即着上下手俱赴县礼房结报，以便稽查。①

对这些管理院事的人，知县有明确的规定，必须具有一定的身份，由公举产生，不仅家境要富裕，品行也要好，而且他们的行为会受到监督，如果他们不能做到安其分，尽其职，就会被撤销职务。

据《学山书院规条》记载，江苏高淳县的学山书院“董事须秉公持正、小心谨慎之人经理，三年更换一次，由绅士人等预先遴选报县，届期交替接充。其已年满三年办事秉公而为众悦服者，准其据实禀留。倘不惬众情，即未届三年，亦准禀请饬退，另行选补”②。这段史料告诉我们，书院董事，由士绅遴选报县，三年一更换，如果秉公办事得到众人的认可，则可以续任，否则未届三年亦可禀请饬退，另行选补。

（五）藏书管理

乾隆四年（1739），登封士绅焦如蘅、董其成负责购置清朝御颁的“五经”《康熙字典》《朱子全书》《性理精义》《日讲四书》等书，都存至嵩阳书院的藏书楼。

顺天府昌平州的燕平书院“买置书籍、器具，除造册报销外，另缮清册一本，盖用州印，付交董事，责成经理稽查”③。即燕平书院把购买

---

① 莫兆文：《复设首阳书院条规并叙》，载李荣和、刘锺麟、张元懋：（光绪）《永济县志》卷21《艺文》，清光绪十二年刊本。

② 蒋启勋、汪上铎等：（光绪）《续纂江宁府志》卷5《学校》，清光绪六年刊本。

③ 雷致亨：《燕平书院章程》，载吴履福、缪荃荪、刘万源：（光绪）《昌平州志》卷12《学校》，北京古籍出版社1989年版，第376页。

的书籍进行登记造册，加盖州印，由董事负责管理。

江苏句容县的华阳书院规定："院内之书，只准诸生在院翻阅，不准借给他人。并不准自行带出，以防遗失。斋长有管理之责，应认真稽查，毋徇情面。"[①] 可见，书院斋长负责书院藏书的管理，有防止书院藏书遗失的职责。湖南安化县的崇文书院同样规定："书籍交斋长经管，以专责成。" 由斋长专门负责经理书院藏书。

（六）房屋修缮

有的书院房屋的修缮事宜也归乡绅担任的"董事"负责。如河北栾城县的龙冈书院，规定由"董事"管理书院房屋的修葺事宜，据《龙冈书院章程》记载："今若不议岁修款，风雨剥蚀，历年久远，必又渐见倾圮。兹议定余钱存为岁修，责令董事每月察看一次，遇有渗漏剥落处所，禀请县学验明随时点补，以期永远不朽。岁修之费，不得过大钱二十千文。如有盈余，多则置产，少则存公，以为修补房屋添置器具之用。"[②] 为避免书院房屋因年久失修而倾圮，规定"董事"每月要察看一次，发现房屋有渗漏剥落处要禀请县学验明进行修葺，而且规定每年的岁修之费不得超过大钱二十千文。

贵州天柱县的凤城书院，则规定由书院的值年首士来负责书院的岁修，如书院出现荒废不修的情况，唯值年首士是问。据知县俞汝本在《凤城书院章程》中的记载，"书院岁修每年计钱十千文，如有荒废不修之处，惟值年首士是问"[③]。

上述可见，绅士对书院发展的贡献是全方位的，没有绅士的支持，清代书院的繁荣发展是不可想象的。

---

① 邓炬：《华阳书院储书规条》，载张绍棠、萧穆：（光绪）《续纂句容县志》卷3下《学校・书院》，清光绪三十年刊本。

② 佚名：《龙冈书院章程》，载桂超万、高继珩等：（道光）《栾城县志》卷3《书院志》，清道光二十六年刻本。

③ 俞汝本：《凤城书院章程》，载林佩纶、杨树琪等：（光绪）《续修天柱县志》卷4《学校志》，清光绪二十九年刻本。

第六章

清代书院对士大夫的影响

与明朝书院对士大夫的影响相比较，清代书院对士大夫的影响仍然体现在培育其价值观和后备人才方面，但不同的地方是清代书院逐步适应社会变革的需要，在书院教育中增加了西学内容，士大夫的价值观也随之发生了变化，士大夫中要求变革维新，甚至要求革命，推翻清朝统治的力量逐渐壮大。

第一节　清代书院与士大夫价值观培育

清代书院对士大夫价值观的影响，和政治的变化与学术界风气的演变具有密切关联。康熙中期以后，大批朱学书院在各地兴办。乾隆、嘉庆时期，研治经史、博习词章的汉学书院取代了朱学书院成为主流。道光、咸丰时期，由于汉学脱离现实，使朱学书院卷土重来，形成汉学书院为主、朱学书院和经今文学派创办的书院为辅的格局。同治、光绪时期，时局的变化，使经今文学派创办的书院长足发展，汉学书院成为附庸了。旧式书院踏上改革之路，如洋务派、维新派创办的书院。上述各个阶段的书院教学内容等不同，对士大夫的价值观的影响也不尽相同。

清代书院大多奉“乐育之盛心，作人之雅化”为本，书院的“教士之法”，以求做到“上则开来继往，为圣贤不朽之业；次则砥节励行，为豪杰有用之才；即等而下之，而仅仅以科举之学自奋，亦必经明行修，文章尔雅，不愧为读书种子，而后可不愧为书院之士”。[①] 这

① 陈栻等：（道光）《上元县志》卷 23《艺文志 · 钟山书院碑记》，江苏古籍出版社 1991 年版，第 476 页。

是一个有着上中下三个层次的养士目标，追求科举功名被有意置于继圣贤、为豪杰之后，真可谓用心良苦。实际上，由于清代书院将“有本之学”和应试教育结合起来，不仅培养了学术人才，还选拔了不少德才兼备的有识之士，正如清代著名史学家邵廷采所说：“若夫求论几深，征核日用，动静有养，德艺不遗，其人其学多出书院。”[①] 即如果说培养学术上有造诣，生活中有能力，言行有修养，道德文章兼优的人才，非书院莫属。

一　书院教学

书院教学对士大夫价值观培育起到了重大作用，清代各类书院均注重对士大夫价值观的培育。

（一）朱学书院

清初，鉴于王学的空疏误国，士大夫转而推崇程朱理学。清代朱学书院的教学内容虽然仍以程朱理学为主，但每个书院各有侧重，或主“六经”，或重“四书”，也有偏于词章的。书院教学强调经史结合，读史为读经所用，认为“经学通则经学有本，史学熟则议论有据”。只有读史通经，方能成才。乾隆二十八年（1763）正月，陈宏谋在《申明书院条规以励实学示》中规定：“诸生于兼经亦宜讲解，《性理》《小学》《近思录》《大学衍义》，不时讲读。纲目、诸史、三通，各量资性以为多寡。经则有御纂诸经，史则有钦定史、鉴……仿照《读书日程》，限定功课，月计不足，岁计有余。每日每月皆不离经史，工夫日有知而月无忘，此为好学，诸生毋以迂远而忽之。”[②] 应该说，陈宏谋概括了朱学书院生徒肄业的具体内容。

清朝雍正年间，休宁茗洲吴氏家族的《家典》中记载：“我新安为朱子桑梓之邦，则宜读朱子之书，服朱子之教，秉朱子之礼，以邹鲁之风自待，而以邹鲁之风传之子若孙也。”[③]

---

① 邵廷：《思复堂文集》卷4《姚江书院记》，浙江古籍出版社1987年版，第248页。

② 陈宏谋：《培远堂偶存稿·文檄》卷48《申明书院条规以励实学示》，载《清代诗文集汇编》编纂委员会：《清代诗文集汇编》，上海古籍出版社2010年版，第398—399页。

③ 吴翟、刘梦芙：《茗洲吴氏家典》，黄山书社2006年版，第3页。

张伯行在《鳌峰书院记》中，表明自己建立书院的目的是“讲明濂洛关闽之学，以羽翼经传，既表章其遗书，使行于世”①。

李颙主持关中书院时，制定的《关中书院学程》规定：生徒每日学习的内容均是程朱理学内容，“饭后，看《四书》数章，须看白文，勿先观注；白文不契，然后阅《注》及《大全》……中午……饭后，读《大学衍义》及《衍义补》，此穷理致知之要也，深研细玩，务令精熟，则道德、经济胥此焉出。夫是之谓‘大人之学’……申酉之交，遇精神懒散，择诗文之痛快醒发者，如汉魏古风、《出师表》《归去来辞》《正气歌》《却聘书》，从容朗读，以鼓昏惰……每晚初更，灯下阅《资治通鉴纲目》，或濂、洛、关、闽及河、会、姚、泾语录”②。把一天上午、下午和晚上学习的内容作了规定。

嵩阳书院在其存在的漫长历程中，始终以阐明人伦，涵养道德，强调学生的德性作为书院办学宗旨的核心，致力于培养出堪为社会道德楷模的人才。这种价值取向从嵩阳书院的课程设置、教学内容、考课题目以至书院的学规、祭祀、建筑等方面可以看出。耿介订立《为学六则》作为教学的基本原则，即“立志”“存养”“穷理”“力行”“虚心”“有恒”。告诫生徒要以性命之学为根本，并在社会生活中加以实践。他制定的《辅仁会约》，旨在明理欲之辨，严义利之界，以端正学风。

耿介的教育目标是使人成为圣贤，“以我之心与圣贤相印证，到得默识心融，通贯浃洽，发而为言”③。耿介进一步继承了程朱理学，主张以主敬为宗，以正心诚意为本。“道在求仁，功惟主敬”，认为正心诚意是根本，心正而后意诚，意诚而后志坚，志坚才能学而有成。

康熙四十九年（1710）二月，张伯行调任江苏巡抚。康熙五十二年（1713）十一月，张伯行于苏州府学东尊经阁后仿照鳌峰书院体制建立紫阳书院，“其规模制度及讲贯课试之法，大略与闽同”④。从张伯行撰写的《紫阳书院碑记》《紫阳书院落告朱夫子文》《紫阳书院示诸生》《紫阳书

① 徐景熹等：（乾隆）《福州府志》卷 11《学校》，载《中国地方志集成·福建府县志辑》，上海书店出版社 2012 年影印本，第 262 页。

② 李颙：《二曲集》，中华书局 1996 年版，第 116—117 页。

③ 耿介：《敬恕堂文集》卷 5《嵩阳书院会业序》，中州古籍出版社 2005 年版，第 282 页。

④ 钱仪吉：《碑传集》卷 17《张伯行行状》，清道光刻本。

院读书日程》中，我们可以看出该书院是以程朱理学教导士子，其理学思想被充分运用到书院教育的实践活动中。张伯行规定将“正学”，即程朱理学作为紫阳书院的教学内容，“朱子之道迭明迭晦于五百年间，迄未有定论。惟我皇上学术渊源躬行心得，默契虞廷十六字真传，独深信朱子所云，居敬以立其本，穷理以致其知，返躬以践其实，其道大中至正而无所于偏，纯粹以精而无所于杂。钦定《紫阳全书》以教天下万世，其论遂归于一。始知学者之所以为学，与教者之所以为教，当以紫阳为宗，而俗学、异学有不得而参焉者矣。不佞乐与多士恪遵圣教，讲明朱子之道而身体之”①。张伯行在书院大力提倡程朱理学，讲求心性，不提倡科举作为学习的主要目标，他告诫士子：“夫所谓道者，在人伦日用之间，体之以心，践之以身，蕴之为德行，发之为事业，非徒以为工文辞取科第之资已也。”②

紫阳书院的教学体制，与当时大多数书院以科举考试为主要内容的教学体制不同，它以理学为主要内容、以传统讲学为主要形式。

乾隆年间的大梁书院，教学内容仍然以程朱理学为主，沿袭清初孙奇峰、汤斌、耿介、张沐、窦克勤、张伯行、冉觐祖的教学方法，以习“四书”“五经”为主。乾隆年间的石鼓书院山长旷敏本，始终远师朱子，摒弃“世俗之书”“进取之业”，向学生进行道德教育；咸丰年间，朱学重新受到重视，邑人丁善庆多次讲学石鼓书院，提倡格物致知，向学生教授德行道义。

乾嘉汉学的兴盛一时，一定程度上有利于克服王氏心学末流的狂惮和宋明理学空疏之弊，但汉学过分追求“凡古必好，唯汉为真”的偏颇理论，使汉学书院生徒终日沉浸在名物训诂和经书考据之中，脱离了社会现实。于是，程朱理学经历了乾嘉时期的沉寂以后，至道咸时期重新抬头，理学大师如姚鼐先后主讲苏州紫阳、江宁钟山书院长达四十余年，方东树先后主持庐州、亳州、宿松、廉州、韶州等地书院，持久宣讲宋明理学。道光三十年（1850），咸丰皇帝继位以后即颁布谕旨，要求各地督抚“于书院、家塾教授生徒，均令以《御纂性理精义》《圣谕广训》为课读讲习

① 张伯行：《正谊堂文集》卷9《紫阳书院碑记》，中华书局1985年版，第112—113页。

② 同上书，第113页。

之要，使之家喻户晓，礼义廉耻油然自生，斯邪教不禁而自化，经正民兴，庶收实效”①。

由此可见，清朝统治者已放弃了对汉学的支持，重新站到了支持宋学的立场上，希望借助程朱理学来达到加强思想控制的目的。

（二）汉学书院

嘉庆年间，汉学派兴起，推崇汉儒朴学风气，反对程朱理学“空谈义理”，湖南的书院以十三经、二十二史及诸子百家为生徒学习的主体，而《通典》《通志》《通考》《唐鉴》《大学衍义》《大学衍义补》诸书、唐宋诸大家文集则被列为生徒阅读的书籍。

湖南安仁的宜溪书院，其教学内容基本上也涵盖了经、史两个方面。据《宜溪书院条规》记载：“诸生习五经，须熟读详解，《性理》《小学》《近思录》《大学衍义》，不时讲读；纲目、诸史、三通，各量资性以为多寡，其节次由武英殿颁行御纂、钦定及嘉庆年间奉颁御制、钦定各集，皆宜潜心诵读，仿照《读书日程》，限定功课，月计不足，岁计有余，诸生毋以迂远而忽之。”②

岳麓书院是当时汉学的基地，王文清入主书院时，以“群经教授诸子”，他于乾隆十三年（1748）制定的《王九溪先生学规》规定：“日讲经书三起，日看《纲目》数页。通晓时务物理，参读古文诗赋。”③ 每天除了学习圣贤经典和《资治通鉴纲目》以外，还要了解时事政治和科学技术，同时阅读诗词曲赋以陶冶情操。岳麓书院还规定了生徒每月的学习任务，李文炤的《岳麓书院学规》记载：“每月各作三会。学内者，书二篇，经一篇。有余力，作性理论一篇。学外者，书二篇。有余力，作小学论一篇。”④ 即每月分别开设三次讲座，正式生徒和旁听生徒都有不同的学习任务。至于生徒学习内容，李文炤在《岳麓书院学规》中规定：“四

① 王先谦：《东华续录（咸丰朝）》咸丰6，清光绪刻本。

② 张景垣等、张鹏、侯材骥：（同治）《安仁县志》卷6《学校·书院·书院条规经费章程》，清同治八年刻本。

③ 丁善庆：《长沙岳麓书院续志》卷1《王九溪先生学规》，载吴道行、赵宁等修纂：《岳麓书院志》，岳麓书社2012年版，第559页。

④ 李文炤：《恒斋文集》卷4《学规·岳麓书院学规》，载李文炤：《李文炤集》，岳麓书社2012年版，第65—66页。

书为六经之精华，乃读书之本务。宜将朱子《集注》逐字玩味，然后参之以《或问》，证之以《语类》。有甚不能通者，乃看各家之讲书可也。次则性理为宗，其《太极》《通书》《西铭》已有成说矣。至于《正蒙》，尤多奥僻，尝不揣愚陋，为之集解。然未敢出以示人也。诸君倘有疑处，即与之以相商焉。其程朱语录文集自为诵习可也。"[①] 强调重点学习"四书"，把《四书章句集注》逐句逐字体会，证之以《四书或问》《朱子类语》，有不明白之处，再去阅读其他注疏。其次，性理之说是儒学的宗旨，这方面的著作《太极》《通书》《西铭》等对此有系统论述。并且愿意将自己整理的各家关于《正蒙》的解说拿出来与生徒共享。以后继任的几位山长如旷敏本、罗典、王先谦等都是一代经学大师。

考据型书院的教学重视儒家经典的考据研读。诂经精舍和学海堂，在乾嘉汉学的传播方面起到了巨大的推动作用，成为清代乾嘉汉学发展步入成熟期的重要标志。诂经精舍主讲者、著名汉学家孙星衍在《诂经精舍题名碑记》中指出："其课士月一番，三人者迭为命题评文之主，问以《十三经》《三史》疑义，旁及小学、天部、地理、算法、词章，各听搜讨书传条对，以观其识，不用扃试糊名之法。暇日聚徒讲议服物典章，辩难同异，以附古人教学藏修息游之旨。"[②] 可见，诂经精舍与理学类型的书院在课士方面大不相同，即有意推崇《十三经》，史学也赫然在目，而忽视"四书"。重要的是在诂经精舍的课士命题中出现了小学、天文、地理、算法等内容。阮元为诂经精舍撰写的楹联："公羊传经，司马著史；白虎德论，雕龙文心"，明确了书院尊经崇汉的宗旨。诂经精舍初有30余名生徒，无定额，有饩廪，学习年限不定。嘉庆年间先后就学者近百人。书院以培养大批汉学人才和取得显著汉学成果为世人瞩目。

诂经精舍和学海堂的老师往往在多所书院讲学，据统计，有40人次学海堂的学长和生徒执教过广东、广西、湖北、河南等省的23所书院。杭州诂经精舍高才生、曾经为学海堂评定课艺的钱仪吉，晚年于河南开封大梁书院主讲十余年之久，仿照学海堂的体制对大梁书院的教学和考课方

① 李文炤：《恒斋文集》卷4《学规·岳麓书院学规》，载李文炤：《李文炤集》，岳麓书社2012年版，第66页。

② 孙星衍：《平津馆文稿》卷下《诂经精舍题名碑记》，中华书局1985年版，第58页。

式进行了改革。曾经做过诂经精舍主讲的黄体芳，在担任江苏学政期间，仿照诂经精舍体制创办了南菁书院，由该书院编纂、刊行的《皇清经解续编》，汇集了清代中晚期汉学研究的精华，凭借该书，南菁书院被视为晚清乾嘉汉学的中心之一，嘉道时期的大学者、著名汉学家洪亮吉、陈寿祺、钱仪吉、胡培等纷纷讲学于该书院。

苏州紫阳书院在乾隆之后，由汉学大师，如朱启昆、陈祖范、吴大受、王峻、沈德潜、彭启丰、钱大昕、吴鼐、吴俊、石韫玉、朱珔、俞樾等人先后主持。他们致力于宣扬汉学，培养了大量的汉学人才。

紫阳书院是对汉学皖派影响最大的书院。皖派的汉学大师方粲如、江永、凌廷堪、汪绂、汪龙等，都曾在此掌教或讲学，培养出大批著名汉学家，如戴震、程瑶田、金榜、江有浩、汪荣之、胡培翚等。

扬州安定书院、梅花书院对于光大乾嘉汉学发挥着至关重要的作用，陈祖范、蒋恭斐、杭世骏、蒋士铨、赵翼、戴震、洪亮吉等，不少汉学大师相继在此执教。

另有上海的龙门书院、求是书院，武昌的精心书院，成都的尊经书院，广州的菊坡书院、广雅书院等，对光大汉学也起着非常重要的作用。而由湖南巡抚吴荣光创办的湘水校经堂（湘水校经书院），于道光十一年（1831）初创于岳麓书院内，也成为湖南讲求汉学的基地。

山西陵川县的知县陈封舜在《望洛书院条规》中记载："查经学为士子之根底，诗古学亦不可偏废……至古今载籍，学者宜无不讲求。诗赋特游艺之一端，听各生童于专心举业之余，随意涉猎，可不在考校之列等因。"① 可见，知县在生童专心举业之余，还希望他们随意涉猎一些自己感兴趣的诗古学，只是不将它们列入考校的范围内，而不是不允许生童学一些跟科举考试无关的内容。

（三）汉宋书院

岳麓书院是晚清书院中汉宋兼采比较典型的书院。湘水校经堂是岳麓书院的组成部分，郭嵩焘、左宗棠、曾国藩等都是岳麓书院培养出来的，他们不仅具有义理精神，而且还是具备经史之学的人才，显示了岳麓书院

① 程德炯：（乾隆）《陵川县志》卷14《学校·书院·望洛书院条规》，清乾隆四十四年刻本。

比较鲜明的汉宋兼采的风格。长沙城南书院的山长如郭嵩焘、王先谦也都具有汉宋兼采的风格，王先谦虽然在考据学方面颇有成就，但他也信奉程朱理学。与岳麓书院一样，城南书院培养了大批经世致用的人才。比如湘军创始人之一的罗泽南，便曾于此读书。左宗棠于道光十年（1830）也曾就读于城南书院。官至福建按察使的张岳龄，道光二十八年（1848）也肄业于城南书院。

同样，陕西略阳县的知县贾芳林在《嘉陵书院成规五条》中也有规定，“读经以《易》《书》《诗》《周礼》《礼记》《春秋左传》六经为定。六经尤以《春秋左传》《礼记》《周礼》为主……如读古文、看史、参证群书等条，均听其随便用功，不为限制”①。在读经之余，并不限制生徒阅读其他方面的书籍。

河北平乡县的崇正书院，对肄业生童的学习内容进行了详细的规定：

> 初学先诵“四书”，次及“五经”。至《周礼》《仪礼》《尔雅》，则每苦其难读，《公羊》《穀梁》《孝经》，则又视为可缓。岂知十三经颁在学官，无一不当诵习。外如《左氏》《国语》《大戴礼记》《尚书大传》《逸周礼》等，虽不列于十三经之中，实足以补十三经之阙，凡此皆当熟读者也。二十四史，浩如烟海，寒士或力难置办，而《史记》、两《汉书》要为必读之书……《昭明文选》为词章之渊奥，固当家置一编。有唐一代文体大备，而姚式《唐文粹》实撷其菁华，当选取一二百篇读之，以继萧选之后。若论事之文，则《陆宣公奏议》、苏长公《策论》，纵横驰骤，反覆详尽，读之尤足扩充识见，增长笔力。②

从知县汪枚制定的课程中可以看出，读书也是有规定的，有先后之分，有难易之别，有些必须要读，有些不需全读，虽是为科举服务，但也重视生童能力的培养，重视扩展生童的见识。

① 谭瑀、黎成德等：（道光）《重修略阳县志》卷2《建置部·学校·邑令贾芳林书院成规五条》，清光绪三十年刻本。

② 汪枚：《续修崇正书院志》卷2《示肄业生童课程》，清光绪四年续刊。

二 山长的言传身教

清代书院山长必须“德”与“学”兼备。所谓“德”，即品德高尚，所谓“学”即学问高深。毛德琦在《白鹿书院志》中说：

> 务学不如务求师，师者人之模范也。模不模，范不范，害不小矣。一哄之市，必立之平；一卷之书，必立之师，师之关于承前启后者，至重也……今欲聿隆大道，先期礼请名师，或朝家之凤麟，退主河汾之席；或乡邦之仪羽，用司铎鞀之灵；抑或布衣韦带之英，衡门泌水之彦，不惟其位惟其人。如陈白沙以孝廉而倡绝学于朝野，吴草庐以寒素而应征聘于明廷。总之，先之以人品，继之以问学，又继之以文章，期于言行可仪，模范无忝……师道尊而教隆矣。①

毛德琦认为山长的选聘不应局限社会地位，只要具备为人之楷模，均可被聘用，而且山长的资历应该重于品行。

清代书院聘任山长大多依据这个标准。如康熙二十一年（1682），白鹿洞书院规定，主洞应为“海内名儒，崇正学，黜异端，道高德厚，明体达用者”，若一时没有合适人选则“不妨暂缺”②。可见书院山长的重要性。辽宁的聚星书院则规定山长既要是“经明行修、素有名望者”，又必须“品学端优，堪为士林矩”。③

根据《岳麓书院山长考》和《中国书院词典》记载，在清代岳麓书院的37位山长中，其中有22位进士出身，5位举人出身，1人制科出身，另有史料不详或者没有出身者10人。在历任岳麓书院山长中，进士和举人占总数的73%。尤其值得注意的是，岳麓书院自乾隆十年（1745）房逢年任山长开始，至光绪二十九年（1903）改制的158年中，历任山长都是进士出身，岳麓书院可谓“发科者称极盛云”。

---

① 毛德琦、周兆兰：《白鹿书院志》卷10《艺文·臬司李长春兴复洞学看语》，清宣统二年刻本。

② 毛德琦、周兆兰：《白鹿书院志》卷11《艺文·提学高经久规模议》，清宣统二年刻本。

③ 赵兴德修，王鹤龄纂：（民国）《义县志》中卷8《学制志·聚星书院实录》，民国十九年铅印本。

清初大儒孙奇峰（1584—1675年），辞官不受，举家迁往辉县苏门山百泉书院讲学，中原和四方学者云集百泉书院，师徒一边读书，一边耕田，长达25年。孙奇峰对生徒循循善诱，诲人不倦，认为“人无贤愚，苟问学，必开以性之所近，使自力于庸行”，“虽武夫悍卒、野夫牧竖，必以诚意接之。用此名在天下而人无忌嫉”。[①] 他因材施教，诲人不倦，“各得其宜。征君晚年重听，诸弟子问难，必藉君转达，反复开示不厌”[②]。

清初耿介先生为官十余年间，政绩卓著，政声甚佳，很受百姓爱戴，但饱尝宦海风波之艰，在退隐之后的三十余年时间里，除了在大梁书院主讲外，大部分的教育教学活动都是在嵩阳书院进行的。耿介担任嵩阳书院山长时，十分重视对士大夫的德才培养，认为书院是要能够培养“为天地立心、为生民立命、为往圣继绝学、为万世开太平”的仁义之士的。

耿介在重振嵩阳书院、传播理学、培养人才方面做出了重要的贡献，被誉为一代名儒。耿介教学风范严谨踏实，他在批阅学生文章时，先表明观点，指出文章的弊病。如在《批刘最〈学而时习之〉七篇文》中这样写道：

> 《论语》首章说个“学”字，便是尧舜以来相传心学。孔子之所以为圣，颜曾思孟、周程张朱之所以为贤，皆是此学。说个习，便是天行健；说个时习，便是自强不息。天以一元之气运行于上，春而夏，夏而秋，秋而冬，冬而又春，只是不间断。吾人之心亦只是不间断，一断则天理息矣，故曰圣学本天。作者只是看得“学”字透彻，故触处洞然，七艺才足以运之，学足以充之，气足以包举之。至于遵照朱注，尤属醇正，再加涵养，直可担荷斯道，不止文章名世已也。

耿介把对士大夫价值观教育贯彻在生徒作业的批改中，他还曾将日常行为规则写成《百思笺》，并刻立于嵩阳书院，作为规劝师生的准则。

---

① 赵尔巽等：《清史稿》卷480《儒林传一》，中华书局1977年版，第13101页。

② 李元度：《国朝先正事略清代1108人传记》卷27《孙夏峰先生事略》，岳麓书社1991年版，第801页。

雷鋐（1696—1760年）是蔡世远执掌鳌峰书院时的生徒，根据他本人的回忆："鋐切自念少汩于俗学，自至鳌峰，从漳浦（蔡）先生游，乃知吾儒自有身心切要之务，推而暨之家国天下，古圣贤教人之法不外乎此！"① 拜蔡世远为师后，雷鋐才知道儒者"有身心切要之务"。道光年间曾任教于鳌峰书院的陈寿祺教导生徒："书院之设……招徕有志之士，使之群萃于其中，相与讲明义理，以为身心性命之助。"② 认为书院教育的目的就是通过传授儒家经典、讲明性命义理之学，使生徒体悟接纳社会的伦理纲常，并以此规范行动。

李文炤（1672—1735年），字元朗，号恒斋，湖南善化（今长沙）人，清经学家、教育家。史称李文炤"湖南自王夫之以学术闻天下，文炤继起，名与之埒"③。康熙五十二年（1713）中举，授谷城教谕未就，潜心程朱之学，康熙五十六年（1717），任岳麓书院山长，"以扶持世教为己任"，为岳麓书院续订学规、编写教材，因材施教，成绩斐然。平日手不释卷，勤勉于学，为人谦和，他说自己批改生徒作业，仅凭一己之见，有不当之处，请随时来找我讨论，以求准确的答案，不给生徒排定名次，"炤止凭臆见丹黄，倘或未当，即携原卷相商。以求至是，更不等第其高下"④。他很赞成程颐的教育理念，"伊川先生云'学校礼义相先之地，而月使之争殊，非教养之道。'至哉言乎！"⑤ 并且称之至理名言。他告诫生徒一定要好学而力行："猩猩能言，不离走兽。鹦鹉能言，不离飞鸟。为士而徒以诗文自负，何以自别于凡民乎？故学问思辨，必以力行为归也。力行之事多端。"⑥ 生徒的学问思辨都要落实到实践上。

王文清，宇廷鉴，号九溪，湖南宁乡人，清代朴学大师，雍正进士，于乾隆十三年（1748）61岁时和乾隆二十九年（1764）77岁时两次出任

① 雷鋐：《经笥堂文钞》卷上《竹山精舍记》，载《清代诗文集汇编》编纂委员会《清代诗文集汇编》卷285，上海古籍出版社2010年版，第37页。

② 游光绎等：《鳌峰书院志》卷3《院规一》，清道光中正谊堂重刻本。

③ 李瀚章、曾国荃等：（光绪）《湖南通志》卷176《人物志十七·国朝二》，清光绪十一年刻本。

④ 李文炤：《恒斋文集》卷4《学规·岳麓书院学规》，载李文炤：《李文炤集》，岳麓书社2012年版，第66页。

⑤ 同上。

⑥ 同上。

岳麓书院山长，前后共9年，使岳麓书院得以中兴，史称王文清“独治朴学，淹贯群籍，卓然一代鸿儒”。《长沙府志》称其“文章德行，望重乡国者，咸为足下首屈一指”。“读书士子争束行李渡江”，投其门下，有成就者多达400余人。

李文炤、王文清先后出任岳麓书院山长，在书院建设方面多有贡献，特别是冲破朝廷“卧碑”强制性条文的牢笼，扬弃朱子教条，提倡诸生“共相切磋”、师生“端坐辨难”“反复推详”“共相质证”。

王先谦（1842—1917年），字益吾，因宅名葵园，学人称为葵园先生，清末学者，湖南长沙人。著名的湘绅领袖、学界泰斗。曾任国子监祭酒、江苏学政，岳麓书院、城南书院山长。他在担任岳麓书院山长时，强调生徒要讲求实用，顺应时代变化，不能一味沉溺于科举，“方今时事多艰，培才为急。将欲讲求实用，不能专制艺试帖以为造就之资”①。认识到讲求西学的必要性，他说：“诸生务当博览兼精，累进益上，庶几周知当世之要，成为有用之材。”② 使清朝晚期的岳麓书院没有专制艺试帖，以为造就之资，为社会培养了大量人才。

光绪年间，黄懋和在为诗山书院制定的课规中说：“从来圣贤教人，固以德行为先，文学次之。然人生知者少，学知者多，故欲入慎德敦行，必由讲学而入。盖讲学者，讲明孝弟之理也，言行之要也，诚正、修齐、治平之道也。岂沾沾然侈记诵骋词章，以弋获科名已哉！”③ 强调士人要以德行为先，讲学要讲孝悌之理。

理学家耿介主持嵩阳书院时，时任登封知县的张埙，“崇尚先生学，乐与人明圣贤之道，阐程朱之理，每值会文讲学之期，必单骑至书院，以无懈厥事”④。耿介告张埙以“正心诚意”之学，且举程颢做晋城令时书“视民如伤”四字的座右铭，“日以教养相劝勉”⑤，张埙在任上，以“洁

---

① 王先谦：《岳麓书院院长王先谦月课改章手谕》（1897），《湘学新报》第9册。

② 同上。

③ 戴凤仪：《诗山书院志》卷7《诗山书院课规十则》，厦门大学出版社1995年版，第127页。

④ 窦克勤：《嵩阳书院记》，载郑州市图书馆文献编辑委员会：《嵩岳文献丛刊》第4册《嵩阳书院志》卷2，中州古籍出版社2003年版，第97页。

⑤ 张埙：《嵩阳书院记》，载郑州市图书馆文献编辑委员会：《嵩岳文献丛刊》第4册《嵩阳书院志》卷2，中州古籍出版社2003年版，第94页。

己爱民自矢”，使登封县政通人和，学者张沐到登封县时，见“登父老家户立位焚香，称颂德泽不休”，不禁叹赏说：“此真民之父母也！”①

在《平谷县创建渔阳书院记》这篇文章中，山长路德自述主讲书院20年，对弟子的殷切期盼并非登科取第，“余所望于诸生者，为真儒，为良吏，生有益于人，死有闻于世，如古所称三不朽者，斯幸矣”②。

顾镇，字备九，祖应瑞，常熟人，一代经学大师。官宗人府主事。其父殁，水不入口。乾隆十九年（1754）进士，一生在多所书院执教，品性惇良，耿直朴素，诲人不倦，批改诸生作业，精益求精，不知疲倦，以至于咳血。清人袁枚在《虞东先生墓志铭》中，是这样记载顾镇的：

> 先生姓顾，名镇，字佩九，居苏州昭文县。县有虞山，学者因号为虞东先生。乾隆戊午举人，甲戌进士，补国子监助教……以经师名天下。先设教金台书院，再设教游文书院、白鹿书院，而终之以钟山书院。先生惇良介朴，善诲人。每阅文数百卷，旁乙横抹，蒿目龟手，一字不安，必精思而代易之，至烛烬落数升，血喀喀然坌涌，而蚕眠细书，犹握管不止。③

王茂荫（1798—1865年），安徽歙县人，道光进士，乳名茂萱，榜名茂阴，字椿年，号子怀，初字树之，号遇甫。清朝货币理论家、财政学家。咸丰三年（1853）十一月，任户部右侍郎兼管钱法堂事务。咸丰三年后的一段时间，王茂荫任顺天府潞河书院的院长。《通州志》记载：

> 王少宰，茂荫，安徽歙县人，以侍郎养屙，侨居通州，掌教潞河书院。先是，山长大半住京师，此席每若虚左，自公主讲席后，循循善诱，生童谒见者，必勖以读书立志，效法古人。每课命题，必标明题旨，改窜无异塾师，自是文风丕振，小试列高等，秋闱获售者，接

① 张沐：《嵩阳书院记》，载郑州市图书馆文献编辑委员会：《嵩岳文献丛刊》第4册《嵩阳书院志》卷2，中州古籍出版社2003年版，第102页。

② 路德：《柽华馆文集》卷4《平谷县创建渔阳书院记》，清光绪七年解梁刻本。

③ 袁枚：《小仓山房集》卷5《虞东先生墓志铭》，载袁枚：《袁枚全集》第2册，江苏古籍出版社1993年版，第82页。

踵其门，嗣以病痊，奉旨启用，去通之日，犹拳拳以勤学勉诸生，后有徐仪部景轼、王比部应孚主讲，亦如之。①

王茂荫在通州养病期间，被聘为潞河书院的院长，他一改过去院长不住院的做法，和诸生朝夕相处，对生徒循循善诱，对于诸生的试卷认真修改，诲人不倦，许多生徒中举。当他病愈要离开书院时，还不忘教育诸生好好学习。

岳麓书院山长欧阳厚均也曾在岳麓求学三年，他的老师是以“老成宿望，学行兼优”著称的罗典。罗典掌教岳麓书院 27 年，欧阳厚均继承了先师的衣钵，自诀别官场后孜孜于教学事业，嘉庆二十三年（1818）被聘为岳麓书院山长，连续掌教达 27 年之久。欧阳厚均和罗典成为岳麓书院史上主讲时间最为长久的两位山长。罗氏重视培育生徒的德性，欧阳氏立“忠孝廉节”四字于讲堂以诫诸生。

江阴暨阳书院山长李兆洛是一位难得的人师，他任暨阳书院山长时，“虽严冬或丙夜寝，未尝晏起”，生徒劝他不必如此刻苦，他却说：“晨气清明，正好干事。”他在窗前写下了“今日何成?”四个字，时刻警示自己不要虚掷光阴。李兆洛“一日之中，或校雠，或阅文卷，或缮札，或作字，或对客，无须臾休”。友人说他“用心”过度，他却回答道：“吾不解所谓用心，吾为其所欲为者而已。”②

王轩（1822—1886 年），字霞举，号顾斋，清末著名学者，“生平湛深经术，于六书九数，用力尤勤。诗文奇崛，自成一家”③，还精通地理、金石、考据等学。同治和光绪年间，王轩先后主讲运城弘运书院、太原晋阳书院、太原令德书院，教书育人长达 18 年之久，培养了大批优秀的学子。他“用脩脯所入，率以资亲故。爱才下士，后进多乐就之”④。

端溪书院的历任山长学品并兼，忠介耿直。如咸丰九年（1859）出任端溪书院山长达 3 年之久的苏廷魁，曾经弹劾权臣穆章阿，因清政府在

---

① 英良、高建勋、王维珍：（光绪）《通州志》卷 5《学校 · 书院》，清光绪五年刻本。

② 缪荃孙：《续碑传集》卷 73《养一子述》，江楚编译书局刊校本，第 75 页。

③ 曾国荃、张煦、王轩、杨笃等：（光绪）《山西通志》卷 156《录八之三 · 文学录下》，清光绪十八年刻本。

④ 盛朗西：《中国书院制度》，鼎文书局 1977 年版，第 1712 页。

鸦片战争中屈辱求和，他愤而辞官。林绍年谏止慈禧动用海军经费修复颐和园被“严饬”，光绪十六年（1890），出任端溪书院山长。他在端溪书院大堂所书楹联表达了他的抱负：“余力学文，到此应多敦行士；通经治国，他年望有济时方。”光绪十三年（1887），任山长的梁鼎芬，曾于中法战争中力主抗战并弹劾李鸿章被罢官。光绪十四年（1888），出任端溪书院山长的朱一新，曾在诂经精舍学习，后任陕西道监察御史，弹劾李莲英而遭罢官，他给诸生讲学，孜孜不倦。

山长的言传身教在书院生徒建立价值观的过程中至关重要，所谓学高为师，身正为范，山长的日常讲授向生徒传授价值观的内容，帮助生徒明确价值指向，建立人生目标，并且山长平日的讲学一次次激起生徒情感的变化，加速价值观确立的过程。身教和言传二者相辅相成，山长在生活中的为人处世，是生徒看得见、摸得着的，具有言传无可比拟的生动性和现实性，二者缺一不可。

可圈可点的书院山长数不胜数，如石鼓书院的历任山长陈士雅、林学易、罗廷彦、罗瑛、宋蓟龄、李继圣、潘世晓、旷敏本、王光国、余廷灿、谭鹏霄、刘高阁、张学尹、徐锡溥、刘祖焕、蒋琦麟、邹焌杰、邓传密、萧杞山、吴少陔、李扬华、曾熙等，大都是饱学之士，道德文章，堪称楷模。

三　书院祭祀

如果说书院讲学、藏书只是在知识层面向生徒灌输价值观，那么祭祀则是从精神信仰层面向生徒传输价值观。理学类型书院突出对朱熹的祭祀，不祭祀陆九渊、王阳明一派学者。考据学类型的书院往往祭祀两汉的经学大师许慎等人。但是，大凡书院无不祭祀孔子。在书院祭祀过程中，生徒“高堂虚室，若有闻乎其音声；瞻前忽后，若有见乎其仪刑。思其居处，思其嗜好，思其言语，雨露之沾濡，焄蒿之升降，观感而化之者，莫斯之为近也”①。不仅如此，书院祭祀还通过繁复的仪式与礼器、充满情感的祝文以及整个严肃有序的过程，“为书院的学生创造一个庄严肃穆的环境，把学生引领进入自我教育的过程……书院祭祀是一种感性的教

---

① 冯继科、朱凌：（嘉靖）《建阳县志》卷6《艺文志·重修书院记》，明嘉靖刻本。

育，是一种榜样的教育，它使得书本知识更加直观形象，使教育形式更加生动有效”①。

（一）书院祭祀程序

祭祀的程式，一般书院每年春秋都有两次大的祭祀活动，而每月朔望也会进行常规祭祀活动。每次大祭活动，书院一般邀请地方长官或社会贤达主持祭祀活动，参加祭祀者必须“斋戒三日，不饮酒，不茹荤。散斋二日，沐浴更衣，宿于别室”②。胡林翼写的《箴言书院祭祀章程》中，记载了具体的祭祀程序：

> 先圣祠祀以春秋二仲上丁，国典也。书院不敢同，今拟二月初十日，九月初一日为定期。先祭一日，监院及掌管备牷牲。羊一，豕一，笾笾、豆、铏、登、鼎、俎诸器具，乐人二名。其夕，监院、掌管率仆人陈设品物，预戒仪节，勿怠，勿傲，勿哗。祭前三日，监院请山长告诸生斋戒。山长主祭，监院、掌管、首事、肄业诸生助祭。礼生四人，择诸生仪貌壮伟，进退雍容者充之。先期习仪于讲堂，其他诸生与观焉。书祝、版读祝、诸执事、诸生分任之。③

由此可见，书院祭祀有固定的日期，参加人员也都经过严格的挑选，高规格的祭品，加上音乐的衬托，将生徒置身于虔诚、古朴、雅致和凝重的气氛中，使生徒身心都会受到震撼。书院祭祀的目的是教育生徒不讲空话、假话，培养生徒诚实、行善的品格。乾隆年间的大臣赵申乔在《重修道乡台建祠堂记》中说：“嗟夫，先生（指邹浩）之没已数年，而眺其台如见先生焉。彼章惇、蔡京、温益辈虽得志乱朝，至今齿其姓氏，牧竖犹为唾骂。而后之为惇为京为益辈嫉，正若分误国流殊者，不亦当矍然悔悟，以免为山僧所窃笑哉。”④ 从正反两方面的例子教育生徒，善人恶人的下场自有后人评说，这篇祭文如明镜高悬，对生徒价值观的影响不可

① 徐梓：《书院祭祀的意义》，《寻根》2006 年第 2 期。

② 黄佐：《南雍志》卷 11《礼仪考・献官》，民国景明嘉靖二十三年刻增修本。

③ 胡林翼：《箴言书院志》卷上《志祭祀第六》，清同治五年刊本。

④ 李瀚章、曾国荃等：（光绪）《湖南通志》卷 74《典礼志四・祠庙一・道乡祠・在岳麓书院左祀宋邹浩》，清光绪十一年刻本。

小觑。

书院祭祀人物的画像、木主和祠宇，是以一种特殊的方式向生徒传达着价值观，生徒耳濡目染，对他们产生潜移默化的影响："瞻先贤之遗像，肃然起敬，有不敢其傲慢之气，嚣陵之状者，岂复成为士也哉！"[①]而书院士子如果常常受到这种环境的熏染，就会以"希圣希贤"自期自勉，戴均衡说："是非徒以尊德尚道也，其将使来学者，景仰先型，钦慕夙徽，以砥砺观摩而成德。""登堂瞻仰，慨然想见其为人，相与考其行谊、着述，讲明而切究之"[②]，感知先贤先儒的人格魅力，心生成圣成贤之志。

（二）祭祀先贤先儒

一般而言，书院皆祭祀先贤先儒。嵩阳书院讲堂的东顺山原建有先贤祠，"康熙十六年（1677）丁巳，邑绅耿介倡建"。因纪念在嵩阳书院讲学的理学大师程颢、程颐、朱熹而得，此"先是程朱三子合祀于诸贤祠，介以书院宜重道统，故专祀焉"。西顺山原建有诸贤祠，由登封知县叶封于康熙十三年（1674）创建。祠内尊奉司马光、杨时、范纯仁、吕诲、刘安世、倪思和孔鲋等12位在嵩阳书院讲学的北宋大儒。此二祠目前已废毁无存。嵩阳书院道统祠位于讲堂之北。康熙二十八年（1689），由河南巡抚阎兴邦捐银创建，乾隆四年（1739）重修。道统是指儒家传道的系统，祠内陈列有帝尧、大禹和周公的半身塑像，像后悬挂《帝尧巡狩嵩山》《大禹嵩山治水》《周公阳城测景》三幅大型彩色图画。该殿门额横匾上书写着"道统祠"三字，门联为"海纳百川有容乃大；壁立千仞无欲则刚"。

康熙三十一年（1692），汪晋征在《还古书院祀朱文公议》中提到："书院祀先贤，所以正道脉而定所宗也。今天下所共读者何书？朱子书也。朱子所阐明者何书？孔圣书也。故欲明孔圣之道者，必尊朱而后邪说不得作；欲行孔圣之道者，必尊朱而后进德修业始有序。此天下古今之学人所当遵守而勿失。凡讲学之区，皆当祀朱子以定道脉之大宗也。况我新

---

① 李铭皖、谭钧培、冯桂芬等：（同治）《苏州府志》卷25《学校一·蒯德模改建平江书院并祀文丞相石像记》，清光绪九年刊本。

② 戴均衡：《味经山馆文钞》卷1《桐乡书院四议》，清咸丰三年刻本。

安为朱子桑梓之邦，紫阳为朱子不忘之地，尤当奉祀而不可缓乎！”① 强调书院祭祀朱熹的重要性。

河南明道书院在道统祠中，除祭祀孔子、颜子、曾子、子思、孟子及二程、朱熹等先贤外，还祭祀陆世仪、张履祥、陆陇其、汤斌、张伯行等清代著名学者，更拉近了生徒和圣贤、当代理学家的距离。

（三）祭祀对本书院发展有贡献的人物

耿介是清初著名理学家，在他的努力下，嵩阳书院重新恢复了讲学，所以，该书院也对他进行祭祀。清代著名学者罗典，掌教岳麓书院达27年，于岳麓书院发展做出过重大贡献，因此，在岳麓书院的祭祀对象中，就有祭祀罗典的专祠。

此外，对书院有贡献的地方官员，作为书院祭祀的对象者也不少。如嵩阳书院还特别设有崇儒祠，祭祀河南巡抚阎兴邦、王日藻、河南提学林亮英、登封知县张埙、叶封等人。顺天府密云县的白檀书院，专门在西院建造三间房屋，作为祠堂，即李宣范公祠，祭祀之，史载：

> 新白檀书院在旧城鼓楼南迤东，清道光十三年，知县李宣范立碑记载，自康公建设后，旋废圮，二百余年，不复建置。李公下车始议重修，其西院建祠三楹，奉祀李公。②

光绪末年，书院改制，白檀书院改为高等小学堂，建有三间藏书楼，在藏书楼的中间供祀孔子，李公祠照样保留，史载：

> 高等小学校，原名高小学堂等。清光绪二十九年，知县陈雄藩、邑绅宁权等，就白檀书院改建，三十年落成，计前院监督堂三间，今改职员室，后院讲堂三间，又后藏书楼三间，中祀孔子。③

---

① 何应松、方崇鼎：（道光）《休宁县志》卷22《艺文·记述·还古书院祀朱文公议》，清嘉庆二十年刊本。

② 臧理臣、宗庆煦等：（民国）《密云县志》卷4《学校考·书院》，民国三年铅印本。

③ 同上。

（四）祭祀乡贤

书院还祭祀一些做出重要贡献的地方名宦名儒，他们都与本乡有着密切关系，元代人唐肃说这些地方名宦名儒，“或以乡于斯也，或以仕于斯也，或以隐学于斯也，或以阐教于斯也”①。书院祭祀的这些人必须拥有高尚的道德品质，所谓“乡于斯者，非有德弗祠；仕于斯者，非有功弗祠；隐学于斯者，非道成于己弗祠；阐教于斯者，非化及于人弗祠。此又立制之详也”②。

祭祀书院所在地的乡土先贤。如嵩阳书院就祭祀司马光、韩维、杨时、范纯仁、吕诲、李纲等本地乡贤。又如张之洞建两湖书院时，特别立有“楚学祠”，以祭祀楚地历史上有突出贡献的学者。戴钧衡在谈及桐乡书院祭祀乡贤时说道：“惟各就其地奉一大贤以为之主，其余以次从列，山长春秋择日率诸生行祭，又于月吉月望相率冠带拜谒，登堂瞻仰，慨然想见其为人，相与考其行谊、著述，讲明而切究之，而教者学者皆时时有藉以揭其身心，而不敢为非礼悼义之事……有乡贤之谊，则于吾乡为亲切而所以尊慕观法之者必殷，而又祀之于书院之中，则诸生以时致礼也易，而无疏远阔绝之嫌，以此复三代四时释奠先师之制，即以正世俗。”③ 这些乡绅名士和生徒们有着天然的联系，生徒通过祭祀领受他们的生平业绩、思想品格以及为学进德、修身处世之法。

山西的书院则祭祀山西本省乃至当地的名人贤达。例如，张之洞在光绪七年（1881）出任山西巡抚时，在太原令德书院建立了“四征君祠”，将傅山、范部鼎、阎若璩、吴雯合祀。又如霍州霍山书院祭祀对当地文教事业做出重大贡献的曹月川。霍州原来是个教育落后的地区，“逮曹月川先生之设教于霍也，昌明理学，奖掖后进，前后十有八载，维时州人士翕然向化，亲炙光仪者如周正、郭晟，具载先生行实记，继起如史素父子、乔瑞、任光裕、李延仪、成德辈，忠义循良，伟然前代名臣，诸生中如邢大化、高文质等，有闻言孝而堕泪者，有闻正言而止供佛者，有观剧而忽

① 唐肃：《丹崖集》卷5《皇冈书院无垢先生祠堂记》，上海古籍出版社2003年版，第185页。

② 同上。

③ 戴均衡：《味经山馆文钞》卷1《桐乡书院四议》，清咸丰三年刻本。

生愧悔者。下至樵夫亦知慕化返金，迄于今士恤廉耻、俗敦淳朴，何莫非先生流风善教之于择也"①。书院通过对当地名人贤达的祭祀，宣传他们的动人事迹，让生徒学有榜样。

四　书院规章

清代书院规章中大都有生徒修身的内容，注重生徒道德修养的培育。乾隆帝规定："负笈生徒，必择乡里秀异，沉潜学问者，肄业其中。其恃才放诞、佻达不羁之士，不得滥入。书院中酌仿朱子白鹿洞规条，立之仪节，以检束其身心。"② 上谕对书院生徒的选拔甚是关注，以朱熹《白鹿洞学规》约束生徒言行身心，例如，耿介仿照白鹿书院而拟定的《嵩阳书院学规》中，强调"孝为德之本""威仪为定命之符""言语必谨""君子自强不息""义利之辨，君子小人之分""满招损，谦受益""以礼让为先""朋友有劝善规过之义""《理学要旨》《孝经》《辅仁会约》皆有切于身心性命"③ 九条。从清代书院的规章中，我们可以梳理出以下几方面的内容：

（一）对生徒的日常生活行为范式的培育

清代著名的书院都十分注重对生徒日常生活行为的教育。陶澍在《苏州紫阳、正谊两书院告示》中规定"为学必须植品"，强调品德的重要性。

> 为学必须植品。士为四民之首，本极尊贵，然或士名而有商贾行，士名而有工匠气，已属自趋卑下，甚至钻营结纳，作弊行私，干公事而贱乡里，为士类所不齿者，其始皆由于不知立品也。夫虚桥之气流为诈伪，故品不可以不真；放日广之余渐成佻达，故品不可以不正。极而言之，如挟兔册以猎功名，剿陈文以掩耳目，皆品之不高

① 崔允昭、李培谦：（道光）《直隶霍州志》卷25《艺文·霍山书院崇祀曹月川先生记》，清道光六年刻本。

② 《清高宗实录》卷20，乾隆元年六月甲子，中华书局1986年影印本，第1册，第488页。

③ 耿介：《敬恕堂文集》卷7《嵩阳书院学规》，中州古籍出版社2005年版，第400页。

者。故曰行已有耻，可以为士。能知耻，始能植品。①

指出品行不端的各种表现，教育生徒要有羞耻感，如此才能树立好的德行。

王文清在做岳麓书院山长时，制定的《岳麓书院学规》中规定："时常省问父母，朔望恭谒圣贤。气习各矫偏处，举止整齐严肃。服食宜从俭素，外事毫不可干。行坐必依齿序，痛戒讦短毁长。损友必须拒绝，不可闲谈废时。"② 要求生徒常常向父母问安，每月初一和十五到圣贤像前行礼，纠正自己性格中的偏颇之处，言行应符合礼仪规范，吃饭穿衣要节俭朴素，学问修身以外的事情不去沾染，行走坐立遵守长幼次序，戒除背后议论人的风习，坚决不和无德之人交朋友，也不要与人闲谈浪费时光。

岳麓书院规定生徒如果染上不良习惯，就要开除。李文炤（1672—1735年）在康熙五十六年（1717）任岳麓书院山长时，制定的《岳麓书院学规》中说："或有名为读书，縻廪粟而耽棋牌者，即不敢留。至于聚钱群饮，猜令挥拳，牵引朋淫，暗工刀笔，亦皆禁止。盖鄙性拘方不能曲徇也……倘或同群之中谑浪笑傲，即嫌隙之所由生也。甚至拍肩执袂，以为投契。一言不合，怒气相加。岂复望其共相切磋，各长其仪乎。有蹈此弊者，亦不敢留。"③ 这里，四种生徒必须开除出书院，一是吃着公家的粮食，却整天下棋打牌者；二是聚众赌博、打架斗殴、游手好闲、招妓引娼者；三是暗中替人写诉状打官司者；四是生徒之间傲慢无礼、勾肩搭背、话不投机就怒气冲天者。

耿介在订立的《敬恕堂学规》认为，为学最重要的是"主敬"，时刻"提斯此心"，方可为学。学者要以"己心"为严师，一言一行都不要欺骗自己的内心，必须检点于心，不得胡言乱语，每做一事，必再三斟酌，不得妄行；迎接宾客时，必存敬谨之心，不得疏慢。遇到良友，要虚心求

---

① 陶澍：《陶文毅公全集》卷50《苏州紫阳、正谊两书院告示》，清道光刻本。

② 丁善庆：《长沙岳麓书院续志》卷1《王九溪先生学规》，载吴道行、赵宁：《岳麓书院志》，岳麓书社2012年版，第559页。

③ 李文炤：《恒斋文集》卷4《学规·岳麓书院学规》，载李文炤：《李文炤集》，岳麓书社2012年版，第65页。

教，不可错失机会。学习要靠自觉，将“主敬”之心用在读书上、讲书时、作文时、写字时。书屋的地面要干干净净，不能污秽不堪。书卷必须放置有序，不能颠倒错乱。

乾隆二十年（1755），王铭琮所订《白鹭洲书院学规》中也十分强调“敦本典礼”“共砥品谊”，认为“立品为学人第一义，苟负奇才而品列卑污，其余不足观也已。愿尔多士各自爱鼎，持行端方，处则为一乡楷范，出则为一世羽仪，希踪贤哲，岂可委为异人任耶！”[①] 学者必须把品性修养作为头等重要的大事。

州、县的书院同样关注生徒日常生活行为规范的教育。云南新平县《桂香书院学规》专门突出“敦品”、激励诸生“以圣贤自命”，“士为四民之首，诸生立身当高自期许，以圣贤自命。倘有与下贱差役、无赖党徒结盟往来，包揽钻营扰害人民者，无论生童，立即逐出”[②]。

郭在铭在《尊经书院学规》中要求“诸生案头，宜各置《圣谕广训》一部。晨起盥洗毕，敬整衣书案，默诵一则”[③]。《圣喻广训》对《圣谕十六条》进行了解读，讲的全是修身、处世法则。

黄舒昺的《明道书院学规·礼仪二则》，要求生徒“居处必有常，序坐以齿，坐必正席，敛手齐足，直身正体，毋箕踞倾倚、交胫摇足，毋俯首仰面、支颐伸足，毋早寐晏起，既寝勿言，当昼勿寝，晨起即敛枕衾”。步立时要“行必徐，立必拱，必后长者，毋背所尊，毋践阈，毋跛倚，毋跳足，毋拖履”。视听时要“毋淫视，毋倾听，视毋睨，上毋过面，下毋过带”。说话时要“致详审，重然诺，肃声气，毋轻躁，毋放诞，毋苟笑，毋闲言，毋言人短，毋及市井鄙俚之谈”。[④]

河北宁津县的临津书院，据《临津书院章程》记载：“肄业生童，必敦崇品行。设有不孝不友及唆讼抗粮，并在院烟赌荒戏等弊，一经查出，

---

① 高立人：《白鹭洲书院志》卷2《王太守学规八则》，江西人民出版社2008年版，第35—36页。

② 王志高、马太元等：（民国）《新平县志》卷9《教育·桂香书院学规》，民国二十二年石印本。

③ 李前泮：《学山尊经两书院志》，清光绪十九年刊本。

④ 黄舒昺：《明道书院学规·礼仪二则》，载吕永辉：《明道书院志》卷5，清光绪二十六年刻本。

即许公禀扣除，诸生皆当耻与为伍，以昭炯鉴。”① 对违反书院纪律的生童，不光会进行惩处，还会告之书院诸生，耻与为伍。

湖南安仁县的宜溪书院，据记载，“诸生每月许给假一次，限以二、三日销假，仍给膏火；若过四日，停给膏火。余日不许出院，如有紧要家务，为日迟久者，禀明给假不给膏火。凡告假销假，均向掌教登簿稽考。不登簿告假而擅出者，以犯规扶出”。对生徒的请假制度进行了明确规定，包括许假、告假和销假。而且规定生徒在院期间要认真学习，“不得无故相聚闲谈，有旷课业；更不得戏谑非诮，有伤雅道。至有为樗蒲之戏者逐出”。也不允许生徒出外应酬、游玩，“书院地居城内，诸生固宜杜绝应酬，更不得出外游玩。其有不遵规训者，除不给膏火外，定行逐出”。② 凡是违背这些规定的，都会被驱逐出书院。

乾隆五年（1740），刘良璧在《海东书院学规》中记载：

> 居处必恭、步立必正、视听必端、言语必谨、容貌必庄、衣冠必整；饮食必节、出入必省，读书必专一、写字必楷敬；几案必整齐、堂室必洁净；相呼必以齿、接见必有定；修业有余功、游艺有适性；使人庄以恕；而必专所听。③

乾隆七年（1742），郑之侨在鹅湖书院《壬戌示诸生十要》中规定：

> 一身威仪，动关德性，故威仪定命，传所谓民受天地之中以生乎……诸生诚体察于此，以礼乐持身，凡一行步必安详厚重，不至跳跃奔趋；一侍立必端庄静定，不至跛倚颠倒；一衣履必洁清整齐，不至龌龊邋遢；一瞻视必静正安闲，不至摇头弄尾。如此动静语默，无

① 祝嘉庸、吴浔源：（光绪）《宁津县志》卷4《学校志·书院·书院章程八条》，清光绪二十六年刊本。

② 张景垣、张鹏、侯材骥：（同治）《安仁县志》卷6《学校·书院·书院条规经费章程》，清同治八年刻本。

③ 范咸：《重修台湾府志》卷8《台湾道刘良璧海东书院学规》，台湾省文献委员会1983年版，第288页。

不端正而有体，平日所学。俱知深沉不露矣。①

乾隆二十二年（1757）五月，沈起元担任娄东书院山长，沈起元为书院生徒制定的第一个规条就是“士子以立品为先”，即士子应该首先培养高尚的品德，所谓“圣贤千言万语，无非教人做人，功令四书五经取士，诚以能读是书，必能以经书所言为科律，身体力行，进可宣力朝廷，退亦可表率里党也”。为此，他要求在院诸生，每日读书，要“将平日自己居心一一与之印证，必有通身汗下之处，及快然心得之时，于是见善即迁，有过即改……如此方为不负读书”②。

河北宁津县的临津书院在学规中对生徒的品行作出严格要求，对于不孝不友、唆讼抗粮、在书院抽烟赌博者，立即开除，史载：

肄业生童，必敦崇品行。设有不孝不友及唆讼抗粮，并在院烟赌荒戏等弊，一经查出，即许公禀扣除，诸生皆当耻与为伍，以昭炯鉴。③

湖北的西湖书院规定：“肄业生童如有嗜酒游博，掌教训责不遵，即由斋长逐出。”④

陕西的嘉陵书院对生徒请假、亲友探望、酗酒滋事、群聚闲谈等都有具体要求和惩罚措施，史载：

书院肄业生童，有事均要告假，听山长酌给日数，大约每月不得过三日。三日以内者不扣膏火，三日以外按日扣除。各生童亲友有事进城，均不得借探望为名在书院逗留。其有群聚闲谈不肯用功者，斋长禀请山长戒饬。若酗酒滋事不守学规，斋长禀请本县驱逐。若经本

① 郑之侨：《鹅湖讲学会编》卷9《壬戌示诸生十要》，清乾隆刻本。

② 沈起元：《敬亭文稿》卷6《娄东书院规条》，清乾隆十九年刻增修本。

③ 祝嘉庸、吴浔源：（光绪）《宁津县志》卷4《学校志・书院・书院章程八条》，清光绪二十六年刊本。

④ 佚名：《西湖书院详定续捐书院事宜》，载朱希白等、沈用增：（光绪）《孝感县志》卷4《学校・书院》，清光绪八年刊本。

县查出而斋长容忍隐匿者，并将斋长申饬。[①]

湖南安仁县的宜溪书院对生徒请假、旷课、应酬、出院等均有规定，史载：

> 诸生每月许给假一次，限以二、三日销假，仍给膏火；若过四日，停给膏火。
>
> 余日不许出院，如有紧要家务，为日迟久者，禀明给假不给膏火。凡告假销假，均向掌教登簿稽考，不登簿告假而擅出者，以犯规扶出。
>
> 诸生各立功课簿一本，将每日清晨、午间、灯下功课，逐一开入。如理经史何书，于何起止，理古文某篇、诗某首或学书临某帖，据实登填，听掌教不时抽阅叩问，并候本县不时取阅。总期靠实，难容捏饰。有捏填者，自欺欺人，甘心暴弃，以犯规扶出。
>
> 诸生平时不得无故相聚闲谈，有旷课业；更不得戏谑非诮，有伤雅道。至有为樗蒲之戏者逐出。
>
> 书院地居城内。诸生固宜杜绝应酬，更不得出外游玩。其有不遵规训者，除不给膏火外，定行逐出。[②]

浙江平阳县的龙湖书院，县令对生徒的读书、立志、赌博、酗酒、请假和交友等有详细规定，史载：

> 读书以变化气质为先。轻佻者不足与任重，浮躁者必至于无成。倨傲之习，狂妄之情，稍有聪明，沾沾自喜，学问何由长进？故虽才美如周公，使骄且吝，亦不足观。诸生务宜切戒。

① 贾林芳：《嘉陵书院成规五条》，载谭瑀、黎成德等：（道光）《重修略阳县志》，清光绪三十年刻本。

② 张景垣、张鹏、侯材骥：（同治）《安仁县志》卷6《学校·书院·书院条规经费章程》，清同治八年刻本。

士贵立志，慎勿苟且自待。希圣希贤，皆吾儒分内事，每读一书，必返求诸己，自问能做到否？时时鞭辟入里，身体力行，以求入于圣贤之道，非徒习举业，弋取科名也。诸生其各勉旃。

书院为礼法之地，不得私聚赌博、吸食洋烟及酗酒争斗等事。如有初犯，记过，再犯斥出。

肄业诸生童，凡到院及归家，须禀知山长，不得擅自去来，以便稽查。

院中门户最宜谨慎，一以屏闲杂，一以防偷窃。初更时候，便须关闭。肄业诸生如遇有事夜出者，一交二鼓，速宜进院。倘再迟延，定即闭门不纳，馆人毋得擅开。①

诸生敬业乐群，自以取友为尚。当求益友、畏友以匡己所不逮，失相劝，过相规，乃能得观摩之益。切勿相狎相谤，致启凶终隙末之嫌。推之睦姻任恤，皆吾儒分内事。一族之中，无非同气，一乡之内，莫非桑梓，须信以交友，恕以待人，和以接物。有余地以处人，方有余地以处己。故交际之间，不可不笃。②

（二）要求生徒应该立志，担当社会责任

在清代，无论朱学书院，还是考据学的书院，它们的目标并没有什么不同，都是依照儒家之道而实现明伦成圣目标。如耿介为嵩阳书院所作《为学六则》第一条便要求生徒“立志”，“人生得天地之气以为体，得天地之理以为性，此身参三才而中处，干系至大。若能激励奋发，用为学功夫，则尽性至命，希圣希贤皆已分内事……故学者先须立志……豪杰之士虽无，文王犹兴，然后为能立志”③。陈寿祺在《鳌峰崇正讲堂规约八则》中说：“学也者，所以学为圣贤，一生建名立节事功，皆基于为秀才时。”④ 鳌峰书院要求诸生从上学的那一天开始，就要树立远大志向，“入学之初，即当立定志向，以远大为必可致，以圣贤为必可法，不将第一等

① 何子祥、余丽元：《龙湖书院志》卷下《计开院规》，清光绪十四年刻本。
② 何子祥、余丽元：《龙湖书院志》卷下《论为学八则》，清光绪十四年刻本。
③ 耿介：《敬恕堂文集》卷3《为学六则》，中州古籍出版社2005年版，第142页。
④ 陈寿祺：《左海文集》卷10《鳌峰崇正讲堂规约八则》，清刻本。

人第一等事让他人做，而甘居其次。夫升堂入室，其道虽遐，深造不已，无不至者，志定故也"①。

乾隆三十一年（1766），澎湖通判胡建伟创办文石书院，他在《文石书院学约》中要求生徒"端志向"，曰：

> 志者，心之所之也。凡人心之此、之彼，志必先为之向道，而后心乃从之而往也。如行路者，欲往东，志必先向东而去；欲往西，志必先向西而行。是志之有向，正如射者之有鹄也。故学者之志，未有所向不端而可以有为者也。《礼》曰："一年离经辨志。"盖言童稚就傅之年，必先使之志向先端，而后可以渐进，以至于智虑通达，而为大成之候也。即如孔子，至圣也，亦必自十五志学，而后能从心从欲，不逾矩。朱子曰："书不记，熟读可记；义不精，细思可精。惟有志之不立，直是无著处。世人读书，不志道德而志功名，所向已差了；况所称功名，亦只是科第耳、官爵耳，非真欲建功立名以垂不朽也。"以富贵为功名，富贵之外复有何来？趋向不端，宜其所学皆非也；毫厘之差，千里之谬，正在于此。今生童中尽有颖异之资，止是志向不专，为习俗所染，未能摔脱；即勉强从学，或作或辍，口耳之功且难，更何有于心性之学？光阴坐废，卒无成就，殊可惜也。试观汉儒董仲舒，下帷发愤，潜心大业，三载不一窥家园；宋范文正公断齑划粥，勤苦励学，做秀才时便以天下为己任；此何等志向也，尔诸生可不勉哉！②

《文石书院学约》把立志比喻成人生的方向，学者立志，才能有所作为。幼年立志，而后可以逐渐进步，达至大成。即便是至圣孔子也是早年立志学习，而后随心所欲不逾矩。朱熹也说，人不立志，人生便无着落。批判世人只立功名之志，不立道德之志的错误倾向。号召生徒向董仲舒和

① 游光绎等：《鳌峰书院志》卷3《院规一·大中丞觉罗满公保学约》，清道光中正谊堂重刻本。

② 胡建伟：《文石书院学约》，载胡建伟：（乾隆）《澎湖纪略》卷4《文事纪》，清乾隆三十六年刊本。

范仲淹学习，以天下为己任，潜心大业。

考据学重镇钟山书院，其《规约》首先从四个方面确定了书院的教育宗旨，即成圣成贤。第一要求生徒“先立志”，即视天下忧乐为己任；以下依次为“务立品、慎交游、勤学业”，这是对成圣成贤目标的补充。陶澍在《苏州紫阳、正谊两书院告示》中首先强调了“立志”的重要性，提出“为学必先立志”的观点：

> 为学必先立志，志者气之帅。学问、事业皆从此出，而尤以刻苦二字为入门著脚之方。若处不能究意于编摩，出安能尽心于职事，穷不能忘情于鲜美，达必至极欲于纷华。至于偶试高等，幸获高第，辄沾沾自诩，尤为所见之鄙，决非大器。须看王沂公状元试三场，而志不在温饱；范文正公画粥以食，而秀才时便以天下为己任，是何等气象。①

教育生徒要向王曾和范仲淹学习，早年即立下为国为民，以天下为己任的抱负和志向。

石鼓书院讲求经世致用，如李镐制定的《馆规二十四条》第 17 条规定：“大学之道，由明德以新民。为学无济于世，无论何派，皆系伪充。况今边防未靖，时局多艰，诸生须讲求策略，明体达用，以储朝廷干城舟楫之用。或有疑难，可随时来见，当面参稽，庶几教学相长。”② 在他看来，大学的宗旨是培养生徒崇高的道德，用所学启发民智，为学不能担当社会责任，皆是伪学。在国家多事之秋，生徒要讲求策略，为国储才，如果生徒有疑难之处，可随时和老师当面商榷，达到教学相长的目的。

为了担当社会责任，生徒必须立志，并且身体力行。耿介在订立了《辅仁会约》之后，又另附《为学六则》，一是“立志”，二是“存养”，三是“穷理”，四是“力行”，五是“虚心”，六是“有恒”。③ 这是耿介

① 陶澍：《陶文毅公全集》卷 50《苏州紫阳、正谊两书院告示》，清道光刻本。

② 李扬华：《国朝石鼓志》卷 4《师课奖赏》附录“章程二十四条”，载李安仁、王大韶、李扬华《石鼓书院志》，岳麓书社 2009 年版，第 231 页。

③ 耿介：《敬恕堂文集》卷 3《为学六则》，中州古籍出版社 2005 年版，第 142—143 页。

高度概括的行之有效的修身方法，出发点在于“举业大段是穷理，是知；加一行字，是行”，然而志不立则心不存，也无以致知；力行而不谦虚，也不能受益；有良好的开始而不能善终，学业终究也不能有所成就。

杨绳武的《钟山书院规约》记载：“士莫先于立志，宋王孝先曰：‘平生志不在温饱。’而范希文自为秀才时，即以天下忧乐为己任，志先定也。士君子束发受书，当以此等古人为师法，使志识坚定，气量宏远，立朝必能建树，居乡亦足模楷。若立志不高，委琐龌龊之见，缠绕于胸中，他日即有造就，亦自卑隘。否则，庸庸碌碌，无当有无之数，岂不辜负一生！”① 即读书人须从立志做起，要以王孝先和范仲淹为榜样，树立远大志向，不辜负人生。

唐鉴曾经任广西平乐的道乡书院主讲，在其所立的学规中强调：“孔子曰：‘士志于道。’孟子曰：‘尚志，士子束发入学，先当定其趋向，所趋远大，则其成也必远大。所趋卑陋，则终于卑陋’，志岂可以不可立哉。”② 乾隆三十二年（1767），澎湖通判胡建伟始创文石书院，延主讲席，多士获益。《学约》中说：“志者，心之所之也。凡人心之此之彼，志必先为之向道，而后心乃从之而往也，如行路者，欲往东，志必先向东而去。欲望西，志必亦先往西而行。是志之有向，正如射者之有鹄也。故学者之志，未有所向不端而可以有为之也。”③

浙江平阳县的龙湖书院，据知县余丽元在《院规告示》中规定：“士贵立志，慎勿苟且自待。希圣希贤，皆吾儒分内事，每读一书，必返求诸己，自问能做到否？时时鞭辟入里，身体力行，以求入于圣贤之道，非徒习举业，弋取科名也。诸生其各勉旃。”④

清代书院与儒学已达到高度统一，“识圣人之所何志”“所以学为圣贤”“圣门设教”“期为完人”这一系列的期许，都与儒家的基本信念息

① 杨绳武：《钟山书院规约》，载张潮：《昭代丛书·辛集别编》卷16，上海古籍出版社1990年版，第1895页。

② 唐鉴：《唐确慎公集》卷5《道乡书院学规四则》，载《清代诗文集汇编》编纂委员会：《清代诗文集汇编》526，上海古籍出版社2010年版，第578页。

③ 潘文凤、蔡麟祥、林豪：（光绪）《澎湖厅志稿》卷5《文事·书院·学约十条》，清抄本。

④ 何子祥、余丽元：《龙湖书院志》卷下《院规告示》，清光绪十四年刻本。

息相关。

（三）生徒必须遵守讲堂秩序

李文炤在《岳麓书院学规》中规定：“每日于讲堂讲经书一通。夫既对圣贤之言，则不敢亵慢。务宜各顶冠束带，端坐辨难。有不明处，反复推详。或炤所不晓者，即烦札记以待四方高明者。其相质证，不可蓄疑于胸中也。”① 老师讲经时，生徒必须穿戴整齐，端坐在座位上，认真听老师讲授的圣贤之言，绝不能亵渎怠慢。而每月的朔、望日，岳麓书院开讲时，更是彰显了书院对于师道尊严的重视以及生徒对于求学问道的虔诚，史载：

> 每逢朔、望开讲时，传梆会集诸生，山长和副讲率众拜谒圣殿（文庙）。山长、副讲立于殿内，其余皆列外庭。设四拜，诸生亦从而拜。拜起，同归讲堂。引赞唱：“登讲席”，山长、副讲才登讲坛，正襟而坐。诸生分列堂下，班齐，引赞唱：“三肃揖”，揖毕，诸生依次立侍。进茶，迄。引赞唱：“鸣讲鼓”，随击三鼓，诸生毋敢出声。山长、副讲各讲经书一章，以示学者，并申饬规约。其讲时，堂长于讲席后设几一、凳一、纸墨笔各一，敬书而藏之。讲毕，役人进茶。诸生仍照前班次谢教，班齐，引赞唱：“三肃揖”，揖毕，先生起就馆小息，诸生退肄业。②

陈寿祺制定的《鳌峰崇正讲堂规约八则》对生徒平时的迎来送往进行规定：

> 近日诸生遵循礼法，规矩肃齐，当事及有司颇加嘉奖。但进退拜跪，尚闲有参差不齐、简略不庄者，今宜再为晓示：如初次谒见山长，不可半跪平揖；开馆、散馆，大宪亲临，不可不齐出大门外排班迎送；是日在鉴亭拜谒列宪与山长，不可不大众齐集，举止安详。此

① 李文炤：《恒斋文集》卷4《学规·岳麓书院学规》，载李文炤：《李文炤集》，岳麓书社2012年版，第65页。

② 朱汉民：《岳麓书院》，湖南大学出版社2004年版，第2—3页。

皆礼法所存，观瞻所系，毋以为繁文小节而忽视，甘于慢肆偷薄，陷为不隆礼、不由礼、无方之民，而不自知也。凛之！①

位于湖北潜江县的传经书院，知县王又旦就制定了会约，史载：

凡讲期以四仲月。春、秋用上丁日，先期随令宿于庙，次早盛服行释奠礼毕，乃诣书院。凡讲前十日，择经明行修者一人为之主，至期中坐，余皆侍，东上为县令，次广文，次佐贰；西上为缙绅，以齿序，诸生以次就坐。三伐鼓，检姓名册随意出诸生五人，各讲经一章，问难析义俱听主者。毕，乃退。夏、冬用二至，出诸生五人，各讲四书一章，毕，乃退，余如春、秋例。②

从日期、先期准备、就坐礼仪、过程等方面对书院的生徒学习习惯进行了详细的规定。

书院学规对生徒价值观的培育产生了重要影响。例如，《岳麓书院学规》就对生徒曾国藩（1811—1872 年）后来的人生产生重大作用。曾国藩于道光十四年（1834）求学于岳麓书院，师从欧阳厚均。《岳麓书院学规》共有 18 条，其中若干条都与曾国藩后来的人生密切相关。如第 4 条“举止整齐严肃”，曾国藩除了自己践行以外，还要求儿子曾纪泽“举止要重”③。又如第 17 条“夜读仍戒晏起”，与曾国藩倡导的“早起”家规正合。曾国藩一生“以不晏起为本”④。

如前所述，书院大师对生徒的期待分成三个层次，即“教士之法”，“上则开来继往，为圣贤不朽之业；次则砥节励行，为豪杰有用之才；即等而下之，而仅仅以科举之学自奋，亦必经明行修，文章尔雅，不愧为读

① 陈寿祺：《左海文集》卷 10《鳌峰崇正讲堂规约八则》，清刻本。

② 刘焕、朱载震：（康熙）《潜江县志》卷 5《学校 · 书院 · 王又旦传经书院约》，清康熙三十三年刻本。

③ 曾国藩：《曾文正公家训》卷上《咸丰十年十一月初四日》，清光绪五年傅忠书局刻本。

④ 曾国藩：《曾文正公家训》卷上《咸丰十一年三月十三日》，清光绪五年傅忠书局刻本。

书种子，而后可不愧为书院之士”①。

书院对生徒关于价值观的培育有了回报，他们在国家内忧外患时勇敢地站了出来，投入到反对西方侵略势力的行列。意大利人安西满是河南教区主教，不断攫取传教和开办教会学校的权力，激起河南书院中生徒的反抗。同治八年（1869），当安西满等人到开封面见河南巡抚时，开封城内的大梁书院、游梁书院、二程书院、彝山书院的生徒在秀才王光甫的带领下，罢课游行，高呼“反对洋教”“外争国权”口号，游行队伍包围了安西满等人的住所“宝馨斋”“天津果店”，洋人传教士龟缩到店内，不敢出门。王光甫义正词严地斥责了洋人侵犯中国主权的罪恶，愤怒的生徒打碎了“宝馨斋”的门面。更有大批书院培养的士子走向近代民主革命的队伍。求是书院培养了一大批革命党人，如蒋尊簋、蒋百里、周承菼、王维忱、邵元冲、许寿裳等人。两湖书院培养了黄兴、刘成禺、章士钊、李书城、曹亚伯、田桐、周震麟、胡秉柯、陈家鼎、廖名缙等人。

五　书院建筑环境

书院建筑、楹联和地理环境作为书院环境对生徒的影响也是很大的。

（一）书院建筑命名对生徒价值观的影响

嵩阳书院建有博约斋、敬义斋、三益斋、四勿斋等，在这些建筑的命名上，也体现了儒学思想的影响。博约斋即博览群书与精细研究相结合，由博返约的修行方式是儒家的治学门径。敬义斋即取自孔子“君子喻于义”之句，是做学问和道德修养的要旨。三益斋即友真、友谅、友多闻，益矣，意思是使人受益的朋友有三种：正直的朋友、真诚而可信赖的朋友、博学而见多识广的朋友。四勿斋即非礼勿视、非礼勿听、非礼勿言、非礼勿动，意思就是不符合礼制规定的，不能看、不能听、不能说、不能动。

山西解州的河东书院所建的亭台楼榭，其命名也很有用意，如崇义斋、远利斋、退思堂、书林楼、天光云影池、豹变池、风鸣池、乱石滩、仰止山、杏坛、桃源、游仙山、四教亭、日心亭、月重亭、悠然亭、丽景

---

① 陈栻等：（道光）《上元县志》卷23《艺文志·钟山书院碑记》，江苏古籍出版社1991年版，第476页。

亭、余佩亭、绿绮亭、微风亭、一般亭、游息亭、蜂房、百果园以及松棚、菊篱等。而且这些亭台楼榭的位置也按照一定的顺序来布局，“故君子入先门则怀德，瞻仪门则正履，视碑以惧后，居斋以斋心陆，崇义思入神降，远利思窒欲升，讲经以考业处，退思以防过，守四教以存诚，仰山以乐仁，览水以乐知，睹蜂房以思义仁且知与义矣，斯周德日心忠也，月忠顺也，忠顺不失，斯见岁寒不凋之节，故松棚在其后，松棚者以松为朋也。是故历乱石滩可以知险，登书林楼可以知危，游杏坛以述古，访桃源以济世，憩悠然以正出处，阅丽景以观造化，扶绿绮以成圭璧，赏微风而识乾坤。是故余佩如兰斯馨，藉草靡他其适，若是乎可以游息矣，故游息亭终焉。譬诸草木既尔斯果矣，故百果园又终焉”①。书院建筑布局始终贯彻着对生徒进行价值观教育的主线。

（二）书院楹联对生徒价值观的影响

“虽富贵不易其心，虽贫贱不移其行；以通经学古为高，以救时行道为贤。”这是广东广雅书院开张之日，张之洞为“礼堂”题的对联。富贵不能淫，贫贱不能移；通经学古，救时行道。上联是对生徒品德的要求，下联是告诉生徒学习的途径和目的。

河北海阳书院的楹联是“遵鹅湖鹿洞条规，先德行，次文章，俱是作人雅化；萃滦水横山贤俊，朝讨论，夜服习，无非为国储才”。上联是说要遵鹅湖、鹿洞条规，育人以德行为第一，以文章为第二，使学子达到文明境界；下联抒写抱负，要集中萃选滦州贤俊，日夜用功，为国储才。认为诸生的品德修养是首要的，文章学问是次要的；没有道德作为根本，就不能立身做事。

湖南嘉禾县的珠泉书院，道光三年（1823），由知县鄢翔捐俸倡建，以地临珠泉井，故名。院长黄云汉所撰楹联中，提出了生徒内心修养的问题，“珠自辉，玉自媚，怀抱有真，一出便为稀世宝；泉名廉，水名让，鉴观不远，他年应记在山清”。该楹联借颂扬珠泉如珠似玉，要求生徒应以“廉泉让水”之典为鉴，并以“在山泉水清，出山泉水浊”为铭，做一个清廉正直、纯洁高尚的人。

---

① 言如泗、熊名相、吕滥：（乾隆）《解州安邑县运城志》卷12《艺文》，凤凰出版社2005年版，第577页。

（三）书院地理环境对生徒价值观的影响

清代的书院大都建在远离闹市的清幽之所，或倚山，或傍水，其间林木葱茏，鸟语花香。如（民国）《襄陵县志》所载，山西襄陵县的姑汾书院，“汾水环于左，姑山峙其右，钟毓灵秀，佑启文明，岂偶然哉？其讲堂廓如，其学舍奥如，有亭翼然，有池渊然，曲水流清，乔木耸翠”①。山环水绕，钟灵毓秀。又如（乾隆）《浑源州志》记载，山西浑源县的恒麓书院，“书院去文庙百步，去恒山十里许，庙中之钟鼓、琴瑟、俎豆、冠裳，足以警昏惰而启其敬畏之心，山中之朝霞、夕晖、仙灵、古迹，足以长性情而发其天机之趣，诸生徒诵读其间，含咀英华，变化气质，郁郁彬彬，安知数十年后不为当世之名儒，国家之善士哉！”② 而著名的岳麓书院、白鹿洞书院和嵩阳书院更是建在了郁郁葱葱的名山之麓，生徒在读书之余，徜徉在风景如画的环境之中，切磋学问，交流思想，能够培育生徒向上、向善的价值观。

第二节　清代书院与士大夫培养

到了清代，官学衰败，书院在统治者的大力支持下，获得重大发展，逐渐取代了官学成为国家教育的主要场所，为国家培育了很多士大夫。乾隆元年（1736）上谕，将书院定性为“古侯国之学”，以求“导进人才”，而“广学校所不及”③。也就是说，书院是培养士大夫的主要场所。事实上，在“儒学寖衰，教官不举其职”的情况下，书院确实起到了培养人才的作用，诚如史料所载：“所赖以造士者，独在书院。其裨益育才，非浅尠也。”④（乾隆）《潞安府志》所载书院，“延名师，严训诸生，重文艺，尤重品行，复每月命题亲试品定甲乙，奖励不倦，而侯（贤侯李公田）谓并非藉是以博功名也，盖深望居其地习其业者，忠信以厚基址，廉耻以固垣墙，诗书以辟户牖，经济以润雕施。庶几他日，出仕必有

① 李世祐、刘师亮：（民国）《襄陵县新志》卷24《艺文·姑汾书院碑记》，民国十二年刊本。

② 桂敬顺：（乾隆）《浑源州志》卷9《艺文·恒麓书院记》，清乾隆二十八年刻本。

③ 《清高宗实录》卷2，乾隆元年六月甲子，中华书局1986年影印本，第1册，第487页。

④ 赵尔巽等：《清史稿》卷106《学校志一》，中华书局1977年版，第3119页。

一二实政贻留地方，不负吾心，斯不负吾职，永为盛世增一培养人才之数焉”①。培养懂忠信、知廉耻、通诗书、能经世的人才，这是清代书院教育的目的。

清代书院培养了大批举人、进士，他们后来很多都成为官吏或学问家。

一 培养了大批官员

清代许多书院以科举为目标，书院的学规、章程也多以科举为指向。清代安徽有188所书院，徽州府是程朱理学的重镇，书院数量有几十所，占到全省的26%之多，名列首位。徽州府有进士315人、举人1080人，数量也居第一位，其中多人出自书院。

明朝末年，王学大盛，朱学被边缘化，“当明季时，如李贽之《焚书》《藏书》，怪乱不经……其时长老，多好此种，却将周、程、张、朱之书讥笑”②。清朝初年，昌盛百余年的王学颇遭士人诟病，书院担当起了程朱理学复兴的重任。如福建的鳌峰书院，就成为程朱理学的重镇，蔡世远和雷鋐等一批高级官员就是该书院培养出来的。

蔡世远（1681—1734年），字闻之，号梁村，漳浦县人。康熙四十六年（1707），入鳌峰书院求学，并于四十八年（1709）考中进士。雍正元年（1723）成为侍讲学士，入值尚书房，官至内阁学士、礼部侍郎。他谦恭自持，淡泊为怀，所得俸禄，多半赞助族亲和故旧。后受福建巡抚张伯行之聘，又回到母校，主持福州鳌峰书院。

雷鋐（1696—1760年）字贯一，号翠庭，宁化人。17岁补县学生，肄业于鳌峰书院。那时，主持鳌峰书院的是乾隆皇帝在藩邸时的老师蔡世远。雷鋐于雍正十一年（1733）中进士，乾隆初先后出任浙江、江苏学政，官至左副都御史。

蓝鼎元（1680—1733年），字玉霖，号鹿洲，福建漳浦人，畲族。在康熙四十六年（1707）游学于鳌峰书院，后担任过普宁、潮阳两县知县，

① 张淑渠、姚学瑛、姚学甲等：（乾隆）《潞安府志》卷35《艺文续编七·襄垣县建修古韩书院记》，清乾隆三十五年刻本。

② 李光地：《榕村语录》卷29《诗文一》，中华书局1995年版，第523页。

史书称其“尤善治盗及讼师，多置耳目，刻捕不稍贷，而断狱多所平反，论者以为严而不残”①，被名臣张伯行称为“八闽翘楚”。

百泉书院在孙奇峰的主持下，培育了很多官员。如汤斌（1627—1687年），字孔伯，号荆岘，晚号潜庵。河南睢州（今睢县）人，学于孙奇峰，顺治九年（1652）进士，官至工部尚书。一生清正廉明，是实践朱学理论的倡导者，所到之处，体恤民艰，弊绝风清，政绩斐然，被尊为“理学名臣”。

刘体仁，河南颍川卫人，顺治十二年（1655）进士，弃官从学于孙奇峰，晚年官至吏部郎中。

吕履恒（1649—1719年），字元素，号坦庵，河南新安人，早年学于百泉书院。康熙三十三年（1694）进士，官至户部侍郎。后辞官在江南一带主讲书院。

诂经精舍、学海堂均是朝廷重臣、汉学大家阮元创办的，也是汉学的两大重镇，培育了众多官员。

姚文田（1758—1827年），字秋农，号梅漪。归安（浙江吴兴）人，曾求学诂经精舍，嘉庆四年（1799）中状元，长期担任学政、考官及地方大员，最终做到礼部尚书，为官耿直，一身正气。

吴荣光（1773—1843年），字伯荣，一字殿垣，号荷屋、可庵，晚号石云山人，广东南海人。学海堂的生徒，作为道光间的封疆大吏之一，累官至湖广总督。

嵩阳书院到了清朝，仍然为社会培养了大量官员。

傅作霖，字叔甘。河南登封人，嵩阳书院生徒，顺治三年（1646）进士，授庶吉士，历官编修。

傅而师（1636—1663年），字左启，河南登封人，学于嵩阳书院，顺治八年（1651）举人。

景日昣（1662—1733年），字东旸，登封县人，肄业嵩阳书院，康熙三十年（1691）进士，官至陕西监察御史。

谢铝，字自重，号阅庵，河南登封人，嵩阳书院生徒，康熙三十五年（1696）举人，曾两次主讲于嵩阳书院。

---

① 赵尔巽等：《清史稿》卷477《蓝鼎元传》，中华书局1977年版，第13011页。

王桂，字宾黄，河南新安县人，学于嵩阳书院，康熙二十年（1681）举人，官至永成县教谕。

程元璋，理学大师程颐第23代孙，嵩阳书院生徒，康熙五十六年（1717）乡试中举，六十年（1721）中探花，官至礼、吏、兵三部侍郎。

位于西安城的关中书院每次乡试都有很多生徒中式，这些人后来大都成为官员，史载："关中乡省中式膺馆选者，大半皆书院之士，一时称盛事焉。"为陕西培养了第一个状元王杰（1725—1805年），字伟人，号惺国，韩城人，乾隆五十一年（1786）出任军机大臣，上书房总师傅，累官至东阁大学士。为官忠清劲直，老成端谨，不结党营私，不趋炎权臣和珅。嘉庆帝评价王杰，"道直一身立庙朝，清风两袖返韩城"。

王零川，临潼人，关中书院生徒，官至吏部尚书，以"经术饰治"吏部，讲学秦、晋、冀三省，力荐林则徐抗英。

王鼎（1768—1842年），字定九，号省厓，陕西蒲城县人，关中书院学子。嘉庆元年（1796）进士，历任翰林院庶吉士、编修、侍讲学士、侍读学士、礼、户、吏、工、刑等部侍郎、户部尚书、河南巡抚、直隶总督、军机大臣、东阁大学士。做官以廉洁著称，刚正不阿，不徇私情。反对割让香港，支持林则徐抗英。

阎敬铭（1817—1892年），陕西朝邑人，肄业关中书院，道光二十五年（1845）进士。历任户部主事、湖北布政使、山东巡抚、工部侍郎、户部尚书、军机大臣等职。为官40余年，清正廉洁，耿直不阿。

赵舒翘（1847—1901年），字展如，号琴舫，陕西长安人，关中书院肄业。同治十二年（1873）中举，翌年又中进士，做过总理各国事务衙门大臣、军机大臣兼顺天府尹，以执法公正"声振天下"。

宋伯鲁（1854—1932年），字子钝，陕西礼泉县人，关中书院生徒，光绪十一年中举，翌年中进士。曾任翰林院编修，顺天乡试同考官，山东乡试副考官，山东道御史，清政府掌印御史，北洋政府参政使等职。为官清廉，支持戊戌变法，主张废除科举，发展民族经济。

开封的大梁书院是中原地区的科举重镇，许多生徒从这里步入仕途。张伯行（1651—1725年），字孝先，号恕斋，河南仪封人，学宗程朱理学。8岁时读书饮泉书院，后又求学于大梁书院，康熙二十四年（1685）进士，累官至礼部尚书。丁忧期间，重修饮泉书院，发展家乡的书院教育。在江苏创办紫阳书院，在福建创办鳌峰书院。历官二十余年，以清廉刚直著称，其政绩在福建及江苏最为著名。

周亮工（1612—1672 年），字元亮，又字缄斋，号栎园，河南祥符人，就学于大梁书院。崇祯十三年（1640）进士，任御史。清初历官两淮盐运使、福建左布政使、户部右侍郎。有文才，工古文辞，著有《赖古堂诗钞》《因树屋书影》等。其子周在浚，也学于大梁书院，学贯古今，博通史传，注《南唐书》18 卷。

周之琦（1728—1862 年），字稚主，号退庵，河南祥符人，大梁书院生徒，嘉庆进士，历官刑部右侍郎、广西巡抚。著有《金梁梦月词》《怀梦词》《鸿雪词》《退庵词》等。

岳麓书院更是培养了陶澍、郭嵩焘、曾国藩、左宗棠、胡林翼、刘坤一等军政杰出人才，他们使岳麓书院名扬天下，造成全国“中兴将相，什九湖湘”的局面。

严如煜（1760—1826 年），字炳文，号乐园，溆浦人，曾求学岳麓书院，师从罗典。精通湖湘学，精研天文、地理、兵法。历任汉中知府、贵州按察使、陕西按察使等职。

彭浚，字宗臣，衡山人，师从罗典。嘉庆十年（1805）状元，授修撰、侍讲，历任福建正考官、内阁侍读学士、太仆侍少卿、奉天府丞兼学政等职。一生以培育人才为己任，裁革陋规，自奉节俭，为官清廉。

陶澍（1779—1839 年），字子霖，号云汀，湖南安化人。嘉庆进士，曾先后任翰林院编修，山西、四川、福建、安徽等省布政使和巡抚，后官至两江总督加太子少保。督办海运，剔除积弊，兴修水利。

贺长龄（1785—1848 年），字耦耕，号西涯，晚号耐庵，湖南善化人，在岳麓书院大约读过一年书，于嘉庆十二年（1807）中举，次年中进士，最后被擢升为云贵总督，他编纂了著名的《皇朝经世文编》。

罗绕典（1793—1854 年），字苏溪，安化人。读书岳麓书院 12 年，道光进士，选庶吉士，授编修。历任陕西粮道、山西按察使、贵州布政使、湖北巡抚。咸丰二年（1852），太平军入湘，奉命帮办湖南军务，后升任云贵总督。著作有《黔南世略》等。

曾国藩（1811—1872 年），字伯涵，号涤生，岳麓书院生徒，湘军的创立者和统帅。与李鸿章、左宗棠、张之洞并称“晚清四大名臣”。官至两江总督、直隶总督、武英殿大学士。

左宗棠（1812—1885 年），字季高，一字朴存，号湘上农人。政治家、著名湘军将领，洋务派首领。官至东阁大学士、军机大臣。

胡林翼（1812—1861 年），字贶生，号润芝，湖南益阳县人，晚清中兴名臣之一，湘军重要首领。道光十六年（1836）进士。先后充任会试同考官、江南乡试副考官，历任安顺、镇远、黎平知府。官至湖北布政使，署巡抚期间，他整饬吏治，引荐人才，为人称道。

刘蓉（1816—1873 年），字孟容，号霞仙，湘乡人。求学岳麓书院，师从欧阳厚均，道光十六年（1836）肄业。后追随曾国藩，因军功升任陕西巡抚。后因镇压捻军惨败，被革职。

刘长佑（1818—1887 年），字子默，号印渠，新宁人，肄业岳麓书院，师从丁善庆。咸丰年间，参与镇压太平军，历任巡抚、两广总督、云贵总督。

郭嵩焘（1818—1891 年），字伯琛，号筠仙、云仙、筠轩，别号玉池山农、玉池老人，湖南湘阴城西人，岳麓书院生徒。湘军创建者之一，中国首位驻外使节。道光二十七年（1847）进士，曾为曾国藩幕僚。后任苏松粮储道、两淮盐运使、广东巡抚，同治五年（1866），罢官回籍，在长沙城南书院及思贤讲舍讲学。光绪元年（1875），进入总理衙门，不久出任驻英公使。

李元度（1821—1887 年），字次青、笏庭，自号天岳山樵、超然老人，平江人，求学岳麓书院。入曾国藩幕府，镇压农民起义，授云南按察使。

曾国荃（1824—1890 年），字沅甫，号叔纯，岳麓书院生徒，师从丁善庆。因镇压太平军有功，此后历任湖北巡抚、陕西巡抚、河东河道总督、山西巡抚、陕甘总督、两广总督、礼部尚书、两广总督兼通商大臣等职。

刘坤一（1830—1902 年），字岘庄，湖南新宁人。晚清军事家、政治家，湘军宿将。历任直隶州知州、广西布政使、江西巡抚、两江总督、两广总督，次年兼南洋通商大臣。

长沙的城南书院，讲求经世致用，在晚清内忧外患的时代，也培养出了如晚清理学经世派的先驱唐鉴，湘军名将、马革裹尸的罗泽南，中兴名臣、收复伊犁的左宗棠，朝廷名臣张岳龄、徐树铭等一大批为国尽忠、为民请命的官员。

山西的晋阳书院虽然没有岳麓书院著名，但也发挥了人才培养的作用。张佩芳（1732—1793），字荪圃，号卜山，山西平定人。15岁时就读于太原晋阳书院，用功刻苦，得到书院主讲牛运震的赏识，之后他转到蒲州书院学习，又成为蒲州士子的学习榜样。后相继出任安徽歙县和寿州的地方官。在任期间，于这两个州县分别建立了两所书院，并且聘请名师硕儒来院讲学。

康基田（1728—1813年），字仲更，号茂园，兴县人。少时于太原晋阳书院肄业，后考中进士，授江苏新阳知县，为县令几十年，迁广东潮州通判，累迁河南河北道，调江南淮徐道，治河有政绩，尤其在治理黄河方面做出了巨大贡献，是清朝著名的治黄专家。他所写的《河防筹略》《河渠纪闻》《合河纪闻》和《晋乘搜略》中保留了大量的治河经验。

南菁书院是江苏全省的最高学府和教育中心，虽然办院时间较短，却人才辈出。据不完全统计，从该书院肄业后考中进士的有31人，举人出身者52人，秀才出身者373人。正如民国初年曾任教育总长的张一麐所说："江南人才渊薮，以南菁为最。"如著名教育家、国学大师唐文治，近代教育家章际治，政治家、教育家、篆书名家吴稚晖，近现代著名爱国主义者和民主主义教育家黄炎培等，民国时期的政治家钮永建，闭门读书、不愿出仕、著有《香草校书》《续校书》的大学问家于鬯，以研究《水经注》和《三国志》而闻名的地理历史学家谢钟英，中国近代著名的数学家华世芳，曾因《代数因子》一书获得英国皇家数学协会奖状的崔朝庆等人，都出自南菁书院。

清代晚期的莲池书院培养出了许多封建官僚、文人和学者，他们"彪炳于仕途、议院、学校者，不可屈指数"。如民国政坛的风云人物，代总统冯国璋、工商总长谷钟秀、教育总长傅增湘、直隶省省长刘若曾等人，都曾就读于莲池书院。

京城的金台书院是京内外士子参加科举考试的主要学习场所，在历届会试中，该书院均有数十人中进士，后来或为官，或为学者。李绶的《重修金台书院碑记》记载，乾隆年间的金台书院，"肄业诸生蒸蒸向化，每逢大比，掇巍科者指不胜屈，可谓盛矣”①。顾镇、姚汝金主讲金台书院时，到此学习的达上千人，会试中进士的多达百人。道光年间，金台书院为社会培养的人才有吴浚源、秦淳熙等人。吴浚源，字悝堂，“乡贤名凤长子也，岁贡生，金台书院肄业，复入国子监南学，肄业。道光十五年，遵例补大理寺评事，勤慎供职”②。吴浚源曾经在金台书院肄业，后在南京国子监学习，道光十五年（1835）补为大理寺评事，二十三年（1843），选江宁府督粮同知。二十六年（1846），任江淮徐扬总运府，工作勤勤恳恳，尽职尽责。曾经建造凤梧书院的浙江龙游知县秦淳熙，字介庵，号莲溪，安徽六合人，“世居邑西乡莲花里，性质简重，学术亦邃。道光乙酉举于乡。入都，肄业金台书院，所为文人传诵之。乙未，成进士，授庶常散馆，改知县”③。

清代一些州级、县级书院也培养了一批官员。清代杨士奇曾高度评价书院教育对于改变“凡穷而无力者，不得望庐而托处焉。闾里族党间，虽有俊异，若无所师授，辄多废弃，士之子恒为士，农之子恒为农，其势然也”④ 的教育不公平等方面的作用。

例如，陈宏谋（1696—1771 年），字汝咨，临桂（今广西桂林）人，早年就读于桂林华掌书院，雍正元年（1723）考中乡试第一名，接着又考中会试第 108 名、殿试三甲第 8 名，自此步入仕途，官至吏部尚书、工部尚书、协办大学士、东阁大学士等职。

焦循（1763—1820 年），字理堂（一字里堂），江苏扬州人，得中生员入安定书院读书，嘉庆举乡试，与阮元齐名，后成为著名哲学家。

李兆洛（1769—1841 年），字申耆，晚号养一老人，阳湖（今属江苏常州市）人。在龙城书院肄业，师从著名学者卢文昭，后中举人、进士，精舆地、考据、训诂之学，是阳湖派代表作家之一，也是位著名的地理学家。

---

① 李绶：《重修金台书院碑记》（拓片）。

② 祝嘉庸、吴浔源：（光绪）《宁津县志》卷 8《人物志 · 仕绩 · 国朝》，清光绪二十六年刊本。

③ 谢廷庚等：（光绪）《六合县志》卷 5《人物志 · 儒林》，清光绪十年刻本。

④ 杨世瑛等、王锡祯、宋思本等：（民国）《重修安泽县志》卷 15《艺文志 · 创修石渠书院碑记》，民国二十一年铅印本。

刘宝楠（1791—1855 年），字楚帧，号念楼，江苏宝应人，曾经入扬州安定书院读书，嘉庆二十四年（1819）优贡生，道光二十年（1840）进士，历任文安、元氏、三河、宝坻等县知县，是“扬州学派”的杰出代表。

另外，康熙年间，湖州的安定书院，在府学教授黄华担任主讲后，“所识拔造就者多人”①。乾隆年间的进士周焘，“自以不合时宜，致仕归。主讲岳麓、朗江书院数年，湖南名士多出其门”②。

一些乡村书院或家族书院也具有一定的规模，培养了一些人才，他们有的后来做了官员。

茶陵县的白沙书院，又称“白沙义塾”，坐落在今界首镇白沙村七组义学里，乾隆二十五年（1760），由谭姓公建。院舍为一进四栋，四合院式，计房屋 18 间，占地面积 1300 平方米。书院有名儒谭滋甲等主讲，培育士子 200 余人，其中佼佼者 10 余人，如咸丰六年（1856）进士、两广总督谭钟麟，同治七年（1868）进士、户部主事苏大治，光绪六年（1880）榜眼、翰林院编修曹诒孙等，都曾在该书院就读。

二 培养了大批学者

清代书院获得很大发展，自然培育的学者也就增加许多。著名学者欧阳厚均掌教岳麓书院 27 年，弟子数以万计，他们凭借着深厚的经学功底，在清代科举考试中大显身手，“济济称盛”。据统计，仅道光五年（1825），岳麓书院“今岁名下贡举四十有九人”，该年全省取举人 145 人，岳麓书院占全省总数的 33.7%。道光十五年（1835），岳麓书院乡举 28 人，同年全省乡举 71 人，占到全省总数的 39.4%。清代长沙考中进士者 190 人，成为全国著名的科举中心，对此，岳麓书院做出了重大贡献。最后一位山长王先谦倡导新学，开启近代化课程改革，又培养了许多具有近代思想的学者，如魏源、杨昌济等著名学问家。

---

① 宗源翰、周学濬等：（同治）《湖州府志》卷 62《名宦录一・本朝》，清同治十三年刊本。

② 福昌、梁葆颐、谭钟麟：（同治）《茶陵州志》卷 18《人物・宦绩・周焘》，清同治十年刻本。

魏源（1794—1857年），名远达，字默深，又字墨生、汉士，号良图，湖南邵阳人。清代启蒙思想家、政治家、文学家，早年求学岳麓书院，道光二年（1822）举人，道光二十五年（1845）进士，编成《海国图志》50卷。他认为治学应以“经世致用”为宗旨，主张实行变法，倡导学习西方先进科学技术，并提出了“师夷长技以制夷”的主张，开启向西方学习的新潮流。梁启超说：“龚魏之时，清政既渐陵夷衰微矣，举国方沉酣太平，而彼辈若不胜其忧危，恒相与指天画地，规天下大计。”①

范源濂（1876—1927年），字静生，湖南省湘阴县人，近代教育家。曾是岳麓书院生徒，后又入时务学堂，与蔡锷同为梁启超的得意弟子，接受变法思想，戊戌变法失败后流亡日本，入东京高等师范学校学习。回国后从事教育工作，历任南京临时政府教育次长、总长，国民政府教育总长等职。1926年任北京师范大学校长。

杨树达（1885—1956年），字遇夫，长沙人，语言文字学家。岳麓书院学制变革时期生徒，后又入时务学堂，1900年入长沙求实书院，学习数学、地理、英语等新知识，曾留学日本。历任北京师范大学、清华大学、湖南大学教授。从事古汉语语法及文字训诂学研究，著有《古书疑义举例续补》《高等国文法》《词诠》《论语疏证》《汉书窥管》等。去世时，毛泽东致唁电，周恩来送花圈。

孙奇峰讲学百泉书院25年，为社会培养了大量学者，如杜越、王余祐、耿介、费密、魏一鳌、冉觐祖、窦克勤等人。

杜越（1596—1682年），字君异，号紫峰，直隶定兴人，先学于孙奇峰，后在百泉书院讲学，一时名彦皆师事之。康熙十八年（1679），举“博学鸿儒”，以老病不就，特旨与傅山俱授内阁中书，著有《紫峰集》14卷。

王余祐（1615—1684年），直隶新城人，初学于孙奇峰，后到苏门山游学百泉书院，归隐献县，以教授为生，徒弟数百人，著有《五公山人集》14卷、《居诸篇》《兵民经略图》等。

耿介（1622—1693年），原名冲壁，字介石，号逸庵，河南登封人。顺治八年（1651）八月，由百泉书院应试，中举人，康熙二十五年

① 梁启超：《清代学术概论》，东方出版中心1996年版，第69页。

（1686），被封为少詹事，入值上书房。翌年，以病辞归，先后在嵩阳书院、大梁书院讲学，著有《敬恕堂存稿》。

费密（1623—1699 年），字此度，号燕峰，四川新繁人。不远千里到苏门山百泉书院学习，拜孙奇峰为师，举鸿博，荐修《明史》，皆为其辞。后代学者评论说："蜀中自杨升庵外，唯密著作最富，论说精辟，对后世颇有影响。"费密与遂宁吕潜、达州唐甄，合称"清初蜀中三杰"。

张沐（1630—1712 年），字仲诚，上蔡人，学于百泉书院，晚年先后游学大梁书院，并且在嵩阳书院讲学。

冉觐祖（1638—1719 年），字永光，号蟫庵，河南中牟县人，系孔子弟子冉伯牛后裔。学于百泉书院，康熙三十年（1691）进士，官翰林院检讨，潜心理学，长期主讲嵩阳书院，作《为学大指》《天理主敬图》，以教学生。主编有《中州通志》，著有《五经四书详说》《性理纂要》《阳明疑案》《正蒙补训》《尚书详说》《四书玩注》及诗文杂著 20 余种。

李灼然（1653—1721 年），字来章，襄城人，百泉书院肄业，康熙十四年（1675）举人，后辞官讲学于嵩阳书院，康熙三十年（1691）被聘为南阳书院主讲，翌年到襄城紫云书院讲学。

窦克勤（1653—1708 年），字敏修，一字艮斋，号静庵，河南柘城人，学于百泉书院，康熙十一年（1672）举人，讲学嵩阳书院。康熙二十七年（1688）进士，选庶吉士。尝于柘城东郊立朱阳书院，倡导正学。著有《理学正宗》《孝经阐义》等。

另外，名臣如魏象枢、魏裔介等都师事孙奇峰，河北的颜元、山西的傅山，也都师事孙奇逢。黄宗羲称"北方之学者，大概出于其门"①。

苏州的紫阳书院办学有方，远近闻名，慕义来学者，不可胜数，书院在近二百年间考取进士的就有 20 多人，其中潘世恩、吴廷深还中了状元，培养了著名考据学者钱大昕、王鸣盛等。

乾隆十四年（1749），钱大昕肄业于苏州紫阳书院。钱大昕曾言："予年二十有二，来学紫阳书院，受业于虞山王艮斋先生。先生诲以读书当自经史始，谓予尚可与道古，所以期望策厉之者甚厚。予之从事史学，

① 黄宗羲：《明儒学案》卷 57《诸儒学案下五・征君孙钟元先生奇逢》，中华书局 1985 年版，第 1371 页。

由先生进之也。”① 钱大昕于苏州紫阳书院肄业期间，沐于王峻、沈德潜之教泽，得惠栋、沈彤、李果诸儒之指授，益以同舍王鸣盛、王昶、曹仁虎诸友之策励，故于经史古学，文章诗赋，均能擅一时之雄，根柢之学，自此立矣。江藩赞钱大昕“学究天人，博综群籍，自开国以来，蔚然一代儒宗也”②。后又在紫阳书院担任主讲16年，二千余弟子中，“其为台阁侍从，发名成业者，不胜计”③。钱大昕主院务时，李锐的算术、夏文焘的地理、钮树玉的说文、张燕昌的金石、陈稽亭的史学、费士玑的经术都学有所成，顾广沂、顾苑、潘世恩、董国华等十余人更是通才。

王鸣盛（1722—1797年），字凤喈，一字礼堂，别字西庄，晚号西江，江苏嘉定人。早年入紫阳书院肄业，东南才俊咸出其下，奠定其后来治学方向。乾隆十九年（1754）进士，官侍读学士、内阁学士兼礼部侍郎、光禄寺卿。以汉学考证方法治史，为“吴派”考据学大师，清代史学家、经学家、考据学家，著有《十七史商榷》《耕养斋诗文集》《西沚居士集》等。

王昶（1725—1806年），字德甫、号述庵、又号兰泉，青浦人。少年时即有文誉，被巡抚雅尔哈善选入紫阳书院深造，后来成为著名的金石学家。乾隆十九年（1754）进士，一生主要成就，不在仕途，而在学术，主编《金石萃编》，诗文结集《春融堂集》。曾经主讲娄东书院、杭州的敷文书院、诂经精舍等。

朱骏声（1788—1858年），字丰芑，号允倩，15岁进入紫阳书院学习，师从钱大昕。钱大昕见朱骏声在训诂、文字、古文、诗词诸方面均有天赋，“奇其才，遂授业门下，益专力古学”，后成为清代著名的文字学家。曾经在松陵、清溪、暨阳等5个书院担任山长。

曹仁虎（1731—1787年），字来殷，号习庵，嘉定人，少称奇才，紫阳书院生徒，与钱大昕和王昶三人同时入学紫阳书院，“食则同炊，夜则联床”，相交尤笃。同窗好友中，还有王鸣盛、吴泰来、赵文哲、黄文莲，“相与镞厉古学”，均擅诗辞文章，有“吴中七子”之称。乾隆二十

① 钱大昕：《潜研堂集》卷24《汉书正误序》，清嘉庆十一年刻本。

② 钱仪吉：《碑传集》卷49《又钱詹事大昕记》，清道光刻本。

③ 钱仪吉：《碑传集》卷49《詹事府少詹事钱君大昕墓志铭》，清道光刻本。

六年（1761）进士，选庶吉士，授编修。著有《宛委山房诗集》《蓉镜堂文稿》。

扬州安定、梅花二书院培养了大批的乾嘉学者，先后在此肄业的学者有裴之仙、管一清、杨开鼎、梁国治、谢溶生、蒋宗海、秦黉、王嵩高、任大椿、唐侍陛、唐仁埴、杨文铎、申甫、何融、余瀛、侍朝、赵廷煦、郭联、吴楷、段玉裁、李惇、王念孙、宋绵初、汪中、刘台拱、殷盘、徐步云、杨伦、韦佩金、洪亮吉、江涟、万应馨、金科、孙星衍、余鹏飞、朱申之、顾九苞、程赞普，共38人。其中就有乾嘉时期著名的汉学家，如段玉裁、任大椿、汪中、王念孙、李惇、洪亮吉、孙星衍、顾九苞等人。

嘉庆年间，阮元创建的诂经精舍培养了众多的汉学人才。孙星衍说，诂经精舍“不十年间，上舍之士，多致位通显，入玉堂，进枢密，出建节而试士，其余登甲科，举成均，牧民有善政，及撰述成一家言者，不可胜数，东南人材之盛，莫与为比”①。比较著名的肄业生徒有洪颐煊、洪震煊、徐养源、徐养浩、陈鸿寿、陈文杰、胡敬、徐雄飞、吴东发、汪嘉禧、孙同元、赵春沂、赵坦、范景福、何兰汀、徐鲲、丁子复、李遇孙、金廷栋、陶定山、张鉴、沈涛、周联奎、顾廷纶、邵葆初、蒋絅、李方湛、吴文健、陆尧春、朱壬、汤锡蕃、王仁、朱为弼、何起瀛、钱林、张立本等30余人。

学海堂是阮元继杭州创建诂经精舍之后，于道光五年（1825），在广州城北粤秀山创办的又一个以专重经史训诂为宗的书院，其中涌现出多位汉学家，如陈澧、李光廷、周寅清等，他们成为广东汉学的主体力量。

保定的莲池书院成为清末桐城派学术中心，培养的长于桐城古文的学者有献县张坪、南宫刘登瀛、盐山杨越、盐山贾恩绂、深泽赵宗抃、安州张銮坡、高阳李增辉、清苑崔琳、永年孟庆荣、清苑张镇午、南宫李刚已、衡水刘乃晟、任邱崔庄平、定州马锡蕃、饶阳常堉璋、宣化张殿士、高阳闫凤阁、安州王宝钧、任邱籍忠寅、四川傅增湘、新城王树楠、肃宁刘春霖等，还有易象学大师尚秉和、末期桐城派的代表人物之一吴生、河北大儒高步瀛等。

① 孙星衍：《平津馆文稿》卷下《诂经精舍题名碑记》，中华书局1985年版，第58页。

牛兆濂（1867—1937年），字梦周，号蓝川，陕西蓝田县人，光绪十年（1884）就读于关中书院，光绪十二年补廪膳生员，并被聘为塾师。曾于蓝田芸阁书院、三原清麓书院讲学，后人尊称其为蓝川先生。著有《吕氏遗书辑略》《芸阁礼记传》《近思录类编》等，“诗文工妙”、学问淹通，清末民初关中学派的代表人物，被誉为“横渠以后关中一人”。

刘光蕡（1843—1903年），字焕唐，号古愚，陕西咸阳村人，曾肄业于关中书院，32岁时中举人，其后因会试进士不第，便绝意仕途。倡议废八股、立新学、举实业、培养新型人才，与康梁变法相呼应，时称“南康北刘”。后任味经书院山长，讲求实用之学。光绪二十三年（1897），创办崇实书院，以讲求实学，培养实用人才为宗旨。

张远览（1727—1803年），字伟瞻，号桐冈，河南西华人。学于大梁书院，读书日记诵数千言。乾隆十八年（1753），拔贡生。次年，举乡试，中举人，选授正阳教谕，主讲正阳书院，远近争来就学，成材颇众。河南巡抚毕沅闻其名，调摄开封教授，主讲大梁书院。工诗古文辞，沈酣经史，旁及百家。著有《直云堂诗草》《桐冈文存》《碑幢闻见录》《古诗录》《春秋主臣录》《春秋义略》及《诗小笺》等。

蒋湘南（1795—1854年），字子潇，回族，固始县人。初学于临淮书院，19岁考中秀才，道光十五年（1835）中举人，再学于大梁书院，工诗文，通历律、地理、水利等，是钱仪吉的高足，知识渊博，修纂《兰田县志》《经阳县志》《留坝厅志》《同州府志》《夏邑县志》《鲁山县志》等。

李宏志（1667—1742年），河南宝丰人，先后学于嵩阳书院、紫云书院、大梁书院，并且担任春风书院主讲20余年，独好汉学，擅长古文辞，著有《李氏宗谱考》《野乘》，参与编修《汝州志》《郏县志》，主修《宝丰县志》。

嘉庆、道光时，徽州的紫阳书院培养出著名的音韵学家江有浩、算学家汪荣之、经学家胡培翚等，还有著名的学者夏炘。

三　培养了一批维新派和革命家

值得注意的是，清代书院和以前书院不同的地方是它们为社会培养了资产阶级维新派人才，特别是民主革命的革命家。

例如，光绪十七年（1891），康有为在广州开设了新型书院——万木草堂，该书院“每论一学，论一事，必上下古今，以究其沿革得失。又引欧美以比较证明之”①。万木草堂宣传维新思想，以康有为的《新学伪经考》《长兴学纪》为主要教学内容，宣传托古改制，该书院培养出来的梁启超、陈千秋、徐勤、麦孟华等人，后来均成为资产阶级改良主义维新变法运动的重要人物。

杭州的求是书院是浙江维新派代表人物、杭州知府林启创办的，是浙江最早的新式高等学校，林启兼任书院总办，指定的必读书有黄宗羲的《明夷待访录》、王船山的《黄书》及严复翻译的赫胥黎的《天演论》等。求是书院教师中不乏革命党人，如刘大白、陈去病、马叙伦、孙翼中。书院培养了陈独秀、蒋方震（蒋百里）、蒋尊簋、陈仪、周承菼、王维忱、邵元冲、许寿裳、黄郛等革命党人。

岳麓书院以及改制后的湖南高等学堂，为近代中国培养了大批维新变法人才，如谭嗣同、唐才常、沈荩、熊希龄等。

唐才常（1867—1900年），字伯平，号佛尘，湖南浏阳人，早年在岳麓书院学习，光绪二十年（1894），肄业于两湖书院，后从事维新派言论阵地《湘学报》的编辑工作，参与创办时务学堂、南学会等，成为清末维新派领袖，中国近代史上著名政治活动家。戊戌政变后，去日本、南洋集资，回沪后创“自立会”，于汉口谋划发动自立军起义，事泄被捕，被张之洞杀害。

谭嗣同（1865—1898年），字复生，号壮飞，湖南浏阳人，少时师从岳麓书院山长欧阳中鹄，后加入维新派。提出废科举、兴学校、开矿藏、修铁路、办工厂、改官制等变法维新的主张。参加领导戊戌变法，“戊戌六君子”之一，失败后被杀。

沈荩（1872—1903年），原名沈克诚，字愚溪，长沙人。光绪初年肄业于岳麓书院，从事变法活动。失败之后，流亡日本。光绪二十六年（1900），返回上海，参加唐才常组织的自立军，任右军统领。光绪二十九年（1903），在报刊上揭露丧权辱国的《中俄密约》，因谋杀清帝事泄，被捕死于狱中。

① 梁启超：《康有为传》，团结出版社2004年版，第31页。

熊希龄（1870—1937 年），湖南凤凰人，著名的教育家、社会活动家、实业家和慈善家，杰出的爱国主义者，25 岁中进士。与谭嗣同、唐才常等倡议创建南学会，得到了湖南巡抚陈宝箴和署湖南按察使黄遵宪的大力支持。1913 年当选为民国第一任民选总理，因反对袁世凯复辟帝制，不久即辞职。晚年致力于慈善和教育事业，并于 1920 年创办著名的香山慈幼院。

根据湖南大学岳麓书院教授丁平一的研究，谭嗣同在湖南的维新派师友有唐才常、欧阳中鹄、熊希龄、涂启先、涂儒翯、刘善涵、邹代钧、蒋德钧、皮锡瑞、毕永年、杨毓麟、龙绂瑞、龙璋、张通典、樊锥、易鼐、何来保、秦力山、沈荩、林圭、蔡钟浩、李炳寰、田邦璇、蔡锷、杨昌济、曹典球、左孝同、唐才中、唐才质、刘善浤、黎宗鋆、邹柽贤、罗棠。[①] 这些人当中，有很多是岳麓书院的学生，他们有的成为维新派人物，有的成为革命家。

岳麓书院以及改制后的湖南高等学堂还培养了资产阶级民主革命家，如黄兴、蔡锷、陈天华、程潜等人为代表的民主革命派。

黄兴（1874—1916 年），原名轸，改名兴，字克强，一字廑午，号庆午、竞武，长沙府善化县人。早年肄业于岳麓书院，后进入两湖书院学习 4 年，培养了黄兴军人品格和文武技能，成为近代民主革命家，辛亥革命时期的先驱和领袖，以字克强闻名当时，与孙中山常被时人以“孙黄”并称。

陈天华（1875—1905 年），字星台，号思黄，湖南新化人，近代民主革命家，早年为岳麓书院改制时期学生。1903 年留学日本，与黄兴等人从事反清革命活动，著《猛回头》《警世钟》等书。回国后参与组织华兴会。1905 年参加发起同盟会，12 月在东京参加抗议日本政府《取缔清国留日学生规则》的斗争中愤而投海自杀，著作结成《陈天华集》。

程潜（1882—1968 年），字颂云，湖南醴陵人，同盟会员，国民党陆军一级上将。曾任湘军都督府参谋长、非常大总统府陆军总长，广东大本营军政部部长。中华人民共和国成立后，任全国人民代表大会常务委员会

---

① 丁平一：《谭嗣同与维新派师友》中编《谭嗣同与湘省维新派师友》，湖南大学出版社 2004 年版，第 69—178 页。

副委员长、湖南省省长、中国国民党革命委员会副主席等职。

蔡锷（1882—1916 年），原名艮寅，字松坡，湖南宝庆人，民国初年杰出军事领袖。辛亥革命时期，他在云南领导了推翻清朝统治的新军起义；四年后参加了反对袁世凯称帝、维护民主共和国政体的护国军起义。

另外，受到岳麓书院影响的还有毛泽东、蔡和森、邓中夏、何叔衡、李达等早期共产主义者。

两湖书院造就了一批革命志士，除唐才常和黄兴以外，还有孙中山爱将刘成禺，政治活动家章士钊，筹组东京东盟会的李书城，湖北日知会核心成员曹亚伯，辛亥革命武汉革命军总司令部秘书长田桐，华兴会元老周震麟，南京临时政府参议员胡秉柯、廖名缙，同盟会会员陈家鼎等人，他们都出自两湖书院或其改制的两湖总师范学堂。

第七章

结语与思考

本书系统论述了我国古代时期士大夫和书院两者的互动关系，正是由于士大夫的积极推动，才使书院逐步发展到鼎盛时期，而书院又反过来对士大夫的价值观培育和后备人才培养发挥了重要作用，与明朝以前士大夫和书院互动关系相比，明清时期士大夫和书院互动关系更具有典型性。学术界对于士大夫和书院互动关系的研究历来薄弱，本书将士大夫和书院互动关系置于朝廷政局、文教政策和士大夫价值观变化的大环境下进行了系统深入的研究，取得了重要进展。

一　士大夫在书院发展过程中的推动作用

在书院发展过程中，无论是书院创办、书院重修、书院管理，还是书院改革，甚至清末对书院的改制，都少不了士大夫的推动作用，这些内容我们在以上章节中已经阐述，这里我们主要论述士大夫在书院发展过程中所起到的推动作用。

（一）士大夫在书院发展过程中，起到了积极的推动作用

在书院的发展过程中，士大夫起到了积极推动作用。唐末五代、北宋、明朝和清朝均是如此。正是由于士大夫的坚持和推动，才使最高统治者最终放弃打压书院的政策，转而采取支持书院发展的措施，书院得以千余年绵延不断，不绝如缕。

在唐末五代时期，社会动荡，官学缺失，一些士大夫便隐居山林或乡村，文人的经世情怀，诱使他们创办书院，发展教育。南宋末年史学家马端临曾对唐末宋初的学校和书院作过如下的描述：

> 是时未有州县之学，书院先有乡党之学。盖州县之学，有司奉诏旨所建也，故或作或辍，不免具文；乡党之学，贤士大夫留意斯文者所建也，故前规后随，皆务兴起后来所至，书院尤多，而其田土之锡，教养之规，往往过于州县学，盖皆欲仿四书院云。①

这种民间书院大都是乡绅创办的，家族式书院居多，如唐朝德宗时期的国子监幸南容，创办了位于高安的桂岩书院，还有创办于唐末大顺年间的东佳书堂，创办于五代的泰和匡山书院、昌平的窦氏书院、奉新梧桐书院和华林书院。这些书院不仅面向本家族子弟，而且还允许乡里乡亲的子弟前来学习。

北宋初年，社会渐趋安定，文风渐起，吕祖谦说："国初斯民，新脱五季锋镝之厄，学者尚寡，海内向平，文风日起。儒生往往依山林，即闲旷以讲授，大率多至数十百人。"② 此时官学尚未发展起来，文人便在山林乡间创办书院，聚徒讲学。朱熹在《衡州石鼓书院记》中也说，北宋初年，"庠序之教不修，士病无所于学，往往相与择胜地，立精舍，以为群居讲习之所"③。例如，江西丰城县的莲溪书院，湖南湘阴县的笙竹书院，江西抚州的慈竹书院等。

可见，唐末五代、北宋初期，作为乡绅自发建立的教育形式，乡党之学的书院在当时已经存在。正是在民办书院的推动下，北宋政府才对书院采取因势利导的政策，通过赐田、赐额、赐书等措施支持书院发展。

一般情况下，官学缺失，则书院发展；官学发达，则书院受压制。明朝初期，政府大力发展官学，对书院采取釜底抽薪的抑制措施。书院生存遇到严重困难，此时，正是由于士大夫的坚持，才使得书院没有绝迹。永乐二十二年（1424），河南伊川县的伊川书院，在知府李遵义、教授杨旦的努力下得以重修。据统计，洪武、建文、永乐、宣德、正统、景泰和天

---

① 马端临：《文献通考》卷46《学校考》7《郡国乡党之学》，中华书局1986年影印本，第431页。

② 吕祖谦：《东莱集》卷6《白鹿洞书院记》，民国续金华丛刊。

③ 朱熹：《石鼓书院记》，载李安仁、王大韶、李扬华：《石鼓书院志》下部，岳麓书社2009年版，第114页。

顺年间，全国新建和复建的书院有 139 所。[①] 士大夫对书院教育的孜孜以求，终于使明朝政府在正统以后，逐步改变了原来压制书院的政策，转而支持书院发展。

清朝初年的书院存在环境也并不好。顺治皇帝下令“不许别创书院”，企图动用政府的力量压制书院发展。雍正元年（1723），又“命各省改生祠、书院为义学”[②]，更是下令把所有书院改成义学。但是，士大夫们仍然念念不忘书院教育，他们并没有全部执行皇帝的诏令。顺治十二年（1655），江西巡抚郎廷佐让南康府县修缮白鹿洞书院。顺治十四年（1657），湖南巡抚袁廓宇修复了石鼓书院。据邓洪波先生统计，顺治年间，全国新建书院 45 所，修复书院 61 所。在士大夫的推动下，康熙皇帝转而支持书院发展，对书院赐书、赐额。雍正即位初期，虽对书院采取压制政策，但“各省学政之外，地方大吏每有设立书院，聚集生徒，讲诵肄业者”[③]。于是到了雍正十一年（1733），雍正皇帝终于转而积极支持书院发展，谕令各地督抚创办省会书院，并拨付帑银作为创办经费。此后，地方官员创办、重修书院蔚然成风。

当然，士大夫对书院的支持导致了书院的官学化，这也是不能否定的事实，我们不能因为士大夫的支持，使书院获得大发展而忽视其负面效果。

（二）士大夫在书院改革和改制过程中，也发挥了积极推动作用

随着社会的发展，洋务运动的兴起，士大夫创办了越来越多的传播西学的书院，书院教育进入变革时期，最后改制为学堂。

鸦片战争特别是第二次鸦片战争以后，西方列强瓜分中国，士大夫们认识到传统书院教育已经不能适应国家培育救亡图存人才的需要，例如，格致书院生徒在课艺中就说：

> 乃观中国一乡一邑，书院林立，所工者惟文章也，所求者乃科举

---

① 根据白新良《中国古代书院发展史》统计。

② 张廷玉、嵇璜、刘墉等：《清朝文献通考》卷 70《学校考八》，浙江古籍出版社 1988 年版，第 5503 页。

③ 同上书，第 5504 页。

> 也，而此外则别无所事……今日四邻日强，风气日变，泰西诸国各出奇技淫巧以赚我钱，而我之八股五言曾不足邀彼一盼，试问制艺能御彼之轮舰乎？曰不能也；能敌彼之枪炮乎？曰不能也。自知不能而尚不亟思变通，是犹讳病忌医，必至不可救药也。①

要求变革书院教育内容的呼声在士大夫阶层中越来越强烈。

与此同时，外国传教士在中国逐步创办了一些教会书院，这些教会书院的教学内容主要为近代西方科学，培养目标以通晓西学、熟悉洋务的学生为主，受到洋务派、维新派和追求新知的知识分子的欢迎。这对中国的传统书院形成了一种压力，迫其改革教育内容。从咸丰十年（1860）到光绪二十六年（1900）的40年间，不仅新建书院1037所，而且更为重要的是，这些新建书院的教育内容引入了西学，开始了自身的改革。在书院改革过程中，士大夫们积极推动。

首先是在传统书院教育中加入西学内容。如光绪二十年（1894），湖南学政“思以体用骇实之学导湘之士”，在校经书院增加西学藏书，改革课程，添置天文、舆地、测量诸仪，光化矿电试验各器。其次是创办新型书院。除去教会书院以外，中国人也创办了许多传播西学的书院，如同治三年（1864），巡道丁日昌于上海创办龙门书院，曾经聘请顾广誉、刘熙载、孙锵鸣、吴大澂、汤寿潜等掌教。同治十二年（1873），学政许振祎于陕西泾阳创办味经书院。光绪二年（1876），巡道冯焌光于上海创建求志书院。光绪四年（1878），上海邑绅张焕纶等创办正蒙书院。光绪二十三年（1897），陕西泾阳建成崇实书院。这些书院的教学内容，西学成分日益增多，超过了中学内容。

由于士大夫的积极推动，光绪二十五年（1899）正月，慈禧下懿旨，让各省大书院分天文、地理、兵法、算学四门授课。清廷对新型书院给予了法定承认。

在改书院之制为学校之制，即所谓书院改制的过程中，士大夫同样起到了积极推动的作用。光绪二十一年（1895）闰五月，顺天府尹胡燏棻

---

① 潘克先：《中西书院文艺兼肄论》，载陈忠倚：《皇朝经世文三编》卷42《礼政》7《学校中》，清光绪二十八年上海书局石印本。

在《变法自强疏》第10条《设立学堂以储人才》中，率先提出书院改制问题。光绪二十二年（1896）五月，刑部左侍郎李端棻上奏《推广学校以励人才折》，重提改书院为学堂事，虽然都没有付诸实施，但在士大夫中制造了改制的舆论。光绪二十四年（1898），谭嗣同建议把家乡浏阳的书院合并，改建为学堂。光绪二十四年（1898）五月二十二日，光绪皇帝完全采用康有为在《请饬各省改书院淫祠为学堂折》中提出的激进办法，发布上谕，限令两个月之内，将全国大小书院改为兼习中学、西学之学校。随着戊戌变法的失败，书院改制也停止了。庚子之变后，慈禧实行“新政”。光绪二十七年（1901）五六月，湖广总督张之洞、两江总督刘坤一联名上奏，再度重提书院改学堂之议。是年八月初二日，清廷正式下达书院改制上谕。全国的大部分书院在以后的几年间完成了改制。

从上述中，我们可以看出三个问题：第一，上层士大夫的支持是书院大发展的主要原因。没有上层士大夫的支持，只依靠地方基层官员的努力，书院是不可能得到大的发展的，而上层士大夫对书院的支持程度又取决于最高统治者的态度，这在明朝和清朝时期表现得比较突出。

第二，士大夫对书院的态度和朝政有关。明朝大臣之间的争斗影响到了书院发展，特别是明朝三次禁毁书院都和政治斗争有关，清末书院改制的一波三折同样和政治斗争有关。

第三，在论述士大夫对于书院发展作用的同时，不可忽视作为士大夫的组成部分乡绅的作用。

明清时期的乡绅无论授官与否均能享有包括免除赋役、管理地方事务等在内的权力，绅士最基本的任务是负责乡村教化。因此，乡绅介入地方书院的建设与管理便成为题中应有之义。乡绅是书院建设的重要力量，他们往往利用自己在地方的声望和在官场的关系，创办修复书院、捐献筹措经费、参与书院管理，主要是经费管理和对山长的选拔等，这些构成了乡绅对书院发展的作用。关于乡绅在书院教育中的作用问题，至今没有引起学术界应有的关注。

二　士大夫热心书院教育的原因

春秋时期的鲁国大夫叔孙豹称“立德”“立功”“立言”为“三不朽”。所谓“立德”，即树立高尚的道德；“立功”，即为国为民建功立业；

"立言"，即提出具有真知灼见的言论。在中国古代，创办书院、兴办教育是士大夫实现"三不朽"人生价值观的最佳途径之一，是士大夫经世情怀在现实社会中的实践，且士大夫拥有知识、功名和社会声望，具有兴办教育的实力。

首先，在士大夫们看来，创办书院，可以发扬古圣先贤之道，不仅可以在士子为学进德中发挥作用，还可以移风易俗，教化百姓，使之向善，这是立德。

朱熹认为天下事有"大根本、小根本"，正人心才是大根本。明人萧良榦说："顾人心之良，不触则不发，良心之发，不聚则不凝。一番掂动，一番觉悟；一番聚会，一番警惕。此古人所以有取于会也。"① 士大夫们认为书院是实施教化的重要场所，诚如王恕在《学古书院记》中所说："延有道之儒以为师，选民间之俊秀以为弟子员，俾之讲学肄业于其中，于以明纲常之道，知修齐之理，动遵矩矱，化洽闾里，兴仁兴让，自无乖争凌犯之非。"② 士大夫不仅通过在书院讲学，教化百姓，而且在书院祭祀先贤名宦，使百姓见贤思齐，高攀龙以为，"兴教兹土，有舍其先贤而别有示之者乎？"③

地处湘西的武冈郡，长期属于化外之地，"未有申孝弟、明教化以淑人心"，自元朝建立儒林书院以后，当地的民风发生了重大变化，"昔为要荒鳞矮之地，今为申夭燕居之堂。子衿子佩，游息藏修，冠带如云，弦歌盈耳。化其民为君子士大夫，易其欲为礼义廉耻，乃教成之效果也"④。

张之洞说书院具有培养良好风气的作用，"臣设立书院之举，窃欲鼓舞士类，维持世风……次者亦能圭璧饬躬，恂恂乡党，不染浮嚣近利习气，足以淑身化俗。士习即善，民风因之"⑤。书院能够培育具有儒者风范、淡泊名利、超凡脱俗的乡绅，士人风习好了，就能够影响民风向善。

---

① 萧良榦：《稽山会约》，中华书局1985年版，第1页。

② 王恕：《学古书院记》，载焦云龙、贺瑞麟：《三原县新志》卷4，清光绪六年刻本。

③ 高攀龙：《高子遗书》卷9《虞山书院商语序》，清末刻本。

④ 赵长翁：《儒林书院记》，载赵长翁：《湖广通志》卷107《艺文志·记》，上海古籍出版社1987年影印文渊阁《四库全书》本，第534册，第719页。

⑤ 张之洞：《请颁广雅书院匾额折》，载张之洞：《张之洞全集》卷26，河北人民出版社1998年版，第695页。

书院具有教化百姓的作用，其中的祭祀活动和祭祀对象，对当地的民风起到熏陶作用。如白鹿洞书院祭祀诸葛亮和陶渊明，目的在于“可藉乎以示崇尚，而于世道人心或有当欤”①。文天祥在谈到安湖书院祭祀的影响时说：“冬十月，令率诸生以牲币荐于先圣先师。樽俎旗章，等威孔严，环观愕眙，屏息胥忭，黧先妇子，转相传呼，然后翕然以儒者为重。”②

其次，书院具有为社会培养人才的功能、接续道统的作用和帮助治理社会的效果，士大夫建设书院就是立功的表现。

南宋理学家张栻在《潭州重修岳麓书院记》中，认为书院的使命是“成就人才，以传斯道而济斯民也”③。在官学衰落的情况下，书院为社会输送了大量举人、进士，培养了一批又一批的士大夫，充分发挥了为社会培养人才的功能，这是士大夫看中书院、支持书院的重要原因。

“明道”“传道”是书院教育的宗旨，“为往圣继绝学”、接续道统，是士大夫们的人生追求，而书院正好能够发挥这种作用。北宋时期的孙复创办泰山书院的目的就是“以其道授弟子，既授之弟子，亦将传之于书，将使其书大行，其道大耀”④。明朝弘治年间，三原乡绅王君宇创办的书院即以“宏道”命名，目的是弘扬儒家的道统，“君以宏道为名，凡学于此者，亦惟尽吾性焉耳……吾性既尽，然必尽人物之性。至于赞化育，参天地，乃为弘道之极功，而亦非吾性外事也。若徒以举业为务，以科目为念，以功名显达自期，待毁方瓦合，以求避世俗之笑，则安用此书院，抑岂所谓弘道者哉?”⑤ 认为书院的作用不仅仅限于科举，更为重要的是参赞天地，化育万物，否则，就没有必要建造书院了。袁甫在《象山书院记》中也说：“书院之建，为明道也。”⑥ 宋元时期的书院，讲学内容主要

---

① 田琯：《忠节祠记》，载毛德琦：《白鹿书院志》卷13，清宣统二年刻本。

② 文天祥：《文天祥全集》卷9《赣州兴国县安湖书院记》，中国书店1985年影印本，第219页。

③ 张栻：《南轩文集》卷10《潭州重修岳麓书院记》，载张栻：《张栻全集》，长春出版社1999年版，第693页。

④ 石介：《徂徕石先生文集》卷19《泰山书院记》，中华书局1984年版，第223页。

⑤ 王云凤：《宏道书院记》，载焦云龙、贺瑞麟：（光绪）《三原县新志》卷4，清光绪六年刻本。

⑥ 袁甫：《蒙斋集》卷13《象山书院记》，中华书局1985年版，第187页。

是“四书”“六经”，均为程朱理学内容，书院实现了和理学的结合。

雍正时的学者程廷祚认为“教之兴也，上躬行以倡，下励志以率，近者悦服，远者感观，此学校之有益政治而化民成俗，其用斯隆也……方今大化翔洽，岳牧以下皆实心导率，宇内蒸蒸然向仁慕义，书院之兴，以助政治，奚可缓也”①，也就是说，书院教育对政治统治是有利的。因为书院教育内容不外乎封建伦理纲常，明代学者杨廉在《白鹿洞书院宗儒祠记》中说：“书院之教，其来尚矣。所以讲明而切劘者，儒之道而已。三纲五常，吾身之所系也；四端万善，吾心之所统也；‘五经’‘四书’，作吾之阶梯也；诸子百家，资吾之辩驳也。群居终日，潜心乎儒，如射者之必志于中的，如行者之必期于赴家。”②

再次，书院能够为士大夫提供讲学的场所，发表自己的见解，这是立言。

许多朝廷官员到书院讲学，并且留下“讲义”。如朱熹知南康军时，白天处理公务，晚上渡过湘江到岳麓书院讲学，史载他“治郡事甚劳，夜则与诸生讲论，随问而答，略无倦色。多训以切己实务，毋厌卑近而慕高远，恳恻至到，闻者感动”③。冯从吾讲学各地书院，留下了《关中书院语录》《太华书院会语》等讲义语录。

康熙二十三年（1684），学使林尧英惠顾嵩阳书院讲学，他把自己在嵩阳书院讲学的内容编辑成《嵩阳书院讲学记》。乾隆十年（1745），江西巡抚陈宏谋到白鹿洞书院讲学，留下《鹿洞讲义》。嘉道时期名臣贺长龄在公务之余，到书院讲学，“或背书，或摘讲经义，乐此不倦。固其所好，抑亦爱士之心深也”④。张之洞创办广雅书院以后，“公余之暇，间诣书院，考业稽疑，时加训勉”⑤。刘岳云把自己主讲四川尊经书院的内容编成《四川尊经书院讲义》。

---

① 程廷祚：《青溪集》卷 8《钟山书院碑记》，黄山书社 2004 年版，第 198 页。

② 杨廉：《白鹿洞书院宗儒祠记》，载朱瑞熙：《白鹿洞书院古志五种》卷 6，中华书局 1995 年版，第 108—109 页。

③ 王懋竑：《朱熹年谱》卷 4，中华书局 1998 年版，第 228 页。

④ 贺长龄：《耐庵文存·墓志》，载《续修四库全书》，上海古籍出版社 2002 年版影印本，第 1511 册，第 348 页。

⑤ 张之洞：《张之洞全集》卷 26《请颁广雅书院匾额折》，河北人民出版社 1998 年版，第 695 页。

正是因为创办书院是士大夫立德、立功和立言的主要途径之一，所以，古代的士大夫到某一地区为官，首要的工作往往是创办书院，兴办教育。清代同治年间的李葆贞，同治十二年（1873）担任延庆知州，上任后即对延庆州的冠山书院进行修复，自言“计余官畿辅，历凡数区，其他愧无善政，而于文教靡不留意。良以化民善俗，莫先于士行修，士行修莫大于师道立，譬之居肆成事，相观而善之谓摩，此余所以急急也”①。密云知县李宣范曰：“余宰檀邑，下车之始，孜孜焉以培养人材为亟。”②可见，这些地方士大夫均对书院给予高度重视。

还有，兴办书院是士大夫的重要职责，对于士大夫而言，发展生产、兴办教育，是其基本的职责，诚如胤禛皇帝所说：“封疆大臣等并有化导士子之职，各宜殚心奉行，黜浮崇实，以广国家菁莪棫朴之化，则书院之设，于士习文风，有裨益而无流弊，乃朕之所厚望也。”③ 这正是士大夫所到之处即关心书院建设的原因。明朝万历年间，安徽泾县县令张尧文面对破败不堪的水西书院，慨然道：“兴复，吾责也。矧今圣天子诏复书院，从祀三贤，曲渥甚也矣。吾安忍负厥责?”④ 雍正朝直隶总督李卫说，兴修莲池书院“为吾职所当为”⑤。乾隆九年（1744），四川什邡县知县史进爵说：“天下藉乎吏治，吏治本乎人才。学校者，人才所从出也。一行作吏，而不为鼓舞作兴，忝司牧矣，何以称厥职?”⑥

三 士大夫和书院能否相向而行的原因

书院的功能是广学校所不及，为社会培养人才，还是自由讲学、抨击

---

① 李葆贞：《重修延庆州冠山书院碑记》，载何道增、张惇德：（光绪）《延庆州志》卷4《学校志·书院》，清光绪七年刻本。

② 李宣范：《重建白檀书院记》，载周家楣、缪荃孙：（光绪）《顺天府志》卷62《经政志》卷9《学校下·书院》，北京古籍出版社1987年版，第2198页。

③ 张廷玉、嵇璜、刘墉等：《清朝文献通考》卷70《学校考八》，浙江古籍出版社2000年影印本，第5504页。

④ 翟台：《复水西书院祠田记》，载李德淦、洪亮吉：（嘉庆）《泾县志》卷8，清嘉庆十一年刊本。

⑤ 李卫：《莲花池修建书院增置使馆碑记》，载金良骥、姚寿昌等：（民国）《清苑县志》卷5，民国二十三年刊本。

⑥ 史进爵：《创建方亭书院序》，载王文照、曾庆奎、吴江：《重修什邡县志》卷8，民国十八年铅印本。

时弊、议论朝政？对于这个问题的认识，关乎士大夫和书院两者能否相向而行、顺利互动的问题。

本来书院就是在官学废弛的情况下发展起来的，自产生之日起，就扮演着学校所不及的功能。唐末五代直至北宋初期，由于长期的战乱，导致社会动荡，民不聊生，政权无力顾及学校教育，官学基本上付之阙如，那些具有经世情怀的士大夫不甘心儒学的衰落，在山林乡间兴办书院，并且逐渐超过官学的影响。

唐末至宋初书院形成之时强调探讨儒家义理，重在教书育人，参加科举，没有参与政治斗争中去。

到了明朝，王守仁认为书院的功能是“匡翼夫学校之不逮”，补救官学流弊，讲求古圣贤的明伦之学。他在《万松书院记》中称：“惟我皇明，自国都至于郡邑，咸建庙学，群士之秀，专官列职而教育之。其于学校之制，可谓详且备矣。而名区胜地，往往复有书院之设，何哉？所以匡翼夫学校之不逮也”。王守仁认为，“国家建学之初意”，就是明人伦。但“自科举之业盛，士皆驰骛于记诵辞章，而功利得丧，分惑其心，于是师之所教，弟子之所学者，遂不复知有明伦之意矣”。官学已经失去三代明伦之意，“不复知有明伦之意”，在这种情况下，通过创办书院，“揭以白鹿洞之规”，“期我以古圣贤之学”，而“古圣贤之学，明伦而已”①，以书院替代官学去讲明伦之学。

但是，王守仁又认为“六经”为“吾心之记籍”“六经之实，则具于吾心”，在《稽山书院尊经阁记》中，对程朱理学的支离末学进行了无情的批判，他说：“而世之学者，不知求六经之实于吾心，而徒考索于影响之间，牵制于文义之末，硁硁然以为是六经矣……呜呼！六经之学其不明于世，非一朝一夕之故矣。尚功利，崇邪说，是谓乱经；习训诂，传记诵，没溺于浅闻小见，以涂天下之耳目，是谓侮经；侈淫辞，竞诡辩，饰奸心盗行，逐世垄断，而犹自以为通经，是谓贼经。”② 王守仁在书院讲

---

① 王守仁：《王阳明全集》卷7《万松书院记》，上海古籍出版社1992年版，第252—253页。

② 王守仁：《王阳明全集》卷7《稽山书院尊经阁记》，上海古籍出版社1992年版，第254—255页。

学过程中对程朱理学的批判，引起一些大臣的驳斥，最终在嘉靖初期引来统治者对书院的禁毁。

天启二年（1622），李应升以推官的身份执掌白鹿洞书院，为把白鹿洞书院教学和科举制度关联在一起，李应升撰写了“申议洞学科举详文”，请求白鹿洞书院单独组织考试，直接从书院选拔一定数量的生徒参加乡试。这一申请获得了批准，“允洞生科举八名，仍先遗另考，定为永例”[①]。表明地方官吏试图通过给予书院参加乡试的名额，鼓励书院改变议论朝政的风气，开展科举教学，把书院教育纳入为封建政权服务的行列。

经过明末和时下统治秩序的较量，加上清初统治者的软硬兼施，书院逐渐与统治者倡导的思想趋于一致，书院教育纳入体制之内。“导引人才”，以“广学校所不及”成为朝野上下对书院功能的共识。

乾隆元年（1736），乾隆上谕，将书院功能定为“导引人才，广学校所不及”。乾隆皇帝对书院山长和生徒的选拔都提出了具体的要求，目的是“人材成就，足备朝廷任使”。道光年间，四川巴东知县饶拱辰就说：“拱辰以为古人论治，以厚风俗、培人才为本。人才出于学校，而书院之教即以辅。学校之教所不及，缺而不备乌乎可？”[②] 张之洞也认为书院的功能是培养士类，树立良好风气，他说：“臣设立书院之举，窃欲鼓舞士类，维持世风。上者阐明圣道，砥砺名节，博古通今，明习时务，期于体用兼备，储为国家桢干之材。次者亦能圭璧饬躬，恂恂乡党，不染浮嚣近利习气，足以淑身化俗。”[③]

通过上述分析，我们得出两点结论：

第一，书院的功能定位不能和统治者的期许相违背。清初理学家熊赐履就说，书院讲学本来应该是“而君师天下者之所乐闻，而亟许之者乎”[④]。统治者的希望是书院为国家培育人才，宣传教化，利于思想控制。

---

① 李应升：《白鹿洞书院志》卷4《申议洞学科举详文》，明天启二年刻印本。

② 饶拱辰：《新建信陵书院记》，载廖恩树、萧佩声等：《重修巴东县志》卷15，清光绪六年重刻本。

③ 张之洞：《张之洞全集》卷26《请颁广雅书院匾额折》，河北人民出版社1998年版，第695页。

④ 熊赐履：《重修东林书院记》，载《东林书院志》整理委员会：《东林书院志》（下册）卷15，中华书局2004年版，第619页。

与此相适应，清代的书院对教育内容进行了调整，如清初的东林书院“会约”规定：“故愿会中一切是非曲直，嚣凌强弱之言，不以闻此席；凡夫飞书揭帖、说单诉辩之纸，不以入此门。稍近俗尘，一概谢却。”又“夫子不云乎‘天下有道，则庶人不议’。自今谈经论道之外，凡朝廷之上、郡邑之间，是非得失，一切有闻不谈，有问不对。一味勤修学业，以期不负雍熙，是为今日第一时宜也”。[①] 摒弃了议论国事的做法。

第二，书院传播的内容，不能挑战当时占据统治地位的学说。如王学书院传播心学，对程朱理学是个挑战，引起皇帝的不满。永乐年间，颁布《四书大全》《五经大全》《性理大全》后，程朱理学成为占据主流地位的统治思想，成为各级学校的教学内容，“今夫世之所以为行，学校之所以为准，一准诸朱子”[②]。但是，正德、嘉靖以后王学书院的兴盛，其宣传的心学对程朱理学形成巨大冲击。嘉靖元年（1522），礼科给事中章侨上疏指斥心学为“异学”，要求“严禁以端士习”。[③] 世宗立即下诏：“自今教人取士，一依程朱之言，不许妄为叛道之经私自传刻，以误正学。”[④] 世宗皇帝在嘉靖八年（1529），痛批王守仁“放言自肆，诋毁先儒，号召门徒，声附虚和，用诈任情，坏人心术。近年士子传习邪说，皆其倡导”[⑤]。嘉靖十七年（1538），世宗干脆下诏：“今后若有创为异说，诡道背理，非毁朱子者，许科道官指明劾奏。”[⑥] 明代四次书院禁毁活动，其根本原因都是书院讲学动摇了现有统治秩序，在统治者看来，王学书院是在和朝廷争夺对思想界的控制权，加之议论朝政，招致最高统治者的不满。黄宗羲说：“于是学校变而为书院。有所非也，则朝廷必以为是而荣

---

① 吴觐华：《吴觐华先生申订东林会约》，载《东林书院志》整理委员会：《东林书院志》（上册）卷2，中华书局2004年版，第32—33页。

② 李汎：《东山书院纪略》，载周溶、汪韵珊：（同治）《祁门县志》卷18，清同治十二年刻本。

③ 夏燮：《明通鉴》卷50，嘉靖元年十月乙未，中华书局1959年版，第1666页。

④ 《明世宗实录》卷19，嘉靖元年十月乙未，“中央研究院”历史语言研究所1962年校印本，第5册，第569页。

⑤ 《明世宗实录》卷98，嘉靖元年三月戊申朔，“中央研究院”历史语言研究所1962年校印本，第40册，第2287页。

⑥ 《明世宗实录》卷218，嘉靖十七年十一月辛卯，“中央研究院”历史语言研究所1962年校印本，第43册，第4485页。

之；有所是也，则朝廷必以为非而辱之。伪学之禁，书院之毁，必欲以朝廷之权与之争胜。”① 经过明末和现有统治秩序的较量，加上清初统治者的软硬兼施，书院逐渐与统治者倡导的思想趋于一致，书院教育纳入体制之内，不再游离于“道统”和“治统”之外，于是才有了雍正皇帝下诏大力发展书院的决定。

在中国封建社会，高度的专制集权统治下，任何偏离统治阶级思想和愿望的学说、社会活动都是不能被允许的。书院定位在“广学校所不及”、为社会培养人才方面，则与士大夫就能够相向而行，良性互动；如定位在抨击时政，挑战现有思想体系，则会遭到士大夫的打击。

四 明清时期南北方书院发展状况的区别

明清时期的北方社会和南方社会，政治控制力强弱不一，商品经济发展程度有异，这些在士大夫和南北书院的互动关系方面都有反映，而明清士大夫和书院的互动各有特点。较北方而言，南方士大夫思想开放，书院发达，而且书院改革也发自南方。

南方远离政治中心，士人对官场的热衷程度不如北方士人那么强烈，在书院的熏陶和培育下，出现了一大批不以仕进为目的而热衷于知识和文化的传播者，以传播知识和文化作为自己的终身职业。例如，王艮(1483—1541 年)，泰州安丰场（今江苏东台安丰）人，善经营、懂管理、会理财，“家道日裕”，成为颇有财气的富户。早年追随王守仁，一生讲学，绝意仕途。嘉靖八年（1529 年，王艮 47 岁）和十六年（1537)，朝中有高官推荐王艮入朝做官，被他婉言谢绝。“郡守召”亦“辞以疾”，终身不仕，而且还教五个儿子“皆令志学，不事举子业”。

王守仁首先在南方创办书院传播自己的学说，其门人也主要在南方的浙江、江苏、江西、安徽、湖南、福建、两广等地从事书院教育，形成了浙中王门、粤闽王门、江右王门、南中王门等王学流派。

北方的书院普及程度不如南方。北方的书院大都是官员创办的，且县级以上书院居多，乡村书院较少。南方的一个县往往拥有多所书院，而且乡村书院很多。

---

① 黄宗羲：《明夷待访录》之《学校》，中华书局 2011 年版，第 40 页。

书院改革也是从南方开始的。阮元在杭州创办的诂经精舍和在广州创办的学海堂摒弃程朱理学，成为研究、传播汉学的基地和各地书院改革仿效对象。如诂经精舍主讲黄体芳任江苏学政期间，仿诂经精舍之制创办南菁书院，并且成为清末乾嘉汉学的重镇。曾经为学海堂评定课艺的钱仪吉晚年主讲河南开封大梁书院，仿照学海堂对大梁书院的教学和考课方式进行了改革，扭转了书院流为科举之弊的局面。清末新型书院也往往在南方创建，如江浙、湖广一带的书院率先开设西学课程。

参考文献

一　古代文献

1.（汉）班固撰：《汉书》，中华书局1962年版，标点本。
2.（唐）魏征等撰：《隋书》，中华书局1973年版，标点本。
3.（唐）王定保撰：《唐摭言》，中华书局1959年版，标点本。
4.（唐）徐锴撰：《陈氏书堂记》，清同治十年刻本。
5.（五代）刘昫等撰：《旧唐书》，中华书局1975年版，标点本。
6.（五代）孙光宪撰：《北梦琐言》，中华书局2002年版，标点本。
7.（宋）李昌龄撰：《乐善录》，中华书局1991年影印本。
8.（宋）王钦若等纂：《册府元龟》，中华书局1960年影印本。
9.（宋）石介撰：《徂徕石先生文集》，中华书局1984年版，标点本。
10.（宋）欧阳修撰：《新五代史》，中华书局1974年版，标点本。
11.（宋）欧阳修、宋祁撰：《新唐书》，中华书局1975年版，标点本。
12.（宋）周敦颐撰：《周子通书》，上海古籍出版社2000年版，标点本。
13.（宋）司马光撰：《资治通鉴》，中华书局1956年版，标点本。
14.（宋）程颐、程颢撰：《二程集》，中华书局1981年版，标点本。
15.（宋）苏东坡撰：《东坡》（七集），明成化吉州刻本。
16.（宋）文莹撰：《湘山野录》，中华书局1984年版，标点本。
17.（宋）李焘纂：《续资治通鉴长编》，中华书局1995年版，标点本。
18.（宋）家铉翁撰：《则堂集》，清道光钞本。
19.（宋）洪迈撰：《容斋随笔》，中国世界语出版社1995年版，标点本。
20.（宋）谢枋得撰：《叠山集》，《四部丛刊初编》本，上海商务印书馆1920年版。
21.（宋）朱熹撰：《朱子全书》，上海古籍出版社、安徽教育出版社2002

年版，标点本。
22. （宋）朱熹、吕祖谦撰：《近思录》，中华书局 2011 年版，标点本。
23. （宋）张栻撰：《张栻全集》，长春出版社 1999 年版，标点本。
24. （宋）吕祖谦撰：《吕祖谦全集》，浙江古籍出版社 2008 年版，标点本。
25. （宋）陆九渊撰：《陆九渊集》，中华书局 1980 年版，标点本。
26. （宋）虞俦撰：《尊白堂集》，清乾隆翰林院钞本。
27. （宋）魏了翁撰：《鹤山集》，上海古籍出版社 1987 年影印文渊阁《四库全书》本。
28. （宋）罗大经撰：《鹤林玉露》，中华书局 1983 年版，标点本。
29. （宋）马光祖修，周应合纂：（景定）《建康志》，中华书局 1990 年影印本。
30. （宋）袁甫撰：《蒙斋集》，中华书局 1985 年版，标点本。
31. （宋）方逢辰撰：《蛟峰集》，明天顺七年方中刻、弘治十六年陈渭重修本。
32. （宋）吴泳撰：《鹤林集》，清文渊阁《四库全书》补配清文津阁《四库全书》本。
33. （宋）黎靖德撰：《朱子语类》，中华书局 1988 年版，标点本。
34. （宋）文天祥撰：《文天祥全集》，中国书店 1985 年影印本。
35. （宋）叶寘撰：《爱日斋丛抄》，中华书局 2010 年版，标点本。
36. （宋）徐度撰：《却扫编》，中华书局 1985 年版，标点本。
37. （元）马端临撰：《文献通考》，中华书局 1986 年影印本。
38. （元）虞集撰：《道园学古录》，上海古籍出版社 1987 年影印文渊阁《四库全书》本。
39. （元）许有壬撰：《至正集》，上海古籍出版社 1987 年影印文渊阁《四库全书》本。
40. （元）郑元祐撰：《侨吴集》，上海古籍出版社 1987 年影印文渊阁《四库全书》本。
41. （元）杨维桢撰：《东维子集》，浙江孙仰曾家藏本。
42. （元）李祁撰：《云阳集》，上海古籍出版社 1987 年影印文渊阁《四库全书》本。

43. （元）刘岳申撰：《申斋集》，上海古籍出版社1987年影印文渊阁《四库全书》本。
44. （元）吴澄撰：《吴文正公集》，清乾隆五十一年万氏刻本。
45. （元）王旭撰：《兰轩集》，上海古籍出版社1987年影印文渊阁《四库全书》本。
46. （元）脱脱等撰：《宋史》，中华书局1977年版，标点本。
47. （元）赵长翁纂：《湖广通志》，上海古籍出版社1987年影印文渊阁《四库全书》本。
48. （元）脱因修，俞希鲁纂：（至顺）《镇江志》，清道光二十二年丹徒包氏刻本。
49. （元）刘一清撰：《钱塘遗事》，上海古籍出版社1985年影印本。
50. （元）佚名撰：《庙学典礼》，浙江古籍出版社1992年版，标点本。
51. （元）《元典章》，陈高华等点校，中华书局，天津古籍出版社2011年版，标点本。
52. （明）宋濂、王祎撰：《元史》，中华书局1976年版，标点本。
53. （明）唐肃撰：《丹崖集》，上海古籍出版社2003年版，标点本。
54. （明）王祎撰：《王忠文集》，上海古籍出版社1987年影印文渊阁《四库全书》本。
55. （明）杨士奇撰：《东里文集》，中华书局1998年版，标点本。
56. （明）解缙等纂：《永乐大典》，中华书局1986年影印残本。
57. （明）王恕撰：《学古书院记》，清光绪六年刻本。
58. （明）陈献章撰：《陈献章集》，中华书局1987年版，标点本。
59. （明）来时熙撰：《弘道书院志》，明弘治十八年刻本。
60. （明）王守仁撰：《王阳明全集》，上海古籍出版社1992年版，标点本。
61. （明）吕柟撰：《泾野子内篇》，中华书局1992年版，标点本。
62. （明）邹守益撰：《邹守益集》，凤凰出版社2007年版，标点本。
63. （明）周季风纂修：（正德）《云南志》，明嘉靖二十三年刻本。
64. （明）林文俊撰：《方斋存稿》，上海古籍出版社1987年影印文渊阁《四库全书》本。
65. （明）查铎撰：《水西会条》，商务印书馆1936年《丛书集成初编》本。
66.（明）雷礼纂：《皇明大政纪》，上海古籍出版社 1996 年影印本。
67.（明）李安仁、王大韶、（清）李扬华撰：《石鼓书院志》，岳麓书社 2009 年版，标点本。
68.（明）王士翘撰：《西关志》，北京古籍出版社 1990 年版，标点本。
69.（明）冯继科修，朱凌纂：（嘉靖）《建阳县志》，明嘉靖刻本。
70.（明）黄佐撰：《南雍志》，民国影印明嘉靖二十三年刻增修本。
71.（明）余之祯撰：（万历）《吉安府志》，载《日本藏中国罕见地方志丛刊》，书目文献出版社 1991 年版，标点本。
72.（明）张居正撰：《张太岳集》，上海古籍出版社 1984 年版，标点本。
73.（明）王圻撰：《续文献通考》，明万历三十年松江府刻本。
74.（明）余继登撰：《典故纪闻》，中华书局 1981 年版，标点本。
75.（明）谢杰、沈应文修，谭希思、张元芳纂：（万历）《顺天府志》，明万历刻本。
76.（明）刘文征纂：（天启）《滇志》，云南教育出版社 1991 年版，标点本。
77.（明）顾宪成撰：《泾皋藏稿》，上海古籍出版社 1987 年影印文渊阁《四库全书》本。
78.（明）冯从吾撰：《少墟集》，上海古籍出版社 1993 年版，标点本。
79.（明）岳元声、岳和声撰：《仁文书院志》，明万历年间刻本。
80.（明）吴道行、（清）赵宁等修纂：《岳麓书院志》，岳麓书社 2012 年版，标点本。
81.（明）萧雍撰：《赤山会约》，商务印书馆 1936 年《丛书集成》初编本。
82.（明）高攀龙撰：《高子遗书》，清末刻本。
83.（明）萧良榦撰：《稽山会约》，中华书局 1985 年版，标点本。
84.（明）孙慎行、张鼐撰：《虞山书院志》，明万历年间刊本。
85.（明）陈光前纂：（万历）《慈利县志》，上海古籍书店 1964 年影印明万历元年刻本。
86.（明）沈德符撰：《万历野获编》，中华书局 1959 年版，标点本。
87.（明）刘侗、于奕正撰：《帝京景物略》，北京古籍出版社 2000 年版，标点本。

88.（明）李应升撰：《白鹿洞书院志》，明天启二年刻印本

89.（明）顾炎武撰：《顾亭林诗文集》，中华书局1983年版，标点本。

90.（明）顾炎武撰，黄汝成集释：《日知录集释》，上海古籍出版社2014年版，标点本。

91.（明）王夫之撰：《读通鉴论》，中华书局2013年版，标点本。

92.（明）黄宗羲撰：《明儒学案》，中华书局1985年版。

93.（明）汪运光修，张二果纂，曾起莘重修：（崇祯）《东莞县志》，明崇祯十二年刻本。

94.（明）罗炌、汤齐修，黄承昊、李日晔纂：（崇祯）《嘉兴县志》，书目文献出版社1991年版，标点本。

95.（明）《明实录》，"中央研究院"历史语言研究所1962年校印本。

96.（清）孙奇逢撰：《夏峰先生集》，中华书局2004年版，标点本。

97.（清）曹秉仁修，万经等纂：（雍正）《宁波府志》，清雍正十一年刻本，乾隆六年补刻本。

98.（清）孙承泽撰：《天府广记》，北京古籍出版社1982年版，标点本。

99.（清）傅山撰：《霜红龛集》，山西人民出版社1985年版，标点本。

100.（明）黄宗羲、（清）全祖望撰：《宋元学案》，中华书局1986年版，标点本。

101.（清）谷应泰撰：《明史纪事本末》，中华书局1977年版，标点本。

102.（清）耿介撰：《敬恕堂文集》，中州古籍出版社2005年版，标点本。

103.（清）李颙撰：《二曲集》，中华书局1996年版，标点本。

104.（清）朱彝尊撰：《日下旧闻》，清康熙二十七年刻本。

105.（清）董国祥修，贾洪文纂：（康熙）《铁岭县志》，民国《辽海丛书》本。

106.（清）李来章撰：《连山书院志》，《礼山园全集》本。

107.（清）施璜撰：《紫阳书院志》，黄山书社2010年版，标点本。

108.（清）刘焕修，朱载震纂：（康熙）《潜江县志》，清康熙三十三年刻本。

109.（清）李光地撰：《榕村语录》，中华书局1995年版，标点本。

110. （清）邵廷采撰：《思复堂文集》，浙江古籍出版社 1987 年版，标点本。
111. （清）张潮撰：《昭代丛书》，上海古籍出版社 1990 年版，标点本。
112. （清）陈鼎撰：《东林列传》，上海古籍出版社 1987 年影印文渊阁《四库全书》本。
113. （清）陈梦雷、蒋廷锡纂：《古今图书集成》，上海中华书局 1934 年影印清雍正殿刻本。
114. （清）张伯行撰：《正谊堂文集》，中华书局 1985 年版，标点本。
115. （清）王懋竑撰：《朱熹年谱》，中华书局 1998 年版，标点本。
116. （清）赵宏恩等修，黄之隽等纂：（乾隆）《江南通志》，凤凰出版社 2011 年版。
117. （清）李文炤撰：《李文炤集》，岳麓书社 2012 年版，标点本。
118. （清）张廷玉等撰：《明史》，中华书局 1974 年版，标点本。
119. （清）张廷玉、嵇璜、刘墉等撰：《清朝文献通考》，浙江古籍出版社 1988 年影印版。
120. （清）刘于义等修，沈青崖等纂：（雍正）《陕西通志》，上海古籍出版社 1987 年影印文渊阁《四库全书》本。
121. （清）谢旻等修，陶成、恽鹤生纂：（雍正）《江西通志》，清雍正十年刻本。
122. （清）唐执玉、李卫修，陈仪、田易纂：（雍正）《畿辅通志》，上海古籍出版社 1987 年影印文渊阁《四库全书》本。
123. （清）尹会一修，程梦星等纂：（雍正）《扬州府志》，清雍正十一年刊本。
124. （清）郝玉麟等修，谢道承等纂：（乾隆）《福建通志》，上海古籍出版社 1987 年影印文渊阁《四库全书》本。
125. （清）程廷祚撰：《青溪集》，黄山书社 2004 年版，标点本。
126. （清）沈起元撰：《敬亭文稿》，乾隆十九年刻增修本。
127. （清）王克淳纂修：（乾隆）《容城县志》，清乾隆二十六年刻本。
128. （清）刘绍攽纂：（乾隆）《三原县志》，清乾隆四十八年刻本。
129. （清）范咸纂修：《重修台湾府志》，台湾省文献委员会 1983 年，标点本。

130. （清）（官修）《清文献通考》，上海古籍出版社 1987 年影印文渊阁《四库全书》本。
131. （清）吴翟、刘梦芙撰：《茗洲吴氏家典》，黄山书社 2006 年版，标点本。
132. （清）张师栻、张师载撰：《张清恪公年谱》，清乾隆四年刻本。
133. （清）龚崧林修，汪坚纂：（乾隆）《洛阳县志》，清乾隆十年刻本。
134. （清）董天工编纂：《武夷山志》，清道光二十五年重刻本。
135. （清）郑之侨编：《鹅湖讲学会编》，清乾隆刻本。
136. （清）何子祥、余丽元撰：《龙湖书院志》，清光绪十四年刻本。
137. （清）呼延华国修，吴镇纂：（乾隆）《狄道州志》，清乾隆二十八年刊本。
138. （清）江恂修，江昱纂：（乾隆）《清泉县志》，清乾隆二十八年刻本。
139. （清）于敏中等编纂：《日下旧闻考》，中华书局 1983 年版，标点本。
140. （清）言如泗修，熊名相、吕瀶纂：（乾隆）《解州安邑县运城志》，凤凰出版社 2005 年版，标点本。
141. （清）袁枚撰：《袁枚全集》，江苏古籍出版社 1993 年版，标点本。
142. （清）胡建伟纂：（乾隆）《澎湖纪略》，清乾隆三十六年刊本。
143. （清）毛德琦、周兆兰撰：《白鹿书院志》，清宣统二年刻本。
144. （清）张淑渠、姚学瑛等修，姚学甲等纂：（乾隆）《潞安府志》，清乾隆三十五年刻本。
145. （清）孔继汾撰：《阙里文献考》，清乾隆二十七年刊本。
146. （清）纪昀等撰：《四库全书总目》，中华书局 1965 年版，标点本。
147. （清）章学诚纂：（乾隆）《永清县志》，乾隆四十四年刻本。
148. （清）吴省钦撰：《白华前稿》，清乾隆刻本。
149. （清）苏勒通阿等修，王巡泰等纂：（乾隆）《续修兴业县志》，清乾隆四十三年抄本。
150. （清）桂敬顺纂修：（乾隆）《浑源州志》，清乾隆二十八年刻本。
151. （清）程德炯纂修：（乾隆）《陵川县志》，清乾隆四十四年刻本。
152. （清）高天凤修，金梅等纂：（乾隆）《通州志》，清乾隆四十八年刊本。
153. （清）李绶撰：《重修金台书院碑记》（拓片）。
154. （清）莫玺章等修，王增等纂：（乾隆）《新蔡县志》，民国二十二年重刊本。
155. （清）王之正修，叶承立等纂：（乾隆）《嘉应州志》，广东省中山图书馆古籍部1991年版，标点本。
156. （清）巫慧修，王居正纂：（乾隆）《蒲县志》，清光绪六年刻本。
157. （清）钱大昕撰：《潜研堂集》，清嘉庆十一年刻本。
158. （清）李德淦修，洪亮吉纂：（嘉庆）《泾县志》，清嘉庆十一年刻本。
159. （清）张伯魁纂修：（嘉庆）《徽县志》，清嘉庆十四年刊本。
160. （清）江藩撰：《国朝汉学师承记》，清嘉庆十七年刻本。
161. （清）侯铃修，欧阳厚均纂：（嘉庆）《安仁县志》，清嘉庆二十四年刻本。
162. （清）贵泰、武穆淳等纂：《安阳县志》，清嘉庆二十四年刊本。
163. （清）沈琮修，陆耀遹、董祐诚纂：（嘉庆）《咸宁县志》，清嘉庆二十四年刊本。
164. （清）瑞征修，谭良治、邓奉时纂：（嘉庆）《茶陵州志》，清嘉庆二十四年刻本。
165. （清）林邦辉等撰：《蔚文书院全志》，清嘉庆二十四年刻本。
166. （清）敬文修，徐如澍纂：（道光）《铜仁府志》，清道光四年刻本。
167. （清）黄应培修，孙均铨、黄元复纂：（道光）《凤凰厅志》，清道光四年刻本。
168. （清）崔允昭修，李培谦纂：（道光）《直隶霍州志》，清道光六年刻本。
169. （清）马步蟾修，夏銮纂：（道光）《徽州府志》，清道光七年刻本。
170. （清）德俊修，韩塘纂：（道光）《两当县志》，清道光二十年抄本。
171. （清）孙星衍撰：《平津馆文稿》，中华书局1985年版，标点本。
172. （清）游光绎等纂：《鳌峰书院志》，清道光中正谊堂重刻本。
173. （清）周栻修，陈柱纂：（道光）《南宫县志》，清光绪十年刊本。
174. （清）阮元撰：《十三经注疏》，中华书局1980年影印本。

175. （清）陶澍撰：《陶文毅公全集》，清道光刻本。
176，（清）王赠芳、王镇修，成瓘、冷烜纂：（道光）《济南府志》，清道光二十年刻本。
177. （清）桂超万等修，高继珩等纂：（道光）《栾城县志》，清道光二十六年刻本。
178. （清）钱仪吉撰：《碑传集》，清道光刻本。
179. 《义门陈氏宗谱》，道光十二年，宜春德星堂本。
180. （清）平翰修，郑珍、莫友芝纂：（道光）《遵义府志》，清光绪十八年补刻本。
181. （清）张道超等修，马九功等纂：（道光）《伊阳县志》，清道光十八年刊本。
182. （清）孟毓兰修，成观宣监订：（道光）《重修宝应县志》，清道光二十年刻本。
183. （清）陈熙晋纂修：（道光）《仁怀直隶厅志》，清道光二十一年刻本。
184. （清）陈栻等纂：（道光）《上元县志》，江苏古籍出版社 1991 年影印本。
185. （清）谭瑀修，黎成德等纂：（道光）《重修略阳县志》，清光绪三十年刻本。
186. （清）黄思藻修，欧阳振时等纂：（道光）《广宁县志》，民国二十二年补刻本。
187. （清）李元春撰：《潼川书院志》，清道光、咸丰年间刊《桐阁全书》本。
188. （清）何应松修，方崇鼎纂：（道光）《休宁县志》，江苏古籍出版社 1998 年影印本。
189. （清）唐治、饶世恩等撰：《东山书院志略》，清咸丰二年刻本。
190. （清）李文恒修，郑文彩纂：（咸丰）《琼山县志》，清咸丰七年刊本。
191. （清）张霈、陈起礼修，林燕典纂：（咸丰）《文昌县志》，清咸丰八年刻本。
192. （清）王榕吉、汪鸣和等纂修：（咸丰）《定州续志》，清咸丰十年刊本。
193.（清）陈寿祺撰：《左海文集》，清刻本。
194.（清）方东树撰：《考槃集文录》，清光绪二十年刻本。
195.（清）徐松纂：《宋会要辑稿》，中华书局1957年版，标点本。
196.（清）李铭皖、谭钧培修，冯桂芬等纂：（同治）《苏州府志》，清光绪九年刊本。
197.（清）许应鑅、朱澄澜修，谢煌等纂：（同治）《抚州府志》，清光绪二年刻本。
198.（清）文良等修，陈尧采等纂：（同治）《嘉定府志》，清同治三年刻本。
199.（清）庄受祺撰：《箴言书院志》，清同治五年刻本。
200.（清）余思训修，陈凤鸣纂：（同治）《归州志》，清同治五年刊本。
201.（清）张景垣等修，张鹏、侯材骥纂：（同治）《安仁县志》，清同治八年刻本。
202.（清）盛庆绂、吴秉慈修，盛一林纂：（同治）《芷江县志》，清同治九年刻本。
203.（清）孙家铎等修，熊松之等纂：（同治）《高安县志》，清同治十年刻本。
204.（清）沈建勋修，程景周等纂：（同治）《德安县志》，清同治十年刻本。
205.（清）福昌、梁葆颐修，谭钟麟纂：（同治）《茶陵州志》，清同治十年刻本。
206.（清）刘昌绪修，徐瀛纂：（同治）《黄陂县志》，清同治十年刻本
207.（清）区作霖修，曾福善等纂：（同治）《余干县志》，清同治十一年刊本。
208.（清）陈泳修，张悖德纂：（同治）《栾城县志》，清同治十一年刻本。
209.（清）周溶修，汪韵珊纂：（同治）《祁门县志》，清同治十二年刻本。
210.（清）周瑞松撰：《宁乡云山书院志》，清同治十三年刊本。
211.（清）宗源翰等修，周学濬等纂：（同治）《湖州府志》，清同治十

三年刊本。

212. （清）廖恩树修，萧佩声等纂：（同治）《重修巴东县志》，清光绪六年重刊本。

213. （清）何其泰、吴新德等修纂：（光绪）《岳池县志》，清光绪元年刊本。

214. （清）吕懋勋修，袁廷俊纂：（光绪）《蓝田县志》，清光绪元年刊本。

215. （清）方宗诚纂修：（光绪）《枣强县志补正》，清光绪二年刊本。

216. （清）韩志超等修，张瑢纂：（光绪）《蠡县志》，清光绪二年刻本。

217. （清）萧振声撰：《浏东狮山书院志》，光绪四年刊本。

218. （清）汪枚撰：《续修崇正书院志》，清光绪四年续刊。

219. （清）曾国藩撰：《曾文正公家训》，清光绪五年傅忠书局刻本。

220. （清）史致谟修，刘恭冕等纂：（光绪）《潜江县志》，清光绪五年刊本。

221. （清）英良、高建勋修，王维珍纂：（光绪）《通州志》，清光绪五年刻本。

222. （清）焦云龙修，贺瑞麟纂：（光绪）《三原县新志》，清光绪六年刊本。

223. （清）蒋启勋等修，汪上铎等纂：（光绪）《续纂江宁府志》，清光绪六年刊本。

224. （清）王家坊修，葛士达等纂：（光绪）《榆社县志》，清道光七年刊本。

225. （清）刘坤一修，刘绎、赵之谦等纂：（光绪）《江西通志》，上海古籍出版社影印清光绪七年刻本。

226. （清）路德撰：《柽华馆文集》，光绪七年解梁刻本。

227. （清）何道增等修，张惇德纂：《延庆州志》，清光绪七年刻本。

228. （清）马家鼎修，张嘉言、祁世长纂：（光绪）《寿阳县志》，清光绪八年刊本。

229. （清）王勋祥修，王效尊纂：（光绪）《清源乡志》，清光绪八年刻本。

230. （清）朱希白修，沈用增纂：（光绪）《孝感县志》，清光绪八年刊本。
231. （清）俞廉三修，杨笃纂：（光绪）《代州志》，清光绪八年刻本。
232. （清）谢廷庚修，贺廷寿纂：（光绪）《六合县志》，清光绪十年刻本。
233. （清）刘溎年修，邓抡斌等纂：（光绪）《惠州府志》，清光绪十年刊本。
234. （清）李瀚章等修，曾国荃等纂：（光绪）《湖南通志》，清光绪十一年刻本。
235. （清）李荣和、刘锺麟修，张元懋纂：（光绪）《永济县志》，清光绪十二年刊本。
236. （清）侯绍瀛修，丁显纂：（光绪）《睢宁县志》，清光绪十二年刊本。
237. （清）薛熙纂：《明文在》，清光绪十五年江苏书局刻本。
238. （清）顾国诰等修，何日新、刘树贤等纂：（光绪）《富川县志》，清光绪十六年刊本。
239. （清）樊增祥修，谭麐纂：（光绪）《富平县志稿》，清光绪十七年刊本。
240. （清）张谐之、张主敬等修，杨晨纂：（光绪）《定兴县志》，光绪十九年校定本。
241. （清）曾国荃、张煦等修，王轩、杨笃等纂：（光绪）《山西通志》，清光绪十八年刻本。
242. （清）李前泮撰：《学山尊经两书院志》，清光绪十九年刊本。
243. （清）黄世崇纂修：（光绪）《利川县志》，清光绪二十年刊本。
244. （清）辜培源等修，曹永贤等纂：（光绪）《盐源县志》，清光绪二十年刻本。
245. （清）刘光蕡撰：《陕甘味经书院志》，清光绪二十年刊本。
246. （清）俞樾撰：《春在堂杂文》，清光绪二十五年刻《春在堂全书》本。
247. （清）祝嘉庸修，吴浔源纂：（光绪）《宁津县志》，清光绪二十六年刊本。
248. （清）傅维森撰：《端溪书院志》，清光绪二十六年刊本。

249. （清）黄爵滋等撰，王树敏、王延熙辑：《皇朝道咸同光奏议》，清光绪二十八年上海久敬斋石印本。
250. （清）林佩纶等修，杨树琪等纂：（光绪）《续修天柱县志》，清光绪二十九年刻本。
251. （清）潘守廉修，张嘉谋纂：（光绪）《南阳县志》，清光绪三十年刻本。
252. （清）张绍棠修，萧穆纂：（光绪）《续纂句容县志》，清光绪三十年刊本。
253. （清）林则徐等修，李希玲纂：（光绪）《广南府志》，清光绪三十一年重钞本。
254. （清）潘文凤、蔡麟祥修，林豪纂：（光绪）《澎湖厅志稿》，清钞本。
255. （清）昆冈等修，刘启端等纂：（光绪）《钦定大清会典事例》，清光绪年间刻本。
256. （清）缪荃孙撰：《续碑传集》，江楚编译书局刊校。
257. （清）佚名纂：《桐乡书院志》，清末活字本。
258. （清）田明曜修，陈澧纂：（光绪）《香山县志》，清光绪刻本。
259. （清）左宗棠撰：《左文襄公奏疏》（三编），清刻本。
260. 《清实录》，中华书局 1986 年影印本。
261. （清）李鸿章修，黄彭年等纂：（光绪）《畿辅通志》，上海古籍出版社 1991 年影印本。
262. （清）吴甸华修，程汝翼、俞正燮纂：（嘉庆）《黟县志》，江苏古籍出版社 1998 年影印本。
263. （清）王先谦、朱寿朋撰：《东华录东华续录》，上海古籍出版社 2008 年影印本。
264. （清）朱寿朋撰：《光绪朝东华录》，中华书局 1958 年版，标点本。
265. （清）夏燮撰：《明通鉴》，中华书局 1959 年版，标点本。
266. （清）赵尔巽等撰：《清史稿》，中华书局 1977 年版，标点本。
267. （清）康有为撰：《康有为政论集》，中华书局 1981 年版，标点本。
268. （清）瞿镛编纂：《铁琴铜剑楼藏书目录》，江苏广陵古籍刻印社 1985 年版，标点本。

269. （清）熊希龄撰：《熊希龄集》，湖南人民出版社 1985 年版，标点本。
270. （清）黎庶昌撰：《曾国藩年谱》，岳麓书社 1986 年版，标点本。
271. （清）周家楣、缪荃孙编纂：（光绪）《顺天府志》，北京古籍出版社 1987 年版，标点本。
272. （清）吴履福等修，缪荃荪、刘万源纂：（光绪）《昌平州志》，北京古籍出版社 1989 年版，标点本。
273. （清）李元度撰：《国朝先正事略清代 1108 人传记》，岳麓书社 1991 年版，标点本。
274. （清）戴凤仪撰：《诗山书院志》，厦门大学出版社 1995 年版，标点本。
275. （清）祁德昌总修，陈兆麟纂修：（光绪）《开州志》，中州古籍出版社 1995 年版，标点本。
276. （清）张之洞撰：《张之洞全集》，河北人民出版社 1998 年版，标点本。
277. （清）魏源撰：《魏源全集》，岳麓书社 2004 年版，标点本。
278. （清）范能濬编：《范仲淹全集》，凤凰出版社 2004 年版，标点本。
279. （清）梁启超撰：《康有为传》，团结出版社 2004 年版。
280. （清）王梓材、冯云濠撰：《宋元学案补遗》，中华书局 2011 年版，标点本。
281. （清）龚自珍撰，刘逸生等校注：《龚自珍诗集编年校注》，上海古籍出版社 2013 年版，标点本。
282. ［日］稻叶君山等撰：《中国社会文化》，杨祥荫等译，商务印书馆 1923 年版。
283. （清）臧理臣等修，宗庆煦等纂：（民国）《密云县志》，民国三年铅印本。
284. （清）高步青等修，苗毓芳等纂：（民国）《交河县志》，民国五年刊本。
285. （清）孙奂仑修，韩坰等纂：（民国）《洪洞县志》，民国六年铅印本。
286. （清）黄世芳修，陈德懿纂：（民国）《铁岭县志》，民国六年铅印本。

287.（清）龚嘉俊修，李榕纂：（民国）《杭州府志》，民国十一年本。

288.（清）李世祐修，刘师亮纂：（民国）《襄陵县新志》，民国十二年刊本。

289.（清）王秀文等修，张庭馥等纂：（民国）《许昌县志》，民国十二年石印本。

290.（清）冯福祥等修，王之臣纂：（民国）《朔方道志》，民国十五年铅印本。

291.（清）严用琛、鲁宗藩修，王维新纂：（民国）《襄垣县志》，民国十七年刊本。

292.（清）陈习删等修，闵昌术等纂：（民国）《新都县志》，民国十八年铅印本。

293.（清）项葆祯修，李经野纂：（民国）《单县志》，民国十八年石印本。

294.（清）王文照修，曾庆奎、吴江纂：（民国）《重修什邡县志》，民国十八年刊本。

295.（清）胡存琮等纂修：（民国）《名山县新志》，民国十九年刻本。

296.（清）赵兴德修，王鹤龄纂：（民国）《义县志》，民国十九年铅印本。

297.（清）王琴林等纂修：（民国）《禹县志》，民国二十年刻本。

298.（清）陈宝生等修，陈昌源等纂：（民国）《满城县志略》，民国二十年铅印本。

299.（清）杨世瑛等修，王锡祯、宋思本等纂：（民国）《重修安泽县志》，民国二十一年铅印本。

300.（清）王志高修，马太元等纂：（民国）《新平县志》，民国二十二年石印本。

301.（清）赵葆贞等纂修：（民国）《户县志》，民国二十二年刊本。

302.（清）刘玉玑修，张其昌纂：（民国）《临汾县志》，民国二十二年铅印本。

303.（清）王金岳修，赵文琴、王景韩纂：（民国）《昌乐县续志》，民国二十三年刊本。

304. （清）金良骥等修，姚寿昌等纂：（民国）《清苑县志》，民国二十三年刊本。
305. （清）任耀先修，张桂书等纂：（民国）《浮山县志》，民国二十四年刊本。
306. （清）黄蓉惠修，贾恩绂纂：（民国）《南宫县志》，民国二十五年刊本。
307. （清）魏颂唐撰：《敷文书院志略》，民国二十五年浙江财务学校铅印本。
308. （民国）张继煦撰：《张文襄公治鄂记》，民国三十六年湖北通志馆铅印本。

二 今人著述

1. 杨伯峻译注：《孟子译注》，中华书局 1960 年版，标点本。
2. 盛朗西：《中国书院制度》，鼎文书局 1977 年版。
3. 吕思勉：《隋唐五代史》，上海古籍出版社 1984 年版。
4. 张正藩：《中国书院制度考略》，江苏教育出版社 1985 年版。
5. 晋江县《安海志》修编小组编：《安海志》，1983 年自刊本。
6. 熊承涤：《中国古代教育史系年》，人民教育出版社 1985 年版。
7. 朱有瓛编：《中国近代学制史料》，华东师范大学出版社 1986 年版。
8. 余英时：《士与中国文化》，人民出版社 1987 年版。
9. 程鹰、张红均撰：《二程故里志》，河南大学出版社 1992 年版，标点本。
10. 李才栋：《江西古代书院研究》，江西教育出版社 1993 年版。
11. 夏剑钦译：《十三经今注今译》，岳麓书社 1994 年版。
12. 朱瑞熙编：《白鹿洞书院古志五种》，中华书局 1995 年版。
13. 胡青：《书院的社会功能及文化特色》，湖北教育出版社 1996 年版。
14. 陈柏泉编：《江西出土墓志选编》，江西教育出版社 1997 年版。
15. 钱穆：《中国近三百年学术史》，商务印书馆 1997 年版，标点本。
16. 安庆市地方志编纂委员会编：《安庆市志》，北京方志出版社 1997 年版。
17. 陈谷嘉、邓洪波编：《中国书院史资料》，浙江教育出版社 1998 年版。

18. 陕西省地方志编纂委员会编：《陕西省志》，三秦出版社 1998 年版。
19. 任继愈主编：《中华传世文选》，吉林人民出版社 1998 年版，标点本。
20. 高明士：《隋唐贡举制度》，文津出版社 1999 年版。
21. 李修生主编：《全元文》，江苏古籍出版社 1999 年版，标点本。
22. 郑州市图书馆文献编辑委员会编：《嵩岳文献丛刊》，中州古籍出版社 2003 年版，标点本。
23. 朱汉民、江堤：《千年讲坛——岳麓书院历代大师讲学录》，湖南大学出版社 2003 年版。
24. 丁平一：《谭嗣同与维新派师友》，湖南大学出版社 2004 年版。
25. 朱汉民：《岳麓书院》，湖南大学出版社 2004 年版。
26. 邓洪波：《中国书院史》，东方出版中心 2004 年版，标点本。
27. 《东林书院志》整理委员会编：《东林书院志》，中华书局 2004 年版，标点本。
28. 陈宝良：《明代儒学生员与地方社会》，中国社会科学出版社 2005 年版。
29. 曾枣庄、刘琳主编：《全宋文》，上海辞书出版社、安徽教育出版社 2006 年版。
30. 李士众：《晚清士绅与地方政治：以温州为中心的考察》，上海人民出版社 2006 年版。
31. 阳卫国、刘振祥、彭东明：《历代茶陵书院》，湖南人民出版社 2007 年版。
32. 高立人主编：《白鹭洲书院志》，江西人民出版社 2008 年版，标点本。
33. 运城教育史志编纂委员会编：《运城市教育志》，山西人民出版社 2009 年版。
34. 《清代诗文集汇编》编纂委员会编：《清代诗文集汇编》，上海古籍出版社 2010 年版，标点本。
35. 朱汉民、邓洪波：《岳麓书院史》，湖南教育出版社 2013 年版。

后　记

本书在利用大量文献资料的同时，运用定性和定量相结合的研究方法，充分考量案例的影响，在实地调查获取第一手资料的基础上，以当时社会环境为切入点，把中国古代士大夫和书院的互动关系放在当时的具体社会环境中加以考察，特别是从朝政变化、党争双方力量的消长这种新的视角深入研究明代士大夫和书院互动状况，把明代士大夫和书院的关系区分为良性互动和相互交恶两种，从朝廷政局变化的视角细致分析两种互动关系。清代士大夫和书院的关系则从最高统治者对书院态度的转变开始，勾勒一系列鼓励士大夫支持书院发展的政策措施，从而揭示士大夫和书院两者是如何实现互动、促进社会发展的。

第一，对士大夫和书院互动关系的历史进行论述，重点探讨明清时期士大夫和书院的互动关系，并且揭示前后的变化及其原因。

第二，研究士大夫对书院发展的作用，深入分析士大夫，特别是上层士大夫和书院的关系，在分析两者关系时，将其和统治者的文教政策、书院和官学的消长、党争问题和社会变革等密切联系起来进行考察。

第三，探讨书院对士大夫阶层的影响，从为士大夫培养后备人才、士大夫价值观培育等方面进行研究。

第四，创办书院、兴办教育是中国士大夫实现“三不朽”价值观的最佳途径之一，且士大夫拥有知识、功名和社会声望，具有兴办教育的实力。

第五，在士大夫阶层中，掌权的士大夫对书院的发展影响较大，只有掌权的士大夫充分认识到书院的价值，书院才能获得大的发展。

我的几位研究生许文雅、李佳桧、赵永康、冯婷婷、乔婷、滕朝阳和王静，或帮助收集资料，或帮助核对书稿，付出了辛勤的劳动，在此一并表示谢意。

本书首次对士大夫和书院互动关系进行系统研究，探索的成分较大，虽然借鉴了学界同仁的一些成果，我本人也尽了很大努力，但由于时间和精力所限，特别是学识的局限，其中还有需要修改的地方，希望专家学者给予指正。

赵连稳

2017 年 6 月